“十四五”职业教育国家规划教材

铁路客运组织

（第3版）

王　越　主　编
余为红　副主编
于文福　主　审

人民交通出版社
北　京

内 容 提 要

本书为“十四五”职业教育国家规划教材。其主要内容包括：发售车票，旅客运输，行李、包裹运输，特种运输，运输事故的处理，旅客运输计划及组织，客运站工作组织，旅客列车乘务工作组织等。

本书每个模块下设有实训项目及案例分析、知识拓展、复习思考题、实践训练等子模块，案例丰富，实操性强。

本书为职业院校铁道交通运营管理专业教材，可作为铁路行业从业人员培训教材，也可供铁路相关技术人员参考。

*为方便教学，本书配有多媒体教学课件，任课教师可加入职教铁路教学研讨群（QQ 群：211163250）免费获取。

图书在版编目（CIP）数据

铁路客运组织/王越主编. —3 版. —北京：人民交通出版社股份有限公司，2025.6

ISBN 978-7-114-19473-3

Ⅰ.①铁… Ⅱ.①王… Ⅲ.①铁路运输—客运组织—教材 Ⅳ.①U293.3

中国国家版本馆 CIP 数据核字（2024）第 068584 号

“十四五”职业教育国家规划教材
Tielu Keyun Zuzhi

书　　名：铁路客运组织（第 3 版）
著 作 者：王　越
责任编辑：钱　堃
责任校对：赵媛媛
责任印制：张　凯
出版发行：人民交通出版社
地　　址：（100011）北京市朝阳区安定门外外馆斜街 3 号
网　　址：http://www.ccpcl.com.cn
销售电话：（010）85285911
总 经 销：人民交通出版社发行部
经　　销：各地新华书店
印　　刷：北京印匠彩色印刷有限公司
开　　本：787 × 1092　1/16
印　　张：17.5
字　　数：412 千
版　　次：2013 年 8 月　第 1 版
2019 年 6 月　第 2 版
2025 年 6 月　第 3 版
印　　次：2025 年 6 月　第 3 版　第 1 次印刷
书　　号：ISBN 978-7-114-19473-3
定　　价：53.00 元

第3版前言

党的十八大以来，我国铁路事业取得历史性成就、发生历史性变革，路网规模、质量大幅提升，建成世界上最大的高速铁路网。截至2024年底，我国铁路营业里程达到16.2万km，其中高速铁路4.8万km。与此同时，铁路客运设备设施和运营管理发生了巨大变化。交通运输部、中国国家铁路集团有限公司对《铁路旅客运输规程》《铁路旅客运输办理细则》《铁路客运运价规则》等规章进行了修订。

本教材贯彻《国家职业教育改革实施方案》中的职教精神，依据教育部发布的《高等职业学校铁道交通运营管理专业教学标准》和全国铁道职业教育教学指导委员会制定的《高等职业学校铁道交通运营管理专业建设指导标准》进行修订。教材内容对接铁路旅客运输的生产实际，参考本专业主要工种的岗位技能培训规范等资料，更具有针对性，符合职业教育铁道交通运营管理专业的培养要求、行业客运岗位人才培训的要求。

本教材具有以下几方面的特点：

(1)充分融入课程思政。本教材遵循技术技能人才成长规律，重视知识传授与技术技能培养，强化学生职业素养养成和专业技术积累，将专业精神、职业精神和工匠精神融入教材内容，培养学生树立正确的人生观、价值观、职业观，养成爱岗敬业、遵章守纪、乐于奉献的职业道德，树立以人为本、旅客至上的"人民铁路为人民"的工匠精神。

(2)教材体系完整。本教材根据《高等职业学校铁道交通运营管理专业建设指导标准》增加了相关内容，根据铁路现场工作需要对客运知识进行细化、补充和完善，可操作性强；可供职业院校铁道交通运营管理专业使用，也可供铁路行业培训使用。教材主要内容包括发售车票，旅客运输，行李、包裹(也称行李包裹)运输，特种运输，运输事故的处理，旅客运输计划及组织，客运站工作组织，旅客列车乘务工作组织等。

(3)教材内容先进。本教材在修订的过程中融入了铁路旅客运输新技术、新知识，吸纳了近年来铁路旅客运输中运用的服务理念与策略，对相关内容进行了更新、修改和调整。本教材不仅就客运讲客运，它更关注客运人员应具备的职业素养。力争通过这些内容的学习，学生能达到"服务意识浓、职业形象好、沟通表达强、服务技能佳"的要求，成为精明能干、明礼守信、团结协作、富于创新、服务一线的高技能人才。

(4)突出"学"与"练"。本教材是编写团队职业教育课程教学改革的成果。教材以"课程实践化、实践体系化"为引导，根据学生完成学习任务的需要，设计理论教学内容、实训项目及案例分析等，提高学生的实践技能；每个项目后有能覆盖该项目教学内容的复习思考题以及实践训练，以巩固本项目所学的理论知识和实践技能。

(5)配套资源丰富。本教材配套在线开放课程等丰富助学助教资源，以二维码的形式嵌入视频、动画、微课等，实现教材的立体化，方便学生理解相关知识，以便更深入地学习。使用本教材的教师可利用上述资源在线教学，实现翻转课堂与混合式教学。

(6)校企双元合作。本教材在中国铁路沈阳局集团有限公司的大力支持下，由辽宁铁道职业技术学院、中国铁路沈阳局集团有限公司有关人员合作编写。学校编写教材中学生应掌握的理论知识，企业编写教材中学生应掌握的实践操作内容。通过校企双元合作，明确了教材编写理念：以培养学生职业素养和职业能力为主线，将理论与实践教学融为一体，以职业能力为导向来设计教材内容。

本教材由辽宁铁道职业技术学院王越担任主编，昆明铁道职业技术学院余为红担任副主编，中国铁路沈阳局集团有限公司于文福担任主审。具体编写分工如下：辽宁铁道职业技术学院李美楠编写项目1、项目2，王越编写项目4、项目6，辽宁铁道职业技术学院张敬文编写项目3的单元3.1～单元3.3，辽宁铁路职业技术学院金珊编写项目3的单元3.4～单元3.6，中国铁路沈阳局集团有限公司锦州车务段苏哲峰编写项目5、辽宁铁道职业技术学院万龙编写项目7，余为红编写项目8。

本教材在编写过程中得到中国铁路沈阳局集团有限公司客运部及站段领导的大力帮助，在此深表感谢！

由于编者水平有限，书中难免存在疏漏和不足之处，敬请广大读者批评指正。

编　者
2025年2月

二维码资源列表

序号	名称	二维码图片	序号	名称	二维码图片
1	铁路旅客票价制定		11	《铁路乘车卡使用管理暂行办法》	
2	《铁路旅客票价表》		12	儿童优惠票	
3	客运运价里程的确定		13	学生优惠票(简称学生票)	
4	《铁路客运运价里程表》		14	代用票	
5	确定接算站		15	旅客责任退票	
6	核算旅客票价		16	承运人责任退票	
7	行李包裹运价确定		17	铁路慢火车	
8	《行李包裹运价表》		18	《中长期铁路网规划》(2004 年修编版)规划图	
9	铁路车票认知		19	《中长期铁路网规划》(2016 年修编版)规划图	
10	《铁路旅客电子客票暂行实施办法》		20	铁路客运记录填写方法	

续上表

序号	名称	二维码图片	序号	名称	二维码图片
21	拒绝霸座遵守秩序		33	铁路乘车证样式及规定	
22	误售误购误乘的处理		34	违章使用乘车证的处理	
23	不符合乘车条件的处理		35	新老兵运输	
24	旅客携带品的范围		36	国际旅客联运认知	
25	旅客违章携带物品的处理		37	铁路电报填写方法	
26	行李包裹范围		38	线路中断的处理	
27	行李包裹的托运和承运		39	列车上旅客疾病处理	
28	行李包裹的运送		40	旅客人身伤害事故的处理	
29	行李包裹的交付		41	行包运输事故处理	
30	无法交付物品处理		42	动车组列车发生火灾爆炸时的应急处置	
31	行李包裹的违章运输处理		43	铁路旅客运输计划概述	
32	高铁快运业务		44	客运量预测	

续上表

序号	名称	二维码图片	序号	名称	二维码图片
45	管内客流图的编制		55	北京丰台客运站	
46	旅客列车的运行区段及行车量		56	客运站站房布置要求	
47	客车运行方案图的编制原则		57	客运站流线组织	
48	合理开车范围确定		58	发售车票软件使用	
49	列车运行图		59	旅客服务	
50	旅客列车车底需要数的确定		60	乘务工作组织	
51	票额分配方法		61	动车组列车,靓丽名片	
52	旅客服务系统(一)		62	列车长作业流程	
53	旅客服务系统(二)		63	客运乘务安全工作	
54	旅客服务系统(三)		64	铁路人的责任担当	

目　录

课 程 导 学

我国铁路建设进入一个全面、快速发展的时期。为满足旅客对运输产品的需要，适应竞争激烈的旅客运输市场，铁路运输企业推出了很多客运新产品，促使铁路客运在设施设备和运营管理方面发生了很大的变化。铁路客运岗位是保障铁路旅客高效、安全运输的重要岗位，是铁道交通运营管理专业人才培养主要面向的五大岗位之一。

1. 课程性质

铁路客运组织是职业院校铁道交通运营管理专业的核心专业课。本课程是针对铁路旅客运输部门售票员、客运员、列车员、行李员等关键岗位，经过对企业岗位典型工作任务的调研和分析、归纳总结，为满足铁路售票员、客运员、列车员、行李员等的能力需求而设置的。

2. 课程任务

铁路客运组织课程带领学生学习与铁路旅客运输相关的知识与技能，让学生熟练掌握我国铁路客运组织的基本原理、方法和技能，理解并运用铁路客运规章分析和处理旅客、行李、包裹运输中的问题，正确办理客运作业和业务，获得较强的职业能力，使学生既具备一定的客运理论知识，又具有较强的客运业务技能。通过本课程的学习，学生可基本具备从事售票员、客运员、列车员、行李员等相关岗位所需要的基本职业素质和基本技能，并具有可持续发展的能力。

3. 学习建议

使用本教材学习时，可通过项目中知识重点和项目任务的内容了解每个学习单元的学习重点；可通过课程思政相关视频强化铁路人的职业素养。学习过程中，可查阅教材中以二维码形式展示的视频、动画等数字资源，增强学习的趣味性，加深对所学知识的理解。可通过完成项目后的复习思考题、实践训练，进一步检查对所学知识的掌握情况，巩固相关理论知识和实践技能，明确岗位职责与分工，促进职业素养的养成和专业技术的积累，为实现校园和企业、专业和岗位工作的无缝对接打下基础。

除本教材外，建议配备以下学习资料：

(1)《铁路客运运价里程表》；

(2)《铁路旅客票价表》；

(3)《铁路行包运价表》；

(4)《铁路旅客运输规程》；

(5)《铁路客运运价规则》；

(6)《铁路旅客运输管理规则》；

(7)《铁路旅客运输服务质量规范》等。

为满足铁路客运组织技能训练需求，建议配置以下实训设备：

(1) 自动售票机 1 台；

(2)窗口售票实训工位2个;
(3)双通道自助实名验证机1组;
(4)半自动人工验证机1台;
(5)智能双源安检仪1台;
(6)辅助安检设备若干;
(7)进站检票闸机2台;
(8)出站检票闸机2台;
(9)二氧化碳灭火器、干粉灭火器;
(10)1台教师机及1个班型的学生工位。

为满足铁路客运组织技能训练需求,建议配备以下实训票据、报表:
(1)软纸票;
(2)代用票;
(3)客运运价杂费收据;
(4)客运记录;
(5)铁路电报;
(6)托运单;
(7)行李票;
(8)中国铁路小件货物快运运单;
(9)货签;
(10)安全标志;
(11)铁路旅客人身伤害事故赔偿要求书;
(12)铁路旅客人身伤害事故最终处理决议书;
(13)铁路旅客人身伤害赔付通知书;
(14)列车旅客密度表。

项目1　发 售 车 票

★ 知识重点

1. 旅客票价、行包运价的制定原理。
2. 特定运价及客运杂费的核收规定。
3. 车票的作用和分类。
4. 车票的发售规定。

★ 项目任务

1. 运用《铁路客运运价里程表》《铁路旅客票价表》确定旅客票价。
2. 运用《铁路客运运价里程表》《行李包裹运价表》确定行李、包裹运价。
3. 运用《铁路客运运价里程表》《铁路旅客票价表》办理包车手续。
4. 各种车票的发售方法。
5. 退票的处理方法。

★ 项目准备

1. 参考资料:《铁路旅客运输规程》《铁路客运运价规则》《铁路旅客运输办理细则》《铁路客运运价里程表》《铁路旅客票价表》《行李包裹运价表》、全国铁路客运运价里程接算站示意图、全国铁路客运营业站示意图。

2. 所需票据、报表:软纸票、磁卡票、电子发票、代用票、客运运价杂费收据、退票报销凭证。

3. 所需设备:模拟电子售票机、计算器(算盘)、剪刀。

理论知识

单元1.1　铁路客运运价

我国铁路客运运价包括旅客票价和行李、包裹运价。客运运价与客运杂费构成全部运输费用。国家铁路的旅客票价率及行李、包裹运价率由国务院铁路主管部门拟定,报国务院批准。客运杂费由国务院铁路主管部门规定。

铁路旅客票价是指铁路旅客运输产品的销售价格。旅客票价的高低,对旅客客流、旅客乘车座别以及客运量在各种运输方式之间的分配,都有一定的影响。在确定旅客票价时,必须考虑市场需求、铁路运输供给能力及竞争力等因素。旅客票价按票价结构不同分为普速列车旅客票价和动车组列车旅客票价。列车种类不同,票价结构不同。

铁路旅客票价制定

一、普速列车旅客票价

（一）普速列车旅客票价的分类

普速列车旅客票价根据列车种类、车辆类型、设备条件、客票的使用时间以及减收票价的有关规定分为两大类：一是客票票价，包括硬座、软座客票票价；二是附加票票价，包括加快、卧铺、空调票票价。

（二）普速列车旅客票价的构成要素

1. 票价率与比例关系

普速列车旅客票价以硬座客票票价率为基础。硬座客票票价率是决定全部旅客票价水平最重要的因素。其他各种票价均以它为基准按照旅客运输成本和各列车等级的合理分工制定相应的票价率。

国家铁路的旅客票价率在国务院批准的范围内取值，经国家物价主管部门同意，国务院铁路主管部门可根据运输市场需求等因素浮动价格。对铁路局集团公司管内运行的票价，铁路局集团公司可根据情况自行浮动。

现行硬座客票票价率为0.05861元/(人·km)。不同票种票价率及比例关系见表1-1。

不同票种票价率及比例关系　　表1-1

票种					票价率[元/(人·km)]	比例(%)
基本票	硬座				0.05861	100
	软座				0.11722	200
附加票	加快票	普快			0.011722	20
		快速			按普快票价2倍计算	
	空调票				0.01465	25
	卧铺票	硬卧	开放式	上铺	0.06447	110
				中铺	0.07033	120
				下铺	0.07619	130
			包房式	上铺	按开放式硬卧中铺票价另加30%计算	
				下铺	按开放式硬卧下铺票价另加30%计算	
		软卧	上铺		0.10257	175
			下铺		0.11429	195
		高级软卧	上铺		0.12308	210
			下铺		0.13480	230

2. 普速列车旅客票价里程区段

计算旅客票价时，并不是完全按运输里程一一计算的，而是将运输里程分为若干区段，对同一里程区段，按照每一小区段的中间里程核收同一票价。现行普速列车旅客票价里程区段见表1-2。

普速列车旅客票价里程区段　　表 1-2

里程区段(km)	每小区段里程(km)	区段数	里程区段(km)	每小区段里程(km)	区段数
1～200	10	19	1601～2200	60	10
201～400	20	10	2201～2900	70	10
401～700	30	10	2901～3700	80	10
701～1100	40	10	3701～4600	90	10
1101～1600	50	10	4601 及以上	100	—

计算普速列车旅客票价,除实行票价区段外,同时应考虑运输成本及分流的问题,对票价的计算规定起码里程:客票为 20km,空调票为 20km,加快票为 100km,卧铺票为 400km,特殊区段另有规定者除外。

3. 递远递减率

由于运输成本随运距增加而相应降低,普速列车旅客票价采取递远递减的办法计算,以减轻长途旅客的经济负担。

普速列车旅客票价从 201km 起实行递远递减。现行各里程区段的普速列车旅客票价递远递减率和递减票价率(以硬座票价为例)见表 1-3。

各里程区段的普速列车旅客票价递远递减率和递减票价率　　表 1-3

里程区段(km)	递远递减率(%)	递减票价率[元/(人·km)]	各里程区段全程票价(元)	里程区段累计票价(元)
1～200	0	0.05861	11.722	—
201～500	10	0.052749	15.8247	27.5467
501～1000	20	0.046888	23.444	50.9907
1001～1500	30	0.041027	20.5135	71.5042
1501～2500	40	0.035166	35.166	106.6702
2501 以上	50	0.029305	—	—

(三)普速列车旅客票价的确定

普速列车旅客票价是以每人每千米的票价率为基础,按照旅客旅行的距离和不同的列车设备条件,采取递远递减的办法确定。具体票价以国务院铁路主管部门公布的《铁路旅客票价表》为准。

国家铁路的旅客票价,以 5 角为计算单位,不足 5 角的尾数按 2.5 角以下舍去、2.5 角及以上进为 5 角处理。国家铁路的行李、包裹运价及客运杂费的尾数保留至角。对浮动票价应分别按票种处理尾数。

(四)《铁路旅客票价表》的运用

车站在发售车票时,通常是通过计算机发售车票,遇到特殊情况则根据发、到站间客运运价里程依据《铁路旅客票价表》进行计算。

《铁路旅客票价表》

旅客票价表的查找步骤如下所述。

1. 确定客运运价里程

计算运价所应用的里程,称为运价里程,它是计算运价的依据。运价里

客运运价里程的确定

程分为客运运价里程和货运运价里程。客运运价里程由《铁路客运运价里程表》公布,是计算旅客票价及行李、包裹运价里程的依据,也是查找和确认车站有无营业办理限制的依据。

《铁路客运运价里程表》中所载入的客运营业站,均为国家铁路的正式客运营业站,以及与国家铁路办理直通运输的地方铁路客运营业站、合资铁路客运营业站。

《铁路客运运价里程表》

确定客运运价里程的方法如下:

(1)查找站名。

从站名首字音序索引表、站名首字笔画索引表中,查出“站名索引表”的页数,再从“站名索引表”中查发、到站的站名“里程表”页数,并从站名“里程表”中确认到站有无营业办理限制。

(2)确定接算站

根据旅客乘车径路和乘坐列车车次,从《铁路客运运价里程表》中查出乘车里程,或分段计算出全部乘车里程。如发、到站在同一线路上,用两站到本线路起点或终点的里程相减,即可求出两站间的里程;如发、到站跨及两条及以上线路,应按相关规章规定的接算站接算。

确定接算站

①接算站的定义。接算站是为了将发、到站跨及的两条及以上不同的线路衔接起来,进行里程加总并计算票价和运价的接算衔接点。

②接算站的种类。

a. 大多数接算站是两条及以上线路相互衔接的接轨站,如石家庄站、长春站等。此类接算站,查找、计算里程都较为方便,如图 1-1 所示。

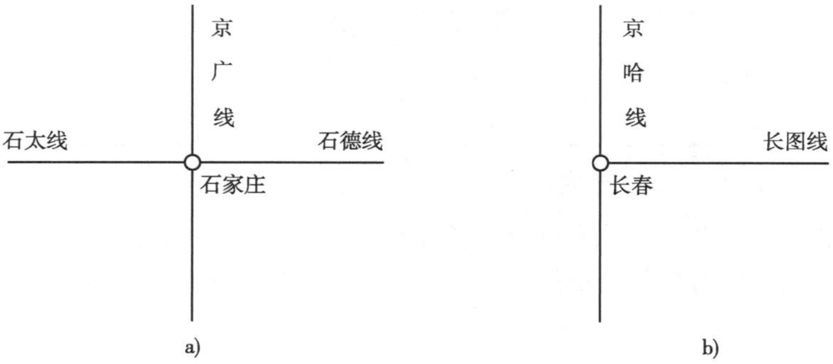

图 1-1 接算站示意图例(一)

b. 部分接算站是接轨站附近的城市所在站(简称城市站)。由于接轨站线路设置、车站设备、列车开行等都受到一定的限制,同时,多数旅客从附近大站乘车,因此,为了铁路工作及旅客乘车的方便,指定城市站为接算站。凡是这样的接算站,接轨站和城市站间要往返乘车,这部分往返里程已列入里程表中,确定运价里程时不再另计。如沈山线与魏塔线的接轨站是塔山站,但接算站为锦州站;京广线与京哈线的接轨站是丰台站,但接算站为北京站,如图 1-2 所示。

c. 个别接算站是以同一城市无线路衔接的车站作为零公里接算站(由于城市建设的关系,车站间未能铺轨连接),为计算里程的方便,规定这些车站为同一接算站。如昆明站与昆明北站,间隔约 5km,视为昆明站与昆明北站相互衔接,为同一接算站,如图 1-3 所示。

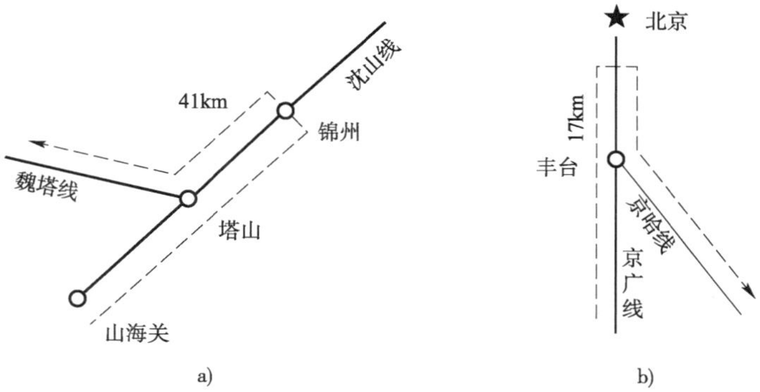

图1-2　接算站示意图例(二)

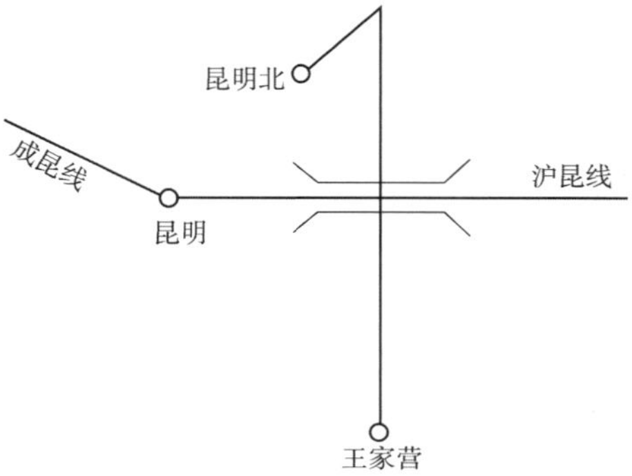

图1-3　接算站示意图例(三)

(3)计算里程。

①发站和到站在同一条线上时,用自本线起点站或终点站至发站和到站的运价里程相减,即可计算出发站至到站的运价里程。

②发站和到站在相互衔接的两条线上时,应分别计算出自发站和到站至该两条线的接算站间的运价里程并相加,即可计算出发站至到站的运价里程。

③发站和到站在不衔接的两条线上,而旅客指定的径路与《铁路客运运价里程表》中的直通运价里程径路相同时,应分别计算出自发站和到站至直通运价里程接算站间的运价里程并相加,即可计算出发站至到站的运价里程。

④发站和到站在不衔接的两条线上,而旅客指定的径路与《铁路客运运价里程表》中的直通运价里程径路不同时,根据规定的或旅客指定的乘车径路和乘坐列车车次,逐段计算出各线的运价里程并相加,即可计算出发站至到站的运价里程。

2. 查找普速列车旅客票价

《铁路旅客票价表》按客车装备分为两部分,分别是非空调列车票价表、空调列车票价表,适用于普通旅客慢车、普通旅客快车、快速旅客列车、特快旅客列车、直达特快旅客列车等非动车组列车(另有规定除外)。

核算旅客票价

在《铁路旅客票价表》中,分票种票价表将客票和附加票票价分别列出,联合票价表列出的则是客票和有关附加票票价相加的结果。

硬座、硬卧统称为硬席,硬席的主票是硬座票。

软座、软卧统称为软席。软席票一般指软座票。

加快票由低到高分为三等,即普通加快票、快速加快票和特别加快票。特别加快票未在《铁路旅客票价表》中列出,特别旅客列车、直达特快旅客列车未核收特别加快票,暂按快速加快票核收。

少数特等软座、高级软卧票价实行市场调节价,未在《铁路旅客票价表》中列出。

普速列车旅客票价根据发、到站间的运价里程、车辆设备以及旅客所购票种,从《铁路旅客票价表》的相应栏内直接查得该票种应收的票价。

二、动车组列车票价

1. 2007—2015 年动车组列车票价的制定

(1)时速 200 ~250km 动车组列车票价。

①公布票价计算公式。

$$二等座车公布票价 = 0.2805 \times (1 + 10\%) \times 运价里程$$

$$一等座车公布票价 = 0.3366 \times (1 + 10\%) \times 运价里程$$

$$特等座公布票价 = 0.2805 \times (1 + 10\%) \times 1.8 \times 运价里程$$

$$商务座公布票价 = 0.2805 \times (1 + 10\%) \times 3 \times 运价里程$$

$$软卧上铺公布票价 = 0.3366 \times (1 + 10\%) \times 1.6 \times 运价里程$$

$$软卧下铺公布票价 = 0.3366 \times (1 + 10\%) \times 1.8 \times 运价里程$$

$$高级软卧上铺公布票价 = 0.3366 \times (1 + 10\%) \times 3.2 \times 运价里程$$

$$高级软卧下铺公布票价 = 0.3366 \times (1 + 10\%) \times 3.6 \times 运价里程$$

一等包座、观光座按商务座公布票价执行。

②票价执行。

动车组票价可按公布票价打折,但应符合下列条件:

a. 根据不同区域、不同季节、不同时段的市场需求,实行不同形式的打折票价。

b. 二等座车公布票价打折后不得低于相同运价里程的新空软座票价。在短途,公布票价低于新空软座票价时,按公布票价执行。70km 及以下运价里程的动车组票价不进行任何形式打折优惠,一律按公布票价执行。

c. 软卧票价打折后不低于相同运价里程的新空软卧票价;高级软卧票价打折后不低于相同运价里程的动车组软卧。

d. 特等座票价打折后不应低于一等座公布票价;商务座、一等包座、观光座票价打折后不应低于特等座公布票价。

e. 经过相同径路、相同站间、相同时段,不同车次应执行同一票价。

f. 同一车次,各经停站在里程上不能倒挂。

g. 一等座车与二等座车的比价在 1∶1.2 ~1∶1.25 之间。

③管理权限。

公布票价由中国国家铁路集团有限公司(简称国铁集团)决定。

折扣票价由铁路运输企业决定,并在公布前 3 天报中国国家铁路集团有限公司备案,但下列情况铁路运输企业要在公布前 10 天报中国国家铁路集团有限公司备案:

a. 跨铁路局集团公司开行的动车组列车；

b. 折扣率需低于 6 折时；

c. 铁路运输企业之间意见有分歧时。

公布票价的折扣率和折后票价由上述车站所在铁路局集团公司提出车次别、发到站的动车组列车点到点票价，协商有关担当铁路局集团公司后，按管理权限执行。

④公布。

按列车开行日期，至少提前 7 天在车站营业场所向旅客公布点到点公布票价，不公布价率。实行打折优惠时，车站除公布票价外，另要及时公布车次别点到点票价的折扣率和折后票价。

公布票价打折时，在票面打印“折”字。

(2) 时速 300 ~ 350km 动车组列车票价。

时速 300 ~ 350km 动车组列车实行试行运价。试行运价水平由相关铁路运输企业按照充分考虑社会承受能力、适当体现优质优价的原则，根据市场供求状况合理确定。具体票价由相关铁路运输企业按规定向社会公布后执行。

2. 2016 年后动车组列车票价的制定

2015 年 12 月，国家发展和改革委员会发布了《关于改革完善高铁动车组旅客票价政策的通知》(发改价格〔2015〕3070 号)，该文件自 2016 年 1 月 1 日起执行，主要内容有：

(1) 对在中央管理企业全资及控股铁路上开行的设计时速 200km 以上的高铁动车组列车一、二等座旅客票价，由铁路运输企业依据价格法律法规自主制定；商务座、特等座、动卧等票价，以及社会资本投资控股新建铁路客运专线旅客票价继续实行市场调节，由铁路运输企业根据市场供求和竞争状况等因素自主制定。

(2) 铁路运输企业制定高铁动车组一、二等座旅客票价时，应当制定无折扣的公布票价(简称公布票价)，同时，可根据运输市场竞争状况、服务设施条件差异、客流分布变化规律、旅客承受能力和需求特点等实行一定折扣，确定实际执行票价。公布票价和实际执行票价要按照明码标价制度规定，及时通过网络和售票窗口等渠道告知旅客。制定公布票价应当在售票前对外公告，调整公布票价应当提前 30 天对外公告。

三、铁路行李、包裹运价

行李包裹运价确定

铁路行李、包裹运价(简称行包运价)是根据运输条件，并参照铁路零担货物运价和民航等其他运输方式的行李、包裹运价而制定的。由于行李、包裹的特点和装载方法等因素，铁路行李车的载重利用率低，而行李车的容量有限，因此，根据行李、包裹的运输条件和与其他运输工具合理分工的原则，行李、包裹运价应高于铁路零担货物运价，但低于民航行李、包裹运价。

(一) 行包运价构成要素

1. 运价率及比例关系

(1) 行李运价率。

行李是旅客凭车票托运的一定限度的旅行必需品。

行李运输随同旅客运输而产生，与旅客运输是不可分割的，旅客不购票乘车，则不产生行李运输。

行李运价率按硬座票价率的1%计算,即每100kg·km行李运价率等于1人·km的硬座基本票价。

行李运价率 = 硬座票价率 ×1% =0.05861 ×1% =0.0005861[元/(kg·km)]

(2)包裹运价率。

包裹是指适合在旅客列车的行李车内运输的工农业生产和人民生活有关的小件急运货物。由于运输速度较快,俗称"快件"。

包裹共分为四类,包裹运价率以三类包裹运价率0.001518[元/(kg·km)]为基准,其他各类包裹运价率则按其加成或减成的比例确定。现行各类包裹运价率及比例关系见表1-4。

各类包裹运价率及比例关系 表1-4

包裹类别	运价率[元/(kg·km)]	运价比例(%)	包裹类别	运价率[元/(kg·km)]	运价比例(%)
三类	0.001518	100	二类	0.0010626	70
一类	0.0003036	20	四类	0.0019734	130

2. 行包运价里程

行李、包裹运价的制定与旅客票价制定方法相同,采用运价区段和递远递减的办法,以减轻长途旅客和托运人的经济负担。

行李运输属于旅客运输部分,所以行李的运价里程区段与旅客票价区段相同,见表1-2。

包裹属于物资运输的范畴,所以包裹运价里程区段另有规定,见表1-5。

计算运价的起码里程:行李为20km;包裹为100km。

包裹运价里程区段 表1-5

里程区段(km)	每区段公里数(km)	区段数	里程区段(km)	每区段公里数(km)	区段数
0001 ~0100	100	1	0601 ~1000	40	10
0101 ~0300	20	10	1001 ~1500	50	10
0301 ~0600	30	10	1501 及以上	100	

3. 递远递减率

行李、包裹运价从201km起实行递远递减。

行李运输属于旅客运输部分,所以行李的递远递减率与旅客票价递远递减率相同。行李运价递远递减率见表1-6。

行李运价递远递减率 表1-6

里程区段(km)	递远递减率(%)	递减运价率[元/(kg·km)]	各里程区段全程运价(元)	里程区段累计运价(元)
0001 ~0200	0	0.0005861	0.11722	—
0201 ~0500	10	0.00052749	0.158247	0.275467
0501 ~1000	20	0.00046888	0.23444	0.509907

续上表

里程区段(km)	递远递减率(%)	递减运价率[元/(kg·km)]	各里程区段全程运价(元)	里程区段累计运价(元)
1001～1500	30	0.00041027	0.205135	0.715042
1501～2500	40	0.00035166	0.35166	0.1066702
2501 及以上	50	0.00029305	—	—

包裹属于物资运输的范畴,所以包裹运价递远递减率另有规定,见表1-7。

包裹运价递远递减率表(以三类包裹运价为例)　　表1-7

里程区段(km)	递远递减率(%)	递减运价率[元/(kg·km)]	各里程区段全程运价(元)	里程区段累计运价(元)
0001～0200	0	0.001518	0.3036	—
0201～0500	10	0.0013662	0.40986	0.71346
0501～1000	20	0.0012144	0.6072	1.32066
1001～1500	30	0.0010626	0.5313	1.85196
1501～2000	40	0.0009108	0.4554	2.30736
2001 及以上	30	0.0010626	—	—

4.计价重量

行李、包裹运价的计价重量以1kg为单位,不足1kg进为1kg,基准重量为5kg。

(二)行李、包裹运价的确定

行李、包裹运价,是以基本运价率乘不递减的区段里程,加上递减运价率乘相适应的区段里程(最后一个区段采用中间里程)得出基本运价,即得1kg的行李、包裹运价基数,在运算过程中,保留三位小数,第四位采取四舍五入原则处理;其他重量的运价,则以1kg的运价基数进行推算,尾数保留到角,分值四舍五入。最后汇总编制1kg的行李、包裹运价表,由国铁集团公布实行。

行包运价公式(以角为单位,角值以下四舍五入):

$$F = Q_{计} \cdot f \tag{1-1}$$

其中,F为运价率;$Q_{计}$为计价重量;f为1kg的运价基数。

(三)《行李包裹运价表》的运用

利用《行李包裹运价表》计算运价时,首先运用《铁路客运运价里程表》查出发站至到站间的运价里程,根据运价里程在《行李包裹运价表》中查出该里程所处里程区段上的1kg运价,最后用查出的1kg运价乘行李、包裹重量得出行李、包裹运费。

(四)行李、包裹运费的核收规定

1.运价里程

行李、包裹的运价里程以《铁路客运运价里程表》为计算依据。

《行李包裹运价表》

(1)行李。

行李运价里程按实际运送径路计算,即按旅客旅行的客票指定的径路计算。但旅客持远径路的客票,要求行李由近径路运送时,如近径路有直达列车,也可以按近径路计算。

(2)包裹。

包裹运价里程按最短径路计算,有指定径路时,按指定径路计算。

对包裹运价里程的规定做如下说明:

①有直达列车的(指挂有行李车,下同),按直达列车径路计算;有多条直达列车径路的,按其中最短径路计算。

②没有直达列车的,按中转次数最少的列车径路计算;中转次数相同的,按最短列车径路计算。

(3)押运包裹。

押运包裹的运价里程按实际运送径路计算。

(4)一段行李、一段包裹。

超过车票终到站以远的行李,应分别按行李、包裹计费径路计算。

2. 计费重量

(1)行李、包裹均按物品重量计算运费,但有规定计价重量的物品按规定计费重量表计价,见表1-8。

(2)行李、包裹基准计费重量为5kg,计价重量以1kg为单位,不足1kg按1kg计算。

(3)在运能不能满足运量要求的情况下,为了保证旅客必需的行李运输,对按行李、包裹托运的物品,除在品名上做了规定外,在重量上也做了一定的限制。旅客托运的行李重量在50kg以内的,按行李运价计算;超过50kg的(行李中有残疾人用车时为75kg),对超过部分按行李运价加倍计算。

规定计费重量表 表1-8

物品名称	计价单位	规定计价重量(kg)	备注
残疾人用车	辆	25	以包裹托运时,按实际重量计算
自行车	辆	25	—
助力自行车	辆	40	含机动自行车
两轮轻型摩托车	辆	50	①含轻骑;②汽缸容量50cm^3以下时
两轮重型摩托车	辆	按汽缸容量每1cm^3折合1kg计算	汽缸容量超过50cm^3时
警犬、猎犬、小家畜	头	20	超重时按实际重量计算

3. 运费计算

行李、包裹的运费按《行李包裹运价表》计算。

(1)旅客凭一张客票只能托运一次行李(残疾人托运残疾人用车不限托运次数),第二次托运行李时,不论第一次重量多少,都按包裹运价计算。

(2)旅客托运行李至客票到站以远的车站时,应分别按行李和包裹运价计算,加总核收。不足基准运费时,分别按基准运费加总计算;高于全程包裹运费时,按全程包裹运费核收。

(3)类别不同的包裹混装为一件时,按其中运价高的计算。

(4)行李、包裹运费按每张票据计算,基准运费为1元。

四、铁路特定运价

特定运价是对一些特殊运输方式和特殊运价区段而制定的客运运价,包括以下两个方面:

(1)包车、租车、挂运、行驶等运价的计价规定;

(2)国家铁路、合资铁路、地方铁路及特殊运价区段间办理直通过轨运输的计价规定。

(一)包车

凡旅客要求单独使用加挂车辆(含普通客车、公务车)或加开专用列车(含豪华列车)时,均按包车办理。包车人应与承运人签订包车合同。签订包车合同时,包车人应预付相当于运输费用20%的定金。

1. 包车运输费用计算

包车或加开专用列车,应按下列标准,根据运行里程(或使用日数)核收票价、运费、使用费、空调费、包车停留费、空驶费及其他费用等,并且包车或加开专用列车的运输费用,在全部运行途中,里程采用通算。

(1)票价。

①座车(含合造车的座车部分),按座车种别、定员核收全价客票票价。

成人与儿童(包括享受减价优待的学生、伤残军人等)混乘一辆包车时,按票价高的核收,如实际乘车人数超过定员时,对超过的人数按实际分别核收全价或半价客票票价。

②卧车(含合造车的卧车部分),按卧车种别、定员核收客票及卧铺票的全价票价。

③公务车,按40个定员核收软座客票及高级软卧票(上、下铺各1/2)的全价票价。

④豪华列车,每辆按32个定员核收软座客票及高级软卧票(上、下铺各1/2)的全价票价。

⑤棚车代用客车,按车辆标记载重计算定员(每吨按1.5人折算)核收棚车客票票价。

包用的客车、公务车加挂在普通快车、快速列车上或加开的专用列车、豪华列车按上述等级的快车速度运行时,都应根据核收客票票价人数核收相应的加快票价。途中发生中转换挂(或开行)不同列车等级时,按首次挂运(或开行)的列车等级核收加快票价。

(2)运费。

行李车(含合造车的行李车部分),按车辆标记载重核收行李或包裹运费。用棚车代用行李车时,按行李或包裹的实际重量核收行李或包裹运费,起码计费重量按标记载重的1/3计算(不足1t的尾数进整为1t)。行李、包裹混装时,按其中运价高的核收。

(3)使用费和空调费。

①使用费。娱乐车、餐车按每日每辆核收使用费,餐车合造车减半核收使用费,不足整日按整日计算。

②空调费。包用车辆使用空调设备时,还应按核收客票票价的人数核收空调费。娱乐车、餐车的空调费按使用费的25%计算(以元为单位,角值四舍五入)。

(4)包车停留费。

包车停留费是指包车或加开的专用列车,根据包车人提出的要求,在发站、中途站、折返站停留时(因换挂接续列车除外)所应付的费用。

包车停留费按每日每辆核收,并根据产生停留的自然日计算,即自0:00起至24:00止为1日,停留当日不足12h减半核收。

包车停留费,根据运输成本并考虑降低计费标准、简化手续等要求,将各种不同车辆予以归类。每一个类别,规定统一的收费标准,现行的车辆被归为4类:

①娱乐车、餐车每日每辆5000元,餐车合造车每日每辆2500元,同时发生使用费时只收一项整日使用费。

②公务车、豪华列车每日每辆3300元。

③软座车、软卧车、软硬卧车、硬卧车、软座硬卧合造车每日每辆1800元。

④硬座车、行李车、软硬座合造车、行李邮政车、软座行李合造车、硬座行李合造车每日每辆1400元。

(5)空驶费。

空驶费是指包车人指定要在某日包用某种车辆,而乘车(装运)站没有所需车辆,须从外地(车辆所在站)向乘车(装运)站空送时,以及用完后回送至车辆原所在站时,所产生空驶应付的费用。

对车辆空驶区段(按最短径路并采取里程通算),不分车种,每车每千米核收空驶费3.458元,但棚车不收空驶费。

(6)服务费。

包用公务车、豪华列车时,按车票票价的15%核收服务费。

(7)欠编费。

包用专用列车、豪华列车时,当编组辆数不足12辆时,应按实际运行日数,每欠编一辆每日核收欠编费850元,当日不足12h则减半核收。

(8)加开专用列车、豪华列车时,隔离车或宿营车不另计费。如用隔离车装运行李、包裹时,应核收包车运费。

(9)包车全部运行途中,里程采取通算。

2. 包车变更费用的计算

包车人包用的车辆,由于某种原因需要变更时,可以办理包车变更。但包车人在交付运费前取消用车计划时,定金不退。如已交运费,则按下列规定办理:

(1)包车人在始发站停止使用时,除退还已收空驶费与已产生的空驶区段往返空驶费差额外,其他费用按以下方式计算:

①开车前48h(包括48h)之前,退还全部费用,核收票价、使用费、运费的10%的停止使用费。

②开车前6~48h退还全部费用,核收票价、使用费、运费的20%的停止使用费。

③开车前不足6h退还全部费用,核收票价、使用费、运费的50%的停止使用费。

④开车后要求停止使用时,只退还尚未产生的包车停留费。

(2)包车人在始发站延期使用。

①在开车前6h(包括6h)之前提出时,按规定核收包车停留费。

②在开车前不足6h提出时,核收票价、使用费、运费50%的延期使用费,并重新办理包车手续。

(3)包车人在中途站延长使用区段或延长停留时间时,需经中途变更站报请铁路局集团公司同意后，核收票价、运费、使用费或包车停留费。

中途缩短停留时间或缩短使用区段时，所收费用不退。

(4)包车人在中途站要求变更径路时，应补收新旧径路里程的票价、运费差额。要求变更到站时，应补收自变更站至新到站与自变更站至原到站的票价、运费差额。

变更径路、到站均不退还票价、运费差额。

如包车中承运人违约，应双倍返还定金。

(二)租车及租用、自备车辆挂运和行驶

1. 租车

租车人向承运人租用客运车辆时，租用人应与承运人签订租车合同。厂矿、企业等单位租用铁路客车在本单位使用时，按包车停留费标准，按日核收租车费。单独租用发电车时，租车费每日每辆为5000元。

2. 挂运

企业自备机车车辆或租用车，利用承运人动力在国家铁路的旅客列车或货物列车中运行时，按下列标准核收挂运费。

(1)空车：不分车种，按每轴每千米0.534元核收。在客运列车中挂运的空客车随车押运人员应购买所挂列车等级的硬座票，随货物列车挂运的空客车的随车押运人员按货运押运人收费标准核收押运费。

(2)重车。

①客车：按标记定员票价的80%核收。

②行李车：按标记载重及所装行李或包裹品类运费的80%核收。

③餐车、娱乐车、发电车：按租车费的80%核收。

3. 行驶费

企业自备动力牵引租用客车或企业自备车，利用国家铁路线路运行时，不论空车或重车，均按每轴(含机车轴数)每千米0.468元核收行驶费。

铁路机车车辆工厂(包括车辆研究所)新造车或检修车出厂在正式营业线上进行试验时，同样收取挂运费和行驶费。

军运、邮政部门租车和自备车辆挂运及行驶，按军运和邮运有关规定办理。

租车费、挂运费、行驶费均以元为单位，角值四舍五入。

4. 过轨运输

国家铁路、合资铁路、地方铁路及特殊运价区段间相互办理直通旅客、行包运输业务为过轨运输。在办理旅客直通运输时应分别按各段里程计算客运运价，加总核收。国家铁路涉及几个地段时，里程采取通算。上述各段由于分段计算，有不足起码里程区段时，按起码里程计算，但卧铺票票价按表1-9所列比例计算。

占400km卧铺票票价比例表　　表1-9

里程(km)	占400km卧铺票票价的比例(%)	里程(km)	占400km卧铺票票价的比例(%)
001～100	25	201～300	75
101～200	50	301～400	100

客运杂费按实际产生的核收。

单元1.2　客运杂费

客运杂费是指在铁路运输过程中,除去旅客车票票价、行李(包裹)运价、特定运价以外,铁路运输企业向旅客、托运人、收货人提供的辅助作业、劳务及物耗等所收的费用。

一、客运杂费的种类

1. 付出劳务所核收的费用

该费用包括搬运费、送票费、接取送达费、手续费、行李(包裹)变更手续费、查询费、装卸费等。

核收这类费用,是因为旅客或托运人、收货人提出要求,为其提供特殊服务而收取。

2. 违反运输规定所核收的费用

该费用包括各种无票乘车加收的票款及违章运输加倍补收的运费等。

为了维护车站、列车(简称站、车或站车)秩序,对无票乘车或者持失效车票乘车的人员,应根据《中华人民共和国铁路法》及客运规章有关规定加收票款。

3. 使用有关单据及其他用品所核收的物耗费用

该费用包括货签费、安全标志费、其他用品费等。对这类费用应本着为人民服务的精神,适当核收。

4. 为加强资金与物资管理所核收的费用

该费用包括迟交金、保价费、保管费等。这类费用是按照有关款额的百分比或保管的日数进行计算收取的。

二、客运杂费收费标准

对于客运杂费的收费项目和收费标准,根据《中华人民共和国铁路法》规定,由国务院铁路主管部门制定。客运杂费收费项目和收费标准见表1-10。

客运杂费收费项目及收费标准　　表1-10

收费项目		计费条件	收费标准	备注
1	站台票		1元/张	
2	手续费	列车上补卧铺	5元/人次	同时发生时,按最高标准收一次手续费
		其他	2元/人次	
3	退票费	按每张车票面额计算	5%~20%(以5角为单位,尾数小于2.5角的舍去、2.5角以上且小于7.5角的进为5角、7.5角以上的进为1元)	最低按2元计收
4	送票费	送到集中送票点	3元/人次	—
		送到旅客所在地	5元/人次	

续上表

收费项目		计费条件	收费标准	备注
5	标签费	货签费	0.5 元/个	—
		安全标志费	0.20 元/个	
6	行李、包裹变更手续费	装车前	5 元/票次	—
		装车后	10 元/票次	
7	行李、包裹查询费	行李、包裹交付后，旅客或收货人还要求查询时	5 元/票次	—
8	行李、包裹装卸费	从行李房收货地点至装上行李车，或从行李车卸下至交付地点，各为一次装卸作业	2 元/件次	超过每件规定重量的按其超重倍数增收
9	行李、包裹保管费	超过免费保管期限，每日核收	3 元/件	超过每件规定重量的按其超重倍数增收
10	行李、包裹搬运费	从车站广场停车地点搬运至行包房办理处或从行包交付处搬运至广场停车地点各为一次搬运作业；由汽车搬上、搬下时，每搬一次，另计一次搬运作业	1 元/ 件次	超过每件规定重量的按其超重倍数增收
11	行李、包裹接取送达费	接取、送达各为一次作业，每 5km（不足 5km 的按 5km 计算）核收	5 元/件次	超过每件规定重量的按其超重倍数增收
12	携带品暂存费	每日核收	3 元/件	每件重量以 20kg 为限，超重时按其超重倍数增收
13	携带品搬运费	从车站广场停车地点搬运至站台或从站台搬运至广场停车地点各为一次搬运作业。由火车或汽车搬上、搬下时，每搬一次，另计一次搬运作业	2 元/件次	每件重量以 20kg 为限，超重时按其超重倍数增收

单元1.3　车　　票

一、铁路旅客运输合同

（一）含义

铁路旅客运输合同是明确铁路运输企业与旅客之间权利义务关系的协议。起运地承运人依据本规程订立的铁路旅客运输合同对所涉及的承运人具有同等约束力。

铁路旅客运输合同从售出车票时起成立，至按票面规定运输结束旅客出站时止，为合同履行完毕。旅客运输的运送期间自检票起至到站出站时止计算。旅客自行中途下车，出站时铁路旅客运输合同履行终止。

（二）基本凭证

车票是铁路旅客运输合同的凭证，可以采用纸质形式或者电子数据形式，除车票外，还有铁路乘车证和特种乘车证。特种乘车证包括：

铁路车票认知

（1）全国铁路通用乘车证。

（2）部分机要部门使用的软席乘车证（限乘指定的乘车位置）。

（3）邮政部门使用的机要通信人员免费乘车证，包括押运员、检察员（只限乘坐邮车及铁路指定的位置）。

（4）邮局押运人员免费乘车证（只限乘坐邮车及铁路指定的位置）。

（5）邮局视导员免费乘车证（只限乘坐邮车及铁路指定的位置）。

（6）口岸站的海关、边防军、银行使用的往返免费乘车书面证明。

（7）我国铁路邀请的外国铁路代表团使用的中华人民共和国铁路免费乘车证。

（8）用于到外站装卸作业及抢险的调度命令。

另外，为了加强对铁路运输企业执行国家政策法令的监督，国务院铁路主管部门邀请的其他政府部门和新闻单位检查铁路工作时，凭“全国铁路免费乘车证”可乘坐除国际旅客列车以外各种等级、席别的列车。“全国铁路免费乘车证”由国务院铁路主管部门制发及管理。

（三）车票主要信息

车票（特殊票种除外）主要信息应包含：

（1）发站和到站站名；

（2）车厢号、席位号、席别；

（3）票价；

（4）车次；

（5）乘车日期和开车时间；

（6）有效期；

（7）旅客身份证件信息。

一般应当载明发站、到站、车次、车厢号、席别、席位号、票价、开车时间等主要信息。

（四）车票有效期

（1）除有效期有其他规定的车票外，车票当日当次有效。旅客自行中途上车、下车的，未乘区间的票款不予退还。

（2）铁路运输企业开办定期票、计次票、乘车卡等多种业务时，具体售票、改签、退票、检票和行李托运等业务规则由开办业务的铁路运输企业另行规定。

（3）车票票价为旅客购票时的适用票价，铁路运输企业调整票价时，已售出的车票不再补收或退还票价差额。

二、有效身份证件

车票应通过铁路运输企业提供的车站售票窗口、自动售票机、中国铁路12306网站（含铁路12306移动端，以下简称12306网站）、订票电话或铁路车票销售代理人的售票处购买，旅客应按约定支付运输费用。购票后应核对票、款，妥善保管车票信息及购票时所使用的有效身份证件。

（1）通过车站售票窗口、铁路车票销售代理人的售票处购票或列车上购票、补票时，可以使用的有效身份证件包括：中华人民共和国居民身份证（含中华人民共和国临时居民身份证），居民户口簿，中华人民共和国护照，中华人民共和国出入境通行证，中华人民共和国旅行证，新生儿出生医学证明，军官证、警官证、文职干部证、义务兵证、士官证、文职人员证，海员证，以及公安机关出具的临时乘车身份证明；中华人民共和国港澳居民居住证，中华人民共和国台湾居民居住证，港澳居民来往内地通行证，往来港澳通行证，大陆居民往来台湾通行证，台湾居民来往大陆通行证；外国人永久居留身份证，外国人护照，外国人出入境证，公安机关出具的外国人签证证件受理回执、护照报失证明，各国驻华使领馆签发的临时性国际旅行证件（应当附具公安机关签发的有效签证或者停留证件）。

（2）通过12306网站、订票电话购票时，可以使用的有效身份证件包括：中华人民共和国居民身份证（含中华人民共和国临时居民身份证），中华人民共和国护照；中华人民共和国港澳居民居住证，中华人民共和国台湾居民居住证，港澳居民来往内地通行证，台湾居民来往大陆通行证；外国人永久居留身份证，外国人护照。

（3）通过自动售票机购票时，可以使用的有效身份证件包括：中华人民共和国居民身份证、中华人民共和国护照、中华人民共和国港澳居民居住证、中华人民共和国台湾居民居住证、港澳居民来往内地通行证、台湾居民来往大陆通行证、外国人永久居留身份证。

三、乘车凭证

（1）纸质车票，是指由承运人出具载明乘车日期、车次、发站、到站、票价等主要内容的纸质乘车凭证，它也可用作报销凭证。纸质车票票样如图1-4所示。

（2）电子车票，是指以电子数据形式载明乘车日期、车次、发站、到站、票价等主要内容的铁路旅客运输合同，铁路电子车票信息单和报销凭证票样如图1-5所示。

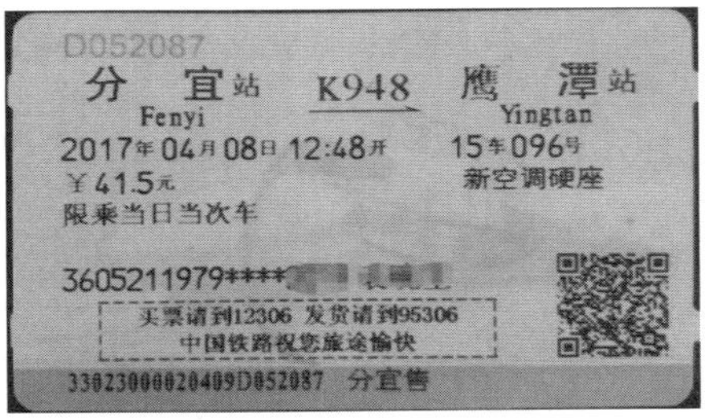

图1-4　纸质车票票样

a)铁路电子车票信息单　　b)报销凭证

图1-5　铁路电子车票购票信息单和报销凭证票样

(3)铁路乘车卡,是指内装磁介质或集成电路芯片、通过自动检票机(闸机)记录旅客乘车信息的乘车凭证,如图1-6所示。

图1-6 中铁银通卡票样

(4)铁路职工乘车证。铁路职工乘车证分为9类,持有各种铁路乘车证的铁路员工允许乘坐动车组二等车,但须办理签证后乘车。

(5)代用票,如图1-7所示。

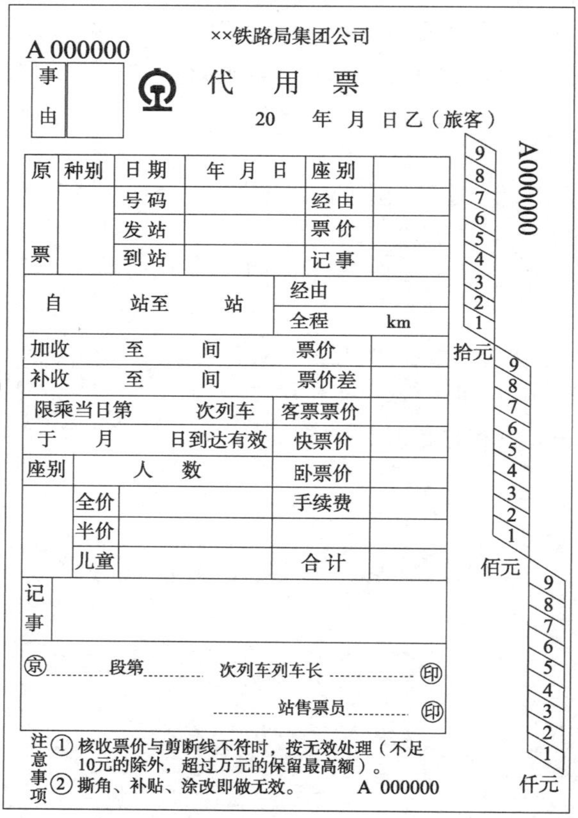

××铁路局集团公司

A 000000

事由

代 用 票

20 年 月 日乙(旅客)

原票	种别	日期	年 月 日	座别	
		号码		经由	
		发站		票价	
		到站		记事	
自 站至 站				经由	
				全程 km	
加收 至 间				票价	
补收 至 间				票价差	
限乘当日第 次列车				客票票价	
于 月 日到达有效				快票价	
座别	人 数			卧票价	
	全价			手续费	
	半价				
	儿童			合计	
记事					

京……段第……次列车列车长……印

……站售票员……印

注意事项 ①核收票价与剪断线不符时,按无效处理(不足10元的除外,超过万元的保留最高额)。②撕角、补贴、涂改即做无效。 A 000000

A000000

拾元 9 8 7 6 5 4 3 2 1

佰元 9 8 7 6 5 4 3 2 1

仟元 9 8 7 6 5 4 3 2 1

120毫米×185毫米

图1-7 代用票样张

(6)餐饮、保洁添乘证。餐饮、保洁企业应当遵守车站、列车和动车段(所)有关管理制度,加强对现场服务质量的监督检查。登乘列车监督检查应持有"动车组餐饮保洁专用添乘证"(图1-8)供车站查验。监督检查应有检查记录。

遇特殊情况需要餐饮、保洁人员便乘接车时，应当由铁路局集团公司客运管理部门填发“餐饮保洁人员便乘单”乘车。持“餐饮保洁人员便乘单”乘车的人员不得与旅客争座位。

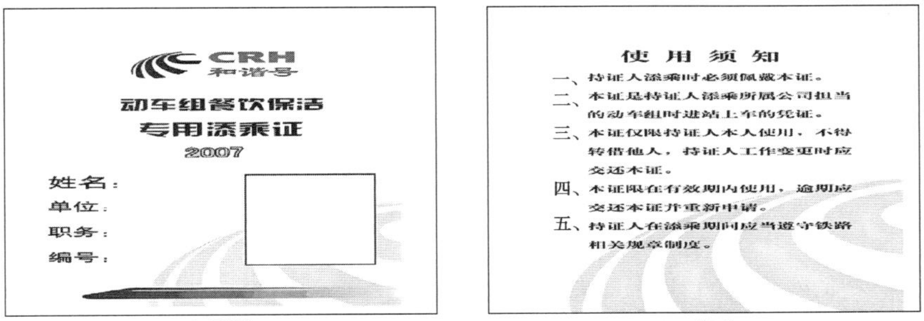

a) 正面　　b) 背面

图1-8　动车组餐饮保洁专用添乘证

“动车组餐饮保洁专用添乘证”由铁路局集团公司客运管理部门填发，限登乘本铁路局集团公司担当的列车。

(7)登乘证。

为进一步规范动车组列车登乘人员管理，国铁集团明确以下要求：

①各铁路局集团公司明确一名领导负责动车组列车登乘人员管理工作，审核动车组列车登乘人员，签发“动车组列车登乘证”，并指定相关部门备案。

②铁路运输各专业和安监、公安、卫生等各部门人员须登乘动车组列车检查、试验时，必须办理由本铁路局集团公司签发的“动车组列车登乘证”，并主动向动车组列车乘务人员出示此证；动车组列车乘务人员必须严格查验“动车组列车登乘证”，登乘证不安排座席，无证不准登乘动车组列车。

③各铁路局集团公司自行设计“动车组列车登乘证”(定期、临时)式样，并及时送交相关动车组列车担当乘务单位，以便日常乘务管理工作的进行。

(8)高铁动车组列车登乘证。

铁路运输企业各单位持各类检查证件一律不得登乘时速300km以上动车组列车。铁路运输各专业和安全监察、收入稽查、路风监察、公安、卫生等各部门人员须登乘时速300km以上动车组列车检查的，必须经铁路局集团公司审查并报国铁集团相关主管部门备案后，由本铁路局集团公司核发“高铁动车组列车登乘证”(图1-9)。持“高铁动车组列车登乘证”上车添乘检查的人员不能办理签证，不得干扰旅客，不得与旅客争座位。

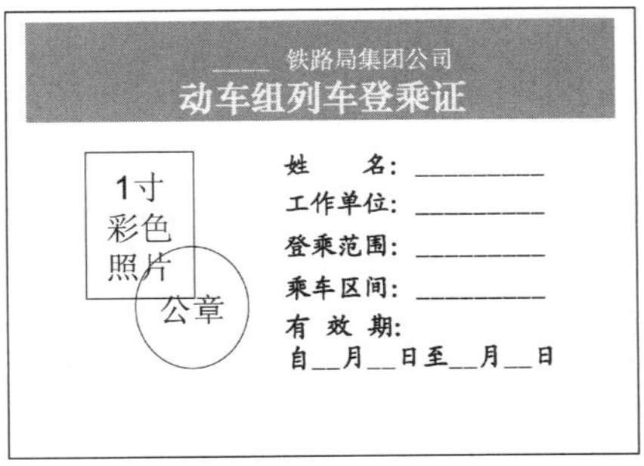

图1-9　高铁动车组列车登乘证样张

四、车票的作用和分类

《铁路旅客电子客票暂行实施办法》

(一)作用

(1)旅客乘车的凭证。

(2)旅客和铁路缔结运输合同发生运输关系的依据。

(3)旅客支付票价的依据。

(二)分类

车票是旅客乘车票据的总称。其分类情况如下:

1. 按用途分

(1)客票,包括软座、硬座客票。

(2)附加票,包括加快票、空调票、卧铺票。附加票是客票的补充部分,可以与客票合并发售,但除儿童外不能单独使用。

2. 按车票载体呈现形式分

(1)纸质车票,包括电子车票购票信息单和报销凭证以及根据需要临时填发的代用票、区段票(图1-10)等。

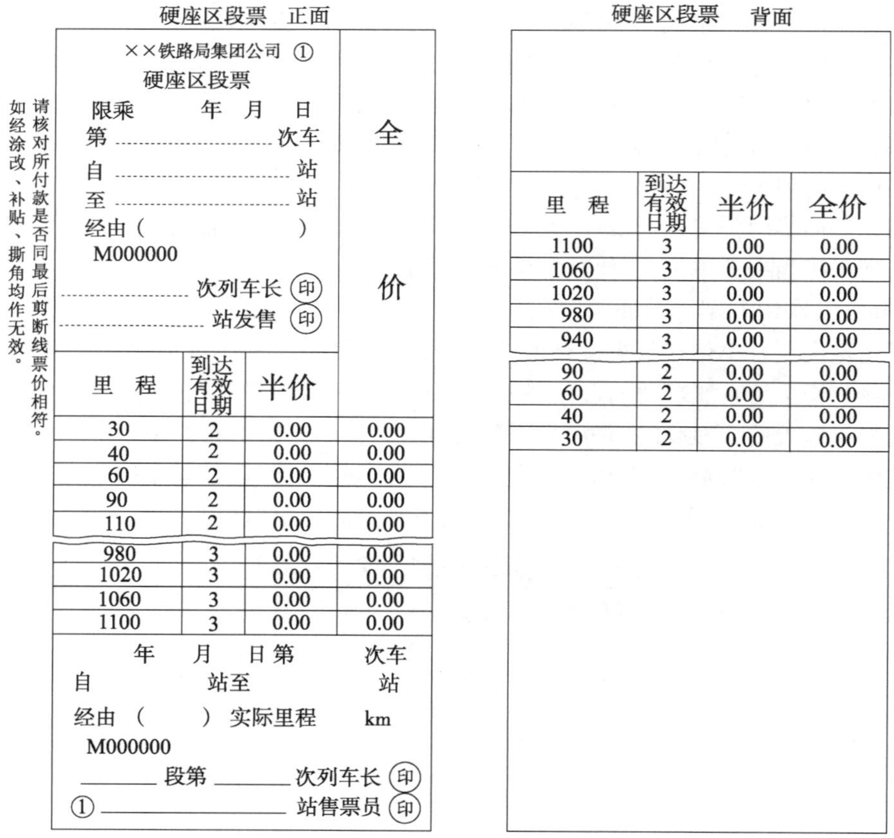

硬座区段票　正面

请核对所付款是否同最后剪断线票价相符。
如经涂改、补贴、撕角均作无效。

××铁路局集团公司 ①
硬座区段票
限乘　年　月　日
第 ...... 次车
自 ...... 站
至 ...... 站
经由(　　)
M000000
...... 次列车长 (印)
...... 站发售 (印)

里程	到达有效日期	半价	全价
30	2	0.00	0.00
40	2	0.00	0.00
60	2	0.00	0.00
90	2	0.00	0.00
110	2	0.00	0.00
980	3	0.00	0.00
1020	3	0.00	0.00
1060	3	0.00	0.00
1100	3	0.00	0.00

年　月　日第　次车
自　站至　站
经由(　)实际里程　km
M000000
______段第______次列车长 (印)
① ______站售票员 (印)

硬座区段票　背面

里程	到达有效日期	半价	全价
1100	3	0.00	0.00
1060	3	0.00	0.00
1020	3	0.00	0.00
980	3	0.00	0.00
940	3	0.00	0.00
90	2	0.00	0.00
60	2	0.00	0.00
40	2	0.00	0.00
30	2	0.00	0.00

图1-10　区段票样张

(2)电子车票,是指以电子数据形式载明的主要乘车信息。

(3)铁路乘车卡。

3. 按车票的内容分

目前,中国国家铁路集团有限公司发售的车票按其票价结构可分为:

(1)普速列车车票。普速列车票价结构相对复杂,车票的内容比较丰富,可分为客票和附加票两大部分。

(2)动车组列车车票。动车组列车票价结构相对简单,每个车厢席位等级对应一个票价率,票价按照发到站间里程与票价率相乘得出。

4. 按特殊用途分

(1)铁路乘车证。

(2)特种乘车证。

(3)全国铁路免费乘车证。

(4)国际旅客联运车票。

单元1.4　车票的发售规定

铁路运输企业应当按照《中华人民共和国反恐怖主义法》《铁路安全管理条例》《铁路旅客车票实名制管理办法》等规定,实施车票实名制管理。

一、发售车票的基本规定

(1)旅客应向铁路运输企业提供真实有效的联系方式。

(2)发售实名制车票时,铁路运输企业可以记录、保存并在铁路服务过程中使用旅客信息、联系方式,按国家规定承担相应的保密义务。

《铁路乘车卡使用管理暂行办法》

(3)车票最远发售至本次列车终到站。铁路运输企业另有规定的票种除外。

(4)在无人售票的乘降所上车的人员,可在列车内购票。

(5)铁路运输企业发售车票时,根据旅客需要提供载有车票主要信息的"行程信息提示"。通过12306网站购票时,"行程信息提示"可通过网站自行打印或下载。如需报销凭证的,应在开车前或乘车日期之日起180日以内,凭购票时所使用的有效身份证件到车站售票窗口、自动售票机换取。"行程信息提示"和报销凭证不能作为乘车凭证使用。

二、儿童优惠票(简称儿童票)

儿童优惠票

(1)享受儿童票的条件。

①实行车票实名制时,年满6周岁且未满14周岁的儿童,随同成年人旅客旅行。

②未实行车票实名制时,身高1.2米且不足1.5米的儿童,随同成年人旅客旅行。

(2)优惠票种:客票、加快票及空调票。

普速旅客列车儿童票可享受客票、加快票和空调票的优惠,儿童票票价按相应客票和附加票票价的50%计算,动车组儿童票票价均以公布票价为基础计算。儿童年龄按乘车日期计算。

(3)办理限制。

①承运人一般不接受儿童单独旅行(乘坐旅客列车通勤上学的学生和铁路运输企业同意在旅途中监护的除外)。

②儿童优惠票的乘车日期、车次及席别应与同行成年人所持车票相同,到站不得远于成年人的车票到站。

③实行车票实名制时,年满14周岁的儿童,应当购买全价票。未实行车票实名制时,身高达到1.5米的儿童,应当购买全价票。

(4)免费乘车的规定。

①实行车票实名制时,每一名持票成年人旅客可以免费携带一名未满6周岁且不单独占用席位的儿童乘车;超过一名时,超过人数应当购买儿童优惠票。

②未实行车票实名制时,每一名持票成年人旅客可以免费携带一名身高未达到1.2米且不单独占用席位的儿童乘车;超过一名时,超过人数应当购买儿童优惠票。

③享受免费乘车的儿童单独占用席位时,应当购买儿童优惠票。

④旅客携带免费乘车儿童时,应当在购票时向铁路运输企业提前申明,购票申明时使用的免费乘车儿童有效身份证件为其乘车证明。

(5)乘坐卧铺的规定。

①免费乘车及持儿童票乘车的儿童单独使用卧铺时,应另收全价卧铺票票价,有空调时还应另收半价空调票票价。

②成人带儿童或儿童与儿童可共用一个卧铺。

为测量儿童的身高,在售票窗口、检票口、出站口、列车端门口应涂有测量儿童身高的标准线。

三、学生优惠票(简称学生票)

学生优惠票(简称学生票)

(1)购买学生票的条件:在全日制高等学校(含国务院教育行政部门、省级人民政府审批设置的实施高等学历教育的民办学校),承担研究生教育任务的科学研究机构,军事院校,普通中、小学和中等职业学校(含有实施学历教育资格的公办、民办中等专业学校、职业高中、技工学校)就读的学生、研究生,家庭居住地和学校所在地不在同一城市时。

(2)优惠票种:硬座客票、加快票和空调票。

学生优惠票限于使用普通旅客列车硬座、硬卧和动车组列车二等座。普速旅客列车学生票可享受硬座客票、加快票和空调票的优惠,学生票票价按相应客票和附加票票价的50%计算,动车组学生票其票价均以公布票价为基础计算。

(3)购票凭证及使用次数。

①附有标注减价优惠区间和火车票学生优惠卡的学生证:每学年可购买家庭居住地至院校(实习地点)所在地之间四次单程的学生优惠票。

②中、小学生:凭加盖学校公章的书面证明可以购买学生票。

③新生录取通知书:新生入学当年可在接到录取通知书地点所在站使用一次。

④应届毕业生：凭学校书面证明当年可购买一次学生优惠票。

(4)发售学生票的规定。

①学生证应当附有国务院教育行政部门认可的优惠乘车凭证，优惠乘车凭证需要载明学生照片、姓名、有效身份证件号码、优惠乘车区间、入学日期、优惠乘车次数、院校公章等信息。

②学生每学年乘车前应通过12306网站或到车站指定售票窗口或自动售票机办理学生优惠资质核验手续，办理时应出具本人有效身份证件和学生证(附有火车票学生优惠卡)。没有火车票学生优惠卡，火车票学生优惠卡所载信息不全、不能识别或者与学生证记载不一致的，无法通过学生优惠资质核验。

未办理或未通过优惠资质核验购买学生优惠票乘车时，列车应先办理补收票价差额手续，开具客运记录。旅客到站后可凭车补车票、学生证和购票时所使用的有效身份证件(列车如开具纸质客运记录，还应携带纸质客运记录)，30日以内到车站售票窗口办理资质核验和退票手续。车站核实学生所购学生优惠票符合有关规定后，为其办理资质核验，扣减学生火车票优惠卡次数，退还车补车票票款，不收退票费。

③学生证的减价优惠区间变更时，应重新加盖院校公章，并修改火车票学生优惠卡内相关信息。

④学生优惠票根据减价优惠区间按相对近径路或合理径路发售。在减价优惠区间内购买联程车票时，扣减一次优惠乘车次数，超过减价优惠区间的，不发售学生优惠票。

⑤学生证记载的车站是没有快车或直通车停靠的车站时，离该站最近的大站(可以超过学生证规定的区间)可以发售学生票。

⑥持学生证要求使用软席，应全部购买全价票，不再享受减价待遇。中转换乘时，全程发售学生票，软席区间另收全半差价。

⑦优惠乘车次数按学年使用有效，当学年不能使用下一学年的次数，当学年未使用的不能留作下学年使用。

⑧华侨学生和港澳台学生可购买学校所在地车站至口岸城市车站间的学生优惠票。铁路运输企业另有规定的除外。

⑨符合减价优待条件的学生无票乘车时，除补收票款外，同时应在减价优待证上登记盖章，作为登记一次乘车次数。

⑩下列情况不能发售学生票：

a.学校所在地有学生父或母其中一方时。

b.学生休学、复学、转学、退学时。

c.学生往返于学校与实习地点时。

d.学生证未按时办理学校注册的。

e.学生证优惠乘车区间更改但未加盖学校公章的。

f.没有"火车票学生优惠卡"或"火车票学生优惠卡"所载信息不全、不能识别或者与学生证记载不一致的。

四、伤残军人优待票

(1)条件：中国人民解放军、中国人民武装警察部队、中国人民警察和国家综合性消防救援队伍因伤致残的人员。

(2)凭证:“中华人民共和国残疾军人证”“中华人民共和国伤残人民警察证”“国家综合性消防救援队伍残疾人员证”。

(3)优待票种:客票和附加票。

普速旅客列车残疾军人票(简称残疾军人票)可享受客票和附加票的优惠,残疾军人票票价按相应客票和附加票票价的50%计算,动车组残疾军人票其票价均以公布票价为基础计算。

“中华人民共和国残疾军人证”“中华人民共和国伤残人民警察证”“国家综合性消防救援队伍残疾人员证”由国家有关部门颁发,铁路运输企业有权进行核对。持有其他抚恤证的人员,如革命军人残废证等,均不能享受减价待遇。

五、团体旅客票

(1)定义:凡20人及其以上乘车日期、车次、到站、座别相同的旅客可作为团体旅客。

(2)团体旅客车票的发售规定。

①应优先安排,满20人时,给予免收1人优惠;20人以上时,每增加10人,再免收1人。但春运期间(起止日期以春运文件为准)不予优惠。

②优惠时,团体旅客中有分别乘坐座、卧车或成人、儿童同一团体时按其中票价高的免收。

六、代　用　票

代用票

代用票是根据需要临时填发的票据。

1. 代用票使用的条件

遇有下列情况时应填写代用票:

(1)计算机或移动售票机发生故障时;

(2)包车;

(3)误售、误购车票补收差价。

2. 代用票填写方法

(1)代用客票、加快票、卧铺票、空调票、包车票、团体票时。

①事由栏,为了填记简便,可按规定的略语填写(同时办理两种以上内容时,应分别填写事由)。

代用客票——“客”。

代用普通加快票——“普快”。

代用快速加快票——“快速”。

代用特别加快票——“特快”。

代用客快联合票——“客快”。

代用客快速联合票——“客快速”。

代用客特快联合票——“客特快”。

代用卧铺票——“卧”。

代用客快卧联合票——“客快卧”。

代用客快速卧联合票——“客快速卧”。

代用客特快卧联合票——“客特快卧”。

代用空调票——“空调”。

办理包车票——“包车”。

办理团体票——“团体”。

②原票栏，不用填写。

③人数栏，应按实际收费人数，分别用大写数字填写，不用栏用“#”符号抹消。办理包车票，如实际乘车人数不足车辆定员数时，填记定员人数（即收费人数）。

④票价栏，按收费种别，分别在适当栏内填写。其他费用应在空白栏内注明收费种别和款额，不用栏画斜线。合计栏为所收款额总计。卧铺栏前加“上、中、下”字样，加快栏前加“普、快速、特”等字样。

⑤记事栏，办理包车票时，应注明包车的车种、车号和定员数。办理团体旅客票时应注明团体旅客证的起止号码。代用学生、伤残军人减价票时，应注明㊫、(残)字样及证件号码。

（2）办理变更径路、变更座席、变更卧铺、越站乘车、旅客分乘、误售误购、误撕车票、退加快票、退卧铺票、改乘高等级列车时：

①事由栏，按规定略语填写。

变更座别——“变座”。

变更铺别（包括软座变硬卧）——“变铺”。

变更径路——“变径”。

越站乘车——“越站”。

旅客分乘——“分乘”。

误售、误购——“误售”“误购”。

误撕车票——“误撕”。

退加快票——“退快”。

退卧铺票——“退卧”。

改乘高等级列车补收票价差额——“补价”。

②原票栏，根据原票转记。

③乘车区间栏，填记变更的发到站名、经由等有关事项。

④票价栏，对变径、变座、变铺及改乘高等级列车发生补费时，应填写在补收区间票价栏内，其他则填写在相应的票价栏，不用的票价栏应划斜线抹消。软座变硬卧发生补费时，应在空白栏列出应退软硬座差价，以“－”号注明，卧票价栏列明硬卧上、中、下铺票价，核收手续费，票价合计栏填写冲抵后补收款额。

⑤记事栏，原票在原票栏转记并收回时，应注明“原票收回”字样。

（3）对无客票，无加快票，乘车日期和车次、径路不符，越席乘车，不符合减价规定，儿童超龄，丢失车票、持站台票送人来不及下车时：

①事由栏，按规定略语填写。

无客票——“无票”。

无普通加快票——“无快”。

无快速加快票——“无快速”。

无特快加快票——“无特快”。

乘车日期、车次、径路不符——“不符”。

越席乘车——“越席”。

不符合减价规定——“减价不符”。

丢失车票——“丢失”。

儿童超龄——“超龄”。

持站台票送人来不及下车——“送人”。

②原票栏，除无票乘车、丢失车票、无加快票以及儿童超过6周岁或1.2m时，不填记原票栏外，其他情况都应将原票有关事项，记入原票栏内。

③乘车区间栏，填记补票区间的发、到站名。

④票价栏，对无票等情况加收50%的票款，应填写在加收区间票价栏内，其他核收的费用，按收费种别，填记在相应的票价栏内。

⑤记事栏，原票收回时，应注明“原票收回”字样，以及其他需要记载的事项。

发售代用票时，乙页应按票价合计栏的款额，在“款额剪断线”的“相当款额”右侧剪断，将实收款额留在本页交给旅客，剩余部分附在丙页上报。收回原票换发代用票时，应将原票随丙页上报。

填写代用票，必须正确清楚，加盖规定名章，项目填写齐全，发、到站间有两条及以上径路和发、到站间涉及两条线路时，应填写经由；发、到站均在一条线路时，一般情况下不必填写经由。字体要清楚、不涂改、严禁发售涂改的代用票。如遇填写错误时，应划“×”作废。

七、区 段 票

发售区段票时，必须用墨汁、黑色墨水或圆珠笔填写，并根据相应的运价里程以下的横线剪断（发售半价票时，其剪断线还应沿相应的栏向上剪断），剪下的上部交旅客，下部存根报缴。

在无人售票的乘降所上车的人员，可在列车内购票，不收手续费。

八、站 台 票

(1)站台票不是车票，是客运杂费。

(2)站台票的使用规定。

到站台上迎送旅客的人员应买站台票。站台票当日使用一次有效。随同成人进站不足6周岁或1.2m的儿童及特殊情况，经车站同意后，进站人员可不买站台票。未经车站同意无站台票进站时，应加倍补收站台票款。对经常进站接送旅客的单位，车站可根据需要发售定期站台票。定期站台票可按实际需要分为季票和月票。季度站台票的式样和价格由国务院铁路主管部门统一制定。持单位证明购买季度（三个月）站台票，从购买日期起算，面值为100.00元。月度站台票的式样和价格由铁路局集团公司自定，价格应不少于每日一次。

(3)发生重大事故，站内秩序混乱，危及行车和人身安全时，站长可决定暂停发售站台票。

(4)因执行重要任务,由政府部门组织进站迎送人员,可不买站台票。

旅客购票后如需报销凭证的,应在开车前或乘车日期之日起180日以内,凭购票时所使用的有效身份证件到车站售票窗口、自动售票机换取。旅客打印报销凭证后,须妥善保管,如发生丢失,不再补办申领手续。已打印报销凭证的车票办理改签、退票手续时,须交回报销凭证。

单元1.5　退　　票

旅客责任退票

一、旅客责任退票

由于旅客自身的原因,要求退票时,除按下列规定办理外,还应核收退票费,票种分算。

(一)办理方法

(1)旅客要求退票时,须在车票载明的日期、车次、开车时间前办理,已办理行李托运的车票退票时,应先办理取消行李托运业务。应退票款按购票时的支付方式退还。

旅客在12306网站、自动售票机退票后,可在办理之日起180日以内到车站售票窗口、自动售票机凭购票时使用的有效身份证件开具退票费报销凭证。

(2)旅客可在车站售票窗口、12306网站和具备退票功能的自动售票机办理退票。

凭各种有效身份证件购买的车票均可在车站售票窗口办理退票;凭12306网站购票证件购买的车票可在12306网站办理退票;在具备退票功能的自动售票机办理退票时,应按系统提示办理。

旅客使用12306网站购票证件,通过现金方式购买或已打印报销凭证的车票,可通过12306网站先行办理退票,自网上办理退票成功之日起180日以内,凭乘车人有效身份证件到车站指定窗口办理退款手续。

(3)在车站售票窗口办理退票时,乘车人本人办理的,需出具购票时所使用的有效身份证件;代乘车人办理的,需出具代办人的有效身份证件和乘车人购票时所使用的有效身份证件。

(4)旅客办理已打印报销凭证的车票退票或退款手续时,须交回报销凭证。报销凭证无法交回或不可识别、不完整时,铁路运输企业不办理退票或退款。

(5)旅客旅行途中因伤、病不能继续旅行时,经站、车核实,可在下车后30日以内到下车站办理退票,退还已收票价与已乘区间票价差额,核收退票费;同行人同样办理。

(6)站台票售出不退。

市郊票、定期票、定额票的退票办法由铁路运输企业自定。必要时,铁路运输企业可以临时调整退票办法。

(二)退票费的核收规定

(1)距车票乘车站开车前8天以上的不收退票费。

(2)开车前48h以上、不足8天的,按车票价格5%计。

(3)开车前24h以上、不足48h的,按车票价格10%计。

(4)开车前不足24h的,按车票价格20%计。

(5)距票面乘车站开车前不足8天的车票,改签至开车前8天以上的列车,又在距开车前8天以上退票的,核收5%的退票费。

(6)改签后的车票乘车日期在春运期间的,退票费按开车前不足24h标准核收。

(7)上述计算的尾数以5角为单位,尾数小于2.5角的舍去、2.5角以上且小于7.5角的计为5角、7.5角以上的进为1元。退票费最低按2元核收。

二、承运人责任退票

承运人责任退票

因铁路运输企业责任或自然灾害等其他不能正常运输情形导致旅客退票时按下列规定办理,不收退票费,票种分算如下:

(1)在车票发站,退还全部票款。

(2)在中途站,退还未乘区间票款。

(3)在到站,退还车票未使用部分票款。

(4)列车因空调设备故障在运行过程中不能修复时,应退还未使用区间的空调费用。

(5)因列车晚点导致未乘车旅客退票时,应在车票发站列车实际开车前办理,退还全部票款,不收退票费。晚点列车晚点信息公布前已购联程车票导致旅客退票时,可一并办理退票,不收退票费。旅客分别办理联程车票退票的按照普通车票退票的相关规定处理。

(6)因列车停运导致旅客退票时,旅客可自列车停运信息公布时起至车票乘车日期后30日以内办理退票手续,不收退票费。停运列车停运信息公布前购买的联程车票,可在联程车票开车前一并办理退票,不收退票费。旅客分别办理联程车票退票的按照普通车票退票的相关规定处理。

(7)必要时,铁路运输企业可以临时调整退票办法。

实训项目及案例分析

实训项目1 运用《铁路客运运价里程表》《铁路旅客票价表》确定旅客票价

【任务1-1】 20××年3月1日,一旅客购买K7319次(山海关—沈阳,空调快速)山海关至沈阳新空硬座客快速卧(中)车票。请运用《铁路客运运价里程表》查找运价里程,将查找的运价里程用《铁路旅客票价表》查到相应票价。

任务实施:

步骤一:运用《铁路客运运价里程表》查找里程。

从汉语拼音站名首字索引表中,查出"山海关站名索引表"的页数,再从"站名索引表"中查出山海关至沈阳的站名"里程表"页数,并从站名"里程表"中确认到站有无营业办理限制。然后根据规定的或旅客制定的乘车径路和乘坐列车车次,从《铁路客运运价里程表》中查出乘车里程为426km。

步骤二:运用《铁路旅客票价表》查找票价。

首先从《铁路旅客票价表》的目录中查找新型空调车分票种票价表所在的页数,然后查找426km所在的区段里程相对应的硬座票价37.50元,快速票价16.00元,空调票价9.00元,硬卧(中)票价52.00元,合计114.50元;也可查找新型空调车联合票价表所在的页数,然后查找426km所在的区段里程相对应的新空硬座客快速卧(中)车票票价为 114.50 元。

实训项目 2 运用《铁路客运运价里程表》《行李包裹运价表》确定行包运价

【任务 1-2】 20××年 3 月 1 日,一旅客持 K717 次锦州至大连(郑州—大连,经由沈阳)的硬座客快有效车票,要求托运行李一件(内装生活用品)重 35kg。请运用《铁路客运运价里程表》查找运价里程,运用《行李包裹票价表》计算行包运价。

任务实施:

步骤一:运用《铁路客运运价里程表》查找里程。

根据旅客乘坐列车车次 K717 次,锦州至大连跨及两线,沈山线与沈大线的接算站为沈阳站,从汉语拼音站名首字索引表中查出“锦州站名索引表”的页数,从“站名索引表”中查出锦州至沈阳的站名“里程表”页数,从《铁路客运运价里程表》中查出乘车里程为 242km;从汉语拼音站名首字索引表中查出“沈阳站名索引表”的页数,从“站名索引表”中查出沈阳至大连的站名“里程表”页数,从《铁路客运运价里程表》中查出乘车里程为 397km;将两段里程以沈阳站为接算站加总得出最终的里程为 639km。

步骤二:运用《行李包裹运价表》计算行包运价。

首先从《行李包裹运价表》中查找行李运价表所在的页数,然后查找 639km 所在的区段里程相对应的 1kg 的行李运价基数为 0.334 元/kg,则 35kg 的行李运费为 35×0.334=11.70 元。

【任务 1-3】 20××年 3 月 1 日,李某到锦州行包房要求托运一件包裹(内装生活用品)到大连,重 35kg。请运用《铁路客运运价里程表》查找运价里程,运用《行李包裹运价表》计算行包运价。

任务实施:

步骤一:运用《铁路客运运价里程表》查找里程。

包裹运价里程,按最短径路计算,锦州至大连的最短径路跨及三线,沈山线、沟海线与沈大线,沈山线与沟海线的接算站为沟帮子车站,沟海线与沈大线的接轨站为唐王山,接算站为海城。从汉语拼音站名首字索引表中查出“锦州站名索引表”的页数,从“站名索引表”中查出锦州至沟帮子的站名“里程表”页数,从《铁路客运运价里程表》中查出乘车里程为 64km;从汉语拼音站名首字索引表中查出“沟帮子站名索引表”的页数,从“站名索引表”中查出沟帮子至海城的站名“里程表”页数,从《铁路客运运价里程表》中查出乘车里程为 108km;从汉语拼音站名首字索引表中查出“海城站名索引表”的页数,从“站名索引表”中查出海城至大连的站名“里程表”页数,从《铁路客运运价里程表》中查出乘车里程为 272km;将三段里程以接算站加总得出最终的里程为 444km。

步骤二:运用《行李包裹票价表》计算行包运价。

首先从《行李包裹票价表》中查找行包运价表所在的页数,然后查找 444km 所在的区段里程相对应的 1kg 的三类包裹运价基数为 0.625 元/kg,则 35kg 的三类包裹运费为 35×0.625=21.90 元。

实训项目 3 运用《铁路客运运价里程表》确定动车组列车票价

【任务 1-4】 20××年 3 月 1 日,一旅客在长春站购买 D513 次长春至吉林二等座车票一张。请运用公式计算动车组票价。

任务实施:

步骤一:运用《铁路客运运价里程表》查找里程。

从汉语拼音站名首字索引表中查出“长春站名索引表”的页数,再从“站名索引表”中查出长春至延吉西的站名“里程表”页数,然后根据规定的或旅客制定的乘车径路和乘坐列车车次,从《铁路客运运价里程表》中查出乘车里程为 380km。

步骤二:运用动车组票价计算公式计算票价。

0.2806×(1+10%)×380=117.249≈117.00元

实训项目4　运用《铁路客运运价里程表》《铁路旅客票价表》办理包车手续

【任务1-5】 20××年3月1日,美籍华人自费旅游团35人,其中6至14周岁之间儿童5名,在南京站要求包用带空调的餐车、软卧车各一辆。路程单提出3月15日南京挂T66次到北京,停留后挂3月19日T75次到兰州,停止使用。因南京站没有所需车辆,从上海站调配RW51333一辆,定员32人,CA94622一辆至南京站。请办理。

任务实施:

办理方法如下:

(1)包车人提交全程路程单;

(2)南京站与包车人签订包车合同,预收相当于运费20%的定金:10494.00元;

(3)将全程路程单报请上海铁路局集团公司批准;

(4)3月11日上海铁路局集团公司下达调度命令;

(5)3月12日办理运费,杂费的交纳手续。

查时刻表:

3月15日南京T66次23:51开;

3月16日北京T66次10:27到;

3月17日停留;

3月18日停留;

3月19日北京西T75次18:30开;

3月20日兰州T75次14:19到。

票价:

南京$\overline{\text{京、郑}}$兰州　3038km

32人软座票价:367.50×32=11760.00元

32人特快票价:72.00×32=2304.00元

3人软座半价:184.00×3=552.00元

3人特快半价:36.00×3=108.00元

16人软卧上铺票价:330.00×16=5280.00元

16人软卧下铺票价:367.00×16=5872.00元

32人空调票价:45.00×32=1440.00元

3人空调半价:22.50×3=67.50元

餐车使用费:4日×5000.00=20000.00元

餐车空调费:20000.00×25%=5000.00元

停留费:RW51333停留4日,其中16日,19日不足1日各按1日

　　4×1800.00=7200.00元

餐车停留费:2×5000.00=10000.00元

空驶费:上海—南京303km,兰州—上海2185km,合计2488km

　　3.458×2488×2=17207.00元

合计:86790.50元

填写代用票,如图1-11所示;填写客运运价杂费收据,如图1-12所示。

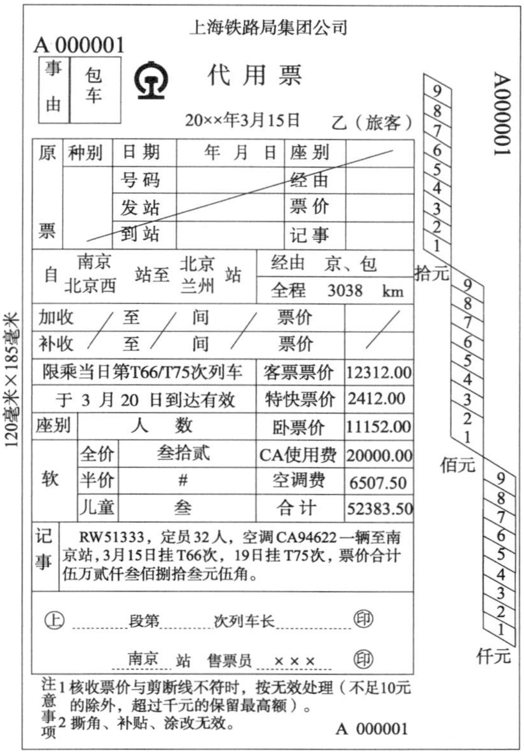
上海铁路局集团公司
A 000001
事由 包车
代 用 票
20××年3月15日 乙（旅客）
A000001

原票	种别	日期	年 月 日	座别	
		号码		经由	
		发站		票价	
		到站		记事	

自 南京 北京西 站至 北京 兰州 站		经由 京、包	
		全程 3038 km	
加收 / 至 / 间 /		票价	/
补收 / 至 / 间 /		票价	/
限乘当日第T66/T75次列车		客票票价	12312.00
于 3 月 20 日到达有效		特快票价	2412.00
座别	人 数	卧票价	11152.00
软 全价	叁拾贰	CA使用费	20000.00
半价	#	空调费	6507.50
儿童	叁	合 计	52383.50

记事 RW51333，定员32人，空调CA94622一辆至南京站，3月15日挂T66次，19日挂T75次，票价合计伍万贰仟叁佰捌拾叁元伍角。

㊤ ……段第……次列车长…… 印

南京 站 售票员 ××× 印

注意事项 1 核收票价与剪断线不符时，按无效处理（不足10元的除外，超过千元的保留最高额）。
2 撕角、补贴、涂改无效。

A 000001

拾元 9 8 7 6 5 4 3 2 1　佰元 9 8 7 6 5 4 3 2 1　仟元 9 8 7 6 5 4 3 2 1

120毫米×185毫米

图 1-11　代用票填写式样

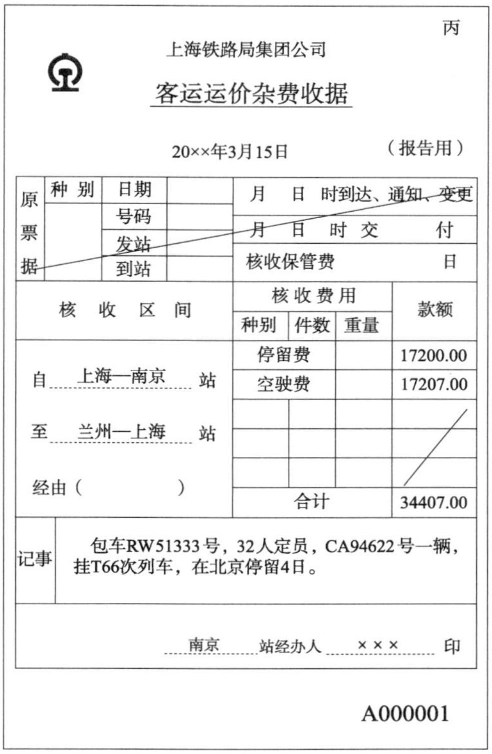
丙
上海铁路局集团公司
客运运价杂费收据
20××年3月15日 （报告用）

原票据	种 别	日期		月 日 时到达、通知、变更
		号码		月 日 时 交 付
		发站		核收保管费 日
		到站		

核 收 区 间	核收费用 种别	件数	重量	款额
自 上海—南京 站	停留费			17200.00
至 兰州—上海 站	空驶费			17207.00
经由（ ）				/
	合计			34407.00

记事 包车RW51333号，32人定员，CA94622号一辆，挂T66次列车，在北京停留4日。

南京 站经办人 ××× 印

A000001

图 1-12　客运运价杂费收据填写式样

实训项目5　客票、附加票的发售方法

【任务1-6】 20××年3月1日，一旅客在白城站购买K7558次（白城—长春，快速）旅客列车车票，终点站为长春，在长春站换乘至沈阳，要求全程购买软座快速车票。试问白城站应如何用代用票发售？

（1）发售方法：根据规定软座票只发售至长春站，应全程发售硬座票，另收软座区间软硬座票价差。因长春是向沈阳方向的快速列车始发站，沈阳是快速列车的停车站，故可发售全程快速票。

（2）查找里程表、票价表。

白城—沈阳　636km

硬座票价 35.00 元

快速票价 14.00 元

白城—长春　333km

硬座票价 20.50 元

软座票价 38.50 元

差价 38.50 − 20.50 = 18.00 元

客票票价 35.00 + 18.00 = 53.00 元

合计 53.00 + 14.00 = 67.00 元

（3）填写代用票，如图1-13所示。

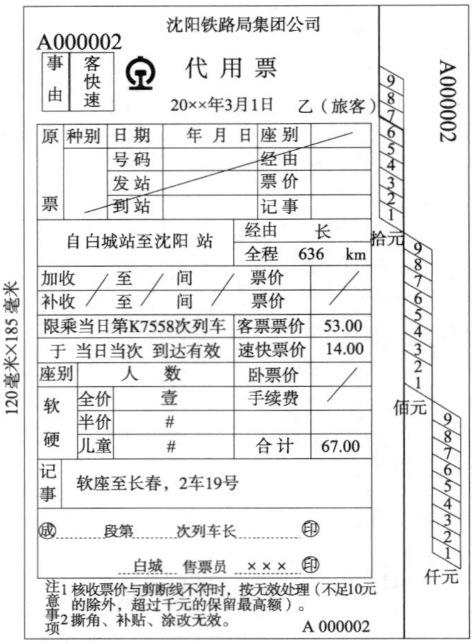
A000002
沈阳铁路局集团公司
事由 客快速
代用票
20××年3月1日 乙(旅客)

原票	种别	日期	年 月 日	座别	
		号码		经由	
		发站		票价	
		到站		记事	

自白城站至沈阳 站	经由 长
	全程 636 km
加收 / 至 / 间	票价 /
补收 / 至 / 间 /	票价 /
限乘当日第K7558次列车	客票票价 53.00
于 当日当次 到达有效	速快票价 14.00

座别		人 数	卧票价	/
软	全价	壹	手续费	/
	半价	#		
硬	儿童	#	合 计	67.00

记事 软座至长春,2车19号
段第 次列车长 印
白城 售票员 ××× 印
注意事项 1 核收票价与剪断线不符时,按无效处理(不足10元的除外,超过千元的保留最高额)。2 撕角、补贴、涂改无效。
A 000002
120毫米×185毫米
拾元 佰元 仟元

图1-13 代用票填写式样

【任务1-7】 20××年3月1日,一旅客在大连站购买一张K369次(大连—汉口)硬座空调客快卧车票,要求空调客快票买到汉口,卧铺票买到石家庄。请问铁路企业可否这样发售?为什么?

办理方法:

不可以这样发售,否则会浪费运能。

旅客购买卧铺票时,卧铺票的到站、座别必须与客票的到站、座别相同,但对持通票的旅客,卧铺票只发售到中转站。该旅客购买的为直达票,不必中转换乘。因此客票买到汉口,则卧铺票必须买到汉口。

【任务1-8】 20××年3月1日,一旅客在沈阳北站买3月5日K388次(沈阳北—成都)列车的硬座空调客快速卧联合票到站为成都,要求在锦州南站上车。买票当日乘坐K388次列车回锦州。问可否用买好的3月5日的车票返回锦州南?为什么?

办理方法:

不可以。因为虽然3月5日该旅客在锦州南站上车,但列车3月5日在沈阳北至锦州南间已给该旅客预留。即相当于该旅客占用了这段的运能。所以不能在3月1日返回锦州南时使用3月5日的车票,应另行购票。

实训项目6 儿童票、学生票的发售方法

【任务1-9】 20××年3月1日,一成人旅客携带5名儿童(一名15周岁,其余四名6周岁),欲购买当日锦州至沈阳K7319次的硬座客快速车票。锦州站如何发售?

发售方法:

锦州站发售全价票两张,儿童票三张。因为每一成人旅客可免费携带一名不足6周岁儿童免费乘车,超过一名时,超过人数应买儿童票。15周岁儿童虽然购买全价票,但不是成人,所以不能免费携带儿童乘车。

【任务1-10】 20××年2月12日,一学生持大连至沈阳的学生优待证要求购买当日T261次(大连—哈尔滨,空调特快)大连至哈尔滨的硬座客特快学生票。大连站如何用代用票发售?

根据规定超过学生证记载区间乘车按一般旅客办理,分段计费。

大连—沈阳 397km

新空硬座半价:17.50元

新空特快半价:6.00 元

新空空调半价:4.00 元

沈阳—哈尔滨 549km

新空硬座全价:46.00 元

新空特快全价:18.00 元

新空空调全价:11.00 元

新空客票合计:17.50 + 46.00 = 63.50 元

新空特快合计:6.00 + 18.00 = 24.00 元

新空空调合计:4.00 + 11.00 = 15.00 元

总计:63.50 + 24.00 + 15.00 = 102.50 元

填写代用票,如图 1-14 所示。

实训项目 7 团体旅客票的发售方法

【任务 1-11】 20××年 3 月 12 日,一名旅客在锦州站购买 20 张锦州至北京 2590 次(松原—北京,经由天津)的新空硬座客快团体旅客车票。锦州站如何用代用票发售?

发售方法:

应优先安排,满 20 人时,给予免收 1 人优惠。

锦州—北京 617km

新空硬座票价:52.00 元 ×19 = 988.00 元

新空普快票价:11.00 元 ×19 = 209.00 元

新型空调票价:12.00 元 ×19 = 228.00 元

合计:988.00 + 209.00 + 228.00 = 1425.00 元

填写代用票,如图 1-15 所示。

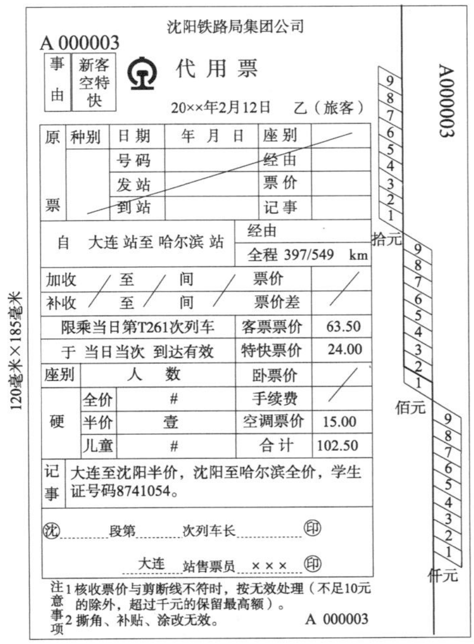

图 1-14 代用票填写式样

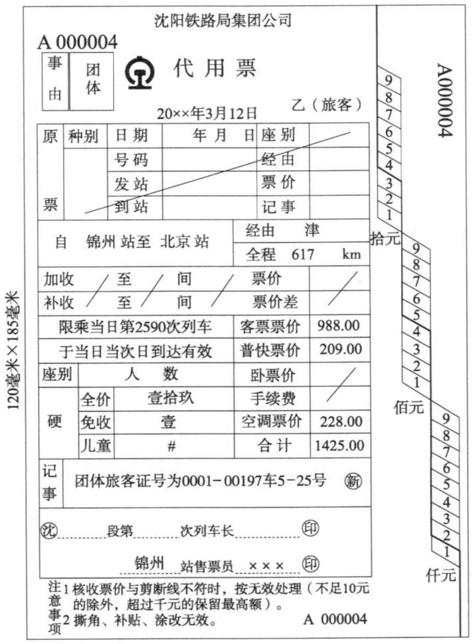

图 1-15 代用票填写式样

实训项目8　动车组列车车票发售

【任务1-12】　动车组列车普通成人票发售

一旅客购买2020年1月23日D11次动车组旅客列车(北京—沈阳北)北京至锦州南车票一张,列车等级为普通动车“D”,席别为二等座。铁路应如何发售?

图1-16　动车组列车成人票

发售依据:铁路按照本次列车二等座车厢发售车票,核收二等座全价票价。根据不同区域、不同季节、不同时段的市场需求,实行不同形式的打折票价。本次列车二等座95折优惠。

北京—锦州南480km

二等座票价:148.00元

二等座优惠票价:141.00元

动车组列车成人票车票如图1-16所示。本票以电子票存在时,其内容同以上票面内容。

【任务1-13】　动车组列车儿童票发售

一成人旅客带一名11岁儿童在上海站购买2018年7月6日D3107次动车组旅客列车(上海虹桥—深圳北)上海虹桥至杭州东车票两张,一张成人票、一张儿童票,列车等级为普通动车“D”,席别为二等座。铁路应如何发售?

发售依据:铁路按照本次列车二等座车厢发售车票,核收二等座全价票一张和儿童票一张。

上海虹桥—杭州东159km

二等座票价:49.00元

二等座儿童票价:24.50元

儿童车票如图1-17所示。本票以电子票存在时,其内容同以上票面内容。

【任务1-14】　动车组列车学生票发售

一学生旅客在北京南站购买2022年1月16日G1089次动车组旅客列车(北京南—威海)北京南至济南车票一张,列车等级为高速动车“G”,席别为二等座。车站应如何发售?

发售依据:铁路按照本次列车二等座车厢发售车票,核收二等座学生票一张。

北京南—济南426km

二等座票价:235.00元

二等座学生票价:176.00元

学生票车票如图1-18所示。本票以电子票存在时,其内容同以上票面内容。

图1-17　动车组列车儿童票

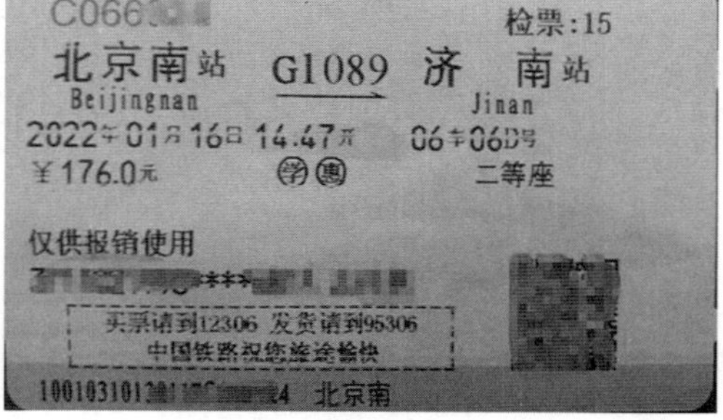

图1-18　动车组列车学生票

【任务1-15】 动车组列车残疾军人票发售

一残疾军人旅客购买2024年3月26日G3516次动车组旅客列车(大连北—北京朝阳)锦州北至辽宁朝阳车票一张,列车等级为高速动车“G”,席别为二等座。铁路应如何发售?

发售依据:铁路按照本次列车二等座车厢发售车票,核收二等座残疾军人票一张。

锦州北—辽宁朝阳 82km

二等座全价票价46.00元

二等座残疾军人票价:23.00元

残疾军人车票如图1-19所示。本票以电子票存在时,其内容同以上票面内容。

图1-19 动车组列车残疾军人票

实训项目9 退票的处理方法

【任务1-16】 20××年3月12日,在T15次(北京西—广州,空调特快),石家庄到站时列车交下一急病旅客,需住院治疗,该旅客持该次列车北京西至广州的空调硬座客特快卧(下)车票办理退票手续。石家庄站应如何处理?

处理方法:旅客开始旅行后不能退票。但因旅客伤、病不能继续旅行时,经站、车证实,可退还已收票价与已乘区间票价差额。已乘区间不足起码里程时,按起码里程计算。退票费按应退票价的20%核收。

北京西—广州 2294km

已收票价 新空硬座客特快卧(下)票价:456.00元

北京西—石家庄 277km

应收票价 新空客特快票价:41.50元

新空卧铺票价:54.00元

合计:95.50元

退差价:456.00－95.50＝360.50元

退票费:360.50×20%≈72.00元

净退:360.50－72.00＝288.50元

操作方法:旅客凭购票时的实名制证件原件退票。如票价系无现金支付,则原路退回退票款,收回客运记录附退票报告,需收回已打印报销凭证,打印新的报销凭证和退票费报销凭证。

【任务1-17】 20××年3月12日,在T15次(北京西—广州,空调特快),石家庄到站后一旅客持列车长编制的15号硬卧车厢因燃轴甩下的客运记录和该次列车北京西至广州的空调硬座客特快卧(下)车票要求办理退票手续。石家庄站应如何处理?

处理方法:由于铁路责任在中途站中止旅行,退还已收票价与已乘区间的票价差额,已乘区间不足起码里程时,退还全部票价。

北京西—广州 2294km

已收票价 新空硬座客特快卧(下)票价:456.00元

北京西—石家庄 277km

应收票价 新空客特快票价:41.50元

卧铺已乘区间不足起码退全程

净退:456－41.50＝414.50元

操作方法:旅客凭购票时的实名制证件原件退票。如票价系无现金支付,则原路退回退票款,收回客运记录附退票报告,需收回已打印报销凭证,打印新的报销凭证和退票费报销凭证。

【任务1-18】 20××年3月12日,在T15次(北京西—广州,空调特快)到达广州站后,一旅客持列车长编制的空调在石家庄开车后故障的客运记录和北京西至广州的硬座空调客特快卧(下)车票,要求退还空调票。列车应如何处理?

处理方法:空调列车因空调设备故障在运行过程中,不能修复时,应退还未使用区间的空调票价,未使用区间不足起码里程的按起码里程计算。

北京西—广州 2294km

已收票价 新空硬座客特快卧(下)票价:456.00 元

石家庄—广州 2017km

应退空调票价:33.00 元

操作方法:旅客凭购票时的实名制证件原件退票。如票价系无现金支付,则原路退回退票款,收回客运记录附退票报告,需收回已打印报销凭证,打印新的报销凭证和退票费报销凭证。

【任务 1-19】 20××年3月12日11:00,郑州站退票窗口一旅客要求退3月15日G2203次郑州东—西安北一等座车票一张。郑州东站应如何处理?

处理方法:旅客开车前退票,按照退票时间段核收退票费。本例中旅客退票时间在开车前48h至8日之间,核收应退票价5%的退票费。

郑州东—西安北 523km

已收票价 高铁一等座票价:382.00 元

退票费:382.00×5%≈19.00 元

净退:382.00－19.00＝363.00 元

操作方法:旅客凭购票时的实名制证件原件退票。如票价为无现金支付,则原路退回退票款,需收回已打印报销凭证,打印退票费报销凭证。

知识拓展

一、铁路旅客运输的地位

我国幅员辽阔、人口众多、耕地紧缺、人口及资源分布不平衡,由于铁路旅客运输具有运量大、速度快、安全性好、费用较低、能全天候服务等优点,在我国的中长途旅客运输中具有明显优势。随着我国经济的持续快速发展,我国城市化进程显著加快,并逐步形成以特大城市为轴心的城市群和小时经济圈。城市群及经济圈的形成与发展,促进了市郊及城际客运交通需求的持续增长。由于轨道交通运输具有容量大、能耗低、占地相对少、安全可靠性高、环保好的特点,在解决城际客流运输方面具有明显的综合比较优势,所以一些城市群及经济圈在充分吸取城市公共交通汽电车运输班次密、方便、经济等特点的基础上,逐步采用铁路城际客运"公交化"的运输组织模式。这一模式的基本特点是,在客流需求较大、距离较短的城市之间建立高速度、高密度、小编组、乘降方便、安全可靠、立体衔接的交通运输方式,从而使得铁路运输在这些地区的中短途运输中也具有较重要的地位。

二、铁路旅客运输的特点

(1)铁路旅客运输的主要对象是旅客,其次是行李、包裹及邮件。铁路通过售票工作将旅客组织起来,并最大限度地满足旅客在旅行中的物质文化生活需要,集人、车、路、站于一体,主要以提供劳务的形式为旅客服务。

(2)铁路客运需求在时间上有较大的波动性,季、月、周、日和一日内各小时之间常会出现急剧的起伏变化。为此,铁路的客运技术设备及客运能力应留有一定的“后备”,以适应不同时期的变化情况。

(3)旅客运输提供的是无形产品,其核心是旅客的空间位移。它被旅客本身所消耗,其使用价值具有不确定性,其创造的社会经济效益远大于自身的经济效益。

(4)铁路客运站的位置应靠近城市,并与市内交通及其他各种交通工具有良好的衔接配合。

(5)铁路旅客运输不同于货物运输,旅客在旅行中有不同的物质文化生活需求,如饮食、盥洗、休息、通风、照明、温度等,旅客运输企业不仅应满足这些需求,而且应积极改善,创造良好的旅行环境并提供优质的服务,使旅客心情愉悦。

(6)铁路客运车辆都是铁路局集团公司固定配属给各客运车辆段的,以便于掌握客运车辆的运用及维修,确保客运车辆质量良好。

铁路慢火车

(7)铁路旅客列车车辆编组内容及编挂顺序都是根据需要编组,在一般情况下是不变的。旅客列车按固定时刻表运行,旅客根据自身旅行需要选择乘车日期、车次、座别、到站,自行购票、托运行包,然后乘车到达目的地。无直通列车时,旅客须在途中换乘。

(8)旅客列车重量标准和速度应合理选择,对各种列车的重量与速度应按其等级做出规定,并逐步提高列车的运行速度。

(9)旅客列车到发线及站台一般应按方向和车次予以固定,不宜随便变动。

(10)旅客列车的发车密度应与客流密度、时空波动及分布相适应,以做到有效供给。

三、铁路旅客运输的任务

铁路旅客运输是一项服务性很强的工作。在我国现有条件下,必须按照社会主义市场经济的基本规律,从一切为人民的立场出发,通过采用先进的技术装备和科学的管理方法,周密地组织铁路旅客运输,以最大限度地满足人民群众的旅行需求,把旅客安全、迅速、便捷、舒适、经济地运送到目的地。铁路旅客运输的主要任务如下:

(1)认真贯彻执行党和国家的有关方针、政策、法令及交通运输的各项规章制度,同时通过客运工作中与人民群众广泛接触的机会,热情宣传党和国家的各项方针、政策。

(2)制定铁路旅客运输发展规划,不断拓宽客运市场,建立和完善适应经济发展的铁路客运网。

(3)充分发挥现有的交通设施作用,合理配置运力,千方百计提高客运交通总供给。

(4)为旅客服务,对旅客负责,以旅客需求为导向,积极开展营销活动,努力提高客运服务质量,做到想旅客所想,急旅客所急,帮旅客所需,以保证优质服务。

(5)加强科学管理,提高经营水平,在做好旅行服务的前提下,提高客运企业的经济效益。

(6)根据党和国家在一定时期的中心工作以及国民经济发展的要求,完成各种临时性的紧急任务。

(7)加强对客运职工的业务技术培训及思想政治工作,不断提高职工素质和企业整体素质,为实现铁路旅客运输系统的现代化而努力创造条件。

总之,铁路客运企业要在党的方针、政策指引下,根据铁路客运市场经济的发展规律,以旅客需求为中心,服从并服务于国民经济可持续发展战略的需要,从基本国情出发,以运输市场的需要为依据,优化运输体系结构,合理配置资源。依靠科技进步,提高劳动者素质,加快铁路客运事业的发展,满足全体国民出行的需求。

四、铁路旅客运输工作的原则

铁路旅客运输为了保证质量,良好地、高效率地完成各项任务,必须遵循以下几项原则:

(1)认真执行党和国家的各项方针、政策,确保重点运输,安全、迅速、顺利地运送旅客和行李、包裹到达目的地,并保证各种运输方式之间有良好的配合,为实现我国工业、农业、国防及科学现代化服务。

(2)保证运输安全是铁路运输最重要的指标之一。为此,要切实遵守各项安全制度,维护运输秩序,确保铁路旅客运输绝对安全。众所周知,整个运输生产过程是上百万人的联合劳动,在生产实践和作业过程中具有高度的连续性、联动性和准确性。这种联合劳动,是在百分之百的空间、百分之百的时间、百分之百的职工中进行的。这个大联动在运输生产过程中,哪怕是有一个环节、一道工序出现纰漏,都可能导致车毁人亡、中断运输生产的后果。可见,安全是铁路运输这个大系统得以稳定运作的必要条件。

为了确保安全,必须做到:教育每个职工发扬"人民铁路为人民"的光荣传统,遵章守纪,顾全大局,在任何情况下都要把保证铁路畅通、安全作为自己的职责;维护好站车秩序,做好危险品的查堵工作,并对所有用于旅客运输的设备进行定期检查、维修,确保旅客出行安全;行车安全要落实围绕旅客列车事故的一系列措施和办法,使旅客列车平安进出站,安全过区间,最大限度地消灭旅客列车行车事故。铁路的安全系数较其他交通工具高,这是社会公认的,所以应该继续保持并进一步加强。

(3)提高旅客列车运行速度。这是提高客运服务质量的重点,是铁路发展的大趋势,也是广大旅客的迫切要求。随着经济发展和生活水平的提高及生活节奏的加快,人们的时间观念增强了,速度成为选择客运交通方式的重要指标。它将是今后不同客运交通方式在竞争中决定成败的关键,同时也是有效地加速机车车辆周转、提高运输能力和降低运输成本的重要手段。为了满足旅客对缩短旅行时间的要求,我国旅客列车运行速度必须要有较大的提高,应采用因地制宜、区别对待、普遍提高与重点突破相结合的方针,用不同的方式加以实施。

(4)以满足旅客需求为中心,不断转变服务理念,完善服务设施,落实服务标准,规范服务行为,为广大旅客提供安全、快捷、方便、准时、舒适的旅行服务。

(5)和谐服务管理。铁路旅客运输系统整体性强,为了给旅客营造舒适安逸的旅行空间,尽可能地实现一体化服务,要树立大服务理念,把旅客的旅行过程打造成一个完整的、规范化的服务链,全面提升服务水平,让旅客真正享受和谐服务,一路都有愉悦的好心情。

(6)服务创新原则。以提高客运产品质量为中心,做到文明服务、适需服务。服务不能仅停留在微笑服务、礼貌当先、标准化作业的水平上,而要在深层次的服务上下功夫,要依靠科技与创新来提高服务质量,不断在客运服务的内涵和外延上加以拓展,如开展商务化、信息化和代理化服务等，通过不断创新去满足旅客不断变化的服务需求。

(7)加强系统管理。铁路旅客运输系统构成是多元化的，要使有限的人力、物力、财力充分发挥作用并提高效率，必须加强系统管理，使系统各部门能协调配合，把旅客的流动过程作为一个系统来组织，使旅客旅行省心、省力、省事、便捷。

为完成上述旅客运输任务及满足上述工作原则，必须遵守国务院铁路运输主管部门制定的《铁路旅客运输规程》《铁路客运运价规则》及《铁路旅客运输管理规则》。上述客运规章是做好铁路客运工作的准绳，全体客运员工都应该努力学习、深刻理解、认真执行。

五、我国高速铁路发展概况

高速铁路代表了当代世界铁路发展的大趋势，是20世纪交通运输发展的重大成就，是人类智慧的结晶和共同财富。我国作为一个地域广阔、人口众多、能源资源相对匮乏、环境保护任务繁重的发展中国家，大力发展高速铁路，对于推动国民经济又好又快发展，解决长期困扰我们的铁路运能不足、舒适度不高、难以满足人们出行需要等问题来说，可谓是一个明智选择。自1997年开始，我国先后进行了多次旅客列车大提速，并为发展高速铁路积极进行各项技术准备。2004年开始引进国外高速铁路相关技术，在对国外高速铁路技术的引进、吸收、消化、创新、再研发的基础上，仅用短短5年多的时间就走完了国外长达30年甚至半个世纪的发展历程。经过不断学习、研发、创新，到目前为止，我国已经系统掌握了时速350km动车组及控制系统的生产研发等成套技术，全面掌握了高速铁路的最新技术。我国高速铁路的建设和运用技术达到国际领先水平。CR450新一代动车组研制取得新进展，2023年6月28日福厦高铁试验列车单列最高运行速度达到453km/h、相对交会速度达到891km/h，再次刷新了世界铁路运营线上最高运行时速的纪录。

(一)构筑“四纵四横”高速铁路主通道

2004年1月，国务院《中长期铁路网规划》(2004年修编版)确定了到2020年将建设客车速度目标值达到200km/h及以上的客运专线12万km以上。具体建设内容如下：

1.“四纵”客运专线

(1)北京—上海客运专线，包括蚌埠—合肥、南京—杭州客运专线。

(2)北京—武汉—广州—深圳(香港)客运专线。

(3)北京—沈阳—哈尔滨(大连)客运专线。

(4)上海—杭州—宁波—福州—深圳客运专线。

《中长期铁路网规划》(2004年修编版)规划图

2.“四横”客运专线

(1)徐州—郑州—兰州客运专线。

(2)上海—杭州—南昌—长沙—昆明客运专线。

(3)青岛—石家庄—太原客运专线。

(4)上海—南京—武汉—重庆—成都客运专线。

3. 三个城际客运系统

环渤海地区、长江三角洲地区、珠江三角洲地区城际客运系统，覆盖区域内主要城镇。

（二）构筑“八纵八横”高速铁路主通道

《中长期铁路网规划》（2016年修编版）规划图

《中长期铁路网规划》（2016 年修编版），规划期为 2016—2025 年，远期展望到 2030 年。规划目标：到 2020 年，一批重大标志性项目建设投产，铁路网规模达到 15 万 km，其中高速铁路 3 万 km，覆盖 80% 以上的大城市，为完成“十三五”规划任务、实现全面建成小康社会目标提供有力支撑。到 2025 年，铁路网规模达到 17.5 万 km 左右，其中高速铁路达到 3.8 万 km 左右，网络覆盖进一步扩大，路网结构更加优化，骨干作用更加显著，更好发挥铁路对经济社会发展的保障作用。到 2030 年，基本实现内外互联互通、区际多路畅通、省会高铁连通、地市快速通达、县城基本覆盖。

为满足快速增长的客运需求，优化拓展区域发展空间，在“四纵四横”高速铁路的基础上，增加客流支撑、标准适宜、发展需要的高速铁路，同时充分利用既有铁路，形成以“八纵八横”主通道为骨架、区域连接线衔接、城际铁路补充的高速铁路网，实现省会城市高速铁路通达、区际之间高效便捷相连。具体建设内容如下：

1.“八纵”通道

（1）沿海通道。大连（丹东）—秦皇岛—天津—东营—潍坊—青岛（烟台）—连云港—盐城—南通—上海—宁波—福州—厦门—深圳—湛江—北海（防城港）高速铁路（其中青岛至盐城段利用青连、连盐铁路，南通至上海段利用沪通铁路）。连接东部沿海地区，贯通京津冀、辽中南、山东半岛、东陇海、长三角、海峡西岸、珠三角、北部湾等城市群。

（2）京沪通道。北京—天津—济南—南京—上海（杭州）高速铁路，包括南京—杭州、蚌埠—合肥—杭州高速铁路，同时通过北京—天津—东营—潍坊—临沂—淮安—扬州—南通—上海高速铁路，连接华北、华东地区，贯通京津冀、长三角等城市群。

（3）京港（台）通道。一支线为北京—衡水—菏泽—商丘—阜阳—合肥（黄冈）—九江—南昌—赣州—深圳—香港（九龙）高速铁路；另一支线为合肥—福州—台北高速铁路，包括南昌—福州（莆田）铁路。连接华北、华中、华东、华南地区，贯通京津冀、长江中游、海峡西岸、珠三角等城市群。

（4）京哈—京港澳通道。哈尔滨—长春—沈阳—北京—石家庄—郑州—武汉—长沙—广州—深圳—香港高速铁路，包括广州—珠海—澳门高速铁路。连接东北、华北、华中、华南、港澳地区，贯通哈长、辽中南、京津冀、中原、长江中游、珠三角等城市群。

（5）呼南通道。呼和浩特—大同—太原—郑州—襄阳—常德—益阳—邵阳—永州—桂林—南宁高速铁路。连接华北、中原、华中、华南地区，贯通呼包鄂榆、山西中部、中原、长江中游、北部湾等城市群。

（6）京昆通道。北京—石家庄—太原—西安—成都（重庆）—昆明高速铁路，包括北京—张家口—大同—太原高速铁路。连接华北、西北、西南地区，贯通京津冀、太原、关中平原、成渝、滇中等城市群。

（7）包（银）海通道。包头—延安—西安—重庆—贵阳—南宁—湛江—海口（三亚）高速铁路，包括银川—西安以及海南环岛高速铁路。连接西北、西南、华南地区，贯通呼包鄂、宁夏沿黄、关中平原、成渝、黔中、北部湾等城市群。

（8）兰（西）广通道。兰州（西宁）—成都（重庆）—贵阳—广州高速铁路。连接西北、西南、华南地区，贯通兰西、成渝、黔中、珠三角等城市群。

2.“八横”通道

(1)绥满通道。绥芬河—牡丹江—哈尔滨—齐齐哈尔—海拉尔—满洲里高速铁路。连接黑龙江及蒙东地区。

(2)京兰通道。北京—呼和浩特—银川—兰州高速铁路。连接华北、西北地区，贯通京津冀、呼包鄂、宁夏沿黄、兰西等城市群。

(3)青银通道。青岛—济南—石家庄—太原—银川高速铁路(其中绥德至银川段利用太中银铁路)。连接华东、华北、西北地区，贯通山东半岛、京津冀、太原、宁夏沿黄等城市群。

(4)陆桥通道。连云港—徐州—郑州—西安—兰州—西宁—乌鲁木齐高速铁路。连接华东、华中、西北地区，贯通东陇海、中原、关中平原、兰西、天山北坡等城市群。

(5)沿江通道。上海—南京—合肥—武汉—重庆—成都高速铁路，包括南京—安庆—九江—武汉—宜昌—重庆、万州—达州—遂宁—成都高速铁路(其中成都至遂宁段利用达成铁路)，连接华东、华中、西南地区，贯通长三角、长江中游、成渝等城市群。

(6)沪昆通道。上海—杭州—南昌—长沙—贵阳—昆明高速铁路。连接华东、华中、西南地区，贯通长三角、长江中游、黔中、滇中等城市群。

(7)厦渝通道。厦门—龙岩—赣州—长沙—常德—张家界—黔江—重庆高速铁路(其中厦门至赣州段利用龙厦铁路、赣龙铁路，常德至黔江段利用黔张常铁路)。连接海峡西岸、中南和西南地区，贯通海峡西岸、长江中游、成渝等城市群。

(8)广昆通道。广州—南宁—昆明高速铁路。连接华南、西南地区，贯通珠三角、北部湾、滇中等城市群。

“八纵八横”高速铁路网是以沿海、京沪等“八纵”通道和陆桥、沿江等“八横”通道为主干、城际铁路为补充的高速铁路网。“八纵八横”可形成相邻大中城市间1~4h交通圈、城市群内0.5~2h交通圈，提供安全可靠、优质高效、舒适便捷的旅客运输服务。

应进一步完善普速铁路网，扩大中西部路网覆盖，优化东部网络布局，形成区际快捷大运能通道，加快建设脱贫攻坚和国土开发铁路。按照“零距离”换乘要求，同站规划建设以铁路客站为中心、衔接其他交通方式的综合交通体，形成配套便捷、站城融合的现代化交通枢纽。此外，还应采取培育壮大高铁经济新业态、深化投融资和价格改革等措施。

复习思考题

1. 旅客票价的构成要素有哪些?
2. 旅客票价是怎样制定的？并举例说明。
3. 什么是接算站？接算站的种类有哪些?
4. 动车组列车票价是怎样制定的?
5. 行李、包裹运价的比例关系如何?
6. 行李、包裹运费的核收有哪些规定?
7. 什么是特定运价?
8. 包车及包车变更有关费用如何计算?

9. 什么是客运杂费？其分类情况及收费标准是怎样规定的？

10. 铁路运输合同的含义及基本凭证是什么？

11. 乘车凭证有哪些？

12. 车票有何作用？其分类情况如何？

13. 车票票面主要应载明哪些内容？

14. 铁路新型发售车票方式有哪几种？

15. 发售硬座和软座客票有哪些规定？

16. 发售加快票有哪些规定？

17. 发售卧铺票有哪些规定？

18. 享受儿童票的条件是什么？儿童票的票种有哪些？儿童票的办理限制是什么？儿童乘坐卧铺有哪些规定？

19. 购买学生票的条件是什么？学生票的票种有哪些？

20. 持学生证使用软席和硬卧的规定是什么？

21. 伤残军人优惠票的享受条件及票种是什么？

22. 什么是团体旅客？

23. 旅客责任退票如何办理？

24. 承运人责任退票如何办理？

实践训练

1. 运用接算站结合《铁路客运运行里程表》《铁路旅客票价表》查找下列运价里程和旅客票价：

(1)锦州至大连(经由沟海线)软座客快速票价。

(2)石家庄至宝鸡(经由太原)新空硬座客特快票价。

(3)沈阳北至北京(经由沈山线、津山线)硬座客快卧半价票价。

2. 运用代用票练习发售下列旅客车票：

(1)30 人乘坐北京西至广州 T97 次新空硬座客特快列车,发售团体旅客票一张。

(2)锦州一旅游团 68 人包车到上海旅行,其他条件自定。

(3)一学生持锦州至山海关的学生优待证要求购买当日 2262 次(乌兰浩特—天津)锦州至天津的硬座普快卧学生票。

项目2　旅客运输

★ 知识重点

1. 客运记录的编写规定。
2. 旅客乘车的基本条件。
3. 旅客乘车中发生误售、误购、误乘的处理。
4. 不符合乘车条件的处理。
5. 始发改签的相关规定。
6. 旅客携带品的范围。

★ 项目任务

1. 旅客乘车中发生误售、误购、误乘的处理方法。
2. 不符合乘车条件的处理方法。
3. 始发改签、变更到站的处理方法。
4. 旅客违章携带品的处理方法。

★ 项目准备

1. 参考资料:《铁路旅客运输规程》《铁路客运运价规则》《铁路旅客运输办理细则》《铁路旅客运输管理规则》《铁路客运运价里程表》《行李包裹运价表》、全国铁路客运运价里程接算站示意图、全国铁路局集团公司管辖线路示意图、《客运规章汇编》。

2. 所需票据、报表:软纸票、磁卡票、行程信息提示单、代用票、客运运价杂费收据、客运记录。

3. 所需设备:模拟移动售票机、模拟站车无线交互系统、计算器(算盘)、剪刀。

理论知识

单元2.1　客运记录

一、客运记录的含义

铁路客运记录填写方法

客运记录是指在旅客或行李、包裹运输过程中因特殊情况,铁路运输企业与旅客、托运人、收货人之间记载某种事项或车站与列车之间办理业务交接的文字凭证。一般情况下,客运记录应提前编写好,待交接手续完成经交接双方确认后在客运记录上分别签字。目前,大部分客运记录通过客运管理信息系统在终端设备上操作编写完成,形成电子客运记录并由系统自动传输签收,不用手写交接纸质客运记录。无论纸质还是电子客运记录,其编写格式及编写要求都是一致的。

二、客运记录的用途

(1)站、车办理交接的依据。

(2)有关事项记录的材料。

(3)旅客意外伤害到合同医院就医的证明。

(4)旅客至到站退款的凭证。

(5)其他情况需要说明时的根据。

客运记录为站车之间办理交接事项时使用,不能作为乘车凭证,也不能作为赔偿依据。

三、客运记录的编写规定

(1)据实编写,事项齐全。编写的客运记录应内容准确、具体、详细、齐全、完整,如实反映情况,不得虚构、假想、臆测。如涉及旅客车票时,应有发到站、票号;涉及行李、包裹票时,除应有发到站、票号外,还应有旅客、发(收)货人姓名、单位、物品品名、数量、重量等,不得漏项。

(2)语言简练,书写清楚。记录语言要简明扼要,条理清楚,说明问题。字迹要清楚,不潦草,不写自造简化字。

(3)客运记录应有顺序编号,加盖编制人名章。客运记录一式两份,一份交接收人,另一份由接收人签字后自己留存。对留存的应装订成册,妥善保管,以备存查,保管期限为一年。

四、客运记录的编写范围

(一)列车编写客运记录范围

(1)卧铺发售重号,列车应尽量安排同等席别的其他铺位,没有空位时,应编制客运记录交旅客,由到站退还卧铺票价,不收退票费。

(2)因承运人责任,旅客不能按票面记载的日期、车次、座别、铺别乘车时,站、车应重新妥善安排。重新安排的列车、座席、铺位低于原票等级时,应退还票价差额,不收退票费。在列车上发生时应编制客运记录。

(3)发生车票误售、误购,应退还票价时,站、车应编制客运记录交旅客,作为乘车至正当到站要求退还票价差额的凭证。

(4)旅客误乘列车或坐过了站,列车交前方停车站免费送回时。

(5)旅客丢失车票,另行购票或补票后又找到原票时,列车长应编制客运记录交旅客,作为在到站出站前向到站要求退还后补票价的依据。

(6)实名制车票办理挂失补手续后,到站前列车长确认该席位使用正常的,编制客运记录交旅客,作为到站退票的凭证。

(7)对无票乘车而又拒绝补票的,列车长可责令其下车并编制客运记录交县、市所在地车站或三等以上车站处理(其到站近于上述到站时应交到站处理)时。

(8)在列车上,旅客因病不能继续旅行时,列车长应编制客运记录交中途有医疗条件的车站转送医院治疗时。

(9)因铁路责任,致使旅客在中途站办理退票,退还票价差额时。

(10)旅客携带国家禁止或限制运输的物品、危险品乘车,移交最近前方停车站或有关车站处理时。

(11)旅客携带品超过规定范围(危险品除外),无钱或拒绝补交运费,移交旅客到站或换车站处理时。

(12)向查找站或列车终到站转送旅客遗失品,与车站办理遗失物品交接手续时。

(13)旅客在列车内发生因病死亡,移交县、市所在地或较大车站处理时。

(14)列车内发现无人护送的精神病患者,移交到站或换车站时。

(15)因意外伤害(包括区间坠车),招致旅客伤亡,移交有关车站处理时。

(16)发现违章使用铁路职工乘车证,上报铁路局集团公司收入部门处理时。

(17)列车接到行李、包裹托运人在发站取消托运的要求,将行李、包裹运回发站时。

(18)列车接到发站行李、包裹变更运输(包括行李误运)电报时,应编制客运记录,连同行李、包裹和运输报单,交前方营业站或运至新到站(需中转时,移交前方中转站继续运送)处理时;旅客在列车上要求变更时,同样办理。

(19)列车内发现装载的行李、包裹与品名不符,或实际重量与票面记载的重量不符,移交到站或前方停车站处理时。

(20)列车对已装运的无票运输行李、包裹,应编制客运记录,交到站处理时。

(21)列车内发现旅客因误购、误售车票而误运行李时,如其托运的行李在本列车装运,应编制客运记录,交前方营业站或中转站向正当到站转运时。

(22)行李、包裹在运输途中发生事故,移交到站处理时。

(23)其他应与车站办理的交接事项。

(二)车站编写客运记录的范围

(1)发生误售、误购车票,在中途站、原票到站应退还票价时。

(2)将旅客遗失物品向查找站转送时。

(3)旅客在车站发生意外伤害,需送医院抢救时。

(4)车站向铁路局集团公司收入部门寄送因违章乘车所查扣的铁路乘车票证时。

(5)行李、包裹票货分离,需补送行李、包裹或票据时。

(6)行李、包裹票货分离,部分按时到达交付,部分逾期时。

(7)行李、包裹装运后,旅客或托运人要求运回发站取消托运时。

(8)行包所在站接到行包变更运输的电报时。

(9)车站发现伪报品名的行李、包裹损坏其他行李、包裹时。

(10)在中途站、原票到站处理因误售、误购车票而误运的行李时。

(11)线路中断,列车停止运行后,鲜活包裹在途中被阻,托运人要求被阻站处理时。

(12)在发站或中途站,行李、包裹发生事故或需要说明物品现状时。

(13)行李未到,办理转运手续后,逾期到达时。

单元2.2　旅客乘车条件

一、旅客运输条件

1. 旅客乘车条件

(1)铁路运输企业应当按照《中华人民共和国反恐怖主义法》《铁路安全管理条例》《铁路旅客运输安全检查管理办法》等规定,对旅客及其随身携带物品进行安全检查。

(2)旅客的乘车凭证是购票时使用的有效身份证件,随行免费乘车儿童的乘车凭证是其申明时所使用的儿童有效身份证件。

(3)旅客应当接受铁路运输企业对乘车相关凭证进行的必要核验。购买优惠票、优待票的旅客需要凭相应证件乘车。

拒绝霸座遵守秩序

2. 运输服务条件

(1)铁路运输企业应当在车站、旅客列车等公共场所设置安全标志、导向系统和信息服务系统等设备设施。

(2)铁路运输企业应当按照有效车票记载的时间、车次、车厢号、席别和席位号运输旅客。

(3)铁路运输企业应当按照《中华人民共和国军人地位和权益保障法》《军人抚恤优待条例》等规定,为现役军人、残疾军人,烈士、因公牺牲军人和病故军人的遗属,消防救援人员,以及与其随同出行的家属提供优先购票、优先乘车等服务。

(4)铁路运输企业应当为老幼病残孕旅客提供优先购票、优先乘车等服务,为老年人和其他需要帮助的旅客提供必要的人工服务。

(5)铁路运输企业应当提供齐全、干净、整洁的服务备品。车站、旅客列车等公共场所应当内外整洁、空气清新。

(6)铁路运输企业应当提供符合食品安全标准的餐饮服务,不得销售不符合食品安全标准的食品和不合格产品。车站内和列车上提供的商品及服务应当做到明码标价、质价相符、信息描述规范。

3. 拒绝运输条件

对下列旅客,铁路运输企业可以拒绝运输。

(1)不符合乘车条件,拒不支付应补票款、加收票款的。

(2)不接受安全检查的,坚持携带或者夹带禁止、限制物品的。

(3)不接受车票实名制查验的。

(4)在站、车内寻衅滋事、扰乱公共秩序,患有烈性传染病、严重精神障碍和醉酒等有可能危及列车安全或者其他旅客以及铁路站、车工作人员人身安全的。

(5)告知列车无运输能力后,无票继续续越站乘车的。

(6)符合国家规定的其他情况的。

旅客不听从铁路运输企业工作人员劝阻,坚持携带或者夹带危险物品或者违禁物品的,铁路运输企业应当拒绝运输。对涉嫌违反治安管理的行为,应当及时报告公安机关。

二、车 票 签 证

1. 始发改签

(1)改签定义:旅客变更乘车日期、时间、车次、席位、席别和到站时需办理的签证手续为改签。

(2)办理方法。

①旅客如不能按车票乘车日期、时间、车次、席别和到站乘车时,在铁路有运输能力的前提下,可办理一次改签手续,并按改签时限核收改签费,如图 2-1 所示。

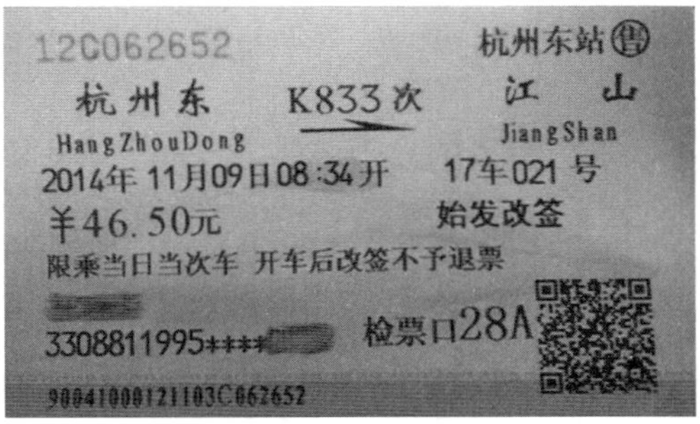

图 2-1　始发改签车票票样

②旅客可在车站售票窗口、12306 网站和具备改签功能的自动售票机办理改签。

凭各种有效身份证件购买的车票均可在车站售票窗口办理改签。但已打印报销凭证的和使用现金支付方式购买的车票,仅可在车站售票窗口办理改签;凭 12306 网站购票证件且使用电子支付方式购买的车票,可通过 12306 网站办理改签;在具备改签功能的自动售票机办理改签时,应按系统提示办理。

改签后如需改签费报销凭证的,可在办理之日起 180 日以内,凭改签时所使用的有效身份证件到车站售票窗口、12306 网站、自动售票机开具电子发票。

③在车站售票窗口办理改签时,乘车人须出具购票时使用有效身份证件;由他人代办时,还须出示代办人有效身份证件及乘车人购票时使用的有效身份证件。

④旅客办理已打印报销凭证的车票改签时, 须交回报销凭证。报销凭证无法交回或不可识别、不完整时,铁路运输企业不予办理改签。

⑤必要时,铁路运输企业可以临时调整改签办法。

(3)改签票价。

旅客在车站办理改签时,改签后的车次票价高于原票价时,补收票价差额;改签后的车次票价低于原票价时,退还票价差额,核收票款差额的退票费。

支付或退还票价差额时,使用原支付方式。原车票使用电子支付方式购票的,原车票票款在电子支付规定时间退回原购票时所使用的电子支付账户。旅客应重新支付票价购买新车票。

(4)改签费用。

①开车前 49h 以上,可免费改签预售期内的列车;

②开车前不足48h,可免费改签车票载明的乘车日期以前的列车。

③开车前不足48h,可改签车票载明的乘车日期之后预售期内列车,核收改签费。

④开车后,在当日24时之前,可免费改签当日其他列车。

⑤开车后,在当日24时之前,可改签车票载明的乘车日期之后预售期内列车,核收改签费。

2. 变更到站

旅客购票后,可根据行程变化,重新选择新的目的地,在车票预售期内变更到站及乘车日期、车次、席位,但不能变更发站(同城车站除外),变更到站的条件如下:

(1)变更到站需在原车票开车前48h以上办理,旅客可任意选择有余票的列车。已经换取纸质车票的旅客须在车站指定窗口办理;未换取纸质车票的旅客也可在12306网站或铁路12306手机App办理。

(2)变更到站只办理一次。已经办理变更到站的车票,不再办理改签。对已经改签车票、团体票及通票暂不提供此项服务。

(3)变更到站不需要手续费。

(4)车站收回原票,换发新票,并在新车票票面注明“变更到站”字样,如图2-2所示。

(5)办理变更到站时,新车票票价高于原票价时,补收票价差额;新车票票价低于原票价时,退还票价差额。

图2-2 变更到站车票票样

三、旅 行 变 更

1. 变更等级

(1)旅客要求在列车上办理变更时,变更后的票价高于原票价时,核收票价差额;变更后的票价低于原票价时,票价差额部分不予退还。

(2)因铁路运输企业责任使旅客不能按车票载明的日期、时间、车次、车厢号、席位号、席别乘车时,站、车应妥善安排。重新安排的席位票价高于原票价时,超过部分不予补收;低于原票价时,应当退还票价差额,不收退票费。

2. 越站乘车

旅客要求越过车票到站继续乘车时,须在原车票到站前提出,在有运输能力的情况下列车可予以办理，核收越站区间的票款；无运输能力时，列车有权拒绝旅客补票和继续乘车。

四、误售、误购、误乘和误降的处理

我国铁路车站众多，由于车站音同字不同、站名发音相似以及地方口音不同等原因，发生误售、误购车票时，车站和列车必须正确处理，使旅客能安全迅速到达旅行目的地。

误售误购误乘的处理

1. 误售、误购的处理

(1)在车站售票窗口发生旅客车票误售、误购时，旅客当场提出的，车站换发新票，需退还票价差额时，不收退票费。

(2)铁路运输企业责任导致误售时，应为旅客免费办理退票或换发新票。

(3)旅客需送回时，列车长应编制客运记录交前方停车站，指定最近列车（国际旅客列车除外）免费送回。

2. 误乘、误降的处理

由于旅客没有确认车次或上、下行方向坐错了车，或乘车中坐过了站，统称为误乘。

(1)发生误乘、误降时，旅客应向站车工作人员提出，列车长应编制客运记录交前方停车站。

(2)车站对本站发现或列车移交的误乘、误降旅客，应指定最近列车免费送回至车票到站或原票乘车站。

(3)误乘旅客提出乘坐本趟列车直接去原票到站时，所乘列车票价高于原票价时，核收票价差额，所乘列车票价低于原票价时，票价差额部分不予退还。

3. 免费送回中途下车的处理

在免费送回区间，旅客不得中途下车。如中途下车，对往返乘车的免费区间，按返程所乘列车等级分别核收往返区间的票款。免费送回区间，旅客应按照铁路运输企业指定的席别乘坐，旅客如提出乘坐高票价席别时，应重新支付高票价席别票款。

五、丢失乘车凭证的处理

旅客购买车票后，丢失购票身份证件的，按以下方式处理：

(1)旅客在乘车前丢失证件的，应到该有效身份证件的发证机构办理临时身份证明，凭临时身份证明进出站乘车。

(2)旅客在列车上、出站前丢失证件的，须先办理补票手续，凭后补车票检票出站，在列车上办理时，列车核验席位使用正常的，开具客运记录。

在车站办理时，车站核验车票无出站检票记录的，开具客运记录。旅客应在乘车日期之日起30日以内，凭该有效身份证件发证机构办理的临时身份证明和后补车票（如开具纸质客运记录，还应携带纸质客运记录），到列车的经停站退票窗口办理后补车票与原票乘车区间一致部分的退票手续。

办理退票手续时，如核查丢失证件所购原票有出站记录的，后补车票不予退票；无出站记录的，办理退票时，不收退票费。

六、不符合乘车条件的处理

对不符合乘车条件的旅客、人员,站车均应了解原因,区别不同情况予以处理,但归纳起来,可分为两种类型:对有意不履行义务的,应补收票款并加收票款;对主动补票并经站、车同意上车的人员和儿童,只补收票价。

不符合乘车条件的处理

(1)客观原因:铁路运输企业发现下列情形之一的,应当补收票款。

①主动补票或者经站、车同意上车补票的;

②应当购买儿童优惠票而未买票的儿童,补收儿童优惠票的票款;

③应当购买全价票而购买儿童优惠票乘车的未成年人,应补收儿童优惠票票价与全价票的差额。

(2)主观原因:未经铁路运输企业同意,有下列情形之一的,铁路运输企业按规定补收票款,并加收已乘区间应补票价50%票款。。

①无票乘车且未主动补票时,补收自乘车站(不能判明时自始发站)起至到站止的车票票款。

②持失效车票乘车或在车票到站后不下车继续乘车的,按无票处理。

③持用变造、伪造或涂改的乘车凭证乘车时,除按无票处理外并送交公安部门处理。

④票、证、人不一致的,按无票处理。

⑤持用低票价席别车票乘坐高票价席别时,补收所乘区间的票价差额。

⑥旅客持优惠票、优待票,没有规定的减价凭证或不符合减价条件时,按照全价票价补收票价差额。

需要收取手续费的,按照有关规定办理。

铁路运输企业发现变造、伪造车票或者证件乘车,霸座或者其他扰乱秩序的行为,应当及时报告公安机关。

七、车票的查验和安全检查

1. 车站的检验票

(1)铁路运输企业按照国家有关规定对旅客所持车票和有效身份证件进行车票实名制查验。

为了维护站车秩序,保证旅客安全,车站对进、出站的旅客和人员应当检票,对应当持证购买的优惠票、优待票,铁路运输企业还须查验旅客相应优惠、优待证件。旅客应配合铁路运输企业实施的车票实名制查验工作,携带免费乘车儿童还应提供其购票申明时使用的儿童有效身份证件;使用持证购买的优惠票、优待票应出示相应优惠、优待证件。

车站检票作业是以自动检票为主,人工检票为辅的方式完成检票作业。持有效身份证件的旅客可使用自动检票机自助完成检票。每台检票机直接接收客运站检票服务器的检票计划,对于进站或出站检票,根据检票日计划检查证件的有效性。如果检票通过,则在磁信息中写入检票标志的同时记录检票存根。操作时右手持证,将证件放到证件识读模块上面,当被检验的车票为有效票时,警示灯与通过指示灯亮绿灯,闸门打开,通道开启,允许旅客通过;当被检验的车票为无效票时(包括车票的日期、时间、车次、检票口地点不符合本自动检票机所检的列车车票),警示灯与通过指示灯亮红灯,闸门关闭,阻止旅客通过。其他不可识读证件,在人工检票口,由工作人员手工输入证件号码,并核对证件后进行检票。

(2)旅客检票后在车票发站开车前取消旅行,需办理改签、退票手续的,应在开车前主动向车站声明。

(3)铁路运输企业应当依照法律、行政法规和有关规定,对旅客及其携带品进行安全检查,旅客携带品应当遵守国家禁止或者限制运输的相关规定。

(4)车站在开车前提前停止检票,并应当在本站营业场所公告提前停止检票时间。旅客可通过乘车站营业场所公告查询。

2. 列车的验票

(1)列车对乘车旅客应验票。对持证购买的优惠票、优待票,列车上还需核验旅客相应证件。列车内的验票工作应由列车长负责组织实施。

(2)铁路稽查人员凭稽查证件、佩戴稽查标识可以在车内验票。

单元2.3 旅客携带品

为了照顾旅客旅行生活的便利,旅客可以将旅行中所需要的物品(如提包、背包、行李等)带入乘坐的客车内,但该物品需由旅客自行负责看管,除非因铁路自身原因导致物品的遗失、毁损等由铁路部门依据相关规定办理。为了维护站、车的良好运营秩序,确保旅客运输的安全,方便旅客进出站、上下车以及保持良好的乘车环境,必须对旅客携带品的范围进行限制。同时,为了满足广大旅客的知情权,铁路运输企业应在售票厅、候车室和旅客列车内以及利用相关媒体加强对旅客携带品的宣传,以杜绝旅客将违禁品带进车站、列车。

一、旅客携带品的范围

旅客携带品的范围

1. 在携带品重量方面

旅客免费携带品的重量建立在广泛的调查基础之上,通过调查我国一般旅客正常旅行时随身携带物品的重量并考虑客运车辆正常的负载能力,在保证旅客列车安全正点的基础上,对旅客携带品的重量做出的规定。

旅客携带品免费重量:成人旅客20kg,儿童旅客(含免费儿童)10kg,外交人员(持外交护照)35kg,新老兵35kg。

免费重量的几点说明:

(1)每件最大重量不超过20kg。

(2)平衡车、滑行器等轮式代步工具须使用硬质包装物妥善包装。

(3)依靠辅助器具才能行动的老、幼、病、残、孕等特殊重点旅客旅行时代步的折叠式轮椅,以及随行婴儿使用的折叠婴儿车,可免费携带并不计入上述范围。

(4)旅客旅行携带品中少量的水果、点心、文件袋以及随身穿着的衣物等零星细小物品,如超重部分重量<5kg,可放宽不补运费,但绝不是携带品的免费重量为25kg。

2. 在体积方面

旅客免费携带品体积的规定,依据客车摆放携带品的行李架和座位下所有空间的总容积,按照客车定员数,计算每位旅客平均占有的容积,然后对该容积进行分解为长、宽、高的尺寸加总而得出旅客携带品的体积限制。

旅客携带品每件物品的外部尺寸,长、宽、高之和不得超过160cm;杆形物品不超过200cm;乘坐动车组列车旅客携带品每件物品外部尺寸的长、宽、高之和不超过130cm。携带品由旅客自行保管,对超过规定的携带品,应提前办理托运手续。

3. 禁止携带的物品

旅客携带品应当遵守国家禁止或者限制运输的相关规定,为保障车站、旅客列车等公共场所内外整洁、空气清新,下列物品不准带进车站和列车内:

(1)国家禁止或限制运输的物品。

(2)法律、法规、规章中规定的危险品、弹药和承运人不能判明性质的化工产品。

(3)活动物及妨碍公共卫生的物品。(导盲犬和作为食品且经封闭箱体包装的鱼、虾、蟹、贝、软体类水产动物除外)

(4)能够损坏或污染车辆的物品。

(5)超重、超大物品。

车站和列车要做好禁止携带物品的宣传,严禁旅客非法携带易燃、易爆、毒害性、腐蚀性、放射性、传染病病原体等物品及枪支、弹药、管制刀具等可能危害公共安全的物品进站乘车。不得随身携带管制刀具以外的菜刀、餐刀、大型水果刀、工艺品刀、剪刀、钢(铁)锉、斧子、锤子等利器、钝器。旅客应自觉接受、配合铁路部门在车站、列车实施安全检查。经检查发现可疑物品的,旅客应自行取出并接受进一步检查。对拒绝接受安全检查或坚持携带上述物品的旅客,铁路安检工作人员依法禁止其进站乘车。

4. 限量携带的物品

为了旅客旅行的方便,在保证安全和卫生的条件下,可限量携带下列物品:

(1)包装密封完好、标志清晰且酒精体积百分含量大于或者等于24%、小于或者等于70%的酒类饮品累计不超过3000mL。

(2)香水、花露水、喷雾、凝胶等含易燃成分的非自喷压力容器日用品,单体容器容积不超过100毫升,每种限带1件。

(3)指甲油、去光剂累计不超过50mL。

(4)冷烫精、染发剂、摩丝、发胶、杀虫剂、空气清新剂等自喷压力容器,单体容器容积不超过150毫升,每种限带1件,累计不超过600mL。

(5)安全火柴不超过2小盒,普通打火机不超过2个。

(6)标志清晰的充电宝、锂电池,单块额定能量不超过100Wh,含有锂电池的电动轮椅除外。

(7)法律、行政法规、规章规定的其他限制携带、运输的物品。

5. 携带导盲犬进站乘车的规定

视力残疾旅客可以携带导盲犬进站乘车,并按以下流程办理:

(1)在进站、乘车时,要主动出示以下证件:购票时所使用的有效身份证件、残疾人证、导盲犬工作证(载有导盲犬使用者信息,盖有公安部门或残疾人联合会公章,或带有国际导盲犬联盟标识“IGDF”),动物健康免疫证明。

(2)进站时,携带导盲犬接受安全检查。

(3)进入车站、列车前,要为导盲犬系上牵引链,佩戴导盲鞍。

为保障旅客出行的安全,有下列情形之一的,需与具备照看导盲犬能力的成年人同行:

①乘坐同一趟列车时间超过12h的。

②购买联程票时,每段接续时间在2h以内,且全程时间超过12h的。

在车站和乘车期间,旅客或同行成年人负责照看导盲犬及照顾导盲犬吃、喝、排泄,请勿影响环境卫生。在不阻塞通道、车门等的前提下,导盲犬宜在旅客座席附近或铺位下陪伴,请勿让其占用席位或任意跑动。

在发生危及旅客人身安全和铁路运营秩序的特殊情况下,携带导盲犬的旅客与其他旅客一样,须共同遵守铁路和公安部门的有关规定,接受铁路工作人员的组织和引导。

二、旅客违章携带物品的处理

旅客违章携带物品的处理

(1)在发站禁止进站上车。

(2)在车内或下车站,对超过免费重量的物品,其超重部分应自上车站至下车站补收行李运费。对不可分拆的整件超重、超大物品、活动物,按该件全部重量补收上车站至下车站行李运费。列车不具备补收条件时,可交前方停车站处理。

对已带上车的宠物,应安排在列车通过台上由旅客自己看管,宠物发生意外或伤害其他旅客时,由携带者负责。

(3)发现危险品或禁限物品、妨碍公共卫生的物品、损坏污染车辆物品时,列车交前方停车站处理,车站按该件物品全部重量加倍补收上车站至下车站行李运费。

涉嫌违法犯罪的送公安部门处理,对有必要就地销毁的危险品或禁限品按有关部门规定处理。

没收危险品时,应向被没收人出具书面证明,即《没收危险品决定书》,被没收人签字。

(4)如旅客携带超重、超大的物品价值低于行李运费时,可按物品价值的50%核收行李运费。

(5)补收运费时,不得超过本次列车的始发和终到站。不能判明上车站时,自始发站起计算。

三、旅客携带品的搬运及暂存

车站开展携带品搬运、暂存服务业务时,可核收搬运、暂存费。

为了方便旅客,客流量较大的车站应开展旅客携带品搬运业务。搬运员必须穿着统一制服,佩戴标志。搬运车辆应有明显标记,易于识别。收费时应给旅客收费凭证。搬运服务不得违反铁路规章。车站对非车站人员进站经营搬运业务的应予以制止和清理。

三等以上客流较大的车站均应设旅客携带品暂存处。其他车站可由服务处或行包代理处兼办携带品暂存业务。暂存处应公布收费标准和注意事项。暂存物品需包装良好,箱袋必须加锁,包装不良的,不予存放。办暂存手续时,必须填写暂存票,注明品名、包装、日期、件数等。提取时还应注明提取日期、寄存日数和核收款额,并在暂存票乙票上加盖戳记后交给旅客。暂存票应按顺序装订,保管一年。

四、旅客遗失物品的处理

由于旅客乘降车匆忙而遗留在站、车内的携带品,简称为旅客遗失物品。

(1)发现旅客遗失物品应积极寻找失主。如旅客已经下车,应编制客运记录,注明品名、件数等移交下车站。不能判明时,移交前方站或终点站。

(2)车站应设失物招领处,车站对本站发现或列车移交的旅客遗失物品,应在遗失物品登记簿上详细登记,注明日期、地点、移交车次、品名、包装及内含物品、数量、重量、交物人、经办人、处理结果等内容。

(3)失物招领处对旅客遗失物品应妥善保管,正确交付。并在12306网站或车站进行公告。失主来领取时,应查验身份证,核对时间、地点、车次、品名、件数、重量;确认无误后,由失主签收,并记录身份证号码。

拾到现金应开具"客运运价杂费收据"上交,并在登记簿上注明"客运运价杂费收据"收据号码;当失主来领取时,开具退款证明书办理退款。

(4)遗失物品需通过铁路局集团公司向失主所在站转送时,内附清单,物品加封,填写客运记录和行李、包裹交接证,交列车行李员签收。物品在5kg以内的免费转送;超过5kg时,到站按品类补收运费;遗失物品中的危险品、国家禁止或限制运输的物品、机要文件应立即移交公安机关或有关部门处理,不办理转送。

实训项目及案例分析

实训项目1　变更到站的处理方法

【任务2-1】 20××年3月12日,沈阳北站一旅客持3月15日K4452次旅客列车(牡丹江—临沂)沈阳北至山海关空调硬卧下铺车票1张,要求改乘3月15日G3486次高铁列车(沈阳北—汉口)沈阳北至天津一等座。假设有票额,沈阳北站应如何处理?

K4452次旅客列车径路里程:沈阳北—沟帮子—锦州—山海关　429km

G3486次高铁列车径路里程:沈阳北—葫芦岛北—山海关—唐山—天津　684km

处理方法:

3月12日至3月15日超过48h,车票可以变更到站,变更后的车次票价高于原票价,补收票价差额。

原票:沈阳北—山海关 429km

空调硬座客快速卧(下)票价:117.50元

新票:沈阳北—天津 684km

高速动车组列车一等座票价:434.00元

网购车票原票价退回原账户,新票价重新支付。

非网购车票窗口办理补收票价差:

收回原票,换发新票。

补收票价:434.00 - 117.50 = 316.50元

实训项目2　变更等级的处理方法

【任务2-2】 20××年3月12日,K7327次新型空调快速(葫芦岛—沈阳,经由义县)列车,锦州开车后，一旅客持当日当次葫芦岛至沈阳本次列车的硬座客快速车票，票号 A023123，票价 30.00 元，要求自锦州开始使用软座至到站。列车同意办理。

处理方法：

(1) 办理方法：由低等级变更为高等级时，应补收变更区段的票价差额，核收手续费。

(2) 票价计算：

变座区间：锦州—沈阳 292km　新空软座票价：50.50 元

新空硬座票价：27.50 元

补收软硬座票价差：50.50 − 27.50 = 23.00 元

手续费：2.00 元

合计：25.00 元

实训项目 3　发生误售、误购的处理方法

【任务 2-3】 20××年 3 月 12 日，一名旅客在长春站购买到迁安的硬座客快车票，车票误售至乾安。旅客乘当日 2633 次列车（哈尔滨—赤峰，普快），在大安北到站前发现误售后，列车长应如何处理？如该旅客在乘坐 K7558 次免费送回时在松原站中途下车，车站应如何处理？

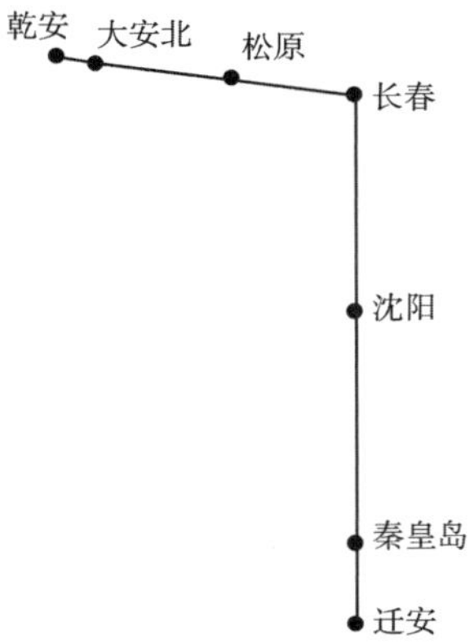

图 2-3　原票发到站与正当发到站之间的线路位置关系

处理方法：

(1) 在大安北到站前发现，列车长应给该旅客换发代用票，并编写客运记录交给大安北站，指定最近列车免费返回长春。发到站之间的线路位置关系，如图 2-3 所示。

长春—乾安　273km

硬座客快票价：20.50 元

长春—迁安　834km

硬座票价：45.00 元

因迁安不是快车停车站，加快票只能售至秦皇岛。

长春—秦皇岛　737km

普快票价：8.00 元

应收票价：45.00 + 8.00 = 53.00 元

应补差价：53.00 − 20.50 = 32.50 元

填写代用票，如图 2-4 所示。

(2) 2633 次列车长编写客运记录，如图 2-5 所示。

(3) 旅客在乘坐 K7558 次新空旅客列车免费送回时在松原站中途下车，松原站应补收该旅客车票及手续费。

长春—大安北　218km

新空硬座客快速票价：32.50 元

大安北—松原　69km

新空硬座客快速票价：12.50 元

核收一次手续费：2.00 元

合计：32.50 + 12.50 + 2.00 = 47.00 元

填写写客运杂费收据，如图 2-6 所示。

沈阳铁路局集团公司

A 000005

事由	误售

代 用 票

20××年3月12日　　乙（旅客）

原票	种别	日 期	20××年3月12日	座 别	硬
	客快	号 码	A031456	经 由	
		发 站	长 春	票 价	20.50
		到 站	迁 安	记 事	壹人

自 长春 站至 迁安 站		经由	
		全程 834 km	
加收 至 间		票价	
补收 至 间		客快 票价差	32.50
限乘当日第 次列车		客票票价	
于 月 日到达有效		快票价	
座别	人数	卧票价	
硬 全价	壹	手续费	
半价	#		
儿童	#	合计	32.50
记事	原票收回，普快至秦皇岛，交大安北站免费送回		

㊗ 长春 段第 2633 次列车长 ××× ㊞

站售票员 ㊞

注意事项：1 核收票价与剪断线不符时，按无效处理（不足10元的除外，超过千元的保留最高额）。
2 撕角、补贴、涂改无效。　　A 000005

120毫米×185毫米

A000005　9 8 7 6 5 4 3 2 1 拾元　9 8 7 6 5 4 3 2 1 佰元　9 8 7 6 5 4 3 2 1 仟元

图 2-4　代用票填写式样

沈阳铁路局集团公司　　客统—1

客 运 记 录

第 1 号

记录事由：误售车票

大安北站：

20××年3月12日在2633次（哈尔滨—赤峰）旅客列车上发现一旅客李某（身份证号×××××××××××××××）持3月12日长春至乾安的硬座客快票（票号为A123321），其正当到站为迁安，是误售车票，现已换发代用票（票号A000005），现将该旅客交你站，请按章处理。

注：

1.站、车需要编制记录时适用。

2.本记录不能作为乘车凭证。

长春 站段 编制人员 ×××（印）

站段 签收人员 （印）

20××年3月12日 编制

图 2-5　客运记录填写式样

沈阳铁路局集团公司　　丙

客运运价杂费收据

20××年3月 12日　　（报告用）

原票据	种别	日期	年 月 日	月 日 时到达、通知、变更
		号码		月 日 时 交 付
		发站		
		到站		核收保管费 日

核 收 区 间	核收费用 种别	件数	重量	款额
自＿＿＿＿站 至＿＿＿＿站	长春至大安北客快票			32.50
	大安北至松原客快票			12.50
经由（ ）	手续费			2.00
座别＿硬＿人数＿壹＿				
	合 计			47.00

记事	误售，K7558次免费送回中途下车

＿松原＿站经办人＿×××＿ 印

A000001

图 2-6　客运运价杂费收据填写式样

实训项目4 不符合乘车条件的处理方法

【任务2-4】 20××年3月12日在K367次(汉口—大连,经由沟海线)新型空调列车上,锦州到站前验票发现一旅客持山海关至大连K7347次硬座客快速车票。列车长应如何处理?

处理方法:

持普通车车票乘坐新型空调车,应补所乘区间的票价差额,加收已乘区间应补票价50%票款,核收手续费。

山海关—大连(沟海) 614km

新空硬座客快速票价:86.00元

硬座客快速票价:49.00元

应补差价:86.00－49.00＝37.00元

山海关—锦州 184km

新空硬座客快速票价:28.50元

硬座客快速票价:15.50元

50%票款:13.00×50%＝6.50元

手续费:2.00元

合计:37.00＋6.50＋2.00＝45.50元

具体操作:先在站、车无线交互系统中补签,然后用移动补票机打印补价、加收票款车票,随同原票使用有效,核收45.50元。

【任务2-5】 20××年3月12日,汉口开往乌鲁木齐的T192/T193次新型空调特快旅客列车,在武威到站验票发现一旅客持当日商丘经郑州到兰州的硬座客快票,票号A023237,票价83.00元。武威站应如何处理?

处理方法:

(1)处理依据:该旅客郑州—兰州间低乘高,补收票价差额,兰州—武威间无票乘车,补收票款。出站发现,为有意逃避支付票款,加收50%。

(2)费用计算:

郑州—兰州 1187km

新空硬座客特快票价:148.50元

硬座客快票价:71.50元

补收票价差额:148.50－71.50＝77.00元

兰州—武威 303km

新空硬座客特快票价:46.50元

补收合计:77.00＋46.50＝123.50元

加收50%:123.50×50%＝62.00元

手续费:2.00元

应收合计:77.00＋46.50＋62.00＋2.00＝187.50元

(3)客运杂费收据填写式样,如图2-7所示。

实训项目5 旅客违章携带物品的处理方法

【任务2-6】 20××年3月12日,1461次(北京—上海)旅客列车到达上海站。出站检票时发现一成人旅客携带一名儿童持唐山经由北京、济南、上海至杭州的硬座客快票两张(一张半价),携带重10.2kg的圆桌一个(直径0.85m),电视一台重21.5kg,背包一件重8kg(内装有重1.5kg的鞭炮2000响)。请问上海站如何处理?

丙

兰州铁路局集团公司

客运运价杂费收据

20××年3月12日　（报告用）

原票据	种别	日期	20××年3月11日	月　日　时到达、通知、变更		
	客快	号码	A023237	月　日　时　交　付		
		发站	商丘	核收保管费　日		
		到站	兰州			
核收区间				核收费用		款额
				种别	件数	重量	
自 郑州--兰州 站 至 兰州--武威 站 经由(　　) 座别 硬 人数 壹				补收票价差额		77.00
				新空客特快票价		46.50
				50%票款		62.00
				手续费		2.00
				合　计		187.50
记事	郑州至兰州低乘高，兰州至武威间无票乘车					

武威 站经办人 ××× 印

A000003

图 2-7　客运运价杂费收据填写式样

处理方法:超大、超重、危险品。

(1)处理依据:圆桌的体积超大 0.85×2=1.70m,重量按 11kg 计算;背包是危险品按 8kg 计算,电视机整体超重 22kg。

(2)费用计算:

北京—上海　1463km

超大物品按行李补收运费:11×0.705=7.755≈7.80 元

整件超重物品按行李补收运费:22×0.705=15.51≈15.50 元

危险品:8kg 行李运费:8×0.705=5.64≈5.60 元

危险品:8kg 加倍行李运费 2×5.600=11.20 元

合计:7.80+15.50+11.20=34.50 元

(3)填写客运杂费收据,如图 2-8 所示。

【任务 2-7】 20××年 3 月 12 日,2195 次列车(锦州—哈尔滨)运行到长春站前,发现一旅客持当日当次沟帮子到哈尔滨车票,携带鲜玉米一袋 16kg(市场价 0.90 元/kg),背包一件 25kg,手提包一个 6kg(内装鞭炮 0.5kg),假山石头一块 25kg。请问列车应如何处理?

处理方法:超重、危险品

(1)处理依据:背包内容物可分拆,扣除 20kg 免重重量,超重 5kg;手提包是危险品按 6kg 计算,石头整体超重 25kg,把运价相同的相加处理。

(2)费用计算:

沟帮子—哈尔滨　726km

一般超行李运费:(5 + 25) × 0.379 = 11.37≈11.40 元

危险品 6kg:6 × 0.379 = 2.274≈2.30 元,加倍行李运费 2 × 2.30 = 4.60 元

玉米按行李运费为 16 × 0.379 = 6.064≈6.10 元,

玉米按低值品:16kg 价值 16 × 0.9 = 14.40 元,不属于低值品。

合计:11.40 + 4.60 + 6.10 = 22.10 元

(3)填写客运杂费收据,如图 2-9 所示。

丙

上海铁路局集团公司

客运运价杂费收据

20××年 3 月 12 日　　（报告用）

原票据	种别	日期	月　日　时到达、通知、变更		
		号码	月　日　时　交　付		
		发站	核收保管费　日		
		到站			
核　收　区　间			核收费用		款额
			种别	件数	重量	
自 北 京 站			超大品	1	11	7.80
至 上 海 站			超重品	1	22	15.50
经由(　　)			危险品	1	8	11.20
座别 / 人数 贰			合　计			34.50
记事	圆桌的体积超大,重量按11kg计算;背包是危险品按8kg计算,电视机整机超重22kg。				

上海 站经办人 ××× 印

A000004

图 2-8　客运运价杂费收据填写式样

丙

沈阳铁路局集团公司

客运运价杂费收据

20××年 3 月12日　　（报告用）

原票据	种别	日期	月　日　时到达、通知、变更		
		号码	月　日　时　交　付		
		发站	核收保管费　日		
		到站			
核　收　区　间			核收费用		款额
			种别	件数	重量	
自 沟帮子 站			危险品	1	6	4.60
至 哈尔滨 站			超重品	3	6	17.50
经由(　　)						
座别 / 人数 /			合　计			22.10
记事	背包超重5kg;手提包危险品按6kg计算;假山石整体超重25kg;鲜玉米超重16kg				

2195次 列车经办人 ×× 印

A000005

图 2-9　客运杂费收据填写式样

知识拓展

一、铁路旅客禁止携带和托运物品目录

(一)禁止托运和随身携带的物品

1. 枪支、子弹类(含主要零部件)

(1)军用枪、公务用枪:手枪、冲锋枪、步枪、机枪、防暴枪等以及各类配用子弹。

(2)民用枪:气枪、猎枪、运动枪、麻醉注射枪等以及各类配用子弹。

(3)道具枪、发令枪、钢珠枪、催泪枪、电击枪等以及各类配用子弹。

(4)上述物品的样品、仿制品。

2. 爆炸物品类

(1)弹药:炸弹、照明弹、燃烧弹、烟幕弹、信号弹、催泪弹、毒气弹、手雷、地雷、手榴弹等。

(2)爆破器材:炸药、雷管、导火索、导爆索、震源弹、爆破剂等。

(3)烟火制品:礼花弹、烟花(含冷光烟花)、鞭炮、摔炮、拉炮、砸炮等各类烟花爆竹,发令纸、黑火药、烟火药、引火线,以及"钢丝棉烟花"等具有烟花效果的制品等。

(4)上述物品的仿制品。

3. 管制器具

(1)管制刀具:根据《管制刀具分类与安全要求》(GA 1334—2016),认定为管制刀具的专用刀具(匕首、刺刀、佩刀、三棱刮刀、猎刀、加长弹簧折叠刀等)、特殊厨用刀具(加长砍骨刀、加长西瓜刀、加长分刀、剔骨刀、屠宰刀、多用刀等)、开刃的武术与工艺礼品刀具(武术刀、剑等),以及其他管制刀具[超过《日用刀具分类与安全要求》(GA/T 1335—2016)规定的尺寸规格限制要求的各种刀具]。

(2)其他器具:警棍、军用或者警用匕首、催泪器、电击器、防卫器、弩、弩箭等。

4. 易燃易爆物品

(1)压缩气体和液化气体:氢气、甲烷、乙烷、环氧乙烷、二甲醚、丁烷、天然气、乙烯、氯乙烯、丙烯、乙炔(溶于介质的)、一氧化碳、液化石油气、氟利昂、氧气(供病人吸氧的袋装医用氧气除外)、水煤气等。

(2)易燃液体:汽油(包括甲醇汽油、乙醇汽油)、煤油、柴油、苯、酒精、酒精体积百分含量大于70%或者标志不清晰的酒类饮品、1,2-环氧丙烷、二硫化碳、甲醇、丙酮、乙醚、油漆、稀料、松香油等。

(3)易燃固体:红磷、闪光粉、固体酒精、赛璐珞、发泡剂H、偶氮二异庚腈等。

(4)自燃物品:黄磷、白磷、硝化纤维(含胶片)、油纸及其制品等。

(5)遇湿易燃物品:金属钾、钠、锂、碳化钙(电石)、镁铝粉等。

(6)氧化剂和有机过氧化物:高锰酸钾、氯酸钾、过氧化钠、过氧化钾、过氧化铅、过氧乙酸、过氧化氢、氯酸钠、硝酸铵等。

5. 毒害品

氰化物、砒霜、硒粉、苯酚、氯、氨、异氰酸甲酯、硫酸二甲酯等高毒化学品以及灭鼠药、杀虫剂、除草剂等剧毒农药。

6. 腐蚀性物品

硫酸、盐酸、硝酸、氢氧化钠、氢氧化钾、有液蓄电池(含氢氧化钾固体、注有酸液或碱液的)、汞(水银)等。

7. 放射性物品

指含有放射性核素,并且其活度和比活度均高于国家规定豁免值的物品,详见《放射性物品分类和名录(试行)》。

8. 感染性物质

包括可感染人类的高致病性病原微生物菌(毒)种和感染性样本,详见《人间传染的病原微生物名录》中危害程度分类为第一类、第二类的病原微生物。

9. 其他危害列车运行安全的物品

(1)可能干扰列车信号的强磁化物。

(2)硫化氢及有强烈刺激性气味或者有恶臭等异味的物品。

(3)容易引起旅客恐慌情绪的物品。

(4)不能判明性质但可能具有危险性的物品。

10. 法律、行政法规、规章规定的其他禁止携带、运输的物品

(二)禁止随身携带但可以托运的物品

(1)锐器:菜刀、水果刀、剪刀、美工刀、雕刻刀、裁纸刀等日用刀具(刀刃长度超过60mm);手术刀、刨刀、铣刀等专业刀具;刀、矛、戟等器械。

(2)钝器:棍棒、球棒、桌球杆、曲棍球杆等。

(3)工具农具:钻机、凿、锥、锯、斧头、焊枪、射钉枪、锤、冰镐、耙、铁锹、镢头、锄头、农用叉、镰刀、铡刀等。

(4)其他:反曲弓、复合弓等非机械弓箭类器材,消防灭火枪,飞镖、弹弓,不超过50mL的防身喷剂等。

(5)持有检疫证明、装于专门容器内的小型活动物,铁路运输企业应当向旅客说明运输过程中的通风、温度条件。但持工作证明的导盲犬和作为食品且经封闭箱体包装的鱼、虾、蟹、贝、软体类水产动物可以随身携带。

二、《关于在一定期限内适当限制特定严重失信人乘坐火车推动社会信用体系建设的意见》

(一)限制范围

1. 严重影响铁路运行安全和生产安全有关的行为责任人被公安机关处罚或铁路站车单位认定的

(1)扰乱铁路站车运输秩序且危及铁路安全、造成严重社会不良影响的。

(2)在动车组列车上吸烟或者在其他列车的禁烟区域吸烟的。

(3)查处的倒卖车票、制贩假票的。

(4)冒用优惠(待)身份证件、使用伪造或无效优惠(待)身份证件购票乘车的。

(5)持伪造、过期等无效车票或冒用挂失补车票乘车的。

(6)无票乘车、越站(席)乘车且拒不补票的。

(7)依据相关法律法规应予以行政处罚的。

对上述行为责任人限制乘坐火车。

2. 其他领域的严重违法失信行为有关责任人

(1)有履行能力但拒不履行的重大税收违法案件当事人。

(2)在财政性资金管理使用领域中存在弄虚作假、虚报冒领、骗取套取、截留挪用、拖欠国际金融组织和外国政府到期债务的严重失信行为责任人。

(3)在社会保险领域中存在以下情形的严重失信行为责任人:用人单位未按相关规定参加社会保险且拒不整改的;用人单位未如实申报社会保险缴费基数且拒不整改的;应缴纳社会保险费且具备缴纳能力但拒不缴纳的;隐匿、转移、侵占、挪用社会保险基金或者违规投资运营的;以欺诈、伪造证明材料或者其他手段骗取社会保险待遇的;社会保险服务机构违反服务协议或相关规定的;拒绝协助社会保险行政部门对事故和问题进行调查核实的。

(4)证券、期货违法被处以罚没款,逾期未缴纳的;上市公司相关责任主体逾期不履行公

开承诺的。

(5)被人民法院按照有关规定依法采取限制消费措施,或依法纳入失信被执行名单的。

(6)相关部门认定的其他限制乘坐火车高级别席位的严重失信行为责任人,相关部门加入本文件的,应当通过修改本文件的方式予以明确。

对上述行为责任人限制乘坐火车高级别席位,包括列车软卧、G字头动车组列车全部座位、其他动车组列车一等座以上座位。

(二)信息采集

1. 铁路旅客相关失信信息采集

在铁路站车发生上述行为,被公安机关予以行政处罚或立为刑事案件的,由相关铁路公安局通报相关铁路局集团公司,并纳入惩戒名单。未被公安机关处理的上述行为,由铁路站车工作人员收集有关音视频证据或2名旅客以上的证人证言或行为责任人本人书面证明,报铁路运输企业审核、认定后,纳入惩戒名单。

2. 其他领域相关失信信息采集

国家发展改革委、最高人民法院、财政部、人力资源社会保障部、国家税务总局、证监会将本部门确定的因发生严重失信行为需要纳入限制乘火车高级别席位的名单归集至全国信用信息共享平台,由平台推送给国铁集团,由其按国家规定程序纳入限制乘火车高级别席位名单。如果之前已和国铁集团建立数据传输通道的、实现名单信息共享的,可以保持原数据传统通道和信息共享方式,全国信用信息共享平台不再重复推送名单信息。

向国铁集团提供的名单信息应当包括:被列入限制乘火车高级别席位名单人员的姓名、旅行证件号码、列入原因;有作为依据的法律文书的,还应当提供该法律文书的名称与编号。有关部门应当确定名单异议处理人,并通报国铁集团。

(三)发布执行和权利救济

各铁路运输企业每月第一个工作日在中国铁路客户服务中心(12306)网站、"信用中国"网站发布限制购买车票人员名单的完整信息,有关部门的异议处理人联系方式应当同时公布。名单自发布之日起7个工作日为公示期,公示期内,被公示人可通过铁路"12306"客服电话或向有关部门提出异议;公示期满,被公示人未提出异议或者提出异议经审查未予支持的,各铁路运输企业开始按照公示名单执行惩戒措施。被纳入限制购买车票名单的人员认为纳入错误的,可以向有关机关、单位提起复核。

(四)移除机制

对特定严重失信人在一定期限内适当限制乘坐火车。相关主体从限制乘火车人员名单中移除后,不再对其采取限制乘火车措施。具体移除办法如下:

(1)行为责任人发生严重影响铁路运行安全和生产安全有关行为第1~3条、第7条的,各铁路运输企业限制其购买车票,有效期为180天;自公布期满无有效异议之日起计算,180天期满自动移除,铁路运输企业对其恢复发售车票。

(2)行为责任人发生严重影响铁路运行安全和生产安全有关的行为第4~6条的,各铁路运输企业限制其购买车票。行为责任人补齐所欠票款后(自补票次日算起),铁路运输企业恢复发售车票;行为责任人补齐第一次所欠票款一年内,三次发生上述4~6条行为的,行为责任人补齐所欠票款90天后(含90天),铁路运输企业恢复发售车票,不补齐所欠票款,铁路运输企业不对其恢复发售车票。

(3)其他领域产生的限制乘坐火车高级别席位的相关人员名单,有效期为一年,自公示期满之日起计算,一年期满自动移除;在有效期内,其法定义务履行完毕的,有关部门应当在7个工作日内通知国铁集团移除名单。

(五)诉讼指导

最高人民法院加强对各级人民法院指导,依法处理因执行限制乘坐火车名单而引发的有关民事诉讼和行政诉讼,明确审理标准,公正司法,维护各方合法权益。

(六)宣传工作

各相关部门及各铁路运输企业应当借助各类媒体平台,发挥舆论的宣传引导作用,大力开展铁路信用宣传普及教育活动。利用"诚信活动周""安全生产月""诚信兴商宣传月""3·15国际消费者权益保护日""6·14信用记录关爱日""12·4全国法制宣传日"等公益活动,有步骤、有重点地介绍宣传限制乘坐火车制度的内容和实施情况,帮助广大社会公众熟悉并监督这一制度的实施。

复习思考题

1. 什么是客运记录?客运记录的填写规定有哪些?
2. 哪些情况列车需要编写客运记录?
3. 哪些情况车站需要编写客运记录?
4. 旅客乘车的条件有哪些?
5. 运输服务条件有哪些?
6. 拒绝运输的条件有哪些?
7. 什么是始发改签?
8. 始发改签费用是如何规定的?
9. 变更到站的条件有哪些?
10. 发生误售、误购车票时,应如何处理?
11. 什么是误乘?旅客发生误乘、误降时,站、车应如何处理?
12. 不符合乘车条件的处理方法是什么?
13. 旅客携带品的范围是怎样规定的?
14. 哪些物品不准带入车内?
15. 对限量携带的物品是如何规定的?
16. 违章携带品应如何处理?
17. 旅客携带品的暂存有哪些规定?
18. 如何对旅客遗失物品进行交付?

实践训练

1. 准确判断不符合乘车条件产生的主、客观原因并熟练掌握处理方法。
2. 熟练掌握旅客发生误售、误购、误乘车票的处理方法。
3. 熟练办理始发改签、变更到站业务。
4. 练习判断旅客携带品是否违章并掌握处理方法。
5. 练习各种情况下客运记录的编写方法。

项目3 行李、包裹运输

★ 知识重点

1. 行李、包裹的范围。
2. 行李、包裹托运、承运和押运规定。
3. 行李、包裹票的填写。
4. 行李、包裹运输变更的处理。

★ 项目任务

1. 行李、包裹的托运、承运和押运工作。
2. 行李、包裹运到逾期的处理。
3. 行李、包裹运输变更的处理。
4. 行李、包裹的交付工作。
5. 行李、包裹违章运输的处理。

★ 项目准备

1. 参考资料:《铁路旅客运输规程》《铁路客运运价规则》《铁路旅客运输办理细则》《铁路旅客运输管理规则》《铁路客运运价里程表》《行包运价表》、全国铁路客运运价里程接算站示意图、《客运规章汇编》《铁路危险货物运输管理规则》。

2. 所需票据、报表:托运单、行李票、中国铁路小件货物快运运单、货签、安全标志、客运运价杂费收据、客运记录、铁路电报。

3. 所需设备:模拟计算机制票机、计算器(算盘)。

理论知识

按照铁路供给侧结构性改革要求，提高市场竞争力,实现行包运输业务提质增效,国铁集团将大多数车站铁路行包对外经营业务统一交由中铁快运股份有限公司(简称中铁快运公司)负责,铁路局集团公司对这些车站不再对外办理行包业务。铁路局集团公司、中铁快运公司业务界面和职责以安检仪前端为界划分,铁路局集团公司的车站行包窗口业务全部移交中铁快运公司。铁路局集团公司继续负责行包安检及装卸、站车交接等铁路内部运输组织工作。

单元3.1　行李、包裹的范围

行李包裹范围

一、行李包裹运输合同

1. 行李运输合同

铁路行李运输合同是指铁路运输企业与旅客之间明确行李运输权利义务关系的协议。行李运输合同的凭证是行李票,如图3-1所示。行李票可采用纸质票、电子票等形式。

A000000

中铁快运股份有限公司

行　李　票

甲

(报告)

20　年　月　日

到＿＿＿＿站　经由＿＿＿＿站

旅客乘坐　月　日　次车　客票号

旅客姓名	共　人电话:					
住　址	邮政编码:					
顺号	包装种类	件数	实际重量	声明价格	运价里程	km
					运到期限	日
					计重费量 规重	kg
					计重费量 超重	kg
					运　费	元
					保价费	元
						元
					合　计	元
					月　日　次列车到达	
合　计					月　日　交　付	
记事	营业部经办人＿＿＿＿ 印					

X0000000000000000000000　(上分)行李票号码:A000000

图3-1　行李票

行李票主要信息主要包含下面内容:

(1)承运日期、发站、到站和经由;

(2)乘坐车次、人数、车票号;

(3)旅客姓名、电话、地址;

(4)包装种类、件数、重量;

(5)声明价格;

(6)运费;

(7)运到期限、承运站站名戳及经办人员名章。

(8)铁路运输企业名称。

行李运输合同自铁路运输企业接收行李并填发行李票时起成立,到行李运至到站交付给旅客止履行完毕。

2. 包裹运输合同

铁路包裹运输合同是指铁路运输企业与托运人、收货人之间明确包裹运输权利、义务关系的协议。

快运包裹运输合同的基本凭证是中国铁路小件货物快运运单,如图3-2所示。

中国铁路小件货物快运运单主要应当载明下列内容:

(1)发站和到站;发送地和到达地。

(2)托运人、收货人的姓名、地址、联系电话、邮政编码。

(3)包裹的品名、包装、件数、重量。

(4)快运包干费。

(5)声明价格。

(6)承运日期、运到期限、承运站站名戳、承运快运机构名戳及经办人员名章。

包裹运输合同自承运人接收包裹并填发包裹票时起成立,到行李、包裹运至到站、到达地或托运人指定地点交付收货人止为履行完毕。

二、托运人的基本权利和义务

托运人是指委托铁路运输企业运输行李或小件货物并与其签有行李、包裹运输合同的人。

1. 权利

(1)要求铁路运输企业将行李、包裹按期、完好地运至目的地。

(2)行李、包裹灭失、损坏、变质、污染时要求赔偿。

2. 义务

(1)缴纳运输费用,完整、准确地填写托运单,遵守国家有关法令及铁路规章制度,维护铁路运输安全。

(2)因自身过失给铁路运输企业或其他托运人、收货人造成损失时应负赔偿责任。

三、铁路运输企业的基本权利和义务

1. 权利

(1)按规定收取运输费用,要求托运的物品符合国家政策法令和铁路规章制度。对托运的物品进行安全检查,对不符合运输条件的物品拒绝承运。

(2)因托运人、收货人的责任给他人或铁路运输企业造成损失时向责任人要求赔偿。

中铁快运股份有限公司

中国铁路小件货物快运运单

0000000

K000000000000000000000

<table>
<tr><td colspan="3">发送地：</td><td colspan="3">承运时间：　年　月　日</td><td colspan="4">到达地：　　发站：　　到站：</td></tr>
<tr><td>托运人</td><td colspan="5">单位(姓名)：
地址：
电话：　　传真：</td><td>收货人</td><td colspan="3">单位(姓名)：
地址：
邮政编码：　　电话：</td></tr>
<tr><td>品名</td><td>包装种类</td><td>件数</td><td>重量（kg）</td><td>体积（m³）</td><td>声明价格</td><td>快运包干费：　元</td><td colspan="3">运价里程：　km</td></tr>
<tr><td></td><td></td><td></td><td></td><td></td><td></td><td>超重附加费：　元</td><td colspan="3">运到期限：　天</td></tr>
<tr><td></td><td></td><td></td><td></td><td></td><td></td><td>保价费：　元</td><td colspan="3">计费重量：　kg</td></tr>
<tr><td></td><td></td><td></td><td></td><td></td><td></td><td>元</td><td colspan="3">元</td></tr>
<tr><td></td><td></td><td></td><td></td><td></td><td></td><td>元</td><td colspan="3">元</td></tr>
<tr><td>合计</td><td></td><td></td><td></td><td></td><td></td><td>元</td><td colspan="3"></td></tr>
<tr><td colspan="6">托运人签章：</td><td colspan="4">费用总计：　¥　元</td></tr>
<tr><td colspan="6">收货人有效证件号码(或单位公章)：</td><td colspan="3">交付时间：　月　日　时　分</td><td rowspan="2">领货人签章</td></tr>
<tr><td rowspan="2">记事</td><td colspan="5" rowspan="2"></td><td colspan="3">领货人有效证件号码：</td></tr>
<tr><td>承运人签章</td><td>到达通知记录</td><td></td><td>到达记录</td></tr>
</table>

甲联：上报

图3-2　中国铁路小件货物快运运单

2. 义务

(1)为托运人提供方便、快捷的运输条件,将行李、包裹安全、及时、准确地运送到目的地。

(2)行李、包裹从承运后至交付前,发生灭失、损坏、变质、污染时,负赔偿责任。

四、行李

(一)行李的范围

行李是旅客凭车票托运的一定限度的旅行必需品。

行李仅指为方便旅客的旅行生活所限定的少量物品和特殊重点旅客旅行时代步所用的残疾人车。行李每件最大重量不超过50kg,外部尺寸长、宽、高之和最大不超过200厘米,最小不小于60厘米.行李一般随旅客所乘列车运送或提前运送。行动不便旅客在旅行中使用的轮椅可按行李托运。

行李运输随同旅客运输而产生,与旅客运输是不可分割的,旅客不购票乘车,就不可能产生行李运输。

(二)行李中不得夹带的物品

(1)货币:含各币种的纸币和金属辅币;

(2)有价票证:银行卡、储值卡等;

(3)文物;

(4)金银珠宝;

(5)档案材料:指人事、技术档案,组织关系,户口簿或户籍关系,各种证件、证书、合同、契约等;

(6)易碎品、流质物品和骨灰;

(7)妨碍公共卫生和安全的物品;

(8)危险品、铁路运输企业不能判明理化性质的物品按危险品处理;

(9)国家禁止、限制运输物品。

五、包裹

(一)包裹的范围

包裹是指适合在旅客列车的行李车内运输的小件急运货物。作为包裹运输的物品,其性质、形状、体积和重量,必须适合旅客列车运输,并在优先保证行李运输的条件下,才可办理包裹运输。

(二)不能按包裹托运的物品

(1)尸体、尸骨、骨灰、灵柩及易于污染、损坏车辆的物品。

(2)蛇、猛兽等每头超过20kg的活动物(警犬和运输命令指定运输的动物除外)。

(3)国务院及国务院铁路主管部门颁发的有关危险品管理规定中规定的危险品、弹药以及承运人不明性质的化工产品。

(4)国家禁止运输的物品和不适于装入行李车的物品。

(三)包裹的分类

包裹根据物品本身的价值、物品的性质和使用目的以及运输条件和能力,共分为四类,如表3-1所示。

包裹分类表 表3-1

类别	具体内容
一类	报纸类——自发刊日起5日以内的报纸; 政宣品——部分机要部门宣传用非卖品以及新闻图片; 课本类——中、小学生的教学课本,不含各种教学参考及辅导读物等(但全国政协工作用书可按一类包裹)
二类	抢险救灾物资——凭政府机关证明办理托运; 书刊——应用国家规定的统一书刊号的各种刊物、著作、工具书册以及内部发行的规章等; 鲜冻的食用品——鲜或冻鱼介类、肉、蛋、奶类、果蔬类
三类	不属于一、二、四类包裹的物品
四类	特殊运输物品——级运输包装的放射性同位素、油样箱、摩托车以及国务院铁路主管部门指定的需要特殊运输的物品; 轻泡物品——泡沫塑料及其制品

对于鲜冻的食用品,因品名繁多,有的应按二类包裹办理,有的则按三类包裹办理。为了正确判明包裹类别,现对不易判明的二类包裹列表说明,如表3-2所示。

不易判明的二类包裹品名表 表3-2

品名	可按二类包裹办理	不按二类包裹办理
鲜和冻的鱼介类	螺丝、蛤蜊、海参,包括为防腐而煮过的和加少量盐的虾蟹	咸的、卤的、干的鱼、虾、海蜇、海参、活鱼、鱼苗、蟹苗
鲜和冻的肉类	包括食用动物的五脏、头蹄和未经炼制的脂油	咸的、腌的、熏的、熟的肉类
肠衣	包括为防腐加少量盐的牛、羊、猪的小肠、肠衣、胎盘	
蔬菜类	藕、荸荠、芋头、土豆、豆芽、红薯、豆腐干、干豆腐(千张)、豆腐、姜、葱、蒜、洋葱、鲜笋	干辣椒、花椒、粉条、粉皮、海带或腌、干菜
瓜果类	鲜的枣、荔枝、木瓜、桂圆(龙眼)、橄榄、佛手、百合、鲜菱、甘蔗	干果、蜜饯、如松子、核桃、椰子、白果、瓜子、花生、栗子、果脯等
乳类	鲜、冻牛、马、羊乳,酸牛乳,奶酪	炼乳、奶粉、奶油、黄油
蛋类	家禽、野禽的鲜蛋	咸、熟蛋,松花蛋(变蛋),糟蛋

(四)快运包裹

快运包裹是铁路运输的一种方式,业务全称为"小件货物特快专递运输服务",简称中铁快运,注册商标为"CRE 中铁快运",业务性质为运输服务业。

快运包裹以铁路为主要运输工具,配合航空、公路、海运开展综合运输,辅以汽车运输实行门到门服务,同时根据国家主管部门批准的国际货物运输代理经营权,开展国际运输,以满足旅客不同需要。

快运包裹外部尺寸长、宽、高之和不得小于0.6m,货物外部的最大尺寸长、宽、高应分别不超过3m、1.5m、1.8m;超过时应先与中转机构或到达机构协商,同意后方能办理,并根据快运包裹的外部尺寸及重量选择合适的运输工具。每件最大重量一般不得超过50kg,超过时按超重快运包裹办理。

单元3.2 行李、包裹的托运、承运和押运

一、行李、包裹的托运

行李包裹的托运和承运

(一)托运

旅客或托运人向车站要求运输行李或包裹称为托运。

(二)托运行李、包裹时应出具的凭证、证明

行李托运实行实名制。办理行李托运时,铁路运输企业应核验旅客车票和有效身份证件的一致性,他人代办时还应出示代办人的有效身份证件。铁路运输企业应当依照法律、行政法规和有关规定,对旅客托运的行李进行安全检查。对不配合安全检查的,铁路运输企业有权拒绝承运。旅客应按约定缴纳运输费用,完整、准确填写托运单。

托运下列包裹时,托运人必须提供有关单位的运输证明:

(1)托运宣传用非卖品,应提供相关机要部门的书面证明。

(2)托运金银珠宝、货币、证券,应提供中国人民银行的正式文件或当地铁路公安局、公安处的免检证明。

(3)托运枪支,应提供运往地市(县)公安局的运输证明。

(4)托运警犬,应提供公安部门的书面证明。托运国家法律保护的野生动物,应提出国家林业主管部门的运输证明。

(5)托运免检物品,应提供当地铁路公安局、公安处的免检证明。

(6)托运国家禁止或限制运输的物品,应提供主管部门的运输证明。如托运精神和麻醉药品,应提出国家卫生主管部门的运输证明。

(7)托运动、植物时,应提供动、植物检疫证明。办理时,将检疫证明的二联附在运输报单上以便运输过程中查验。

(8)托运Ⅰ级的放射性同位素时,应提供经铁路卫生防疫部门核查签发的“铁路运输放射性物品包装件表面污染及辐射水平检查证明书”,一式两份,一份随运输报单至到站交收货人,一份发站存查。包装件表面放射性污染及其内容物的放射性活度均不得超过《铁路危险货物运输规则》中规定的限值。

一批或一辆行李车内装载的件数不得超过20件,每件重量不得超过50kg,并不得与感光材料以及活动物配装,与食品配装需要隔开2m的距离。

(9)托运油样箱时,必须使用铁路规定的专用油样箱并提交国务院铁路主管部门签发的油样箱使用证。到站后由收货人直接到行李车提取托运物品。

(10)其他按规定应提供证明的物品。

二、保 价 运 输

旅客或托运人托运的行李、包裹分为保价和不保价两种形式。按哪种运输方式运输,由旅客或托运人自主选择,并在托运单上注明。保价运输必须声明价格,可分件声明价格,也可按一批全部件数声明总价格,但按一批办理的不能只声明其中的一部分。如分件声明价格时,应将每件的声明价格和重量分别写明,在每件货签和包装上必须写明总件数之几的字样。铁路运输企业对按保价运输的行李可以检查其声明价格与实际价格是否相符;如旅客或托运人拒绝检查,铁路运输企业可以拒绝按保价运输承运。

按保价运输的行李、包裹,铁路除核收正当运杂费外,另按声明价格的百分比核收保价费,行李按声明价格的0.5%收取;包裹按声明价格的1%收取;一段按行李、一段按包裹托运时,全程按行李核收保价费。按保价运输的行李、包裹,发生运输变更时,保价费不补不退。因铁路运输企业责任造成的取消托运或运回发站时,保价费全部退还。

快运包裹根据托运人的要求,提供到托运人指定的地点接取货物的有偿服务。

三、行李、包裹的承运

车站对托运的行李、包裹现货检查完毕,认为符合运输条件时即可办理承运手续。

(一)承运放射性同位素的要求

承运运输等级Ⅰ级的放射性同位素时,应审核"铁路运输放射性物质包装件表面污染及辐射水平检查证明书",其包装件表面最大辐射水平不超过0.005mSv/h,包装件表面放射性污染及其内容物的放射性活度不得超过《铁路危险货物运输管理规则》中规定的限值。

一批或一辆行李车内装载的件数不得超过20件,每件重量不得超过50kg,并不得与感光材料、油样箱以及活动物配装,与饮食品、药品等的配装需要隔开2m以上的距离。

(二)行李票、中国铁路小件货物快运运单的填写规定

(1)行李票的车次和经由栏按客票填写;旅客指定径路时,按指定径路填写。计费重量栏按行李运价计费的重量写在"规重"栏内,加倍计费的重量写在"超重"栏内。

(2)行李、中国铁路小件货物快运运单各栏,应按托运单填写情况详细填写。

(3)分件声明价格时,按顺号逐栏填写声明价格。

(4)行李票"空白栏"栏内可填写"杂费计",杂费含装(卸)车费,包装费、货签费、搬运费等项目。同时在记事栏内将上述发生的收费项目及金额分项注明,如杂费明细:货签费1.50元,装车费2.00元。

(5)记事栏应注明的内容有:

①旅客指定径路时,注明"旅客指定经由××站"。

②承运超过客票到站的行李时,注明"客票到站××站"。

③对加冰、加水或附饲料的包裹，应注明“加冰”“加水”或“附饲料”字样，以此作为到站产生减量的依据。

④承运需要提出证明文件的物品时，应注明文件的名称、号码、填发日期和填发单位等有关事项，并将运输证明文件附在包裹票运输报单上，以便途中、到站查验。

⑤承运自行押运的包裹时，应注明“自押”字样，并注明“押运人×××”。

⑥承运自行车、助力机动车、摩托车时，应注明牌名、车牌号码、车型、新或旧等车况，并分别注明有无铃、锁和灯等零件。

⑦承运经国铁集团或客运调度员(简称客调)批准的超重、超大物品时，应注明。

⑧承运凭书面证明免费托运的铁路砝码和衡器配件时，应注明“衡器检修、免费”字样，收回书面证明报铁路局集团公司。

⑨其他应记载的事项，如凭传真件提货、“杂费计”明细等。

(6)承运行李时，要在客票背面注上“行”字戳记。

(7)小件货物快运运单与行包票主要不同栏的填写要求：

①发送地、到达地应当填写货物实际接收和交付的地点。

②对每立方米重量不足167kg的轻泡货物需要填写体积。

③快运包干费和超重附加费按规定费率计费或按协议价格(低于标准)填写。

总之，行李、小件货物快运运单必须认真逐项填写，使用规范文字，不得潦草，加盖规定名章，不准签字代替。在承运行李时，应在客票背面加盖“行”字戳记。

承运后、交付前发现包装破损、松散时，承运人应负责及时整修并承担整修费用。修整后编制客运记录，详细记载破损原因、状况和整修后状态，并在行李、快运包裹运输报单的记事栏内注明“××站整修”，加盖站名戳。整修费用列入车站运营成本。

四、包裹的押运

车站承运金银珠宝、货币、证券、文物、枪支和途中需要饲养的动物时，要求托运人必须派人押运。对运输距离在200km以内，不需要饲养的家禽、家畜，托运人提出不派人押运要求时，也可以办理托运。车站应向托运人说明并在托运单上注明“途中逃逸、死亡铁路免责”。

押运的包裹应装行李车，由押运人自行看管，车站负责装车和卸车。押运人应购买车票并对所押物品的安全负责。一批包裹原则上限派一名押运人，押运人凭“铁路包裹运输押运证”和旅客列车全价硬座车票登乘行李车押运，押运证由托运人向承运行包房申请办理。列车行李员对登乘行李车押运人应指定押运位置，保管好押运人随身携带的火种(下车时归还)，查验押运人车票及押运证，在乘务日志记事栏内登记押运人姓名、性别、身份证号码、联系电话、包裹票编号、押运证编号、包裹装卸车站等信息，并向押运人告知安全注意事项和押运管理要求。

(1)严禁在行李车内吸烟。

(2)不准打开车门乘凉。

(3)不得移动车内备品、物件。

(4)不得靠近放射性物品。

单元3.3　行李、包裹的运送

行李包裹的运送

一、行李、包裹的运送概述

(一)行李、包裹的运送原则

行李、包裹的运送,应根据流量和流向,按照先行李后包裹、先中转后始发、先重点后一般和长短途列车分工的原则,及时、安全、准确、合理、均衡地组织运输。为此:

(1)行李应随旅客所乘列车装运或提前装运,做到行李随人走、人到行李到。

(2)包裹按品类别的顺序及性质统筹安排运输,并尽量以直达列车或中转次数少的列车装运,以减少中转。对抢险救灾物资、急救药品、零星支农物资,应优先装运。

总之,对行李、包裹要加强运送组织工作,保证在一定期限内运至到站,严格执行运到期限。

(二)行李、包裹运到期限

行李、包裹运到期限是指在铁路现有技术设备条件和运输组织水平下,将行李、包裹运送一定距离所需要的时间。行李、包裹运到期限的长短以及能否按规定的期限运到目的地,在一定程度上反映了整个铁路运输组织的管理水平高低和工作量多少。因此,铁路自承运后,应迅速组织装运,站、车之间应严格执行运到期限。

行李、包裹的运到期限,按运价里程计算。

(1)行李:从承运日起,600km以内为3日,601km以上每增加600km增加1日,不足600km的尾数也按1日计算。

(2)包裹:从承运日起,400km以内为3日,401km以上每增加400km增加到1日,不足400km的尾数也按1日计算。

(3)快运包裹:以铁路为主要运输工具运送时,其运到期限按承诺的运到期限或以铁路客运运价里程计算。从承运次日起,国内主要城市间有直达列车运输的运到期限为3日,3500km以上运到期限为4日,其他城市间运送需中转的快运包裹,1000km以内为3日,超过1000km时,每增加800km运到期限增加1日,不足800km的尾数也按1日计算。

一批货物内有超过50kg、不足100kg的超重快运包裹增加1日,100kg以上的快运包裹增加2日。按该批单件最重货物计算增加天数。

(4)一段按行李、一段按包裹计价时,全程按行李计算运到期限。

(5)由于不可抗拒的力量(如自然灾害)或非铁路责任(如疫情、战争、政府机关扣留等)而发生的停留时间,应加算在行李、包裹的运到期限内。

二、行李、包裹的运输变更

(一)办理变更的限制

旅客或托运人交由铁路运输的行李、包裹,由于某种原因要求取消托运和变更到站的情况时有发生。运输变更有一定条件限制,如行李随人走,凭客票托运,在变更到站时,仅限办理运回发站和中止旅行站。再如鲜活物品因本身易于变质、死亡及受运输条件的限制,除装运前取消托运外,不办理其他变更。

(二)变更方法

托运人在办理托运手续后,可按如下规定办理一次行李、包裹变更手续(鲜活包裹不办理变更),办理行李、包裹变更的到站、中止站必须是行李、包裹办理站,核收变更手续费。

(1)装运前取消托运。在发站装运前取消托运时,退还全部行李运费,核收保管费。

行李、包裹在发站办完托运手续至装车前,旅客或托运人要求取消托运时,车站应收回行李票、包裹票注销,注明"取消托运"字样。办理时,以车站退款证明书退还全部运费,并用客运运价杂费收据核收实际产生的变更手续费和保管费。在取消托运的行李、包裹票上注明"客杂"号码及核收的费用名称及金额,收回的行李票、包裹票"丁"页随车站退款证明书上报。

取消托运的行李、包裹,如已收运费低于实际产生的杂费时,运费不退也不再补收,收回的行李票、包裹票,在报单页(乙页)、旅客页(丙页)和报销页(丁页)上注明"取消托运,运费不退"字样。旅客页贴在存根页(戊页)上。

(2)在发站装运后取消托运时,行李、包裹由到站运回发站,已收运费不退,补收到站至发站间行李、包裹运费。

托运人在发站取消托运时,发站对要求运回发站的行李、包裹,应收回行李、包裹票,编制客运记录,注明原票内容,交旅客或托运人作为领取行李、包裹的凭证,并发电报通知有关站、车。

(3)旅客办理车票变更到站后,在装运前办理行李到站变更时,补收或退还已收行李运费与发站至新到站行李运费的差额。

(4)旅客办理车票变更到站后,在装运后办理行李到站变更时,已收运费不退,另补收原到站至新到站的行李运费。

(5)旅客中止旅行后,要求将行李运回旅行中止站时,补收原到站至中止站间的行李运费。

(6)旅客在发站或中途站停止旅行,要求仍将行李运至到站时,按包裹收费,应补收发站至到站的包裹与行李运费的差额。核收变更手续费,原行李票应注明"旅客在××站停止旅行,原行李按包裹运输"。更正收货人单位、姓名、加盖站名戳注明日期交托运人。凭原行李票继续运送,旅客凭原行李票在到站提取行李。

(7)在中途站、原票到站或列车内处理误购、误售车票而误运行李时,补收或退还已收运费与发站至正当站运费的差额,不收变更手续费。同时应编制客运记录或发电报通知行李所在站,将误办的行李运至正当到站。到站需要补收行李运费差额时,使用"客杂"核收,并在原行李票运输报单页、报销页和旅客页的记事栏注明"误运",报单页加盖"交付讫"戳记,交旅客报销。需要退款时,使用退款证明书退还,原行李票收回附在退款证明书上一并上报。

办理变更运输后产生的杂费按实际产生的核收。如应退运费低于已产生的杂费时,则不补收杂费也不退还运费。但因误售、误购客票产生行李变更时,不收变更手续费。

行李、包裹运输变更处理程序如图3-3所示。

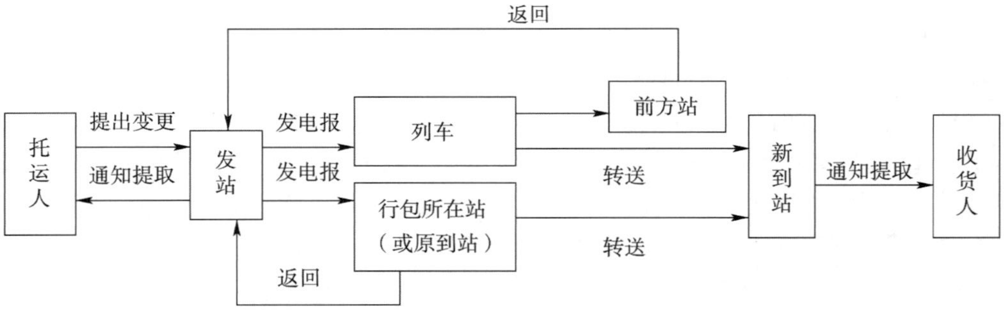

图3-3　行李、包裹运输变更处理流程图

三、行包运送工作组织

行包运送工作分为发送作业、到达作业、中转作业和服务工作。

(一)行包发送作业

行包发送作业包括承运→保管→装车作业,一环紧扣一环,不可分割,否则将影响行包运输的输送速度和质量。

1. 承运

承运是铁路承担运输责任的开始,行包的品名、包装、标签和票据必须符合规定要求。承运过程如下:

(1)旅客将托运物品交过磅处,提出有效客票或行包托运单。

(2)装卸员检查包装、物品及检斤并将到站、件数、包装及重量报告行李员。

(3)行李员填写行李票(包裹票),确认磅码,核算运价并加盖戳记,将行李票交收款行李员。

(4)收款行李员核检行李票面事项,复检运价,向旅客收款并将票据交旅客。

(5)装卸员检斤后,将票签挂在物品两端,核对行包运送报单与物品的到站、票号、件数,最后将票、货送仓库保管。

2. 保管

承运以后,将行李按方向、区段、到站或车次运至发送仓库货位。仓库保管应建立责任制,货票对照的班组交接制度,防止货票丢失及混乱,应特别注意防火、防湿、防盗、防爆,保证行包的安全。

3. 装车

车站对行包装运数量应于前一日上报铁路局集团公司客调,由客调平衡后,再按车次编制下达客运站和区段的行包装运计划,各站按装运计划及列车预报组织装车。

车站在装车前应根据行包运输报单按到站顺序、票据号码、件数、重量编制装车清单,清点货签及件数后,将行包运至站台待装,然后填写“行李、包裹装卸交接单”(见表3-3)。装车时,应注意防止误装误卸、货票分离、标签脱落、包装破损、物品损坏等现象。

行李、包裹装卸交接单

表3-3

年　　月　　日

自__________站　　自__________次列车

交第__________列车　　交第__________站

站行李员__________　　列车行李员__________

发站	到站	行或包	票据号码	件数	重量	记事
…						
预报事项			合计			

以上件数收讫________㊞　　190×130(420)

(列车行李员或车站行李员)

(二)行包到达作业

行包到达作业包括卸车→保管→交付作业。

1. 卸车

行李员于列车到达前应了解行李预报情况,组织劳动力至车站站台。列车到达后,检查清点运输报单总数,确认与交接证相符后,按票卸车。

2. 保管

行包入库后,业务量小的车站可按仓库具体情况堆放,业务量大的车站可采用不同形式堆放。

(1)按线分区。按铁路线别划分上行线区、下行线区,再分别以票据尾号划分货位。

(2)按件分区。以运输报单尾号为标准,再按尾号分为一件区、二件区、三件区,……,十件区。十一件以上为多件区,适用于面积较大的仓库。

(3)按运输报单尾号分区。按运输报单尾号划分货位,不分级别、件数及到达日期。

(4)按到达日期分区。按行包到达日期,划分当日区、次日区等。行包运至仓库后,按运输报单填写行包到达登记簿,注明堆放货位,交值班行李员。

3. 交付

交付是行包运输的结束,应建立交付制度,防止交付错误。办理交付的行李员应按票核对行包的货签、号码、发到站、姓名、品名、件数;相符后加盖交付戳记,并将行包交付旅客及收货人。

(三)行包中转作业

中转作业是指行包在中转站卸下后,装入另外的旅客列车行李车继续运送的作业。中转站应根据站、车预报做好快速中转工作,使中转行包随最近列车装运,不得积压。当行包运量突增时,可以组织扩大列车编组和整车直通运输,减少行包中转次数及中转站的负担。

(四)行包房的服务工作

1. 行李、包裹的接取和送达

车站应以"人民铁路为人民"为宗旨,全面开展文明服务,礼貌待客,并扩大服务项目,办理行李、包裹的接取送达业务,做到"接货上门、送货到家"。这样,可使旅客和收货人节省办理托运或领取手续的时间,免除自找运输工具的麻烦,同时也为铁路实行计划运输提供了有利条件,减少行包房的拥挤,提高了行包仓库的使用效率。

行李、包裹的接取和送达,是根据旅客或托运人、收货人的委托来办理的。车站接到旅客或托运人、收货人的委托后,即行组织接取或送达,但要求旅客或托运人凭接取证亲自到站办理。送达时应收回行包票,另行填发行李、包裹送达票,交旅客或收货人作为送达后领取的凭证,并按规定核收手续费和搬运费。

办理接取、送达所使用的交通工具,有的车站自行配备,有的则由车站和市内运输部门采取联合运输的方式办理。搬运费根据规定的标准核收。

2. 包装服务

为确保行包在运输过程中的安全、完整,行李房应设立包装组,为旅客或托运人托运行包进行包装服务,真正做到方便旅客和托运人托运。

行李、包裹的包装应当完整牢固,适合运输。其包装的材料和方法应符合国家或铁路运输企业规定的包装要求。包装不符合要求时,旅客应按照相关规定改善包装。旅客拒绝改善包装的,铁路运输企业可以拒绝承运。

单元3.4 行李、包裹的交付

一、行李、包裹交付的有关规定

行李包裹的交付

交付工作是行李、包裹运输过程中最后一道工序,为此,行李包裹运至到站后,到站应立即做好交付的准备工作。

(1)旅客凭本人购票时使用的有效身份证件领取行李。他人代领时凭旅客购票时使用的有效身份证件和代领人有效身份证件领取。收货人凭包裹票的领取凭证丙页(旅客页)领取包裹。

(2)旅客领取行李时,如发现有短少或异状应在领取时及时提出。铁路运输企业应当认真检查、检斤复磅,必要时可会同公安人员开包检查。检查发现有损失时,应编制行包记录交旅客作为要求赔偿的依据。

(3)行李、包裹票丢失,应提交本人身份证物品清单和担保人的担保书。车站应慎重审查担保人的担保资格。收货人不能提供担保人时,可以出具押金自行担保。押金数额应与行李、包裹的价值相当,抵押时间由车站收货人协商确定。车站收取押金应向收货人出具书面证明,书面证明的式样由车站自定。

二、快运包裹的交付规定

在设有快运机构的到达地,按下列规定办理交付手续:

(1)收货人是单位时,凭收货单位介绍信和经办人有效证件领取。收货人是个人时,凭收货人有效证件领取;须代领时,凭收货人有效证件(或复印件)及代领人的有效证件领取。交付人员验证后在快运运单乙联上填写有效证件号码和交付时间,并由领货人签字。

(2)送货上门时,如收货人是单位,可在快运运单乙联上加盖公章并由经办人签字后交付。如收货人是个人,送货地点是私人住宅时,可凭收货人或其家属有效证件并签字后交付;送货地点是单位时,凭收货人有效证件并签字或加盖公章并由代领人签字后交付。办理交付手续时,由领货人在快运运单乙联上填写交付时间。

(3)收货人栏同时记载单位名称和个人姓名时,符合以上任何一种手续均可交付。

在未设快运机构的到达地,交付手续办理同普通包裹。

三、无法交付物品

无法交付物品处理

无法交付的物品是指无主的行李、包裹,旅客的遗失物品和无人领取的暂存物品。行李从运到日起、包裹从发出通知日起、遗失物品和暂存品从收到日起,承运人将90日以后无人领取的上述物品视为无法交付的物品。

无法交付物品的产生,往往是由铁路运输企业管理不善、运输质量不高以及旅客或托运人自身过失等造成的。为此,必须加强理货、保管、装卸、运输等各个环节的工作,把无法交付物品减少到最低限度。

对已发生的无法交付物品,应想方设法寻找线索,千方百计使其物归原主。车站对自站发现的或列车移交的无法交付物品,必须妥善保管,任何单位和个人都不得自行动用,并按下列几个环节处置。

(一)无法交付物品的确定

(1)无法交付的行李、包裹是指由于铁路或托运人、收货人的原因,造成不能交付给正当收货人的物品。

(2)无法归还的旅客遗失物品是经查找未能归还原主而由车站保管的物品。

(3)无人领取的暂存物品是旅客在车站携带物品暂存处存放,长期无人领取的物品。

(二)无法交付物品的管理

车站对无法交付的物品,应将无法交付物品的开始日期、来源、品名、件数、重量、规格、特征等登记到无法交付物品登记簿内。登记簿内的编号、移交收据的编号及物品上的编号应一致,以便查找。有条件的车站,账和物应由专人分管,做到账物相符。无法交付物品在保管期间发生丢失、损坏时,由保管人负责。回送过程中发生丢失、损坏时,比照行李、包裹事故处理。

(三)无法交付物品的处理

车站、经营人对无法交付物品,保管90日无人领取时(易变质物品应及时处理),应进行公告。公告满90日仍无人领取时,开列清单,报请铁路局集团公司批准,按下列规定处理:

(1)行李、包裹、遗失物品和暂存品等送交拍卖行拍卖(如当地无拍卖行,应向铁路局集团公司指定设立的无法交付物品集中处理站转送)。

(2)枪支、弹药、机要文件及国家法令规定不能随意交易的物品应及时交有关部门处理。

铁路运输企业应登记造册,妥善保管,不得动用。枪支弹药、机要文件以及国家法令规定不能买卖的物品,应及时交有关部门处理。容易变质的物品应及时处理。

无法交付的物品,除移交有关部门处理的以外,其他物品均应作价移交(即拍卖收入)。在扣除发生的一切费用后,属于旅客遗失物品、无人领取的暂存品及行李、包裹作价剩余款额,旅客或托运人、收货人从变卖日起180日以内来领取时,车站、经营人凭旅客或托运人、收货人出具的物品所有权的书面证明报铁路局集团公司申请办理退款手续。不来领取时,上缴国库。属于事故行李、包裹的变卖款,拨归铁路收入(按保价办理的行包冲抵保价费)。

车站建立的无法交付物品登记簿,应记载无法交付物品内容及处理情况,逐季报铁路局集团公司。

单元3.5　行李、包裹违章运输的处理

行李包裹的违章运输处理

行李、包裹的违章运输,包括品名不符、重量不符及无票运输等情况。

一、对品名不符的处理

品名不符是指办完托运手续后,发现行李、包裹票中记载的物品品名与实际物品品名不同,即称为物品品名不符的运输。运送物品与申报品名不同,不仅影响运价计算,甚至会把危险品、禁限物品,伪报成其他可运输的品名,进行隐瞒运输。

对品名不符的处理,关系着维护政府法令,保证运输安全,保障运输收入,贯彻运输政策等多方面的问题,因此,发现品名不符时,应采取认真负责和实事求是的态度,区别不同性质,正确处理。

(1)发现包裹品名不符时,在发站,应补收已收运费与正当运费的差额;在到站,加收应收运费与已收运费差额2倍的运费。

(2)将禁限物品或危险品伪报成其他品名托运或在货件中夹带时,按下列规定处理:

①在发站取消托运,通知托运人领取,运费不退,将原票收回,在记事栏内注明"伪报品名,停止装运,运费不退"。将报销页交托运人作报销凭证。

② 在中途站停止运送(列车上发现危险品交前方停车站),发电报通知发站转告托运人领取,运费不退。对品名不符的行李还应按照该件全部重量另行加倍补收行李运费,核收保管费;对于品名不符的包裹还应按实际运送区间补收四类包裹运费。核收保管费。

因托运人伪报品名给铁路运输企业和其他旅客(收货人)造成的损失,由托运人负完全责任。车站、列车发现伪报品名的行李、包裹,损坏其他旅客、托运人的行李、包裹时,应编制客运记录,分别附在伪报品名的行李、包裹票上,交有关到站处理,并由责任者的到站负责追索赔偿。

二、对重量不符的处理

重量不符是指办完行李、包裹托运手续后,发现行李、包裹票上记载的重量与实际重量不符,即称为重量不符的运输。此种情况的产生,往往是由于不认真检斤以及图省事采取估计或盲目信任托运人有关单据记载的重量来代替承运时重量。由于重量不符会直接影响

运费计算的准确性，因此，我们要本着实事求是的精神进行处理。在办理上应遵循下列规定：

(1)到站发现包裹重量不符应退还时，退还多收部分的运费。

(2)应补收时，只补收超重部分正当运费。

品名不符且重量不符时，先处理重量不符，后处理品名不符。

三、对无票运输的处理

无票运输是指应办而未办理行李、包裹托运手续的物品，随行李车运输的一种违章运输。为严肃运输纪律、严格按章办事、杜绝不良风气，发现无票运输的包裹，应按下列规定处理：

(1)发现无票运输包裹，发站和列车均应当拒绝装运；

(2)列车已装运发现的，应编制客运记录，交到站处理。

(3)到站对列车移交和本站发现的无票运输包裹，按实际运送区间加倍补收四类包裹运费。

对于货物以重计轻、重量不符的，匿报品名造成运费少收的，未经批准违规下浮运价或降低品类运输的，无票运输的，根据公司查堵补收相关考核办法进行处理。

单元3.6 高铁快运作业组织

高铁快运业务

高铁快运业务是指铁路运输企业依托但不限于利用动车组列车(含确认列车)等运输资源，为客户提供的小件物品全程运送服务。高铁快运可以有押运人员随车负责快运交接、作业联系、途中看护等事项。

一、业务管理

利用确认列车开展的高铁快运业务纳入铁路包裹业务范畴，由中铁快运公司作为托运人向铁路办理托运、缴纳运费。

(1)中铁快运公司业务管理。

中铁快运公司是确认列车开展高铁快运业务的实施主体，负责根据业务开展需求，会同有关站段研究制定具体实施方案(方案包括但不限于货物安检组织、装卸作业组织、途中押运管理、安全管理要求等内容)，并与站段达成初步协议后，向铁路局集团公司提出确认列车业务开办申请，做好高铁快运业务的具体实施工作，承担相应的安全责任。

(2)站段业务管理。

站段负责根据本单位实际情况，会同中铁快运公司研究制定高铁快运站内集结、安检组织、装卸作业等具体实施方案，与中铁快运公司协商一致后签订相关委托协议，做好受托业务的实施工作。

(3)作业管理。

①安检业务。委托车站办理后，中铁快运公司负责高铁快运的实名登记、收货验视，受托车站负责高铁快运的过机检查。

②装卸业务。委托车站办理后,中铁快运公司负责高铁快运货物的上站集结,提供装卸计划和信息支持,受托车站负责安排装卸组织、监装监卸、货物交接。

③乘务业务。

a. 客运段乘务科负责本段高铁快运管理制度的制定、完善,对高铁车队日常高铁快运业务提供指导,传达高铁快运业务办理车站开办与停办等业务通知,对车队上报的问题与有关单位进行协调,对高铁快运的日常运输工作进行检查。

b. 客运段车队负责各班组高铁快运业务的管理。包括及时传达、布置高铁快运业务通知和相关工作要求,负责及时汇总在值乘中有关高铁快运业务问题并上报段乘务部门,对高铁快运的日常运输工作进行检查。

c. 客运段乘务班组负责始发、终到站装车的高铁快运集装件的交接、途中看护巡视工作,督促中铁快运公司作业人员按要求进行交接、装卸和堆码,做好突发情况的应急处置工作。

二、运 输 组 织

(1)上站集结。

中铁快运公司应根据市场需求、办理车站和列车运能等情况,综合考虑上门接取、市内交通、站内作业时间等因素,经与车站协商确定货物上站集结的时间、地点。

(2)安检交接。

货物上站集结时,由车站安排过机检查,张贴“已安检”标识。安检完毕后,由中铁快运公司提报装车计划交车站,车站核对货物件数和装车计划后,办理交接。

特殊情况下货物过机检查后,仍需汽车进行站外驳运的,暂不办理交接。由中铁快运公司驳运到车站指定地点办理交接。

(3)计划管理。

装车作业遵守保证列车安全正点和保证不影响旅客乘降的原则,严格实行计划管理。中铁快运公司在制订装车计划时,应根据确认列车发、到车站停车时间和人力安排能力,合理安排货物装车件数。

每趟确认列车最高允许装车件数按照以下原则确定:

$$最高允许装车件数 = 装卸车作业人数 \times 允许作业时间 \times 2$$

(4)装卸要求。

中铁快运公司在车站内搬运高铁快运集装件时,应使用平板推车等专用机具或人工搬运,专用机具应带止轮装置(制动为常态)、明显标识,采取防滑、防溜、防撞等措施,经指定通道进出站台,在指定位置存放,不得挪作他用。

装卸车作业过程应避免干扰旅客乘降,中铁快运公司工作人员装车完毕后应向列车长汇报集装件装车位置及件数等情况。

(5)押运管理。

押运人员应统一着装,佩戴押运证作为进出车站作业的凭证,并配备客运对讲机。对讲机按规定规范使用。

(6)运输规范。

①运输条件:高铁快运使用专用箱、冷藏箱、集装袋等集装容器以集装件的形式在高铁

车站间运输，集装件应装载在列车指定位置，载客动车组列车可将集装件装载在大件行李存放处、二等车厢最后一排座椅后空档处、集装件专用存放柜、动卧列车预留包厢等位置；一节车厢内大件行李存放处和最后一排座椅后空档处预留不少于三分之一的空间供旅客使用；集装件码放在车厢内最后一排座椅后的空档处时，不得影响座椅靠背后倾；需中途换向的列车，不使用最后一排座椅后空档处。利用高铁确认列车运输时，集装件还可码放在二等座车座椅间隔处等位置，但不得码放在座椅上；装载重量不超过列车允许载重量。

②人员作业要求：有押运员跟车作业的列车，列车长要对押运员的证件进行检查和登记；无押运员跟车作业的列车，列车乘务员在运行途中巡视、检查高铁快运集装件码放、外包装、施封等状况。发现高铁快运集装件短少或外包装、施封破损，应立即报告列车长。列车长到场确认后，组织查找，必要时报警。对于上述异常情况，列车长编制客运记录，载明现有集装件数量、编号或内装物品实际情况，到站时交中铁快运公司工作人员处理。发现因高铁快运作业导致车厢设备设施损坏、座席污损等情况的，及时处理并做好记录。发现存在问题的情况则拍发电报，主送中铁快运公司及装车站，抄送铁路局集团公司客运部。

③非正常情况处理：遇列车故障途中需更换车底或终止运行时，由列车长通知押运员，

由押运员负责集装件换乘和后续处置；无押运员时，列车长报告被换乘车所在地铁路局集团公司高铁客运调度员高铁快运装载情况，乘务组临时看管集装件。换乘地点在车站时，原列乘务组在车站协助下组织集装件换乘，不具备换乘条件时，集装件随原列回程或交车站临时看管；换乘地点在区间时，集装件随原列回程；列车长在换乘或交车站前编制客运记录附于集装件上。

三、作业流程

(1)发送作业。

①货物通过指定通道提前运送至站台相应位置，码放整齐。作业人员(包括押运人员)在列车到达前规定时间站台立岗，做好接车准备。

列车长应在始发旅客上车前到达列车立岗位置，接收装车方案，通知所装车厢的乘务人员到达装运车厢位置。

②确认列车进站停稳后，押运人员联系司机打开车门，由押运人员指定货物装车车厢及位置；在列车发车前规定时间停止装车作业。

装车时，列车乘务员应按“高铁快运装载位置及数量表”在装车现场核对集装件的到站、件数、外包装、施封等状况，确认无误后立即报告列车长。列车乘务员发现集装件外包装或施封有异状的，应拒绝装车，并立即通知列车长。

列车乘务员发现集装件码放不符合规定的，应要求装卸人员当场纠正；当场未纠正的，应报告列车长。

③装车作业完毕后押运人员与作业人员办理交接，并向司机通报作业完毕情况，确认完毕后，押运人员随车对货物进行看护。

列车长与指定交接人员办理交接手续，并在交接证上进行签认。

④列车开车后，中铁快运公司根据装车作业人员反馈的装车情况做好信息传递，及时通知到达车站。

(2)途中作业。

①通过中途停站列车运送时,运行途中的货物巡视检查等工作由中铁快运公司押运员负责,并自行处理有关事项。押运人员要做好列车运行途中货物的巡视看护,确保货物堆码稳固、均衡,不得损坏车内设备,并保持卫生整洁;对巡视过程中发现的异状及时处理。

②列车客运乘务组人员作业。

始发终到车站作业的列车,中铁快运公司可不安排押运员随车作业,中铁快运公司与列车使用交接证进行交接,交接证应注明集装件存放位置和件数等信息。

途中客运员作业内容主要包括:重点巡视集装件码放及外包装、施封等状况。发现集装件短少或外包装、施封破损时,应立即报告列车长。列车长到场确认后,应组织列车乘务员在各车厢查找,必要时报警。针对上述异常情况,列车长应编制客运记录,载明现有集装件数量、编号或内装物品的实际状况,到站时将客运记录交中铁快运公司工作人员处理。

(3)中途站装卸作业。

如需在中途停站装卸作业时,中铁快运公司应安排押运员跟车作业(遇特殊情况,中铁快运公司可与列车乘务员进行协商),并提前通知列车担当铁路局集团公司。

①列车乘务员督促押运员按规定码放集装件,发现集装件码放不符合规定的,应要求押运员当场纠正。

②列车长应对押运员的证件进行检查并登记在乘务报告上。

③遇特殊情况,中铁快运公司未派员押运并征得列车同意,列车乘务员应在装车现场核对集装件的到站件数、外包装、施封等状况,确认无误后由列车长在交接证上进行签认。该货件由本班组全程看护。

(4)到达作业。

①接到货物装运信息后,到站组织人员和设备通过指定通道,提前进入站台指定位置等候,做好卸车作业准备。

②确认列车到站停妥后,押运人员联系司机打开车门。无押运人员的列车,终到前列车对始发装运的集装件进行一次复核,并做好卸车准备。

③车门开启后,车站立即进行卸车作业,清点件数。卸车作业完毕后,办理站、车交接。无押运人员的列车,终到后列车长与车站接车的人员凭交接证进行交接,并留存一份交接证到乘后随同乘务报告上报车队。车队将相关资料留存一年。遇有到站无人接车时,列车长编制客运记录,集装件由原车带回。客运记录注明“××站无人接车,集装件返回”。

④后续由车站整理货物,组织转运到指定地点与中铁快运公司办理交接。严禁货物长时间堆放站台。短时堆放位置应远离车门和安全白线,保证不影响旅客乘降和其他作业。

(5)换乘业务处理。

①运输途中临时变更车底或终止运行时,由列车长通知押运员处理;无押运员时,列车长报告被换乘车所在地铁路局集团公司高铁客运调度员,由铁路局集团公司高铁客运调度员通知所在地中铁快运公司进行处理。

②集装件的换乘,有押运员时由押运员负责,原则上应在旅客换乘前完成;不具备换乘

条件时，押运员要随集装件同行，负责途中集装件看管和交接；无押运员时，集装件由原列乘务组临时看管。原列车乘务组随热备（备用）车继续担当乘务的，按以下规定处理：

a. 在不影响热备（备用）车出动的情况下，所在地中铁快运公司应安排人员随热备（备用）车出动，与原列乘务组办理交接后组织车上集装件的看管或换乘。

b. 中铁快运公司人员无法及时到达处理的，换乘地点在区间的，集装件随原列回程；换乘地点在车站的，由车站协助原列乘务组完成集装件换乘；不具备换乘条件时，集装件随原列回程。

③集装件随原列回程时，由列车长在换乘前编制客运记录附于集装件上明显处，由中铁快运公司与铁路局集团公司高铁客运调度员联系在合适的车站接卸。

四、应急处置

（1）列车晚点情况下应急处置。

①发站遇列车晚点，应按照保证列车安全正点的原则进行应急处置。晚点信息由车站通知中铁快运公司，中铁快运公司根据晚点的时间，重新计算最大允许装车的件数，直至停止装车。调整装车计划反馈车站，车站按新计划组织装车或停装。

因调整计划后货物有积压的，积压的货物安排后续办理旅客乘降的动车组列车运输、次日装车或其他运输方式运输。

②到站遇列车晚点，由押运人员提前通知到站。为保证车底后续运用不受影响，到站应根据允许作业的时间情况，安排足够的作业人员，尽快完成卸车作业。

（2）列车途中设备故障应急处置。

列车途中设备故障，押运人员应通过中铁快运公司调度联系铁路局集团公司调度所，确认后续安排情况，根据不同情况安排后续处置。

①确认列车故障能够恢复，车底后续应用交路无调整的，按照列车晚点进行应急处置。

②后续交路启用热备车底或停运的，车上货物由押运人员随车处理。中铁快运公司负责联系铁路局集团公司调度所，安排后续卸车、转运事宜。

实训项目及案例分析

实训项目1　行李、包裹的托运和承运工作

一、提交托运单

旅客托运行李时，必须提交有效的客票和托运单（图3-4）。在乘车区间内，旅客凭客票可从任何营业站托运至另一营业站，每张客票只能托运一次（残疾人用车不限次数）。

托运人托运包裹时，应提交托运单。为加强运输和物资管理，维护社会治安，保护人民健康，贯彻运输政策，对某些物品的运输需实行必要的限制。

二、验货工作

旅客或托运人托运行李、包裹时，应主动提供便于检查的条件，准确填写托运单，并对托运单上所填写事项的真实性负完全责任。

车站在受理时，必须对下列项目认真检查核对。

(1)物品名称、件数是否与托运单记载相符,物品状态是否完好,是否夹带危险品及国家禁止或限制运输的物品。

(2)包装是否符合运输要求。

(3)货签、安全标志是否齐全,填写是否正确。

旅客或托运人托运的行李、包裹的包装必须完整牢固,要适合运输,不能有开口、破裂、短缺等现象。其包装的材料和方法应符合国家或运输行业规定的包装标准。包装不符合要求时,应要求其改善包装。托运人拒绝改善包装的,发车站可以拒绝承运。

每件物品应在两端各拴挂一个符合国务院铁路主管部门规定的技术标准货签(图3-5);不符合标准的货签不得使用。货签中填注的内容与行李、包裹托运单及行李、包裹票的有关内容相符,不得省略和使用代码、代号。货签上的行李、包裹票号栏应用号码机或号码戳打印,其他各栏填写时应整洁、清晰,使用规范的文字。对于分件保价的物品,还应在件数栏注明"总件数之几"字样。

托运易碎品、流质物品或一级运输包装的放射性同位素时,应在包装表面明显处贴上"小心轻放""向上""一级放射性物品"等相应的安全标志。

中铁快运股份有限公司

托　运　单　（甲联）

（黑框内由托运人填写）　20____年____月____日

到站：				经由：		承运人确认事项			
持票旅客请填写	客票票号：			人数：		票号：			
	车次			客票到站：					
货物名称	包装种类	件数	重量(kg)	体积（长×宽×高）	声明价格（保价）	件数	重量(kg)	行李	包装
								☐	☐
								☐	☐
								☐	☐
合　计								☐	☐
选择填写 付款方式	现金☐　支票☐　协议☐　到付☐					包　装　费		元	
选择填写 取货方式	凭原件提取☐　凭传真件提取☐					取　货　费		元	
选择填写 服务要求	送货上门☐货需包装☐仓储保管☐代发传真☐					代收送货费		元	
发送地									
到达地									
托运人	名称：								
托运人	地址：								
托运人	邮编：				电话：				
托运人	传真电话：				电子邮件：				
收货人	名称：								
收货人	地址：								
收货人	邮编：				电话：				
收货人	电子邮件：				传真电话：				
托运人记事：					承运人记事：				
取货员（章）：					安检员（章）：				

托运人注意：在填写托运单前，请详细阅读乙联背面 客户须知 ，并在下面签字。

托运人：_______　　营业部（章）

图3-4　托运单

包裹货签

到站：	
收货人：	
发站：	
托运人：	
承运日期：	
品名	件数：　　之
票号：	

服务项目标志

图 3-5　包裹货签

三、办理承运工作

办理承运行李、包裹时，应确认品名件数、包装并进行检查核对，正确检斤。承运加水、加冰的物品或途中喂养动物的饲料应单独检斤，作为到站产生减量或重量消失的依据。

车站在办理承运手续时应正确填写行李票及中国铁路小件货物快运运单。

行李票、中国铁路小件货物快运运单一式五页。甲页为上报页(红色)。乙页为运输报单(黑色)，随车走，到站交收货人；带运包裹运输时，交旅客，又称报单页。凭印鉴领取或不能提交领货凭证丙页时，乙页上报，不交收货人。丙页为旅客页(绿色)，交托运人作为领货凭证，交付时收回上报。丁页为报销页(红色，快运运单为黄纸黑色)，交托运人作为报销凭证。戊页为存查页(褐色)，发站作为存根，按日整理，存查保管。

【任务 3-1】 20××年 4 月 12 日，丹东站一旅客持丹东至沈阳的硬座客快车票，要求托运 2 件行李(衣服、书籍)至哈尔滨，重 50kg，声明价格共计 2000 元。请予办理。

办理方法：

旅客托运行李至客票以远的车站，按一段按行李、一段按包裹计价，全程按行李计算保价费。

丹东—沈阳　277km

行李　$F_1 = Q_{计费}f = 50 \times 0.154 \approx 7.70$ 元

沈阳—哈尔滨　549km

三类包裹　$F_2 = Q_{计费}f = 50 \times 0.780 \approx 39.00$ 元

保价费：$2000.00 \times 0.5\% = 10.00$ 元

装车费：2.00 元

合计：$7.70 + 39.00 + 10.00 + 4.00 = 60.70$ 元

填写行李票，如图 3-6 所示。

中铁快运股份有限公司　　乙

行　李　票　(运输保单)

No:E061415　　20××年 4 月 12 日

到　哈尔滨　站　　经由＿＿＿＿站

旅客乘坐　4月12　日 2124次车　　客票号A214532

旅客姓名	李×　　共 1 人　　电话：2345612					
住址	丹东黄埔街12号　　邮政编码：118000					
顺号	包装种类	件数	实际重量(kg)	声明价格(元)	运价里程	826 km
					运到期限	4日
1	纸箱	2	50	2000.00	计费重量 规重	50kg
					计费重量 超重	
					运　费	46.70元
					保价费	10.00元
					杂项计	4.00元
					合　计	60.70元
					月　日　次列车到达	
合计		2	50	2000.00	月　日　交付	
记事	客票到沈阳，装车费2.00元					

丹东　站行李员印㊞

No:E061415

图 3-6　行李票填写式样

实训项目 2　行李、包裹运到逾期的处理

一、铁路运输企业应向收货人支付运到逾期违约金

行李、包裹应在规定的运到期限内运至到站。如实际运到日数超过规定的运到期限时，到站应按所收运费的百分率(最高不得超过运费的 30%，见表 3-4)，向旅客或收货人支付运到逾期违约金。其计算公式如下：

$$C = F\Psi \tag{3-1}$$

式中：C——运到逾期违约金额(尾数以角为单位,分值四舍五入),元;

F——运费,元;

Ψ——违约金比率,以5%为计算单位,尾数按二舍三入、七退八进处理,其计算公式为:

$$\Psi = \frac{d_{逾期}}{d_{运到}} \times 30\% \tag{3-2}$$

式中：$d_{逾期}$——逾期日数,日;

$d_{运到}$——运到期限,日。

运到逾期违约金计算表 表3-4

运到期限	逾期日数									
	1日	2日	3日	4日	5日	6日	7日	8日	9日	10日及以上
3日	10	20	30							
4日	5	15	20	30						
5日	5	10	20	25	30					
6日	5	10	15	20	25	30				
7日	5	10	10	15	20	25	30			
8日	5	5	10	15	20	20	25	30		
9日	5	5	10	15	15	20	20	25	30	
10日及以上	5	5	10	10	15	20	20	25	25	30

快运包裹运到逾期时,经营人应按逾期的天数每日向收货人支付包干费(包括超重附加费、转运费、到付运费)3%的违约金,但最高不超过包干费的30%。违约金不足1角的尾数按四舍五入处理。

(1)一批行李、包裹中部分逾期时,到站应收回行李票、中国铁路小件货物快运运单,给收货人编制客运记录,作为领取部分逾期行李、包裹和要求支付违约金的依据,并按逾期部分的运费、包干费比例支付运到逾期违约金。

(2)旅客或收货人要求支付运到逾期违约金时,应自行李、包裹到达次日起10日内提出,凭行李、部分逾期的客运记录、中国铁路小件货物快运运单、传真件(行包票丢失或中国铁路小件货物快运运单未到时,应提交单位书面证明和所有权证明)提出申请。支付运到逾期违约金时,应填写退款证明书,以站进款支付。

(3)行李、包裹运输变更(包括因误售、误购车票以致误运而造成的行李运输变更),致使行李、包裹逾期到达,铁路不支付运到逾期违约金。

二、旅客要求将逾期到达的行李运至新到站的处理

(1)行李逾期到达或逾期尚未到达,旅客需继续旅行,凭新购车票及原行李票号要求转运至新到站时,铁路运输企业开具新行李票,免费转运。

(2)行李未到,当时又未超过运到期限,旅客需继续旅行并凭行李票票号及新购车票办理转运新到站的手续,交付运费之后,发现行李逾期到达原到站,由新到站凭原到站开具的客运记录退还已收转运区间运费,保价费不退。

【任务3-2】 20××年4月12日,丹东站一旅客持丹东至沈阳的硬座客快车票托运了2件行李至哈尔滨,重50kg,4月15日旅客到哈尔滨站提取行李,行李逾期未到,4月18日到达哈尔滨。请计算逾期违约金。

根据任务3-1可知,丹东至哈尔滨行李运费46.70元,丹东至哈尔滨的里程为826km,故行李运到期限为4日,因此,逾期3日。

逾期违约金:$C = F\Psi = 46.70 \times 20\% = 9.30$ 元

实训项目3 行李、包裹运输变更的处理

【任务3-3】 20××年4月10日，在山海关站一旅客持在山海关站4月7日承运的行李票（旅行袋2件，内装有衣服及生活用品，重50kg，到站为长春站）。旅客要求将客票到站由长春站变更为沈阳站，将行李票到站也变更为沈阳站。行李已于4月8日运至原到站。山海关站当日拍发电报通知将行李运回沈阳站。长春站当日接到电报后，当天转运，于4月11日将行李按原径路运至沈阳站。收货人于4月12日领取。山海关站、沈阳站、长春站应如何处理？

处理方法：

山海关站：应在托运人手中的行李票（旅客页和报销页）上注明"变更到沈阳站"，更正到站站名及收货人单位、姓名、加盖站名戳、注明日期，同时给长春拍发电报。电报式样如图3-7所示。

中国国家铁路集团有限公司

铁 路 电 报　　第3号

发报所fbj	电报号码xo	组数zs	等级dj	日期rq	时分sf	附注fz

主送：长春站

20××年4月7日，山海关站运往长春站行李两件，总重50kg，行李票号E532142，托运人要求变更行李到站为沈阳站，请按章办理。

特此电告。

山海关站行李房×××(印)

20××年4月10日

图3-7 铁路电报拍发式样

长春站：接到电报后，应编制客运记录（图3-8），注明应收保管费日数及款额，改正货签上的发、到站，连同行李运回沈阳站。

沈阳站：收到行李后，通知旅客领取，补收原到站长春站至新到站沈阳站的行李运费，核收变更手续费。填写客运运价杂费收据，如图3-9所示。

应补运费：

长春—沈阳　303km

行李运费：$F_2 = Q_{计费} \cdot f = 50 \times 0.175 = 8.75 \approx 8.80$ 元

变更手续费：10.00元

保管费：$3 \times 2 \times 3.00 = 18.00$ 元

卸车费：$2 \times 2.00 = 4.00$ 元

总计：$8.80 + 10.00 + 18.00 + 4.00 = 40.80$ 元

沈阳铁路局集团公司　　客统一1

客　运　记　录

第5号

记录事由：变更到站

沈阳站：

20××年4月7日，山海关站运往长春站的行李两件，总重50 kg，行李票号E532142，现已转运你站，该行李在我站产生保管费3天，请按章处理。

注：

1.站、车需要编制记录时适用。
2.本记录不能作为乘车凭证。

长春 站/段 编制人员 印　(印)

站/段 签收人员　(印)

20××年4月10日编制

图3-8　客运记录编制式样

丙

沈阳铁路局集团公司

客运运价杂费收据

20××年　4　月　12日　　(报告用)

原票据	种别	日期	20××年4月7日	月　日 时到达、通知、变更		
	行李票	号码	E532142	月　日　时　交　付		
		发站	山海关	核收保管费　日		
		到站	长春			
核　收　区　间				核收费用		款额
				种别	件数	重量
自　山海关　站				应补差价		8.80
至　长春　站				变更手续费		10.00
经由(　　)				保管费		18.00
座别＿＿人数＿＿				卸车费		4.00
				合　计		40.80
记事	车票到站变更为沈阳站，由长春站转运，在长春站核收3天保管费					

沈阳　站经办人　×××　印

A021345

图3-9　客运运价杂费收据填写式样

实训项目4　行李、包裹的交付工作

一、到达通知

行李、包裹到达后，铁路运输企业应当及时通知旅客，最晚不得超过到达次日12:00。旅客询问逾期行李是否到达时，铁路运输企业应及时予以查找。

二、仓库保管

行李、包裹运到后从通知之日起，铁路运输企业免费保管3日，逾期到达的行李免费保管10日。因铁路运输企业责任和不可抗力等原因导致旅客行李延迟到达时，按延迟日数增加免费保管日数。超过免费保管期限时，按日核收保管费。

三、办理交付

旅客凭有效身份证件领取行李，收货人凭小件货物快运运单的领取凭证领取包裹。铁路运输企业向收货人办理交付时，应认真核对票货，确认票据号码、发站、到站、托运人、收货人、品名、件数、重量、包装无误后予以交付。

实训项目5　行李、包裹违章运输的处理

【任务3-4】 20××年4月10日，在西安开往上海的T140/137次列车运行至郑州站前，发现托运人王某由西安发上海的一箱重48kg的机器配件(票号E4325434)，因包裹中夹带油漆外溢，外包装被污染。列车应如何处理?

处理方法:

(1)列车编制客运记录交郑州站，如图3-10所示。

(2)郑州站将包裹扣留，拍发电报(图3-11)通知西安站转告托运人来郑州站领取(托运人于4月15日到郑州站)，按实际运送区间补收四类包裹运费。

西安—郑州　511km

四类包裹运费:48×0.967=46.40元

保管费:1×6×3.00=18.00元

卸车费:2.00元

合计:46.40+18.00+2.00=66.40元

填写客运运价杂费收据，如图3-12所示。

西安铁路局集团公司　　客统一1

客　运　记　录

第6号

记录事由：包裹内夹带危险品

郑州站：

20××年4月9日，托运人×××（身份证号：××××××），由西安发往上海机器配件一箱重48kg，票号E4325434，因包囊内夹带油漆外溢将外包装污染，现交你站，请按章处理。

注：
1.站、车需要编制记录时适用。
2.本记录不能作为乘车凭证。

西安 站/段 编制人员T140列车长(印)
站/段 签收人员　(印)
20××年4月10日编制

图3-10　客运记录编制式样

中国国家铁路集团有限公司

铁 路 电 报　　第3号

发报所fbj	电报号码xo	组数zs	等级dj	日期rq	时分sf	附注fz

主送：西安站

抄送：上海站

20×× 年4月9日，由西安发往上海机器配件一箱重43kg，票号E4325434，托运人×××（身份证号：××××××），西安和平路125号，因包囊内夹带油漆外溢将外包装污染。现该货已扣留郑州站，请转告托运人×××前来领取。

郑州站行(10)第17号

郑州站（印）

20×× 年4月10日

图 3-11　铁路电报拍发式样

丙

郑州铁路局集团公司

客运运价杂费收据

20×× 年 4 月 15 日　　(报告用)

原票据	种别	日期	20××年4月10日	月 日 时到达、通知、变更			
	行李票	号码	E4325434	月 日 时 交 付			
		发站	西安	核收保管费 日			
		到站	上海				
核 收 区 间				核收费用			款额
				种别	件数	重量	
自 西安 站				四类包裹	1	48	46.40
至 郑州 站				保管费			18.00
经由( )				卸车费			2.00
座别 人数							
				合 计			66.40
记事	夹带危险品油漆						

郑州 站经办人 ××× 印

A021346

图 3-12　客运运价杂费收据填写式样

知识拓展

一、中铁快运股份有限公司简介

(一)公司概况

中铁快运股份有限公司(China Railway Express Co. ,Ltd.)简称中铁快运(CRE)公司,是国铁集团控股现代物流企业、中国 AAAAA 级现代物流企业、中国交通运输协会快运分会会长单位、中国医药商业协会社会医药物流分会会长单位,注册资本 28.92 亿元人民币。

中铁快运公司经营范围包括普通货运,集装箱、冷藏保鲜运输,大型物件运输;行李、包裹铁路运输,铁路小件货物快运,国内快递(邮政企业专营业务除外);仓储、装卸、搬运、包装、加工、配送等物流服务;航空货运代理,国际、国内货运代理及相关运输咨询;信息服务;进出口业务;商品销售;广告业务;设备租赁;房屋租赁;物业管理;铁路纪念品、票证的研究、开发及销售;代理飞机票、火车票业务等。

中铁快运公司主营业务主要依托铁路运输资源(高铁载客动车组、高铁确认车、铁路行李车、特快班列、快速班列、特需班列、集装箱班列等),开展快运快递、大客户物流项目和铁路快捷货运代理等现代物流业务,是中国铁路物流总包业务的牵头单位,是中国铁路高铁快运业务的经营主体,是中国铁路货物快运接取送达业务的主要力量。同时,各子公司开展多种多元经营业务,包含信息系统开发运营、国际货代、投资保险、广告票证、物业租赁、铁路特快班列车辆租赁及维护等。

(二)公司业务

1. 普通快运业务

普通快运业务,是中铁快运公司以铁路客车行李车为主,辅以公路干支线网络及航空等多种运输方式，为客户提供的小批量货物全国（不含港澳台地区）范围内不同时限的“门到门”快运服务，主要定位于单批5kg以上、50kg以下的小件货物。全国（不含港澳台地区）主要大中城市间，从承运当日起2～3日内送达；运输距离3500km以上或无直达旅客列车行李车的城市4～6日送达。

2. 高铁快运业务

高铁快运业务，是中铁快运公司为客户提供的与高铁品牌形象和客运服务水准相匹配的时效快、品质优、标准高的“门到门”小件快递服务，主要利用高铁动车组列车运输，采用标准服务、标准流程、标准定价，向客户承诺时限。产品种类有当日达、次晨达、次日达、隔日达、同城快递和经济快递等，可提供全程冷链快递服务。服务范围覆盖高铁沿线城市及其他主要大中城市，在全国484个高铁列车（含城际动车）经停站设有营业网点，在全国514个城市办理相应业务。

3. 货物快运业务

货物快运业务，是中铁快运公司为向现代物流转型，改进传统铁路货物运输组织管理而推出的“门到门”、一口价、一票制、全程追踪、时效快的新型铁路货运产品，提供快速货物列车和特需货物列车运输服务，有零散、批量零散、整车、集装箱等多种类型。在全国1000余个铁路物流节点（含铁路物流基地、铁路货运站场等）具有接取送达功能，在全国1000余个城市可办理“门到门”货物快运业务。

4. 企业物流总包业务

企业物流总包业务，是中铁快运公司为不同行业的企业客户提供的全程一体化物流解决方案，以及利用网络化物流服务模式，通过网络仓库平台、综合运输平台以及信息平台为其提供的仓储、运输、包装、配送、装卸、异地调拨等综合物流服务以及签单返回、信息反馈、汇总结算、电子支付、代收货款、冷链等增值服务，服务的行业客户有配件、家电、医药、IT、服装、食品饮料等大企业客户。中铁快运公司拥有较丰富的仓储资源，能够为企业大客户提供良好的网络化仓储服务。利用铁路物流基地货场、仓库，铁路行包办理站，以及整合社会仓储资源等，投资打造覆盖全国主要城市的网络仓库、建设符合医药、服装、食品、电子产品、配件、电子商务、图书、贵重品等各行业货品存储要求的专业化现代仓库，利用机械化、信息化和智能化库管技术，为各行业大客户提供现代化、多功能、综合性、一体化仓储服务。

（三）发展前景

中铁快运公司的战略方向：充分发挥中国铁路网络资源优势，整合多种社会物流资源，开展综合性现代物流业务，成为中国铁路现代物流市场化平台企业；建设专业特征突出、市场竞争优势明显的综合性现代物流企业；成为国内领先的第三方+第四方现代物流服务集成供应商；成为最具市场竞争力的国内外知名现代物流企业。

中铁快运公司的市场定位：主营业务开展标准化快运快递业务、大客户物流项目业务、点到点运输业务和铁路货运代理业务。目标客户群主要包含两类，一类是拥有货物所有权、提供一手货源的直接客户，包括千家万户的散户、生产制造企业、商贸企业等；另一类是掌握集中货源的物流企业、运输企业等。对拥有货物所有权提供一手货源的直接客户，提供“门到门”快运、快递、仓储、信息、包装、增值服务等全流程、全方位的物流服务；对物流企业、运输企业等客户，提供铁路“站到站”或“库到库”运输服务，提高铁路运力效率效益。

二、行李、包裹包装的基本要求及其图示

1. 行李、包裹包装的基本要求

(1)行李、包裹运输包装(简称行包运输包装)必须保证内装物品的安全、完整,能抵抗各种运输环节的影响,完好地将行包运至目的地。

(2)行包运输包装件应完整、牢固、捆绑结实,便于装卸、堆码、点件、保管,适合运输。

(3)行包运输包装的包装材料、辅助材料和容器应符合国家有关标准的规定,不同品类的物品采用的包装类型、加固方法不得低于相关标准的要求。

(4)为保证物品在运输过程中的安全、完整,根据其性质和需要选用防振、防压、防潮、防盗、防雨、防锈、防漏等防护包装。

(5)每件行包为一独立包装,外部不能附插其他物品,两件亦不能捆绑成一件;箱、包、袋必须加装能承受拉力的锁;多拉链的箱、包、袋,零散物品及外包装破损后缝合的物品都必须另加外包装或装入行包专用袋内,捆扎牢固。

(6)行包包装件必须有加固措施,其内装物应用泡沫、纸屑等填实充满,不得晃动。凡是使用旧包装的包装件,必须清除原有标记。

(7)行李应用麻袋、编织袋、布袋、木箱包装,使用不能承受压力的纸箱时必须外加编织袋、捆扎牢固。

(8)放射性物品包装必须经铁路防疫部门检验符合卫生安全要求。

(9)行包运输包装根据物品性质必须具有安全标志,且符合《铁路行李、包裹运输包装标志》(TB/T 2337—1993)的规定。

2. 行李、包裹包装示意图

行李、包裹的包装,如图3-13所示。

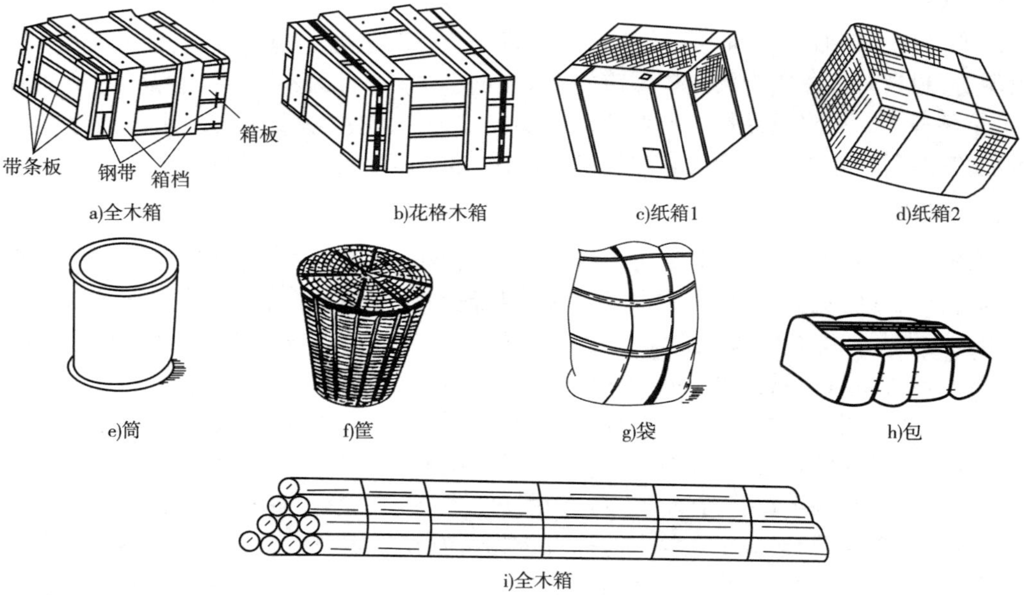

图3-13 行李、包裹包装示意图

复习思考题

1. 行李、包裹运输合同的含义及凭证是什么？
2. 行李、中国铁路小件货物快运运单主要应载明哪些内容？
3. 托运人的基本权利和义务有哪些？
4. 承运人的基本权利和义务有哪些？
5. 行李和包裹的范围是怎样规定的？
6. 行李中不得夹带哪些物品？
7. 包裹是怎样分类的？
8. 哪些物品不能按包裹托运？
9. 行李、包裹票有几页？各为何颜色？具体作用是什么？
10. 行李、包裹的运送组织原则是什么？
11. 如何计算行包运到期限？
12. 旅客要求将逾期到达的行李运至新到站时应如何处理？
13. 行包免费保管天数是如何规定的？
14. 行李、包裹要求运输变更如何处理？
15. 行包票丢失如何进行交付？
16. 简述行包运送组织工作过程。
17. 什么是无法交付物品？产生无法交付的物品应如何处理？
18. 行李、包裹违章运输有哪些？应如何处理？
19. 简述高铁快运作业流程。
20. 简述高铁快运列车晚点情况下的应急处置。
21. 简述高铁快运确认列车途中设备故障应急处置。

实践训练

1. 练习正确填制行李票、中国铁路小件货物快运运单。
2. 练习确定行李、包裹的运到期限。
3. 练习行李、包裹逾期到达的处理方法。
4. 练习办理行李、包裹的运输变更。
5. 练习处理行李、包裹的违章运输。
6. 练习填写各类票据。
7. 练习高铁快运的作业流程。
8. 练习高铁快运列车晚点情况下的应急处置。

项目4　特种运输

★ 知识重点

1. 铁路乘车证的种类及使用规定。
2. 军事旅客运输计费、付费办法。
3. 国际旅客联运旅客的运送条件。

★ 项目任务

1. 违章使用铁路乘车证的处理方法。
2. 军事旅客运送后付票据填记方法。
3. 军事旅客运送现付办理、票据填记方法。
4. 国际旅客联运运送费用。

★ 项目准备

1. 参考资料:《铁路旅客运输规程》《铁路客运运价规则》《铁路旅客运输办理细则》《铁路旅客运输管理规则》《铁路旅客运输服务质量规范》《铁路客运运价里程表》《国际旅客联运协定》《国际客运运价规程》、全国铁路客运运价里程接算站示意图、全国铁路局集团公司管辖线路示意图、《客运规章汇编》。

2. 所需票据、报表:代用票、客运运价杂费收据。

3. 所需设备:模拟移动补票机、模拟站车无线交互系统、剪刀。

理论知识

单元4.1　路内运输

路内运输是铁路内部因工作、生活需要而产生的人员和物资运输。随着铁路运输管理体制改革的不断推进,为适应铁路运输生产发展的需要,国铁集团及时颁布、修改《铁路乘车证管理办法》,明确铁路乘车证的管理及使用规定。《铁路旅客运输管理规则》对路用品的携带和运送也做出了相应的规定。

铁路乘车证样式及规定

一、铁路乘车证

(一)铁路乘车证的种类及颜色

铁路乘车证共分9个票种,3种颜色。

(1)软席全年定期乘车证,浅粉色。

(2)软席乘车证(含单程、往返、临时定期),浅粉色。

(3)硬席全年定期乘车证,浅蓝色。

(4)硬席临时定期乘车证,浅蓝色。

(5)硬席乘车证(含单程、往返),浅蓝色。

(6)便乘证,浅蓝色。

(7)通勤乘车证(含通学、定期),浅黄色。

(8)就医乘车证(含往返,临时定期,全年定期),浅黄色。

(9)探亲乘车证(含单程、往返),浅黄色。

(二)使用铁路乘车证的范围

(1)铁路职工。

(2)《铁路乘车证管理办法》中规定可以使用的其他人员。

(三)铁路乘车证使用的有关规定

铁路乘车证限乘车证上所填写的持用人,在有效期间和区间使用。除探亲、就医乘车证外,其他各种乘车证每张仅限填发一人使用,实行一人一票制。

各种乘车证(全年、临时定期乘车证外)每张只限填发一个到站。由始发站至到达站有直达列车的,一般应乘直达列车;因签证原因不能乘直达列车的,可在同一方向换乘站中转换乘(限换乘一次),经换乘站签证后,可继续乘车至到达站。

1. 乘车席别的规定

(1)准乘软席的人员范围

①国铁集团正、副部级领导和相当职级的人员;

②正副司、局长和相当职级的人员;

③教授和相当专业技术职务的人员;

④经国家和国铁集团批准的“有突出贡献的专家”;

⑤年满50周岁的正、副处长和相当职级的人员;

⑥年满50周岁的副教授和相当专业技术职务的人员;

⑦1937年7月6日前参加革命工作的干部;

⑧国铁集团副部级领导和相当职级以上人员,因工作需要准许随行人员一人填发软席乘车证;

⑨受处分降低职务、工资级别的人员,应按降低后的职务、工资级别确定其能否享受乘坐软席。

(2)准乘硬席的人员范围

除上述规定以外的其他铁路职工和符合规定的其他人员准乘硬席。

2. 准乘列车的规定

(1)持用全年定期、临时定期、软席、硬席乘车证和便乘证,在正式或临时营业铁路上准乘各种旅客列车(国际列车除外)。

(2)持用探亲乘车证,准乘除国际、旅游列车以外的各种旅客列车。

(3)持用通勤乘车证,准乘各种旅客列车(国际列车除外)。

(4)持用就医乘车证,准乘快车和普通旅客列车。

(5)持用铁路全年定期、临时定期、软席、硬席乘车证,均可乘坐空调可躺式客车。

(6)持有各种铁路乘车证的铁路职工允许乘坐动车组二等座席。

3. 乘车证明的规定

持用铁路各种乘车证的职工出入车站及在列车内须与旅客同样经过检验票证及有关证件。

(1)持用铁路乘车证乘车,应同时交验工作证、离休证、退休证、家属证或家属医疗证。

(2)铁路职工持用探亲乘车证,应同时持贴有本人照片的工作证和探亲证明;职工配偶或父母、子女持贴有本人照片的家属证(医疗证)和探亲证明。

(3)出差、驻勤、开会、入学、调转、出校、赴任、搬家时,还必须交验相应证明(出差证明、人事调转命令、户口迁移证)。

机车乘务人员便乘时,必须携带机务段填发的司机报单。

机械保温车乘务员去外地换班乘坐旅客列车时,应交验保温段填发的交接班证明。

4. 乘车站使用签证及加剪规定

(1)持用临时定期、软席、硬席乘车证、探亲乘车证乘车时,须由车站签证,其他乘车证免于签证。

(2)持有各种铁路乘车证的铁路职工乘坐动车组时,必须先签证后乘车。

(3)对持用的全年、临时定期、通勤、全年定期就医和临时定期就医乘车证免打查验标记;其他乘车证均须于始发站和返乘站予以剪口,列车内查验时也应打查验标记。

5. 免费使用卧铺的规定

(1)铁路职工(含路外符合使用乘车证的人员)出差、驻勤、开会、调转、赴任、护送等,以本人开始乘坐本次列车开车时刻计算,从20:00至次日7:00之间,在车上过夜6h(含6h)或连续乘车超过12h(含12h)以上的,准予免费使用卧铺。

(2)使用卧铺中途不应下车,若必须下车时,不足夜间乘车6h或连续乘车不足12h的,列车长应按章核收已乘区间的卧铺票价。

(3)持乘车证在列车上使用卧铺时,应将出差证明、卡片连同乘车证交列车员保管(下车前交还),并办理签证。列车员应在出差证上加盖图章或签字,以作为职工单位不再发给卧铺票价补贴的凭证。持用全年定期出差证可不交给列车员保管。

(4)机车乘务员应按预留铺位便乘,旅客列车(挂有国际联运车厢的列车除外)应预留3个(上、中、下各一个)机车便乘铺。机务段开便乘证时,如超过3人,应自第4人起,加盖无铺戳记,卧铺车厢的列车员对便乘证应及时登记并保管,下车前交还。凡不符合便乘规定者,列车长应收回便乘证,编制客运记录,上报所属铁路局集团公司收入部门,追补票价。

6. 其他有关规定

(1)持用定期通勤、通勤、通学、定期就医、就医、软席、硬席乘车证,除换乘外,中途下车无效。

(2)定期通勤乘车证,一个月只限使用一次,不能提前或移作下月使用。如节假日适逢月初或月末,乘车证的往返日期可跨及上月末或下月初,但起止时间不超过一周。

(3)持用铁路各种乘车证,均不能免费托运行李、搬家物品等。

(四)违章使用乘车证的处理

违章使用乘车证的处理

在票面上加添、涂改、转借、超过有效期或有效区间乘车,未持规定的有关证明、证件或持伪造证明、证件的,均视为违章使用乘车证。

(1)发现违章使用乘车证时,均按无票处理。按所乘旅客列车的等级、席别、铺别、区间(单程或往返)及票面填写的人数补收票价,并核收应收票价50%的加收票款及手续费。同时查扣其乘车证及有关证件上交铁路局集团公司收入部门。上交时应编制客运记录,注明违章情况。

(2)违章使用下列乘车证除按规定补收票款外,还应按照票面记载的席别、区间加收罚款:

①定期通勤乘车证,按票面填写的乘车区间,自有效月份起至发现违章月份止,按每月一次往返的里程通算计收客票票价。

②全年定期乘车证、临时定期乘车证、通勤(通学)乘车证,自有效日期(过期的从有效期终了的次日)至发现违章日期止,票面填写的乘车区间在一个铁路局集团公司以内的,按每日乘车50km计算票价;乘车区间跨铁路局集团公司的,按每日乘车100km计算票价(含义同前),计算后低于50元的按50元核收。

③发现其他违章行为的,均按《铁路旅客运输规程》的相应规定处理。

(3)乘车证使用过程中,发现违章事项当时处理不了的,车站、列车应编制客运记录,连同查扣的乘车证及有关证件报本铁路局集团公司收入部门,由铁路局集团公司依据规定向违章职工单位发函,追补应收票款及罚款。

二、路用品的运送及携带

(一)利用客车车递文件及附件

1.公文附件的规定

下列物品,无论是否随文递送,均作为附件处理,准予车递:

(1)报表(包括空白报表)、图纸。

(2)档案。

(3)公章、证章、证件、纪念章、奖状、锦旗。

(4)公款、有价证券、票据。

(5)规章(包括汇编)、铁路系统印发的供本系统公用的书籍、刊物、报纸。

(6)各种合同(协议)。

(7)物资申请计划书、物资分配和调拨单。

(8)客货运事故记录、国际联运清算单、财务会计账单和凭证。

(9)展览品、模型、样品、图片、电影片、幻灯片。

(10)供化验和研究用的物料样品等。

(11)车递文件和物品用的回空容器(如麻袋、布袋、票箱等)。

附件数量较多时,应分别包装,每包重量不得超过10kg,同一发送单位发往同一收受单位的附件不得超过5包,超过5包时,应到车站行包房办理托运手续,按包裹免费运送,但必须符合包裹运送条件及要求。

利用车递传送的客票票据,每包不得超过20kg,同一发送单位发往同一收受单位不得超过20包。

2. 利用客车车递文件、挂号递送规定

车递文件属下列性质者可以办理挂号:

(1)密件。

(2)公款、票据、有价证券。

(3)公章、证章、证件、纪念章、奖状、锦旗。

(4)各种合同(协议)。

(5)物资申请计划书、物资分配和调拨单。

(6)客货运事故记录及事故有关的重要文件。

(7)国际联运清算单、财务会计账单和凭证。

(8)重要统计报表、图表。

(9)重要车递电报。

(10)回空的公文袋、票袋。

挂号文件的封套或包装应坚固、不易破损。密件、公款的封皮封口处要粘贴薄纸条,加盖单位公章或专用骑缝章(名章无效);封皮左上角标明挂号的"字号""密别"(即秘密、机密、绝密)或"贵重品"(指钱等),便于识别。装公款的布袋应用火漆或铅弹加封。

(二)免费运输物品的范围及办理规定

1. 免费运输物品的范围

(1)中铁文工团演出用的服装、道具、布景准予免费运输。

(2)中铁文工团电视剧部凭中铁文工团书面证明,将摄像机、录像机、放像机免费带入客车,自行看管,重量不受20kg限制;监视器、投影机、录音机等附属品按规定办理托运手续,免费运输。

(3)中国铁道出版社音像厂录像所需器材,摄像机、录像机、放映机、灯具随身携带,自行看管;监视器、投影机、录音机等附属品按规定办理托运手续,免费运输。

2. 免费运输的办理规定

(1)需托运的服装、道具、布景数量较大时,可以拨给行李车,如行李车不足,也可以拨给棚车代用。使用后,立即交还,不得停留占用。严禁用拨给的行李车或棚车装服装、道具和布景以外的物品。

(2)少量的服装、道具、布景可装在旅客列车编组中的行李车内运送,不必另拨车辆。

(3)办理此项免费运输时,必须凭中国铁路文工团开具的证明文件,到车站办理托运手续。如要求拨给行李车或棚车,应凭上述证明文件到有关铁路局集团公司办理拨车手续。

(4)车站办理托运时,应填写包裹票,并在运价栏画斜线,在记事栏内注明"免费"字样,同时将证明文件收回,随同包裹票报告页一并报送铁路局集团公司。

(5)托运的服装、道具、布景、监视器、投影机、录音机等,由车站负责装卸时,车站可按规定核收装卸费。

(三)路内有关人员携带路用品的规定

1. 铁路电务维修人员

铁路电务等维修人员乘坐管内旅客列车到各站检查、维修设备,凭铁路局集团公司发给的携带器材乘车凭证,可携带蓄电池(6V)8组,蓄电池和电池的电解液(装入特种容器)3瓶,轨道焊接线火柴(铁盒密封)5盒,焊药40包,防腐油10kg,机油1kg,煤油1kg,变压器油2kg,调和漆5kg,汽油(密封)0.5kg。乘车时应服从列车长安排,将携带品放在尾部,保证安全,并不影响车内秩序和运转车长作业。

2. 铁路衡器管理所检修人员

铁路衡器管理所检修人员持证明到各站检定、修理衡器时,准许随身携带小型配件、调和漆5kg和标准砝码200kg;也可凭书面证明免费托运砝码和衡器配件。车站填发包裹票,在记事栏内注明“衡器检修”,收回书面证明报铁路局集团公司。

3. 钢轨探伤人员

为方便工务段钢轨探伤人员乘车需要,由各铁路局集团公司发给“携带钢轨探伤仪乘车证”,其可携带JGT-2型钢轨探伤仪(体积为1000mm×830mm×380mm)乘车,同时需出示铁路公用乘车证,准乘管内旅客列车,并按乘务员或列车长指定的地点放置,不得妨碍旅客乘降。

单元4.2 军事旅客运输

一、铁路军事旅客运输概述

(一)铁路军事旅客运输的意义及特点

铁路军事运输是国家运输的组成部分,组织好军事运输是保障部队行动的重要手段,也是铁路和军队各有关部门的共同任务。

铁路军事旅客运输具有时限紧急、组织工作复杂、保密要求高等特点,因此,铁路和军队各有关部门在组织实施军事旅客运输时必须做到:

(1)服从大局,确保重点,正确处理军事运输与国民经济运输的关系。

(2)严密组织、统筹安排,合理使用国家运输能力。

(3)统一指挥、严格纪律,正确贯彻军事意图。

(4)按级负责,加强协作,共同完成军事运输任务。

(5)总结经验,勇于创新,不断提高运输管理水平。

(二)铁路军事旅客运输的等级和运输范围

1. 运输等级

根据任务性质和装备性能,铁路军事运输分为特殊运输、重点运输和一般运输三个等级。

2. 运输范围

(1)部(分)队(含预备役)调动、参战民兵(工)、民兵高炮分队打靶。

(2)军队机关、院校、医院、仓库、在编军工厂的搬迁。

(3)兵员补退,伤病员后送,战俘遣送。

(4)军级以上机关批准的执行其他军事任务的人员运输。

(三)军事事故

在军事运输过程中,发生非正常人员伤亡、物资损失和延误军事运输任务的事件,均构成军运事故。军运事故分以下3类:

(1)人员伤亡,指乘车或押运人员当场死亡或重伤住院治疗者。

(2)物资损失,指军运物资的丢失、损坏、不能使用或需入厂检查修理,军马等有生命动物死亡。

(3)特殊运输发生迂回、越站、错到以及漏加装分卸等情况。

二、铁路军事旅客运输计费、付费

为统一铁路计算运输计费、付费办法,加强军运运价管理,根据国家有关政策规定,结合计算运输实际,制定铁路计算运输计费、付费办法。

铁路计算运输产生的费用实行"后付"和"现付"两种付费方式。"后付"由运费主管部门定期向铁路企业清算;"现付"按国铁集团有关规定,实行同类物资的商运运价,由托运单位直接向车站支付。

三、新老兵运输

新老兵运输

新兵和退伍军人运输工作应当遵循集中领导,归口管理,分级负责,统筹计划,优先安排,方便部队的原则。

新兵和退伍军人运输工作涉及部门多、要求高、组织工作比较复杂。各有关部门应根据征兵命令和退伍工作要求,统筹全局、周密计划、合理安排、团结协作、严格按计划组织实施,保证安全及时地完成新老兵运输任务。

新兵和退伍军人运输采取整批军运和零星购票相结合进行,主要有4种方式。一是组成专用客车底循环套用;二是选用部分旅客列车运送;三是在旅客列车中预留车厢;四是零星购票。

相关部门要按运输方案和运输通报,严密组织,加强管理,采取有效措施,保证完成新老兵运输组织计划。

(1)运行组织。

接送兵单位应于起运日期前5日到始发铁路局集团公司军代处或车站新兵和退伍军人运输办公室(或客运部门)办理乘车手续。始发铁路局集团公司军代处或车站新老兵运输办公室按运输方案与接送兵单位核对确认始发和中转计划。整批运输与运输方案有变化时,始发铁路局集团公司军代处要提前通报中转站和到达铁路局集团公司军代处;无变化时,按运输方案组织实施。乘坐新编客车的应认真掌握运行。

(2)途中管理。

部队或接送兵单位要指派责任心强、有一定组织能力的人员担任接送兵工作。接送兵人员要认真负责,严格管理,严禁携带无关人员搭乘。

(3)安全服务。

新兵退伍军人运输期间,任务量较大、中转换乘较多的车站,应组成安全服务队,做好安全服务工作。要安排专门的候车室或候车地点,并设置一定数量的保温桶、饮水杯等用具,保证开水供应。对新兵退伍军人列车要安排接入基本站台。新老兵上下车、进出站时,客运人员要做好引导,以免新老兵上错车或发生事故。

单元4.3 国际旅客联运

我国自1954年开办国际旅客联运以来,我国的国际旅客联运经历了从无到有、从少到多的过程,如今已经形成了一个完整的体系,为促进我国的对外开放,扩大同世界各国间的人员交往作出了巨大贡献。

国际旅客联运认知

一、国际旅客联运概述

国际旅客联运是指发、到站不在同一国内的旅客、行李和包裹铁路运输,包括海铁联运。参加国际旅客联运的铁路间具有连带责任。

这里所说的国际旅客联运,是指我国同其他国家铁路间办理的旅客、行李和包裹运输。

(一)参加国际铁路联运的国家

在两个或两个以上国家铁路全程运送中,使用一份票据并以连带责任办理的运送,称为国际铁路联运。国际铁路联运分为旅客运输和货物运输两大类。

目前采用《国际客运运价规程》(简称《国际客价》)的有下列国家的铁路:

白俄罗斯共和国铁路 BC (白铁);
越南社会主义共和国铁路 DSVN (越铁);
哈萨克斯坦共和国铁路 KZH (哈铁);
中华人民共和国铁路 KZD (中铁);
朝鲜民主主义人民共和国铁路 ZC (朝铁);
拉脱维亚共和国铁路 LDZ (拉铁);
立陶宛共和国铁路 LG (立铁);
蒙古铁路 MTZ (蒙铁);
俄罗斯联邦共和国铁路 RZD (俄铁);
吉尔吉斯共和国铁路 KRG (吉铁);
土库曼斯坦铁路 TRK (土铁);
塔吉克斯坦共和国铁路 TZD (塔铁);
爱沙尼亚共和国铁路 EVR (爱铁);
乌兹别克斯坦铁路 UTI [乌(兹)铁];
乌克兰铁路 UZ [乌(克)铁]。

(二)国际旅客联运站

《国际铁路客运运价规程》中规定的办理旅客联运的车站称为联运站。

我国铁路现有30个旅客联运站:北京、北京西、大同、天津、衡阳、长沙、汉口、郑州、呼和浩特、集宁、二连、沈阳、长春、丹东、哈尔滨、牡丹江、满洲里、绥芬河、桂林、南宁、崇左、凭祥、乌鲁木齐、阿拉山口、昆明北、河口、山海关、开远、宜良、昂昂溪。

我国铁路国际旅客联运示意图如图4-1所示。

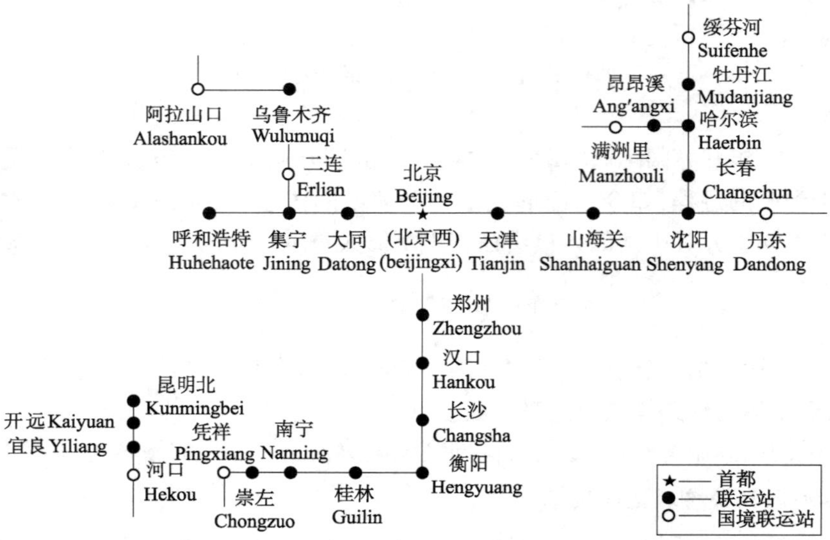

图4-1 我国铁路国际旅客联运站示意图

(三)国境站及国际旅客列车

各国铁路间办理行包运输而没有直通行李车,需在国境站或其他车站换装时,由铁路进行换装,费用由铁路负担。

国与国之间邻接的车站称为国境站,我国现有国境站见表4-1。

我国现有国境站 表4-1

路别	文别	路别	文别
	中文		中文
中铁 朝铁	丹东	中铁 俄铁	满洲里
	新义州		绥芬河
中铁 越铁	凭祥		后贝加尔
	河口		格罗迭科沃
	同登	中铁 哈铁	阿拉山口
	老街		德鲁日巴
中铁 蒙铁	二连		
	扎门乌德		

我国铁路与其他铁路之间有国际旅客列车,如表4-2所示。

国际旅客列车 表4-2

路别	车次	开行次数	经由
中国、蒙古、俄罗斯	K3/K4	每周一次	北京—乌兰巴托—莫斯科
中国、俄罗斯	K19/K20	每周一次	北京—满洲里—莫斯科
中国、俄罗斯	N23/N24	每周二次	哈尔滨东—绥芬河—{符拉迪沃斯托克(海参崴) 哈巴罗夫斯克(伯力)
中国、朝鲜	K27/K28	每周四次	北京—丹东—平壤
中国、蒙古	K23/K24	每周一次	北京—二连—乌兰巴托
中国、蒙古	4602/4603 4604/4601	每周二次	呼和浩特—二连—乌兰巴托
中国、蒙古	22/684 683/21	每周二次	乌兰巴托—二连
中国、哈萨克斯坦	N955/N956	每周二次	乌鲁木齐—阿拉山口—阿拉木图
中国、越南	T5/T905 T906/T6	每周二次	北京西—凭祥—河内

二、乘 车 票 据

《国际旅客联运协定》(简称《国际客协》)所规定的印有“MC”字母的旅客车票,是国际联运中凭以乘车的票据,有客票、卧铺票和补加费收据。

目前《国际客协》范围内采用两种样式的乘车票据:一种是传统的乘车票据,称为人工票,主要在没有实现电子计算机联网的国家铁路发售;另一种是同西欧国家铁路样式基本统一的乘车票据。我国目前只发售前一种乘车票据,但同时承认其他国家铁路发售的电子票。

(一)册页票本

册页票本由票皮和相应的乘车票据(册页客票、卧铺票、补加费收据)组成,并按照客、卧、补的顺序装订。

册页票本中可以没有卧铺票(当不乘坐卧车时)或补加费收据(当不发生补收费用时),但必须包括票皮和册页客票。缺少票皮或册页客票时乘车票据即视为无效,发现后铁路应予没收。册页票本票皮样式如图4-2所示。

(二)册页客票

客票按填写方法可分为固定册页客票和补充册页客票。固定册页客票即常备票,上面有发到站名称、径路及其他事项,供客流量大的车站间发售。补充册页客票即空白票,发售时需逐栏填写。

客票按等级可分为软席车(1等)票和硬席车(2等)票。

客票按乘车方向可分为单程客票和往返客票。单程客票又分为往程票和返程票。册页客票样式如图4-3所示。

中华人民共和国铁路
ЖЕЛЕЗНЫЕ ДОРОГИ КНР
EISENBAHNEN DER VRC
册　页　票　本
КУПОННАЯ КНИЖКА
BUCHFAHRKARTE

MC
中　铁
КЖД/KZD

有效期
Срок годвости
Geltungsdauer

2	个　月	自发售之日起
	Месяца	Со дня выдачи
4	Monate	Vom Datum der Ausgabe an

样张

票价总额
Общая стоимость
Gesamtbetrag

人民币 RMB ______ 元 yuan

以发售国货币表示
В валюте страны выдачи
In der Wǎhrung dea Ausgabelandes

售票处日期戳
Штемпель места
выдачи с датой
Datumstempl
der Ausgabestells

图4-2　册页票本票皮样式

第二联

MC
中　铁
КЖД/KZD

册页客票
Билет-купон
Streckenfahrschein

№ 000000

售票处日期戳
Штемпель места выдачи с датой
Tagesstempl der Ausgabestells

供______人乘车用
для ______ человек
für ______ Reisende(n)

自　OT/von			站
至 до nach	1	等 кл./kl.	站
	2	等 кл./kl.	站

样张

经　由
через/über ______

减成率 Скидка ______ % Ermässlgung	理由 основание ______ Grund	一名旅客客票票价 Плата за проезд одного пассажира/ Preis je Person		瑞干法郎 шв.фр. SFr.
团体旅客证 Контролчные купоны/Kontrollkaren 自 第______号 至 第______号 c/von Nr　до/bis Nr		客票票价总额 Общая стоимость Gesamtbetrag		元 юанеи
				瑞干法郎 шв.фр. SFr.

图4-3　册页客票样式

(三)客票

《国际旅客联运协定》所规定的、用于本方法办理的印有“MC”字母的客票或用电子方法办理的客票,是国际客协范围内国际联运中有权凭以乘车的票据。客票是证明铁路旅客运输合同缔结的基本票据。

客票上应载有下列主要事项：

(1)发站和到站名称。

(2)印制的客票号码。

(3)径路。

(4)车厢等级。

(5)客票票价。

(6)客票有效期。

(7)客票发售日期。

(8)发售客票的铁路名称。

凭客票可以在其有效期内按照票面所载的径路,乘坐时刻表中规定的所有列车。

客票的样式是册页票本,册页票本由票皮和册页客票组成。册页票本限于按册页客票上记载的径路,从册页客票上所记载的一国铁路发站乘车到另一国铁路到站时有效。个别铁路车站间的联运,如有协议,也可采用卡片客票。

客票上除《国际旅客联运协定》允许并经铁路核准的修改事项外,不得做其他修改。非法修改的客票应视为无效,并予以收回。

册页票本票皮和册页客票,用发送国文字以及中文、德文和俄文中的两种文字印制。对于有组织的、不少于6名的成人旅客团体,可以发售一本带有补充册页客票的册页票本。对参加此种团体的每一旅客,除领队外,免费发给一张单独的团体旅客证,此证只限持有发售给团体旅客乘车的册页票本时方可乘车。团体旅客证可以证明旅客属于持团体旅客册页票本乘车的旅客应在乘车开始前购买客票,检查客票中所载事项是否正确,并在整个乘车期间予以保存。卧车和座卧车车厢内乘车票据存列车员处。

册页票本分为单程和往返两种。

供返程乘车用的册页票本,可办理为:

(1)自另一发站(即非原乘车方向的到站)返回。

(2)回到另一到站(即非原乘车方向的发站)。

旅客享受往返乘车减成的团体客票和单人客票,只能按同一径路发售,并应订入一本册页票本。客票票价和其他费用应在乘车票据上用运价货币和本国货币注明,但在用电子方法办理的乘车票据上只注明本国货币。在册页票本票皮上,用发售国货币注明向旅客核收的订入册页票本票皮内各乘车票据的票价总额。

册页票本以及应有的其他乘车票据由铁路售票处和代售点发售,按照适用的运价规程所载的站名,可由一国任一站发售至他国任一站。

(四)卧铺票

当旅客乘坐卧车或座卧车时,除客票外,还应购买卧铺票,旅客凭卧铺票,不论夜间或白天,均有权使用卧铺,但乘坐座卧车时仅限在21:00至次日7:00期间允许使用卧铺。旅客乘坐卧车、座卧车和座车时,如果这些车厢规定必须提前预留座位,则除客票外,每名旅客还应持有占用相应铺位的卧铺票。

（五）补加费收据

当变更径路、等级以及同一径路上分乘不同等级车厢等情况下，需开具补加费收据。客票和卧铺票差价应分别单独开具补加费收据，其他项目可开具同一张补加费收据。补加费收据为两联，复写填发。第一联为白色的存根，留在发售部门，随当月报表报送清算部门。第二联为浅蓝色底纹水印纸，填好后交给旅客。

补加费收据样式如图 4-4 所示。

MC
中 铁
КЖД/KZD

补加费收据
Доплатная квитаишия
Nachlôsequittung

售票处日期戳
Штемпель места выдачи с датой
Tagesstempl der Ausgabestells

属 于
К билету/плацкарте
Zum Fahrausweis/zur Bettkarte
第 ...... 号客票/卧铺票
Nr

Же.лдор. .... 铁路等级 класс .... 供 для ...... 人乘车用 человек 减成率 Скидка .... %
Eisenbahn Klasse f ü r Reisende(n) Ermässlgung
自 OT/von .... 站至 до/nach .... 站
经 由 через/über ....

补 收
Доплата для .... 人的费用 человек 减成率 Скидка .... %
Nachzahlung für Reisende(n) Ermässlgung
自 OT/von .... 站至 до/nach .... 站
经 由 через/über ....

样张

补 收 Взыскано дополнительно Erhobener Zuschlag		改乘1等车 Переход в 1-й класс Klassenwechsel	变更经路 Изменение путм следования Streckenwechsel	卧铺费差额 Разница в стоимости плацкарты Unterschied in der Bettarte 由 变为 из/von ...... в/in	
每名旅客За одного пассажира für je person	瑞士法郎 шв.фр. SFr.				
合 计 Общая стоимость Gesamtbetrag	瑞士法郎 шв.фр. SFr.				
	人民币				元 юанеи

图 4-4 补加费收据样式

（六）卡片客票

卡片客票可只用发送国和到达国文字印制。

有关国家铁路间或两邻路直通联运中，根据协议，可发售卡片客票。

（七）儿童票

在座席车厢中，旅客有权携带不满 4 周岁且不单独占用席位的儿童 1 名。单独占用席位的儿童，必须购买儿童客票。如果旅客携带不满 4 周岁的儿童超过 1 名，除 1 名儿童外，其他儿童购买儿童客票。1 名或数名 4～12 周岁的儿童乘车时，每个儿童均必须购买儿童客票。

（八）免费乘车证

国际旅客联运中允许使用的免费乘车证包括铁组公用免费乘车证、铁组一次性私用免费乘车证和国际旅客列车（直通列车）国内段免费乘车证 3 种。

三、有　效　期

旅客持册页票本或卡片客票在票面所载有效期间内乘车均有效。有效期规定如下：往程票为2个月；返程票和往返票为4个月。

有效期自发售日起算，到2个月或4个月后的发售日同日的24：00终止。如有效期终止的月份没有该日，则客票有效期算至该月最后一天24：00终止。客票发售日以客票上规定位置加盖的售票处日期戳为准。

旅客因病或其他不得已的原因，不能在客票有效期内结束旅行，则在客票有效期终止前，可凭有关的书面证明（如医院诊断证明书等），向铁路提出延长有效期。如铁路确认旅客的理由正当，则应予以延长。一张客票延长有效期不得超过2次，不论是单程票还是往返票，每次延长不得超过2个月。

四、旅 客 票 价

1. 客票票价的计算

根据《国际客运运价规程》的规定，从发站至到站的客票票价，以瑞士法郎为计算单位，并根据其公布的各国费率和运价里程，分别对每一铁路的运价里程进行计算，然后将从发站至到站的每一名旅客的客票票价乘人数计算出票价总额。

2. 卧铺费的计算

旅客乘坐卧铺车的卧铺费，按每一个换乘区段的总里程，根据各国公费率计算，不需要按铁路分界分段计算。

五、携　带　品

从我国铁路各站发出的国际列车和直通客车，旅客免费携带品重量限制为：每名成人旅客不得超过35kg，儿童不得超过15kg；对超重部分，要严格限制在10kg以内，由车站按手提行李办理，按照《国际客运运价规程》核收发站至到站包裹运费，给旅客开具国内客运杂费收据；超过10kg以上时，必须提前到车站办理托运手续。

实训项目及案例分析

实训项目　违章使用铁路乘车证的处理方法

【任务4-1】 20××年4月10日，2727次列车（空调普快）沈阳—绥芬河，到达哈尔滨站前验票发现一旅客持借用他人的硬席临时定期乘车证（公YL_b042017）（有效期为4月1日至7月1日，有效区间为沈阳至哈尔滨、齐齐哈尔）要求在哈尔滨下车。列车应如何处理？

处理方法：

借用他人乘车证按无票处理并加收罚款，同时编制客运记录，查扣临时定期乘车证上交铁路局集团公司收入部门。

应收票价：

沈阳—哈尔滨　549km

新空硬座客快票价:66.00 元

加收票款:66.00 ×50% =33.00 元

手续费:2.00 元

罚款:乘车区间跨及两个铁路局集团公司,按每日 100km 计算。硬座客快票价 7.50 元。

4 月 1 日至 4 月 10 日共 10 日,票价:7.50 ×10 =75.00 元

合计:66.00 +33.00 +2.00 +75.00 =176.00 元

具体操作:先在站、车无线交互系统中处理,再使用列车移动补票机补收票价并打印凭证,查扣临时定期乘车证。

【任务 4-2】 20 × ×年 4 月 20 日,K7341 次(山海关—沈阳,空调快速)到达大虎山站前发现硬座车厢一旅客持 1 月 15 日至 4 月 15 日硬席临时定期乘车证(公 YL_b042018)。票面记载区间是山海关至沈阳,旅客要求在大虎山下车,列车应如何处理?

处理方法:

使用过期乘车证按无票处理并加收罚款,同时编制客运记录,查扣临时定期乘车证上交铁路局集团公司收入部门。

应收票价:

山海关—大虎山　290km

新空硬座客快速票价:43.50 元

加收票款:43.50 ×50% =22.00 元。

手续费:2.00 元。

罚款:乘车区间在沈阳铁路局集团公司管内,按每日乘车 50km 计算。硬座客快票价 4.00 元。

4 月 16 日至 4 月 20 日共 5 日,票价:4.00 ×5 =20.00 元。(低于 50 元,应按 50 元核收)。

合计:43.50 +22.00 +2.00 +50.00 =117.50 元

具体操作:先在站、车无线交互系统中处理,再使用列车移动补票机补收票价并打印凭证,查扣临时定期乘车证。

【任务 4-3】 20 × ×年 4 月 2 日,侯马站组织 1163 次(北京—韩城,空调普快)列车旅客出站,一旅客持榆次至介休 20 × ×年度通勤乘车证。侯马站如何处理?

处理方法:

超越区段按无票处理并加收罚款,同时编制客运记录,查扣通勤乘车证上报铁路局集团公司收入部门。

应收票价:

榆次—侯马　307km

新空硬座客快票价:40.50 元

加收 50% 应补票款:20.50 元

手续费:2.00 元。

罚款:榆次、介休的乘车区间在一个铁路局集团公司以内的,按每日乘车 50km 计算。硬座客快票价 4.00 元。

20 × ×年 1 月 1 日至 4 月 2 日共 92 日,票价:92 ×4.00 =368.00 元

合计:40.50 +20.50 +2.00 +368.00 =431.00 元

具体操作:先在站、车无线交互系统中处理,再使用列车移动补票机中补收票价后打印凭证,查扣通勤乘车证。

知识拓展

春运和暑期运输组织

（一）春运和暑运期间客流的变化特点

春节是我国传统文化中最重要的节日，学生和其他探亲客流等是春运的主要对象。暑运以运送学生和旅游客流为主，具有客流大、流向集中、时间性强的特点。概括起来，春运、暑运期间客流的变化特点如下：

（1）客流结构不均衡。与管内客流相比，直通客流增长幅度较大。

（2）客流地区分布和流向不均衡。春运期间的客流地区分布和流向受我国经济政策和经济发展状况及文化的影响较大。目前，春运期间客流集散量较大的是我国中南部地区，并集中于一些主要干线。

（3）客流在时间上不均衡。春运的客流，集中在节前探亲和节后学生返校、其他旅客返回工作岗位的一段时间。暑运的客流则集中在学生暑假开始及临近结束的两个时间点，以学生客流和旅游客流为主，具有客流大、流向集中、时间性强的特点。

由于客流的地区分布和时间分布不均衡，往往客流在一定时期的增加是单方向的。

（二）春运、暑期运输组织方式

1. 根据客流变化及其特点，合理配置运力

要扩大列车编组，图定客车按规定满轴运行，该加挂回转车的必须加挂。客运量大的始发站或中转站要备车底。增加运输组织弹性，确保客流没有大的积压，并做到有流开车、无流停运。

2. 组织旅客均衡输送，严格控制列车超员率

由于春运、暑期客流的增加往往是单方向的，因此必须组织均衡运输，严格执行旅客计划运输的有关规定。各车站、列车要密切配合，坚持验票进站、上车，严格控制列车超员率。列车严重超员时，列车长必须及时拍发电报，并注明超售客票的车站。对造成列车严重超员的车站、列车，要通报批评，对酿成严重后果的，要追究其单位领导责任。

3. 改进售票方式，加强客运组织

按照强化市场营销的要求，解决旅客买票难的问题。增设售票网点，增加售票窗口，扩大发售往返票。同时做好学生流的调查，优先保证学生购票、候车、上车和行包托运。对乘车有计划的进城务工人员团体，铁路要优先安排运送。进城务工人员客流量大、方向集中的地区，可组织开行进城务工人员直达临时快车，发售客票不得超过本次列车终到站。

4. 加强调度指挥

（1）各级客运调度要认真掌握客流变化，及时组织开行临客。跨三个铁路局集团公司及以上的临客和直达临客的开行日期，一律由国铁集团客调命令公布。跨两个铁路局集团公司临客的开行日期由两个铁路局集团公司商定后报国铁集团，以国铁集团客调命令下达。

春运、暑运临客图内的直通临客的开行应提早 5 ~ 7 天向国铁集团客调请令，图外的应提早 3 天向国铁集团客调请令。

在执行春运、暑运临客运行图前后，如因客流大量积压确需提早或延长开行日期的直通

临客,须报国铁集团审批后,由国铁集团客调下达命令执行,直通临客仍按春运时刻运行。

加开图外直通临客由国铁集团客调组织有关铁路局集团公司定点并下达命令。开行临客所影响的货物列车由调度日班计划定点,按正点统计,分界口货物列车停运事宜由国铁集团行车调度命令布置,提前或延期开行的直通临客与施工有抵触时各铁路局集团公司要尽早做出妥善安排。

(2)春运、暑运期间,车底套用及临客车底交路较紧,各级调度部门(简称调度)要严格按列车等级组织会让,提高列车正点运行水平。暑运期间,若受水害等因素影响线路中断行车时,要及时向客运主管部门请示、汇报,处理好列车的停运、途中保留、折返或迂回事宜,尽快恢复列车运行秩序。

(3)春节假日期间客车停运较多,要及时加开货车,抢运货物,具体车次、时刻由调度日班计划确定。

(4)各级调度要经济合理地使用机车,协调掌握好跨铁路局集团公司机车运用,确保机车供应。

(三)临客运行组织

各铁路局集团公司应于春运前4个月、暑运前3个月,组织调查春运、暑运客流预测流量、流向,分析客流变化情况并于春运前3个月、暑运前2个月将春运、暑运客运量预测和直通临客开行方案报国铁集团。

春运、暑运临客开行方案应根据客流需要与线路通过能力情况确定。直通临客和影响能力的管内临客开行方案由国铁集团确定,其他管内临客开行方案由各铁路局集团公司确定。

春运、暑运前一个半至两个月,国铁集团组织有关铁路局集团公司编制春运、暑运临客列车运行图,落实国铁集团直通临客运行方案。在铺画临客运行线时,基本图定客车运行时刻原则上不得变动,严格遵守列车运行图规定的各项技术标准,尽量提高临客速度。各铁路局集团公司于春运、暑运前15天将临客时刻表报国铁集团。

开行直通临客时,各铁路局集团公司间分界口的停运货物列车原则上单线区段按1∶1停运,双线区段按1∶1或1∶2停运,铁路局集团公司间分界口停运货车对数由国铁集团确定。

直通临时快车编组,应比照图定直快列车编组辆数。管内临客列车编组由各铁路局集团公司确定。

(四)机车和车辆运用

春运、暑运期间增开临客,应尽量使用客运或停运货车的内燃、电力机车担当,并贯彻先跨铁路局集团公司客车后管内客车的机车担当原则,在暑运临客运行图中加以安排;严格掌握机车乘务员一次连续工作时间标准,采取相应措施防止图上和实际执行中出现“超劳”。

各铁路局集团公司应在春运、暑运开始前组织力量,对运用机车进行技术状态检查,针对存在问题,安排计划,认真整修,确保投入春运、暑运的机车质量良好。

使用货运机车担当临客牵引任务,原则上按货运机车交路接运,并应提前确定临客区间运行时分等技术标准。增开图外直通临客时,原则上按货运机车交路接运,在日班计划中布置。

春运、暑运临客的牵引定数按现行运行图有关规定办理。

在车辆运用方面,要压缩检修车,增加运用车。对进行厂、段修竣的客车,要做好回送的组织工作,及时派人接车投入运用。

车辆段应在暑运开始前,做好常用配件及易损配件的储备工作,保证春运、暑运客车整备的需要。对临客车底要提前编组整备,由车辆段逐辆进行验收。

凡由列车超员,造成车辆弹簧压死或走行部零件与车体发生顶抗、磨碰以及车钩钩差过限等危及行车安全时,列车长要会同车站及时采取疏散措施,消除后方准继续运行,以保证行车安全。

复习思考题

1. 铁路乘车证有哪几种?
2. 持用铁路乘车证的规定有哪些?
3. 什么是违章使用铁路乘车证?站车发现违章使用铁路乘车证时应如何处理?
4. 客车车递路用品的范围有哪些?
5. 免费运输路用品的范围有哪些?
6. 铁路军事旅客运输的意义和特点是什么?
7. 铁路军事旅客运输分为哪些等级?
8. 新老兵运输主要有哪几种?
9. 目前参加国际铁路联运并采用《国际客价》的国家有哪些?
10. 我国铁路的旅客联运站及国境站有哪些?
11. 国际铁路联运乘车票据有哪些?
12. 国际联运票据的有效期如何确定?

实践训练

1. 熟练掌握各种情况下违章使用铁路乘车证的处理方法。
2. 练习利用《国际旅客联运协定》《国际客运运价规程》查找运价里程及票价。

项目5 运输事故的处理

★ 知识重点

1. 线路中断后对旅客、行包的安排。
2. 旅客人身伤害事故的处理。

★ 项目任务

1. 铁路电报的填写方法。
2. 线路中断后对旅客及行包的处理方法。
3. 旅客突发急病、死亡的应急处理方法。
4. 旅客发生人身伤害事故的处理方法。

★ 项目准备

1. 参考资料:《铁路旅客运输规程》《铁路客运运价规则》《铁路旅客运输办理细则》《铁路旅客运输管理规则》《铁路客运运价里程表》《旅客票价表》、全国铁路客运运价里程接算站示意图(见本书配套课件)、全国铁路局集团公司管辖线路示意图、《客运规章汇编》。

2. 所需票据、报表:软纸票、代用票、铁路旅客人身伤害事故赔偿要求书、铁路旅客人身伤害事故最终处理协议书、铁路旅客人身伤害赔付通知书、客运记录、铁路电报。

3. 所需设备:干粉灭火器、二氧化碳灭火器、计算器(算盘)、剪刀。

理论知识

单元5.1 铁路电报

铁路电报是铁路部门之间处理铁路紧急公务的通信工具,也是铁路办理紧急事务所使用的一种公文表现形式。目前铁路列车电报大部分通过电子形式拍发。列车拍发纸质电报时一般需要用铁路客运站、车交接的方式交由电报所的车站代为拍发,列车不能直接拍发纸质电报。

铁路电报填写方法

一、铁路电报的等级

铁路电报的等级按电报的性质和急缓程度分为以下6种。

(1)特急电报(T)。指非常紧急的命令、指示,处理重大事故、大事故、人身伤亡事故、重大灾害及敌情的电报。

(2)急报(J)。指国铁集团、铁路局集团公司及其他国铁下属公司的紧急命令、指示,时间紧迫的会议通知、列车改点、变更到站和收货人、车辆甩挂、超限货物运行及行车设备施工、停用、开通、限速的电报、国际公务电报及其他时间紧迫的电报。

(3)限时电报(X)。指限定时间到达的电报。根据需要与可能,由用户与电报所商定,在附注栏内填记送交收电单位的时间,如限时10:30,应写"XS10:30"。

(4)列车电报(L)。指处理列车业务,必须在列车到达以前或在列车到达当时送交用户的电报。

(5)银行汇款电报(K)。指银行办理铁路汇款业务,按急报处理的电报。

(6)普通电报(P)。指上述5类以外的电报。

二、拍发铁路电报注意事项

(1)拍发电报必须使用铁路电报纸,要注明发报地点、日期并加盖规定名章。也可以在指定的系统使用终端设备上拍发,如目前使用的客运管理信息系统终端设备。

(2)编拟电报稿应使用规定的文字、符号、记号(即汉字及标点符号,汉语拼音字母,阿拉伯数字,规定有电报符号的记号和能用标准电码本译成四码的记号和字母),编拟时电文通顺,文字力求简练,标点符号完整,字体清晰、工整(不潦草,不造字,无错别字),并在原稿上填写拟稿人姓名和电话号码。

(3)电报稿左上角应有主送单位、抄送单位,右下角应有发报单位本部门电报编号、日期,并应加盖公章、名章或签字。

(4)列车拍发电报一般交有电报所的车站代发。

(5)拍发电报应盖章、签字留存。

(6)电报稿的主送单位、抄送单位要正确。

主送单位是指具体受理、承办本事件的单位,无论单位大小,都要列入主送单位。

抄送单位是指需要其督办、协办或需要其仲裁、备案的单位,一般都是主送单位和发报人(单位)的上级机关或主管业务部门。其顺序按上、下级或与该事件关系主次依次排列,发报人隶属单位排在最后。一般情况下抄送外铁路局集团公司机关或有关业务主管部门,也应同时抄报本铁路局集团公司的同级机关和相应的业务主管部门。

三、铁路电报的拍发范围

(一)列车拍发铁路电报范围

旅客列车遇有下述情况时,列车长应拍发电报:

(1)列车超员,通知有关部门和前方停车站采取控制客流措施时。

(2)列车运行中因发生意外伤害,招致旅客重伤或死亡,应立即向有关铁路局集团公司、车务段(中心站)拍发事故速报时。

(3)遇有特殊情况,列车途中发生餐料不足,通知前方客运段补充餐料时。

(4)列车内发生运输收入现金、客票票据丢失、被盗和短少等事故,向铁路局集团公司收入部门和公安部门报案,通知有关单位协助查扣时。

(5)列车发生爆炸、火灾等突发事件或遇其他紧急情况,须迅速报告上级部门处理时。

(6)列车上发生旅客食物中毒,向所属铁路局集团公司或前方铁路疾控所报告时。

(7)餐车电冰箱发生故障,通知前方客运段或车站协助加冰时。

(8)列车在中途站因车辆发生故障甩车或空调车发生故障不能修复,通知前方各停车站并汇报有关上级部门时。

(9)列车广播设备中途发生故障,通知前方广播工区派员前来处理时。

(10)专运等列车在中途站临时需要补充物料,通知前方客运段补充时。

(11)列车需要临时吸污处理时。

(12)列车行包满载,通知前方有关停车营业站停止装运行包时。

(13)列车发生或发现重大行包事故后,应立即向国铁集团和有关铁路局集团公司拍发事故速报时。

(14)站、车之间办理行李、包裹交接时,接受方未按规定签收,但双方对装卸的件数、包装等情况产生异议,向当事站拍发电报声明时。

(15)遇其他紧急情况,需要迅速报告时。

(二)车站拍发铁路电报范围

(1)发站发现少收票款时。

(2)到站发现少收票款时。

(3)线路中断,列车停止运行后,向上级汇报时。

(4)因发生意外伤害,招致旅客重伤或死亡时。

(5)发生票货分离、票货不符,需查找下落时。

(6)发生票货分离、顶件运输,需声明纠正时。

(7)行李、包裹装运后,托运人要求变更到站时。

(8)行李、包裹装运后,托运人要求运回发站取消托运时。

(9)中途站发现行李、包裹中有禁限物品和危险品时。

(10)到站发现伪报一般货物品名时。

(11)到站发现重量不符,补收运费差额后,发电报通知发站和主管铁路局集团公司收入部门时。

(12)到站发现重量不符,退还运费差额后,发电报通知发站和主管铁路局集团公司收入部门时。

(13)站、车对装卸的行李、包裹,因故未办理交接手续时。

(14)到站查询逾期未到的行李、包裹时。

(15)车站对查询逾期行李、包裹电报的复电。

(16)其他需要拍发的电报事项。

单元5.2 线路中断的处理

一、旅客安全运输

旅客运输安全工作就是要保证旅客在车站和运输途中不发生人身伤害事故和财产损

失,保证员工的自身安全。

1. 旅客安全运输的意义

旅行安全是旅客选择出行方式首先考虑的因素。确保旅客运输安全是树立好企业形象,提高企业在运输市场中竞争力的最有力的措施。

安全生产是我国的一项基本国策。它是保护劳动者安全健康和发展生产力的一项重要工作,是保证企业持续、稳定、协调发展和安定团结的基本条件,是企业文明生产的重要标志。

企业实现安全生产,不论对自身的经济效益还是对国家的经济发展、社会稳定都将产生积极的作用。铁路运输安全尤为重要,铁路运输生产中的每个岗位,每个工作人员,每个生产环节都与整个运输安全生产紧密相连、息息相关。一次失职、一个失误、一个不经意的疏忽,就会导致安全事故,打乱铁路运输秩序,使一条线、一大片运输中断,无论在政治上,还是在经济上,都会给国家和人民生命财产造成巨大损失,也会给职工本人健康及家庭带来不幸。铁路一起重大事故、大事故造成的经济损失可达数万元至上千万元,有的还有人员伤亡,对企业、对社会都会产生不利影响。可以说,事故是最大的浪费,安全是最大的节约。

铁路运输安全"责任重于泰山"。没有安全,就没有一切。铁路运输安全是搞好客运服务工作和获得经济效益的重要前提。铁路企业要求每一个铁路职工绝对服从生产指挥,具备安全意识,严格执行铁路规章制度和铁的纪律,遵守作业纪律、劳动纪律,做到标准化作业,确保旅客和货物运输安全。

铁路旅客运输作业是按照列车运行图要求的时间进行,要求做到分秒不差,准时运行,除了组织好旅客上下车,保证准时发车外,铁路列车客运人员还必须保证铁路旅客运输过程中的绝对安全,防止造成列车火灾、爆炸事故。这不仅是铁路工作和规章制度的要求,而且是党和国家、社会对铁路企业的要求,也是铁路赢得交通运输市场份额的需要和保护职工自身利益的需要。

没有安全,就没有铁路的一切。安全是实现铁路经济效益和社会效益的最重要的关键因素。安全运输是铁路企业的生命线。因此,做好旅客运输安全工作有着十分重要的现实意义。

2. 旅客安全运输的措施

(1)维护好站、车秩序。客运工作人员必须经常向旅客宣传铁路安全旅行常识,认真执行岗位责任制。车站要有秩序地组织旅客进出站、上下车,随时清理站内闲杂人员,严禁旅客钻车和横跨股道。除指定在车站作业的小型机动车辆(限速10km/h)外,其他车辆严禁进入站内。列车乘务员要加强车门管理,严禁旅客从背面下车,认真执行"停开、动关、出站加锁、四门瞭望"等安全制度。

(2)车站建筑物和站、车一切为旅客服务的设备,应经常保持良好状态。夜间应有良好的照明,对于消防设施,必须定期检查,发现问题应尽快解决。

(3)站、车应加强禁带危险品的宣传,铁路公安人员和客运人员要密切配合,共同做好检查危险品工作。对查出的危险品,在车站应由旅客自行处理,在列车上交最近前方停车站处理。列车长应编制客运记录一式三份(一份交车站,一份交旅客,一份列车存查)。列车收缴的危险品除易燃、易爆品及放射性物品交公安机关处理外,其他物品交有关部门收购,所得款寄交旅客。

(4)车站发现无人护送的精神病患者,应严禁乘车;对有人护送的,应通知列车长注意,协助护送人员以防发生意外。

3. 高速铁路客运安全的基本要求

(1)时速300km及以上的客运专线动车组旅客列车和时速200~250km的直通动车组列车不得超员;铁路局集团公司管内时速200~250km的动车组列车一等座不得超员,二等座最高超员率为15%。

(2)动车组应当接入固定站台并停于固定位置。站车有关工种应当紧密配合,组织旅客按照车厢号在标明车门位置处排队等候,有序乘降。

(3)当站台邻靠正线,一侧有动车组通过时,站台另一侧应当停止组织旅客乘降或设防护栏进行防护。当一个站台两侧同时有动车组邻站台通过且设有防护措施时,除有人身安全防护措施的车站工作人员外,站台上不得再有候车旅客、其他工作人员和可移动物品。

(4)有动车组停靠或通过的车站,应当对跨线候车室窗户或天桥进行封闭管理并有"禁止抛物"等相应的安全提示。没有立体跨线设备的车站,平过道应当有专人管理。旅客或作业车辆需通过平过道时,应当有人引导。

(5)列车注水口处设有加锁式挡板门的动车组,上水人员在给列车注水结束后,应当锁闭挡板门并进行再确认。

(6)列车乘务人员在列车运行中应当注意对列车安全设备的管理,制止搬动、触碰安全设备等不安全行为。

(7)列车各部位均不得吸烟。列车乘务员发现吸烟旅客应予以制止。

(8)车站、动车段(所)对进站、段(所)的餐饮、保洁人员和车辆进行安全管理。餐饮、保洁人员出、退乘和进出上述场所时,应当着统一服装、列队、佩戴工牌。车站和动车段(所)制发出入证件时,只能收取工本费。

二、线路中断应急处理

线路中断的处理

(一)发生线路中断的原因

(1)自然灾害,如水灾、雪害、冰雹、地震、泥石流等。

(2)旅客责任,如携带危险品、吸烟者乱扔烟头所引起的燃烧、爆炸等。

(3)铁路过失,如设备陈旧、失修,职工素质低、基础工作薄弱、劳动纪律松弛、列车严重超员等所引起的意外事故。

(4)其他原因,如坏人破坏、战争等。

(二)线路中断后对旅客的安排

线路中断,列车不能继续运行时,应妥善安排被阻旅客。车站应将停办营业和恢复营业的信息及时向旅客公告。

(1)运行中断,旅客可以按照铁路运输企业的安排返回发站、中途站退票或绕道旅行。

(2)铁路运输企业组织原列车绕道运输时,旅客原票不补不退,但中途下车铁路旅客运输合同即履行终止。

(3)在发站或由中途站返回发站停止旅行时,退还全部票价,但手续费、加收部分的票款、携带品超过规定范围补收的费用以及已使用至到站的车票票价不退。

(4)在停止旅行站或返回中途站退票时，退还已收票价与发站至停止旅行站间票价的差额，发站至停止旅行站不足起码里程按起码里程计算(铁路责任退全部票价)。

(5)由于运行中断影响旅行，旅客要求出具证明时，车站应开具文字证明。

(三)线路中断后对行李、包裹的安排

线路中断后对已承运的行李、包裹按下列规定办理：

(1)对发站已承运的行李、包裹应妥善保管，铁路运输企业组织绕道运输时，运费不补不退。

(2)在中途站（行李、包裹办理站）要求领取时，应退还未运送部分的运费。不足起码运费按起码运费退还。对要求运回发站取消托运的，退还全部运费。

(3)旅客在发站或中途站办理退票，而托运的行李已运至到站，要求将行李运回发站或中途站，行李运费不补不退。如要求将行李仍运至到站时，需另行支付全程或终止旅行站至到站两倍行李运费。

(4)旅客在发站或中途站停止旅行，要求仍将行李运至原到站，补收全程或终止旅行站至到站的行李和包裹的运费差价。

(5)包裹在中途被阻，托运人要求变更到站，补收或退还已收运费与发站至新到站的运费差额，补收变更手续费，不足起码里程按起码里程计算。在“客杂”或“退款证明书”记事栏注明“因××线路中断，变更到站”。

(6)鲜活包裹在运输途中被阻，要求返回发站或变更到站按上述有关规定处理。要求承运人在中途处理时，退还已收运费与发站至处理站间(不足起码里程按起码里程计算)的运费差额和物品处理所得款。

(7)线路中断后承运包裹，经铁路局集团公司批准，按实际径路计算运费。

单元5.3 客运突发事件的处理

一、旅客发生急病、死亡的处理

(一)旅客发生急病的处理

(1)持有车票的旅客在车站候车期间发生急病，车站应立即送至医院急救。如为传染病患者，应送传染病医院(有同行人的由同行人处理，车站协助)，送往医院急救的同时尽快确认旅客身份，并及时通知家属或单位。

(2)旅客在列车上发生急病时，列车长通过广播找医生，确定病情和诊治，列车没有医生时，询问同行人或周围旅客症状，需要下车治疗时，应编制客运记录，送交市、县所在地的车站或较大车站，转送医院或传染病医院治疗。

列车疾病处理

车站接到调度的通知及时通知医院安排救护车到站接病人，指派专人到站前引导救护车进站，到指定车厢位置并做好接车准备。

(二)旅客死亡的处理

(1)持有车票的旅客在车站候车期间死亡时，车站站长应会同公安部门、卫生部门共同检验,并按规定处理,确认死者身份,公安照相备案,必要时还应做尸检。如为因传染病死亡的,应根据卫生部门的指示办理,及时通知防疫部门,并根据卫生部门的要求对旅客停留的地方进行消毒处理,接触过的工作人员穿过的衣物也应进行消毒或处理。车站应通知其家属或工作单位前来认领。

(2)旅客在列车上死亡时,列车长应编制客运记录,会同铁路公安人员将尸体和死者遗物交给市、县所在地的车站或较大的车站,接收站按照在车站死亡时办理。

(3)对死者的遗物妥善保管,列好清单一式两份(检查死者遗物必须有公安人员在场),待死者家属或工作单位前来认领时一并交还。旅客死后处理所产生的费用,没有同行人时先由铁路部门垫付,事后向其家属或工作单位索还。

(三)无票人员发生急病或死亡的处理

(1)无票人员在站台或列车上发生急病或死亡时,由铁路部门负责处理(确认身份,通知家人或工作单位处理)。

(2)无票人员在候车室、广场等地发生急病或死亡时,由车站通知地方有关部门处理。

(3)外籍无票旅客死亡时,由公安机关通知外事部门处理。

二、旅客人身伤害事故的处理

(一)定义

凡持有效车票的旅客,经检票口进站验票时开始,至到达目的地出站时止(中转和中途下车的旅客自出站至进站期间除外),由于遭受到外来、剧烈及明显的意外伤害事故以及承运人的过错,旅客人身受到伤害以致死亡、残废或丧失身体机能者,均属旅客人身伤害事故。

旅客人身伤害事故的处理

货运的押运人按旅客办理。

(二)旅客人身伤害事故的种类及等级

1. 种类

旅客人身伤害按程度分为以下3种:

(1)轻伤:伤害程度不及重伤者。

(2)重伤:肢体残废、容貌毁损,视觉、听觉丧失及器官功能丧失。具体参照司法部颁发的《人体重伤鉴定标准》。

(3)死亡。

2. 等级

旅客人身伤害事故分为以下6等:

(1)轻伤事故:指只有轻伤、没有重伤和死亡的事故。

(2)重伤事故:指有重伤、没有死亡的事故。

(3)一般伤亡事故:指一次造成死亡1~2人的事故。

(4)重大伤亡事故:指一次死亡3~9人的事故。

(5)特大伤亡事故:指一次死亡10~29人的事故。

(6)特别重大伤亡事故:指一次死亡30人以上的事故。

（三）旅客人身伤害事故的现场处理

1. 处理程序

（1）查看旅客受伤程度，及时采取抢救措施。在站内或旅客列车上发生旅客人身伤害时，列车长或车站客运主任（三等以下车站为站长，以下同）、客运值班员应当会同铁路公安人员查看旅客受伤程度，及时采取抢救措施，稳定人员情绪，维护现场秩序。

列车上无乘警，列车长认为必要时，应及时向前方停车站铁路公安部门通报，并做好前期调查取证工作。

（2）及时勘验事故现场。发生旅客人身伤害事故时，列车长、车站客运主任应当会同铁路公安部门及时勘验事故现场，妥善保管旅客的财物，检查旅客所持车票的票种、票号、发到站、车次、有效期情况等。

（3）收集证实材料。旅客人身伤害事故发生后，为了给以后的事故调查处理提供更有利的证据，要求必须收集不少于两份同行人或见证人的证言和有关证据并保护好证据材料。

收集证人证言时，应当记录证人姓名、性别、年龄、地址、联系方式、身份证号码等内容。证言、证据应当准确、真实，并能够证明事故发生的过程和原因。

（4）编制客运记录。列车需将受伤旅客交车站处理时，编制客运记录一式两份（一份存查，一份办理站、车交接），连同车票、旅客随身携品清单、证据材料一起移交。

向车站办理移交手续时，应当将受伤旅客移交三等以上有医疗条件的停车站处理（在区间停车处理时为就近车站），并及时报告运行所在铁路局集团公司客调，由客调通知车站做好救护准备工作。车站对本站发生、发现或列车移交的受伤旅客应当及时联系当地医疗急救机构或送就近医院抢救。

（5）拍发事故速报。车站、列车发生旅客人身伤害事故时，应当立即向上级主管部门及有关铁路局集团公司主管部门拍发事故速报；条件允许时，应当先用电话报告事故概况。发生重大及以上伤亡事故时，应当逐级向上级主管部门报告。事故速报内容包括：

①事故种类；

②发生日期、时间、车次；

③发生地点、车站、区间里程；

④伤亡旅客姓名、性别、国籍、民族、年龄、职业、单位、住址、身份证号码，车票种类、发到站、票号；

⑤事故及伤亡简况。

旅客人身伤害事故处理程序如图5-1所示。

2. 处理办法

（1）列车上发生旅客人身伤害（包括区间坠车停车处理）时，受伤旅客经抢救后尚能继续旅行时，可移交旅客到站治疗。伤势严重不能继续旅行时，应移交三等及以上具有必要医疗条件的车站进行抢救。

移交车站前，旅客有特殊要求的，可按其要求交有医疗条件的停车站，并在客运记录中要求旅客写明“我自愿在×××车站下车治疗”等字样并签名。

因伤情严重需紧急停车处理的，应立即报告客调或通过司机报告列车调度员。接到报告后,客调或列车调度员应当立即处置。

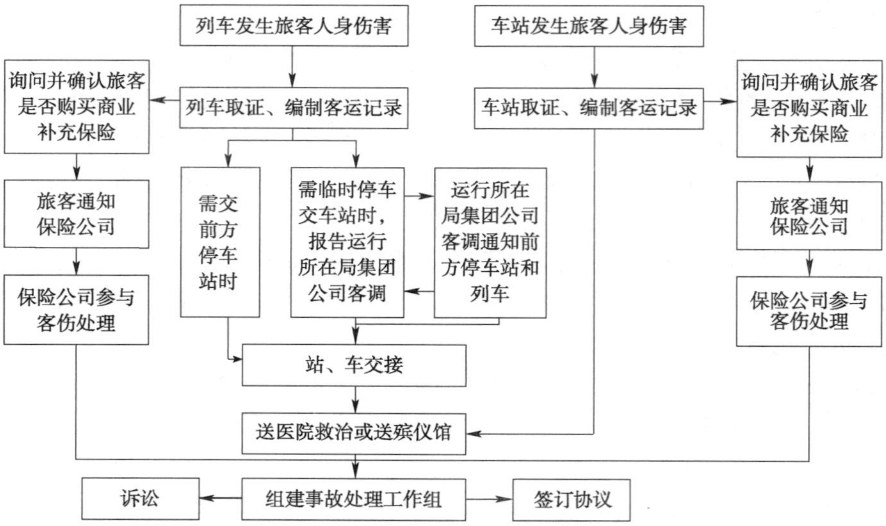

图5-1　旅客人身伤害事故处理程序

需缴纳押金或者垫付医疗费用时,应当根据对事故责任的初步判断,由责任人垫付医疗费用,不能区分责任或责任人不明、无力承担的,车站可用站进款垫付。

动用站进款时,填写或补填“运输进款动支凭证”(财收－29),5天内由核算站或车务段财务拨款归还。

受伤旅客住院期间的生活费由旅客自理。旅客或其家属确有困难的,经事故处理站站长或车务段长批准,可用站进款垫付。

(2)在列车内经抢救无效死亡时,应搜集好旁证、物证,并将尸体、车票、财物等移交三等及以上的车站处理。对列车移交或站内、区间发现的旅客尸体,经公安机关或医疗部门确认死亡后,车站应转送殡仪馆存放;并尽快通知其家属。尸体存放原则上不超过10天。

死者身份、地址不清,或者死亡原因为伤害致死需立案侦查的,可根据公安机关的意见处理死者尸体;必要时,应对尸体做法医鉴定。对死者的车票、衣物、随身携带物品等应当妥善保管,并于办理赔偿时一并转交其继承人;死者身份不明或者家属拒绝到车站处理的,按无法交付的物品处理。

(3)发现旅客在区间坠车时,应当立即停车处理。在不具备停车条件或延迟发现时,列车长应当通过运转车长、检车乘务员或司机通知临近车站及铁路公安部门派人寻找,并及时向事故发生地和列车担当铁路局集团公司主管部门报告。在区间坠车造成死亡时,应通知就近车站处理。列车长将客运记录、旁证、物证、车票、遗物等在前方停车站交下,转送处理站。

(4)列车向车站移交受伤旅客时,车站不得拒绝接收。因特殊情况来不及编制客运记录的,列车长必须指派专人下车与车站办理交接(动车组列车除外),并必须在三日以内向事故处理站补交有关材料。

旅客人身伤害事故为斗殴等治安或刑事案件所致的,列车乘警应在客运记录上签字,由铁路公安部门处理。需将受伤旅客移交车站救治时,乘警应将第三人同时交车站处理。受伤人员治疗费用由当事人支付。当事人确无支付能力的,车站可先行垫付。

(5)发生旅客人身伤害事故后,应当封锁事故现场,禁止与救援、调查无关的人员进入。发生旅客伤亡人数较多的事故车站、列车认为必要时,应请求地方政府协助组织抢救。

(6)当次列车因故未能将受伤旅客及有关材料及时移交,旅客在法定时限内向铁路运输企业索赔且能够证明伤害是在运输过程中发生的;事故发生列车应本着方便旅客的原则,移交旅客就医所在地车站或旅客发、到站处理,被移交站应当受理。

(四)旅客人身伤害事故责任划分

铁路旅客人身伤害事故责任分为旅客自身责任、铁路运输企业责任、第三人责任及其他责任。

1. 旅客自身责任

旅客违反铁路安全规定,不听从铁路工作人员引导、劝阻等违法违章行为或其他自身原因造成的伤害,属于旅客自身责任。

2. 铁路运输企业责任

由于铁路运输企业人员的职务行为和设施设备的原因给旅客造成的伤害,属于铁路运输企业责任。

铁路运输企业责任分为客运部门责任和行车等其他部门责任。客运部门责任分为车站责任和列车责任。

(1)有下列情形之一的,属于车站责任:

①旅客持票进站或下车后在检票口以内因组织不当造成伤害的;

②缺乏引导标志或有关引导标志不准确而误导旅客发生伤害的;

③车站设施、设备不良造成旅客伤害的;

④车站销售的食物造成旅客食物中毒的;

⑤因误售、误检不停车造成旅客跳车的;

⑥在规定停止检票后继续检票放行或检票放行时间不足,致使旅客抢上列车造成伤害的;

⑦因违章操作、管理不善造成火灾、爆炸、发生旅客伤害的;

⑧事故处理工作组有理由认为属于车站责任的。

(2)有下列情形之一的,属于列车责任:

①由于车门未锁造成旅客跳车、坠车或站内背门下车造成旅客伤害的;

②因列车工作人员的过失,致使旅客在不办理乘降的车站(包括区间停车)下车造成人身伤害的;

③由于组织不力,旅客下车挤、摔造成伤害的;

④车站误售、误检车票,列车未能妥善处理造成旅客跳车伤害的;

⑤因列车报错站名致使旅客误下车造成伤害的;

⑥因列车工作人员的过失造成旅客挤伤、烫伤的;

⑦因餐车、售货销售的食物造成旅客食物中毒的;

⑧因违章操作、管理不善造成火灾、爆炸,发生旅客伤害的;

⑨因列车设备不良造成旅客人身伤害的;

⑩事故处理工作组有理由认为属于列车责任的。

(3)车辆部门责任:

①由于车辆技术状态或设备不良(如煤箱盖、天棚盖、门窗锁失效等),造成旅客伤亡的;

②因电气设备不良、取暖锅炉故障等原因,发生火灾,造成旅客伤亡的。

(4)房产部门责任:

为旅客服务的房舍、天桥、地道、风雨棚、厕所、门窗等属于房产部门的建筑设备,因技术状态不良,造成旅客伤亡的。

(5)车务部门责任:

①旅客尚未乘降完毕,运转值班员或运转车长显示发车信号开车,造成旅客伤亡的。错办误办接车进路(闭塞)、调车冲突,造成旅客伤亡的。

②当货物列车在站内停在候车与停站旅客列车之间妨碍旅客通行时,由于没将货物列车拉开道口,而发生旅客钻爬车底,造成旅客伤亡的。

(6)机务部门责任:

①列车到站停车后,司机又擅自移动列车,造成旅客伤亡的。

②由于机车冒进信号造成列车冲突,造成旅客伤害的。

③列车运行时由于使用紧急制动不当发生紧急停车,造成旅客伤亡事故的。

(7)工务部门责任(略)。

(8)其他部门责任(略)。

3. 第三人责任

由于旅客和铁路运输企业合同双方以外的人给旅客造成的伤害,属第三人责任。

4. 其他责任

非上述三种责任造成的伤害,属于其他责任。

(五)旅客人身伤害事故的调查处理

1. 事故处理委员会的组成

发生旅客人身伤害事故时,应当成立事故处理工作组。较大以下伤亡事故由事故发生地所在铁路局集团公司组织成立事故处理工作组,但对旅客同意现场调解的轻伤事故,车站可会同执勤公安人员、事故发生单位共同处理;重大伤亡事故由国铁集团组织成立事故处理工作组;特别重大伤亡事故由国务院或者国务院授权的部门组织成立事故处理工作组。

事故处理工作组组长一般情况下由事故处理站(车务段)的站长(段长)担任;发生重大伤亡事故时,组长由事故发生地所在铁路局集团公司任命。事故处理工作组由以下单位和人员组成:

(1)事故处理站(车务段)或其上级主管部门。

(2)事故责任单位或发生单位及其上级主管部门。

(3)事故处理站公安派出所。

(4)与事故处理有关的单位或人员。

2. 事故处理工作组组长负责的主要工作

(1)办理受伤旅客就医事宜。

(2)收集事故有关资料,建立案卷。事故案卷中应有:客运记录、证人证言、车票、医院证明、现场照片或图示、寻人启事、公安部门现场勘验笔录、鉴定结论和处理尸体意见等。

(3)查实伤亡旅客身份,通知伤亡旅客家属或发寻人启事。

(4)召开事故分析会,分析事故原因,确定责任单位。

(5)处理死亡旅客尸体。

(6)与旅客或其继承人、代理人协商办理赔付。

(7)其他与事故处理有关的事宜。

3. 事故调查分析会的召开

事故发生后,应当及时召开事故调查分析会。铁路局集团公司应派员参加重大伤亡事故调查分析会;铁路局集团公司应派员参加特大、特别重大事故调查分析会。

4. 明确处理费用

在铁路运送期间旅客发生急病、分娩、遇险时,铁路运输企业应当尽力采取救助措施并做好记录。

铁路运输企业应当对铁路运送期间发生的旅客人身损害承担赔偿责任;旅客自身健康原因造成的或者铁路运输企业证明伤亡是旅客故意、重大过失造成的,铁路运输企业不承担赔偿责任。

在铁路运送期间因第三人原因造成旅客人身损害的,由第三人承担赔偿责任。铁路运输企业有过错的,应当在能够防止或者制止损害的范围内承担相应的补充赔偿责任。铁路运输企业承担补充赔偿责任后,有权向第三人追偿。

旅客受伤治疗后身体部分机能丧失,应当按照机能丧失程度给付部分赔偿金和保险金。旅客身体两处以上受伤并有部分机能丧失的,应当累加给付,但不能超过赔偿金、保险金最高限额。旅客受伤治愈后无机能影响,在赔偿金、保险金最高限额的5%以内酌情给付。旅客死亡按最高限额给付。

如铁路运输企业能够证明旅客人身伤害是由铁路运输企业和旅客的共同过错造成的,应当相应减轻铁路运输企业的赔偿责任。

因处理事故需要发生的其他费用(如看尸、验尸、现场勘验、寻人启事等与事故处理直接有关的支出)一并在事故处理费中列支并在事故处理报告上列明。

因事故产生的保险金、赔偿金、医疗费用、其他费用,有责任单位(铁路运输企业其他部门责任时,转责任单位所属铁路局集团公司)的,由处理事故单位将以上费用转账给责任单位;无责任单位的,转事故发生单位。

事故责任涉及两个以上单位时,其事故处理费用由各责任单位共同分担,分担比例按责任轻重由事故处理工作组确定。

5. 事故赔付程序

对伤亡旅客的赔偿一般应于治疗结束或尸体处理完毕后进行。由旅客或其继承人、代理人(代理人应当出具被代理人的书面授权书)提交“铁路旅客人身伤害事故赔偿要求书”(图5-2),并出具治疗医院的证明,作为事故处理站办理赔偿、确定给付赔偿金数额的依据。

No. ________

主送：　车站 　关于　　年　月　日由于　次列车　旅客　　造成伤害，根据《铁路旅客意外强制伤害保险条例》和《铁路旅客运输损害赔偿规定》，要求铁路企业予以赔偿。 　要求人： 　身份证号码： 　工作单位(家庭居住地)： 　　　　　　　　　　　　　　　　年　月　日

注：本要求书填写一式二份，向铁路运输企业提赔一份，本人留存一份。

图5-2　铁路旅客人身伤害事故赔偿要求书

事故处理工作组接到“铁路旅客人身伤害事故赔偿要求书”后，应当尽快与旅客或其继承人、代理人协商办理赔偿。办理赔偿应当编制“铁路旅客人身伤害事故最终处理协议书”(图5-3)；事故处理各方对协议书所载内容无异议后签字并加盖“事故办理专用章”生效。同时，开具“铁路旅客人身伤害事故赔付通知书”(图5-4)，及时将赔偿金、保险金支付给旅客或其继承人、代理人。

No. ________

一、旅客姓名：　性别：　年龄：　职业：　　单位或住址： 二、发生日期、时间、车次： 三、发生地点、车站、区间： 四、客票种类：　自　　站至　　站票号 五、伤害简要概况： 六、事故经过和责任分析： 七、最终处理意见： 八、协议人签字： 九、上级主管部门意见：　　　　　　　　年　月　日

注：①客票种类指全价、半价和乘车证。

②本协议由处理站(段)填写一式五份(一份报铁路局集团公司主管部门，一份转铁路局集团公司财务部门，其余事故处理单位、发生单位、旅客或家属各一份)。

图5-3　铁路旅客人身伤害事故最终处理协议书

________旅客： 　对　　年　　月　　日所发生事故，依据《铁路旅客意外伤害强制保险条例》和《铁路旅客运输损害赔偿规定》，经事故当事方共同协商同意，赔付旅客保险金人民币　　　元、赔偿金人民币　　元，合计　　元。请您携带此通知，(如继承人、代理人领取时，携带与旅客有关的证明)于30日内到我站领取。 　　　　　　　　　　　　　事故处理站(段)　　(章) 　　　　　　　　　　　　　　　　年　月　日

图5-4　铁路旅客人身伤害赔付通知书

需向事故责任或发生单位转账时，由铁路局集团公司财务部门开具转账“通知书”，连同

“铁路旅客人身伤害事故最终处理协议书”转送事故责任或发生单位。事故责任或发生单位接到转账“通知书”等资料后,应当于10天内将费用转拨事故处理单位;超过10天时,每超过1天,按应付费用的0.5%支付滞纳金。

事故案卷一案一卷,由事故处理站、段保管,案卷保存期为5年。

三、旅客携带品损失的处理

在铁路旅客运送期间发生旅客携带品毁损、灭失时,铁路运输企业过错造成的,应当承担损害赔偿责任。旅客在车站发现携带品损失时,应当在离开车站前向发生站声明;在列车上发现时,应当在下车前声明,由列车长编制客运记录交到站处理。

旅客证明其确已携带进站乘车,且能够确定携带品价格的,按下列规定赔偿:

(1)旅客出具发票(或者其他有效证明)证明购买价格时,以扣除物品合理折旧、损耗后的净值赔偿。

(2)以处理单位所在地物价部门或价格评估机构确定的物品价格予以赔偿。

铁路运输企业对旅客的货币、金银、珠宝、有价证券或者其他贵重物品所发生灭失、损坏不负赔偿责任。

丢失的旅客携带品找到后,铁路运输企业应迅速通知旅客、托运人或收货人领取,撤销一切赔偿手续,收回全部赔款。如旅客不同意领取,按无法交付物品处理。如发现有欺诈行为不肯退回赔款,可通过行政或法律手段追索。

办理旅客自带行李损失赔偿时,由旅客或其继承人、代理人向铁路运输企业提出确认的证据。处理时使用“铁路旅客人身伤害事故最终处理协议书”,由事故处理协商各方签字结案。

单元5.4 行李、包裹运输事故的处理

一、行李、包裹运输事故的种类和等级

(一)行李、包裹运输事故的种类

(1)火灾。

(2)被盗(有被盗痕迹的)。

(3)丢失(全部未到或部分短少,无被盗痕迹的)。

(4)损坏(破损、湿损、变形等)。

(5)误交付。

(6)货票分离,票货不符,误装卸或顶件运输。

(7)其他(污染、腐坏等)。

(二)行李、包裹运输事故的等级

行李、包裹运输事故按其性质和损失程度,分为重大事故、大事故和一般事故三个等级,以及事故苗子。

1. 重大事故

(1)由于承运的行李、包裹发生火灾、爆炸造成人员死亡或重伤达3人的。

(2)物品损失(包括其他直接损失,以下同)价值超过3万元的。

(3)尖端保密物品、放射性物品灭失。

2. 大事故

(1)由于承运的行李、包裹发生火灾、爆炸造成人员重伤的。

(2)物品损失价值超过1万~3万元的。

3. 一般事故

(1)由于承运的行李、包裹发生火灾、爆炸的。

(2)物品损失价值超过200~1万元的。

4. 事故苗子

在运输行李、包裹过程中(自承运时起至交付完毕时止)造成轻微损失及一般办理差错为事故苗子。

事故苗子包括:

(1)损失轻微,其价值不超过200元(含200元)的。

(2)被盗在30天内破案并追回原物,损失轻微的。

(3)票货分离、票货不符、误装卸及时发现纠正,未造成损失的。

(4)误交付及时发现并取回,未造成损失的。

(5)未按规定办理交接手续的。

(6)违反营业办理限制的。

二、行李、包裹运输事故的立案和调查

(一)行李、包裹运输事故的立案

行李、包裹运输发生下列情况之一者,应立案处理:

(1)行李、包裹运输发生火灾、被盗、丢失、损坏、误交付、票货分离、票货不符、误装卸或顶件运输及其他事故时。

(2)行李、包裹超过运到期限10天,鲜活包裹超过运到期限没有运到时。

(3)行李、包裹超过运到期限没有运到或发生票货分离、票货不符、误装卸时,车站向发站拍发电报查询行李、包裹的下落,查询无结果时。

事故立案和调查处理由到站办理。行李、包裹在发站装运前全部灭失、毁损时由发站办理。

事故立案时,车站应会同有关人员编制行李、包裹事故记录(用货运的)一式三份。一份留编制站存查;一份调查用;一份交旅客或货主作为提出赔偿要求的凭证。

行李、包裹事故记录是铁路内部调查分析责任和处理事故的基本资料,是旅客或货主向铁路提出赔偿要求的依据。因此,必须严肃认真、详细填写,如实记载事故现状,不得虚构、假想、臆测,用词必须具体、准确、明了,书写应清楚,如有涂改必须由涂改人在改正处盖章,对事故责任无确切依据时不做结论。编制事故记录时应根据事故性质会同有关人员共同编制,如丢失、被盗事故应由车站负责人、公安人员、有关行李员及装卸人员共同编制。行李、包裹在发站或运输途中,发生行包事故时,有关站、车应编制客运记录一式两份,一份存查,一份随行李、包裹递送到站,作为站、车交接的凭证和到站编制事故记录的依据。如在运输

途中全部丢失、被盗、毁损时，应将客运记录和运送票据车递挂号寄送到站。

（二）行李、包裹运输事故的调查

行李、包裹超过运到期限没有运到或发生票货分离时，到站必须立即向发站拍发电报查询并抄送有关铁路局集团公司。

（1）发站接到查询电报后，应立即查找核对，如不属于本站责任，应将装车日期、车次、签收情况电复到站，并抄知接收的列车主管段。列车主管段接到电报后，如不属于本段责任，应将卸车站和卸车日期、签收情况电复到站，并抄知卸车站。有关站、段按此顺序进行查找。

对用事故记录调查的，接受站、段应将调查结果电复到站，同时应填写事故查复书（用货运的）附在记录上，转送接收的站、段继续查找。如系本站、段责任，则直接填写事故查复书随同事故记录寄送到站。

查询电报或事故记录（包括复电和查复书）如发、收双方在同一铁路局集团公司管内的，应抄送主管铁路局集团公司；跨铁路局集团公司时，应抄送有关铁路局集团公司。

（2）站、段在接到查询电报或事故记录后，站必须在3日内，段必须在15日内答复到站，不得拖延；否则，由拖延站、段承担事故责任。但对用事故记录调查的，如逾期不答复，到站可再次电报催问，受调查站、段自接到催问电报日起，再超过5日不答复时，即视作责任单位。

（3）发生火灾、被盗事故，应及时向公安部门报案，并会同调查。

（4）发生和发现重大事故的车站及列车，应立即向国铁集团、铁路局集团公司拍发事故速报，并抄知有关单位。

三、行李、包裹运输事故的责任划分

（一）铁路与旅客、托运人、收货人责任的划分

承运人应当对承运的行李、包裹自接受承运时起到交付时止发生的灭失、短少、污染或者损坏，承担赔偿责任。

因下列原因造成的行李、包裹损失，承运人不承担责任：

（1）不可抗力。

（2）物品本身的自然属性或合理损耗。

（3）包装方法或容器不良，从外部观察不能发现时。

（4）托运人自己押运的包裹（因铁路责任除外）。

（5）托运人、收货人违反铁路规章或其他自身的过错。

由于旅客和托运人、收货人的责任给铁路造成财产损失时，应负赔偿责任。

（二）承运人内部站、车责任的划分

铁路运输行李、包裹过程中，涉及铁路内部的发送站、中转站、到达站及各次列车等单位，为了判明造成行李、包裹运输事故的责任者，以便追究赔偿责任，也必须进行责任划分。

（1）直接发生事故的车站和列车，应主动承担责任。

（2）在查询过程中，未按规定期限答复时（除已查明直接责任者外），事故责任列逾期答复站、段。

（3）由于违章承运行李、包裹造成事故时，事故责任列承运站。如承运不符合规定的包

装技术条件的行李、包裹时,应派人押运的包裹无押运人时,或规章允许可不派人押运的包裹,但未按规定在包裹票和托运单上由托运人自行签注“包装完好、内部破损,铁路免责”字样等时。

(4)中途站对包装破损未加整修继续运送,造成事故时,事故责任列应整修而未整修的车站。对符合规定包装要求的行李、包裹,能够证明直接造成包装破损的站、车,发生事故时,事故责任列直接造成破损的站、段。

(5)站、车交接时,接收方不盖规定名章或印章不清无法确认,以及接收方应签收而未签收或虽已签收但对件数、包装等情况站、车双方有异议时,而在开车后3h内(如区间列车运行超过3h不停时,为前方停车站)又未拍发电报确认的,发生事故时,事故责任列接收站、段。

(6)列车到达终点站后,超过1h不签收或虽未超过1h而列车入库,行李、包裹未卸完,发生事故时,事故责任列终点站。

(7)车站对无法运送的无主行李、包裹,逾期积压不报或顶件运送,应承担事故责任。

(8)由于装卸责任造成事故时,事故责任列装卸部门,但装卸与客运同属一个单位的除外。

(9)事故赔偿后又找到原来的行李、包裹,而旅客或收货人又不愿领取时(确有欺诈行为除外),事故责任仍定原单位。

(10)由行车事故造成的行李、包裹运输事故,由行车安全监察部门确定的责任单位负责。

(11)由下列原因造成的行李、包裹运输事故,事故责任单位列入“其他”。

①由于列车紧急制动,造成行李、包裹损失时;

②因托运人、收货人责任给第三者的行李、包裹造成损失时;

③其他无法判明责任单位的事故。

(12)事故处理站在核定事故责任单位时,如发生站、车各方意见不一致,可将事故记录连同附件逐级上报,由上级机关仲裁核定。若站、车属一个铁路局集团公司管辖的,报铁路局集团公司;跨铁路局集团公司的,报国铁集团。

丢失的行李、包裹找到后,承运人应迅速通知旅客、托运人或收货人领取,撤销一切赔偿手续,收回全部赔款。如旅客、托运人或收货人不同意领取时,按无法交付物品处理。如发现有欺诈行为不肯退回赔款时,可通过行政或法律手段追索。

(三)行李、包裹事故赔偿标准

(1)按保价运输办理的行李、包裹全部灭失时按实际损失赔偿,但最高不超过声明价格。部分损失时,按损失部分所占的比例赔偿。分件保价的行李、包裹按所灭失该件的实际损失赔偿,最高不超过该件的声明价格。

(2)未按保价运输的行李、包裹按实际损失赔偿,但最高连同包装重量每千克不超过15元。如由于铁路运输企业故意或重大过失造成的,不受上述赔偿限额的限制,按实际损失赔偿。

(3)行李、包裹全部或部分灭失时,退还全部运费。

实训项目及案例分析

实训项目1 线路中断后对旅客车票及行李的处理方法

【任务5-1】 20××年3月8日,K7306次(乌兰浩特—周水子)列车到达长春站。旅客王某持白城至蛟河的硬座客快速卧联合票(硬卧中、快速至长春),在长春站签证换乘。由于长春—延吉间水害,线路中断,旅客要求返回松原站退票,并要求把其6日托运的行李两件(旅行包、纸箱各一,重20kg,票号A023231)一并返回松原。经电话查询,该行李已运至蛟河站。请问各站如何处理?

行包运输事故处理

处理方法:

(1)旅客车票

①长春站:编制客运记录,作为旅客至松原站办理退票的凭证(旅客签证K7305次大连—乌兰浩特列车返回),如图5-5所示。

②松原站:办理退票,退已收票价与发站白城至停止旅行站松原票价差额,白城—长春硬卧中、快速票已使用至到站,不退。

沈阳铁路局集团公司　　客统—1

客　运　记　录

第6号

记录事由:到站退票

松原站:

20××年3月8日,旅客李某(身份证信息),持白城至蛟河的硬座客快速卧有票(硬卧中、快速至长春),在长春站签证换乘,由于长春—延吉间水害,线路中断,旅客要求返回松原站退票,旅客签证K7305次大连—乌兰浩特列车返回。现将旅客交你站,请按章处理。

注:
1.站、车需要编制记录时适用。
2.本记录不能作为乘车凭证。

长春 站段 编制人员　　(印)
站段 签收人员 ××　　(印)
20××年3月8日编制

图5-5 客运记录编制式样

已收:77.00元,其中,

白城—长春 333km

硬卧中、快速票票价:45.00元

白城—松原 184km

硬座客票票价:11.50元

退差价:77.00－45.00－11.50＝20.50元

③具体操作:松原站填写退票报告,如票价为无现金支付,则退票款原路退回,收回客运记录附退票报告,已打印报销凭证需收回,打印新的报销凭证和退票费报销凭证。

(2)旅客行李

①长春站告知旅客向松原站提出行李返运要求。松原站收回行李票旅客页,编制客运记录(图5-6)交旅客领取行李;电话查询后,向行李所在站蛟河站拍发行李返运电报,如图5-7所示。

沈阳铁路局集团公司　　客统—1

客　运　记　录

第15号

记录事由：线路中断，行李返运

松原站：

20××年3月8日，旅客王某，由于长春—延吉间水害，线路中断，旅客返回松原站停止旅行，要求把其6日托运的行李两件（旅行包、纸箱各一），重20kg，票号A023231，一并返运松原站，经电话查询，该行李已运至站故运费不退，原行李票已收回，凭此记录领取。

注：

1.站、车需要编制记录时适用。

2.本记录不能作为乘车凭证。

松原 站段 编制人员 ××× (印)

站段 签收人员 (印)

20××年3月9日编制

图5-6　客运记录编制式样

中国国家铁路集团有限公司

铁　路　电　报　　第100号

发报所f bj	电报号码xo	组数zs	等级dj	日期rq	时分sf	附注fz

主送：蛟河站

抄送：沈阳铁路局集团公司客运部

20××年3月8日，旅客王某由于长春—延吉间水害，线路中断，已返回松原站，停止旅行，要求将其3月6日K7306次白城发蛟河站的行李两件(旅行包、纸箱各一)，重20kg，票号A023231，待线路恢复通车，速返运松原站 以便交付　。

松原站行李房　××× (印)

20××年3月9日于松原站

图5-7　铁路电报拍发式样

②5日后通车，蛟河站编制客运记录（图5-8）附在运输报单上，把行李优先返运松原站。

沈阳铁路局集团公司　　客统—1

客　运　记　录

第16号

记录事由：行李返运
松原站：
据你站第100号电报，由白城发蛟河站的行李两件（旅
行包、纸箱各一），重20kg，票号A023231，现运你站交付。
该行李在蛟河站停留7日，请按章办理。
注： 1.站、车需要编制记录时适用。 2.本记录不能作为乘车凭证。 蛟河　站/段　编制人员　×××　(印) 站/段　签收人员　(印) 20××年3月9日编制

图5-8　客运记录编制式样

③松原站3月15日行李运到，次日王某凭客运记录领取，松原站在报销页上记事栏注明“因线路中断，行李运至到站返回，运费不退”，不收变更手续费。

【任务5-2】　20××年3月11日，K367次（汉口—大连，空调快速）列车因盘锦一带发生水害，在山海关站开始组织原列车绕道京哈线至大连。一旅客持山海关至大连的本次列车硬座客快速车票，找列车长要求山海关开车后改乘软卧下（有空余卧铺）。请问应如何处理？

处理方法：

（1）处理依据：组织原列车绕道运行，原票有效，旅行变更座别、铺别时补收变更区间的票价差额，核收手续费。

（2）计算票价：山海关—大连　788km

新空硬座票票价：66.00元

新空软座票票价：126.00元

软硬座票票价差：60.00元

新空软卧（下）票票价：132.00元

手续费：5.00元

合计：60.00 + 132.00 + 5.00 = 197.00元

（3）具体操作：先在站、车无线交互系统中处理，再使用列车移动补票机打印补价车票，随同原票使用有效。

实训项目2　旅客突发急病、死亡的应急处理方法

【任务5-3】　20××年9月11日，K388次（沈阳北—成都）新型空调旅客列车在邢台开车后，5号车厢

一旅客李某,持沈阳北至郑州硬座客快速车票(票号A034560),突然发病,处于昏迷状态。同行人找到列车长。请问应如何处理?

处理方法:

(1)列车长要立即组织救治。通过广播找医生,并详细记录医生单位、姓名、地址以协助诊治病情;列车上没有医生时,询问同行人旅客平时有什么病。

(2)列车长对发病的旅客车票、身份证号码、工作单位、携带物品、同行人等情况进行认真调查,做好记录。

(3)乘务员不要随意给旅客用药,要在有医嘱的情况下,让旅客自己服用,防止旅客用药不当引起其他后果。

(4)列车上无医生时可尊重旅客本人意见,列车长协助治疗。确实病重需要抢救时,列车长通过运转车长电台、手机电话向所在铁路局集团公司客调报告,联系前方停车站邯郸站进行抢救。

(5)列车长应填写客运记录,如图5-9所示,交前方停车站邯郸站,并取得不少于两份知情旅客的旁证材料。

沈阳铁路局集团公司　　客统—1

客　运　记　录

第30号

记录事由:移交因病不能继续乘车旅客

邯郸站:

20××年9月11日,K388次(沈阳北—成都)新型空调旅客列车在邢台开车后,乘坐在5号车厢旅客李某(身份证号码:2107××××),持本次列车沈阳北至郑州车票(票号A034560),突发急病,不能继续乘车,旅客要求终止旅行下车治疗,特此记录,请按章处理。

注:
1.站、车需要编制记录时适用。
2.本记录不能作为乘车凭证。

沈阳 站段 编制人员 ××× (印)
站段 签收人员 (印)
20××年9月11日编制

图5-9　客运记录编制式样

(6)列车终到后,向车队和段安全科汇报事件情况。

【任务5-4】 20××年9月11日,K128次(长春—西安)新型空调旅客列车在唐山站开车后,10号车厢15号下铺一旅客头部突然剧痛,经过旅客中的医生全力抢救20min无效后死亡。列车长会同乘警在清理旅客遗物时,发现旅客身份证,得知该旅客为郑州市居民程某,73岁,持沈阳北至郑州硬座客快速卧车票(票号A034561),并携带黑色旅行包一件。请问应如何处理?

处理方法:

(1)列车长应会同乘警勘查现场,收集证人证言不少于两份。

(2)查看旅客所持车票的票种、票号、发到站、车次、有效期及加剪情况等。妥善保管旅客的财物,对死者遗物会同乘警列好清单。列车长根据有效证件确认死者姓名、住址、单位。

(3)旅客在列车上死亡时,列车长应填写客运记录,如图5-10所示。会同铁路公安人员将尸体和死者遗物交给天津站处理,天津站按照在车站死亡时办理。

沈阳铁路局集团公司 客统—1

客 运 记 录

第31号

记录事由：移交死亡旅客
天津站：
20××年9月11日，K128次(长春—西安)新型空调旅客列车，唐山站开车后，10号车厢15号下铺一旅客头部突然剧痛，经过旅客中的医生全力抢救20min无效后死亡。该旅客程某(身份证号码：4101××××)，为郑州市居民，持沈阳北至郑州硬座客快速卧车票(票号A034561)，并携带黑色旅行包一件，列车取目击旅客旁证材料3份，编制客运记录，将死亡旅客移交你站，请按章处理。同时拍发电报声明。
注： 1.站、车需要编制记录时适用。 2.本记录不能作为乘车凭证。 长春 站/段 编制人员 ××× (印) 站/段 签收人员 (印) 20××年9月11日编制

图5-10 客运记录编制式样

(4)对参加诊断抢救的医生姓名、性别、年龄、单位、联系电话进行登记，并动员写出诊断说明，内容不可缺少“听到列车寻找医生的广播”或列车工作人员寻找到的证人的证词。

(5)及时拍发电报(电报格式可参考图5-11)，报告相关领导和相关部门。

中国国家铁路集团有限公司

铁 路 电 报

第100号

发报所fbj	电报号码xo	组数zs	等级dj	日期rq	时分sf	附注fz

主送：海城站、海城公安派出所

抄送：沈阳铁路局集团公司客运部、沈阳铁路局集团公司公安科、鞍山车务段、海城乘警队、沈阳客运段

20××年12月1日，K7592次(丹东—山海关)列车鞍山站开车10min后，旅客李某、高某与魏某争抢座位发生争吵，旅客李某(2110××××)上前劝架，被旅客魏某(吉林××人)一刀捅伤小臂，流血不止，伤势较重，紧急包扎后，编制客运记录第32号交海城站治疗。魏某伤人后去向不明，特此电告。

K7592次列车长×××(印)

20××年12月1日于海城站

图5-11 铁路电报拍发式样

实训项目3　旅客发生意外伤害的处理方法

【任务5-5】 20××年12月1日,K7592次(丹东—山海关)列车鞍山站开车后,3名旅客为争抢座位发生争吵,旅客李某(男,35岁,辽宁××人)上前劝架,被旅客魏某(吉林××人)一刀捅伤小臂,流血不止,伤势较重。魏某伤人后去向不明。请问列车应如何处理?

处理方法:

(1)列车长会同公安人员检查旅客伤害情况,立即组织救治,进行紧急包扎。

(2)列车长会同铁路公安部门及时勘验事故现场,妥善保管旅客的财物,检查旅客所持车票的票种、票号、发到站、车次、有效期及加剪情况等。应提前通知车站做好救护准备工作。

(3)编制客运记录一式两份,如图5-12所示,将旅客交海城站转送医院治疗。

沈阳铁路局集团公司　　客统—1

客　运　记　录

第32号

记录事由:旅客劝架受伤,送医
海城站:
20××年12月1日,K7592次(丹东—山海关)列车鞍山
站开车10min后,旅客李某、高某与魏某为争抢座位发生
争吵,旅客李某(身份证号码:2110××××),辽宁××
人,持本次列车丹东至沈阳硬座车票(票号A234561),上
前劝架,被旅客魏某(吉林××人)一刀捅伤小臂,流血不
止,伤势较重,紧急包扎后,交你站治疗,请按章处理。
魏某伤人后去向不明。
注: 1.站、车需要编制记录时适用。 2.本记录不能作为乘车凭证。 沈阳 站段 编制人员 ×× (印) 站段 签收人员 (印) 20××年12月1日编制

图5-12　客运记录编制式样

(4)列车长会同公安调查伤害事故发生具体情况,请争吵旅客及周围的旅客写出旁证材料(不少于两份),交前方停车站西柳站转海城站。

(5)向有关上级部门拍发事故速报,如图5-13所示。

(6)用电话向本段客运派班室及有关领导汇报。

【任务5-6】 20××年12月1日,4240次(长春—山海关)列车进入锦州站二站台9股道。下车旅客金某,持长春至锦州硬座客快票(票号A201452),为了省时省力,慌张地横跨线路时,摔倒在7股道钢轨上,前额破口5cm,流血不止并昏迷。锦州站应如何处理?

处理方法:

(1)旅客在车站发生意外伤害时,锦州站客运主任、客运值班员应会同公安人员检查旅客伤势情况,并进行紧急包扎。

(2)派人携带加盖车站公章(或客运室章)的客运记录,如图5-14所示,将受伤旅客急送当地合同医院抢救。

(3)锦州站客运主任会同公安部门及时勘验伤害事故现场,检查旅客所持车票等情况,请周围的旅客写出旁证材料不少于两份。

中国国家铁路集团有限公司

铁 路 电 报

第3号

发报所fbj	电报号码xo	组数zs	等级dj	日期rq	时分sf	附注fz

主送：海城站、海城公安派出所

抄送：沈阳铁路局集团公司客运部、沈阳铁路局集团公司公安科、鞍山车务段、海城乘警队、沈阳客运段

20××年12月1日，K7592次(丹东—山海关)列车鞍山站开车10min后，旅客李某、高某与魏某为争抢座位发生争吵，旅客李某(身份证号码：2110××××)上前劝架，被旅客魏某(吉林××人)一刀捅伤小臂，流血不止，伤势较重，紧急包扎后，编制客运记录第32号交海城站治疗。魏某伤人后去向不明，特此电告。

K7592次列车长×××(印)

20××年12月1日于海城站

图5-13 铁路电报拍发式样

沈阳铁路局集团公司 客统—1

客 运 记 录

第33号

记录事由：旅客受伤，送往救治

锦州附属三院：

20××年12月1日，4240次列车正点进入我站二站台9股道，下车旅客金某(身份证号码：2107××××)为锦州××人，持长春至锦州硬座客快票(票号A201452)，不按导向行走，自行横跨线路，摔倒在7股道钢轨上，前额破口5cm，流血不止并昏迷，经我站简单包扎抢救后，送你院抢救治疗，费用由我站担保。

注：

1.站、车需要编制记录时适用。

2.本记录不能作为乘车凭证。

锦州 站/段 编制人员 ××× (印)

站/段 签收人员 (印)

20××年12月1日编制

图5-14 客运记录编制式样

(4)送医院须先缴纳押金时,可用站进款垫付;动用进款时,填写"运输进款动支凭证",5日内归还。

(5)及时通知受伤旅客家属或单位。

(6)进行事故分析,确定赔偿金额。

【任务5-7】 20××年12月1日,T170次(广州—上海南)旅客列车自衡阳开车后,在3号、4号、6号、7号、11号、12号、14号硬卧车厢和16号硬座车厢共有16名旅客出现头晕恶心、呕吐等现象,其中1名旅客比较严重。请问应如何处理?

旅客列车发生食物中毒的处理方法:

(1)列车上发现疑似食物中毒旅客时,列车长应立即赶赴现场,统一领导食物中毒事件的处理工作。

及时了解中毒旅客主要症状,掌握中毒旅客人数、发病时间等情况,准确判断毒物根源或确定怀疑导致食物中毒的食物,并迅速向段调度室报告。

(2)利用列车配备的医疗救护药箱,采取催吐、导泄等方法和应急救治措施,进行初步救治。同时通过广播寻找医生帮助抢救治疗,控制病情进一步发展。

遇有中毒旅客病情危重,必须临时停车送医院抢救时,列车长向列车调度员报告情况,请求临时停车;接到调度临时停车命令后,应编制客运记录,交接指定站救治。

(3)列车上疑似食物中毒旅客达3人及以上,除按上述要求救治外,列车长及时通知前方停车站和防疫部门,并向段调度室和铁路局集团公司客调报告;怀疑投毒导致食物中毒时,还应同时向铁路公安机关报告。

报告内容要简明、扼要、清楚,包括日期、车次、运行区段,发病时间、地点,病人主要症状,发病人数(包括危重人数及死亡人数),可能引起中毒的食物等,要求车站组织采取的措施,并做好相关记载,编写客运记录,做好向车站移交的准备工作。

(4)在抢救安置中毒旅客的同时,乘务人员要做好解释工作,稳定旅客情绪,防止造成混乱。

乘警负责保护好现场、维护秩序,搜集、保留、封存可能致食物中毒的食物及其原料、器具,将病人的呕吐物样品一并留存,等待卫生防疫人员进一步调查。

(5)如不能排除食物中毒是列车供应食品所致,应停止列车食品供应,立即采取措施追回已售出的可疑食物或通知旅客禁止继续食用,防止事态进一步扩大。

能确认导致食物中毒的食物是配餐或某站出售的食物造成的,应及时报告铁路局集团公司客运调度员通知生产销售部门停止销售。

(6)列车长、乘警应及时调查发病的原因,搜集证据材料,了解旅客发病症状、进食史,并做记录,形成第一手资料。对中毒病人的基本情况做好登记,以便协助卫生防疫等部门最终调查确定诊断。

列车长及时将记录和有关材料移交车站,以便车站尽快做好善后处置。

列车长编写客运记录,如图5-15所示。

拍发电报,如图5-16所示。

【任务5-8】 20××年4月1日,大连站开往郑州的K718次列车,运行至沟帮子至锦州间1km200m处,3号车厢6号座席一位有人护送的精神病旅客王某(持大连至天津本次列车硬座车票,票号A339243),突然将玻璃窗击碎跳车,当场死亡。请问如何处理?

处理方法:

(1)列车在区间运行发生旅客坠车时,应按规定及时使用紧急制动阀停车(动车组、特快列车按有关规定处理)。如错过停车时机,列车长(单独执乘列车长可派专人)会同乘警在就近车站下车,配合车站共同查找跳车旅客。

(2)列车上发生旅客人身伤害事故时,列车长应会同乘警立即赶赴发生地点,按照下列程序处理:

①调查事故发生的原因,记载发生日期、时间、车次、地点、区间里程。

②搜集证人证言并记录好证人姓名、性别、年龄、地址、联系方式、身份证号码等内容(证言、证据应当准确、真实,并能够证明事故发生的过程和原因)。

广州铁路局集团公司　　客统—1

客　运　记　录

第34号

记录事由：食物中毒
株洲站：
20××年12月1日，T170次(广州—上海南)旅客列车，衡阳开车后，(约20:20),在3号、4号、6号、7号、11号、12号、14号硬卧车厢和16号硬座车厢共有16名旅客出现头晕恶心、呕吐等现象,其中1名旅客比较严重，经旅客中的医生(王某,身份证号码：2101××××)初步诊断为食物中毒，现将16名旅客交你站，请按章处理。
附: 16名旅客、呕吐物等。
注： 1.站、车需要编制记录时适用。 2.本记录不能作为乘车凭证。 广州 站段 编制人员 ××× (印) 站段 签收人员 (印) 20××年12月1日编制

图5-15　客运记录编制式样

中国国家铁路集团有限公司

铁　路　电　报　　第4号

发报所f bj	电报号码xo	组数zs	等级dj	日期rq	时分sf	附注fz

主送：株洲铁路防疫站、株洲站

抄送：广州铁路局集团公司客运部、卫生部、中心防疫站、广州铁路防疫站，广州客运段

20××年12月1日，T170次(广州一上海南)旅客列车,衡阳开车后，(约20:20)，在3号、4号、6号、7号、11号、12号、14号硬卧车厢共和16号硬座车厢共有16名旅客出现头晕恶心、呕吐等现象，其中1名旅客比较严重，经旅客中的医生(王某，身份证号码：2101××××)初步诊断为食物中毒。比较严重的旅客李某(身份证号码：3606××××)，持广州至上海本次列车硬座车票(票号A0123562)。我车已编制第34号客运记录将16名中毒旅客和旅客呕吐物有关证明材料25份移交株洲站，详情待报，特电。

T170次列车长 ××× (印)

20××年12月1日于株洲站

图5-16　铁路电报拍发式样

③由列车乘警负责提取伤者本人讯问笔录。

④列车长应会同乘警共同查验伤者客票、有效证件，并详细记载其姓名、性别、年龄、国籍、民族、家庭住址及单位、身份证号、联系方式及车票种类、发到站、车次、有效期及客票加剪情况等。

⑤询问旅客是否有同行人及随身携带品。

⑥列车上发生旅客人身伤害事故，列车长编制客运记录，如图5-17所示，并加盖列车长名章，将受伤旅客移交三等站以上车站（在区间停车处理时交就近车站）处理。

沈阳铁路局集团公司　　客统—1

客　运　记　录

第35号

记录事由：旅客跳车

锦州站：

20××年4月1日，大连站开往郑州的K718次列车，运行至沟帮子至锦州间1km 200m处，3号车厢6号座席一位有人护送的精神病旅客王某(身份证号码：2110××××)，持大连至天津本次列车硬座车票，票号A339243，击碎车窗从车窗跳下，列车长当即使用紧急制动阀停车，该旅客当场死亡。现将该旅客交你站，请按章处理。

注：

1.站、车需要编制记录时适用。

2.本记录不能作为乘车凭证。

大连 站/段 编制人员 ×× (印)

站/段 签收人员 (印)

20××年4月1日编制

图5-17　客运记录编制式样

向车站办理移交手续时，客运记录、携带品清单一式两份（一份存查，一份办理站车交接），连同车票、证据材料一起移交（遇有受伤旅客，应通过运转车长无线电台，通知旅客移交车站做好接收、急救等准备工作），并要求车站在客运记录上签字。

⑦因特殊情况来不及编写记录的，列车长必须下车（单独执乘列车长可派专人）与车站办理交接，并在3日内向事故处理站补交有关材料。

⑧拍发事故速报，如图5-18所示。

中国国家铁路集团有限公司

铁　路　电　报　　第5号

发报所f bj	电报号码xo	组数zs	等级dj	日期rq	时分sf	附注fz

主送：锦州站、锦州站公安派出所

抄送：沈阳铁路局集团公司客运部、客调、车辆处、公安局，锦州铁路公安处、大连车辆段 大连客运段

20××年4月1日，大连站开往郑州的K718次列车,运行至沟帮子至锦州间1km200m 处，3号车厢6号座席一位有人护送的精神病旅客王某(身份证号码：2110 ××××)，持大连至天津本次列车硬座车票，票号A339243，击碎车窗从车窗跳下，列车长当即使用紧急制动阀停车，该旅客当场死亡。已将旅客证言三份及记录交锦州站。特发此报，电告有关领导周知。

K718次列车长×××(印)

20××年4月1日于锦州站

图5-18　铁路电报拍发式样

知识拓展

一、发生行车中断车站对滞留旅客的组织处理

发生旅客列车大面积晚点、线路中断，直达特快列车晚点时间超过30min，其他旅客列车晚点时间超过1h致使旅客滞留车站、列车上或旅客反映强烈时，车站应做好客运组织工作。

(1)车站值班员应迅速报告车站站长。

(2)站长应迅速启动预案，组织全体人员迅速到岗，维持好秩序。

(3)站长应迅速将旅客滞留和列车滞留情况向上级报告，同时将滞留原因及时通告相关列车。发生情况紧急时，向地方政府报告，请求救援。

(4)要积极做好旅客的饮水及食品供应工作。对站内旅客大量集结的情况，要合理有序安排候车能力，留好通道。

(5)加强广播宣传及列车运行信息公告，积极有序地组织旅客按照《铁路旅客运输规程》的规定办理退票、车票改签工作。

(6)积极配合滞留站内的列车维持好车内秩序，必要时配合列车组织旅客疏散到车站安全地带候车。

(7)受阻旅客列车在站停留期间，车站主要负责人等有关人员要坚守岗位，加强与列车长和上级有关部门的联系，根据现场实际和上级有关部门联系，及时处理解决现场发生的一切问题。保证信息渠道畅通，做到上情下达，下情上传。

(8)旅客列车受阻不能进行运行或停运时，车站应向旅客公告，并做好宣传解释工作，取得旅客的谅解。对折返发站和停运的旅客列车，沿途停车站要增派人力，备足周转金，快速为旅客办理退票、改签等手续。

二、因天气不良或其他原因造成列车晚点时车站的应急处理

(1)因天气不良或其他原因造成动车组列车晚点时，动车组候车室(或专用候车区)要利用广播做好解释和疏导工作。对晚点列车时间较长的，要安排好旅客。旅客列车晚点1h以内的，车站依据调度阶段计划、旅客列车依据实际情况，向旅客通报列车晚点时间。列车晚点超过30min的，站长应代表铁路向旅客道歉。向旅客通报时，车站广播每次间隔不超过30min，有条件的车站应提供实时电子显示电话时查询。

通报内容：列车当前晚点时间、晚点原因。发生线路中断时，还应通报预计恢复通车(继续晚点)时间和列车退行、绕行、停运等调整列车运行方案信息。

(2)当晚点列车较多，动车组候车室(或专用候车区)放行有困难时，要组织专人带队到检票口放行，以确保动车组列车有序乘车。

(3)由于特殊原因造成动车组列车停运时，要向旅客做好宣传解释工作，组织旅客办理退票手续。售票部门要提前准备好退票窗口和零钱，方便旅客在最短时间内办理退票手续。

(4)车站广播室在列车晚点时，按照规定播放站长的道歉广播词。例如“列车晚点耽误了您的旅行，我代表列车全体工作人员向您表示诚挚的歉意!”车站各部门要积极协调，为乘

坐动车组列车的旅客提供信息。

三、车站遇台风、暴雨等恶劣天气的应急处理

(1)车站接到台风、暴雨等恶劣天气预报后,站长及时组织工作人员迅速到岗,加强站场巡视,检查客运服务场所的揭示牌、广告牌、挂钟等服务设施是否牢固,并安排人员准备沙袋等防洪物资。

(2)遇台风、暴雨等恶劣天气时,车站要及时向铁路局集团公司值班室、客运部汇报受灾情况以及旅客滞留情况。

(3)当候车室、地道等区域出现浸水时,车站组织力量及时采取堆垒沙袋设防等方式,防止雨水灌入。保洁工作人员应及时清理积水,并在候车室、天桥、地道等区域设置防滑警示,加强宣传,防止旅客滑倒摔伤。

(4)暴雨天气导致候车室、地道内积水时,车站应及时启动积水强排措施。

(5)因台风、暴雨等恶劣天气造成列车停运、晚点时,车站应迅速将列车停运原因、恢复运行时间等信息通过广播、揭示牌向旅客宣传,安抚稳定旅客情绪,并备足现金,增开退票窗口,积极有序地组织旅客办理退票、改签手续。

(6)车站要积极做好旅客的食品、饮水供应工作。必要时,及时与地方交通部门联系,做好旅客分流疏散工作。

四、动车组列车发生火灾、爆炸的应急处置

动车组列车发生火灾爆炸时的应急处置

(1)动车组列车工作人员(含司机、随车机械师、乘警、客运乘务、餐售人员、保洁人员等,下同)发现或接到旅客反映车厢内有爆炸、明火、冒烟或消防设施报警时,应立即到现场查看、施救并通知列车长。列车长接到通知后,应会同随车机械师、乘警根据具体情况,采取相应的措施进行处置。在扑救火灾时,列车乘务员应保护好现场,并采取措施做好宣传工作,稳定旅客情绪,维持秩序,以免发生混乱。

(2)在确认爆炸后,列车乘务员应立即使用紧急制动阀停车并按下火灾报警按钮(火情小能处置的可不使用制动阀),同时列车长(或随车机械师)立即通知司机。停车后,司机应立即向列车调度员或车站值班员(车务应急值守人员,下同)报告,配合列车长、随车机械师、乘警进行火灾扑救、旅客疏散等工作。有制动停放装置的由司机负责实施防溜,无制动停放装置的由随车机械师做好防溜、防护工作。

(3)列车长应立即指挥列车所有的工作人员进行处置,乘警、随车机械师等列车工作人员应积极配合;同时,组织事故车厢的旅客向其他车厢疏散。

(4)待全部人员向安全车厢疏散完毕,火势仍未得到有效控制,需向地面疏散时,列车长应立即通知司机、随车机械师或其他列车工作人员关闭通道阻火门。司机根据列车长的请求,向列车调度员报告,请求向地面疏散,现场救援。

(5)组织旅客疏散时,必须扣停邻线列车。司机在接到列车调度员已扣停邻线列车的命令后,立即通知列车长,列车长接到司机通知后应立即指挥列车工作人员打开车门,根据需要安装好应急梯,组织旅客向地面安全地带疏散。

(6)列车工作人员应组织好旅客有序疏散,并照顾好重点旅客确保人员安全。

(7)要动员旅客中的医护人员和列车工作人员对受伤人员开展紧急救护,并做好对重点旅客的服务工作。

(8)列车工作人员应积极配合公安部门保护好事故现场,协助公安人员调查取证。

(9)如遇火灾危及旅客安全,又未能及时接到扣停邻线列车的命令,列车长应会同司机,组织列车工作人员打开运行方向左侧车门(非会车侧),结合现场实际,确定旅客疏散方向和疏散方式,列车工作人员应做好旅客安全宣传和防护,严禁旅客跨越线路。

(10)遇上述应急状况发生时,由调度所客运调度员(客服调度员)通知客服中心解答口径,以便客服代表回复旅客的咨询和投诉。

五、列车发生撞车、颠覆的应急处理

(1)设置防护。机车乘务人员和运转车长负责迅速设置防护。

(2)报告救援。尽快向行车调度员报告事故情况,请求救援,并应迅速向当地政府、公安机关和驻军请求支援。

(3)抢救伤员。抢救时要先重后轻、先伤后亡,会同乘警控制现场,为查明原因提供依据。

(4)保护现场。通过宣传稳定秩序和保护现场,可依靠旅客中的军、警、干部、工人等,防止坏人乘乱作案。

六、列车被洪水围困的应急处理

(1)列车立即退回安全地段。

(2)必要时有组织地疏散旅客上高地或小山。

(3)设法报告上级,请求救援。

(4)通过宣传稳定秩序,组织保卫,以免发生混乱。

(5)组织照顾老、弱、病、残、孕、幼等重点旅客。

(6)联系地方居民组织饮食供应。

七、列车被塌方阻挡的应急处理

(1)立即退回安全地带或后方车站。

(2)迅速报告上级,听候处理。

(3)坚守岗位,维持好车内秩序,禁止旅客擅自下车。

(4)必要时可利用其他交通工具有组织地绕道输送旅客,防止发生混乱。

八、动车组列车发生旅客食物中毒事件的应急处置

(1)动车组列车发生旅客疑似食物中毒事件,列车长应立即向司机和上级主管部门报告,司机向列车调度员报告,列车调度员立即向值班主任报告,值班主任通知铁路疾控部门。

(2)旅客需要在停站紧急救治处置时,列车调度员应安排动车组在最近具备医疗抢救条件的车站停车,并通知前方停车站做好抢救准备。

(3)列车工作人员应对有关人员进行登记,封锁现场,封存可疑食品、饮用水、食具用具

等。铁路疾控部门应上车收集中毒人员的呕吐物、排泄物待查。

(4)站、车应积极配合现场的医疗和疾控部门工作。

(5)遇上述应急状况发生时,由调度所客运调度员(客服调度员)通知客服中心解答口径,以便客服代表回复旅客的咨询和投诉。

复习思考题

1. 铁路电报的用途有哪些?
2. 铁路电报的等级有哪些?
3. 遇到哪些情况需要列车拍发铁路电报?
4. 遇到哪些情况需要车站拍发铁路电报?
5. 发生线路中断的原因有哪些?
6. 线路中断后如何安排已购买车票的被阻旅客?
7. 线路中断后对行李、包裹如何安排?
8. 旅客在候车期间或在列车上发生急病、死亡应如何处理?
9. 什么是旅客人身伤害事故?
10. 旅客人身伤害事故的种类与等级如何划分?
11. 旅客发生人身伤害事故现场应如何处理?
12. 旅客人身伤害事故的责任是如何划分的?
13. 行李、包裹运输事故种类和等级是如何划分的?

实践训练

1. 熟悉线路中断后对被阻旅客行李、包裹的安排。
2. 练习处理线路中断后退票和行李、包裹的变更。
3. 分组演练动车组发生火灾、爆炸的应急处理。
4. 分组演练列车发生撞车、颠覆的应急处理。
5. 分组演练列车被洪水围困的应急处理。
6. 分组演练站、车发生急病、死亡的应急处理。
7. 练习列车晚点的应急处置。
8. 练习列车发生食物中毒的处理。
9. 练习车站遇台风、暴雨等恶劣天气时的应急处理。

项目 6　旅客运输计划及组织

★ 知识重点

1. 客流的形成及分类。
2. 旅客列车的分类及车次的编定。
3. 客流调查的范围及方法。
4. 客运量预测方法。
5. 旅客列车运行区段及行车量的确定。
6. 旅客列车运行方案图的编制原则及方法。
7. 票额分配的依据及原则。

★ 项目任务

1. 客运量预测的方法。
2. 管内客流图的编制方法。
3. 旅客列车运行区段及行车量的确定方法。
4. 旅客列车运行方案图的编制方法。
5. 票额分配方法。
6. 列车旅客密度表的填写方法。
7. 旅客列车定员的计算方法。

★ 项目准备

1. 参考资料:《铁路旅客运输规程》《铁路客运运价规则》《铁路旅客运输办理细则》《铁路旅客运输管理规则》《客运规章汇编》、模拟数据资料。

2. 所需票据、报表:列车票额分配计划表、列车实际运能利用率分车次统计表、列车旅客密度表、乘车人数通知单、相关票据。

3. 所需设备:彩色绘图笔、计算机、绘图软件。

理论知识

单元 6.1　旅客运输计划概述

铁路旅客运输计划概述

旅客运输计划是铁路运输计划的主要内容之一,是铁路旅客运输工作的基础。它不仅是确定旅客列车对数和客运机车车辆需要数及编制旅客列车运行图的基础,也是确定客运设备、客运机车车辆修造计划及客运运营支出计划的重要依据,也是旅客计划运输组织工作的前提。编制旅客运输计划是为了更好地挖掘运输潜力、组织旅客均衡运输、提高客运服务质量。因此，编制质量良好的旅客运输计划有着重要意义。

旅客运输计划编制要从全局出发，认真贯彻执行始发铁路局集团公司（站）兼顾中间铁路局集团公司（站）、大站兼顾小站，先中转、后始发，先长途、后短途及保证重点的运输原则，实现长短途列车合理分工，站、车密切配合，保证均衡运输。

一、旅客运输计划的种类

（1）旅客运输计划根据执行期限的不同，可分为下列3种：

①长远计划。一般为五年、十年或更长时期的规划，是铁路旅客运输的发展计划，通常根据国民经济计划的期限进行编制。主要是规定旅客运输的发展方向、技术政策、速度、重量及有关的主要指标。

②年度计划。这是旅客运输的任务计划，根据长远计划的要求和当年具体情况制定的执行计划。它是确定旅客列车行车量和客运机车车辆需要量以及客运设备改建、扩建的主要依据。

③日常计划。它是在年度计划指导下，进行旅客运输作业的月、旬、日、班计划，是作业计划。计划要正确反映客观经济规律的要求，切忌主观随意性。

旅客运输的长远计划和年度计划由计划部门负责编制，日常计划由客运部门编制。

（2）旅客运输计划按其组织形式不同，可分为客流计划、技术计划、日常计划3种。

二、旅客运输计划的特点

旅客运输计划与货物运输计划相比较，具有以下特点：

（1）计划期内人们提出的旅行需要，运输部门不能拒绝，不能延期或提前，必须及时满足。

（2）旅客要求的乘车路径和到达地，不能像货流那样可以在全国范围内根据产供销合理联系的原则进行调整。

（3）铁路输送旅客的能力及客运机车车辆的工作量确定与旅客运输计划的时间并不一致，从而增加了综合平衡的复杂性。

（4）作为铁路运输主要产品之一的旅客运输（即人的位移），对质量的要求比货物运输更高、更严。

三、客流及其主要特点

（一）客流概述

1. 客流的形成

客流是指铁路某一方向上，一定时间内旅客的流量和流向。

2. 客流的构成要素

客流的构成要素包括旅客的流量、流向、流程和流时。

3. 客流的分类

（1）按旅客的乘车距离和铁路局集团公司管辖范围，客流分为以下两种：

①直通客流:旅客乘车距离跨及两个及以上铁路局集团公司的为直通客流。

②管内客流:旅客乘车距离在一个铁路局集团公司范围以内的为管内客流。

(2)按旅客选择的列车等级,客流可分为高速客流和普速客流。

(3)按旅客的出行目的,客流可分为商务客流,探亲、访友客流,旅游客流等。

(4)按旅客的身份职业,客流分为工人、农民、干部、学生、军人、教师等。

(5)按旅客旅行的距离,客流分为短途客流、中短途客流、中长途客流、长途客流。

旅客旅行距离在200km以内(含200km)的客流为短途客流;在200~500km(含500km)之间的客流为中短途客流;在500~800km(含800km)之间的客流为中长途客流;800km以上的客流为长途客流。

(6)按旅客是否换乘,客流分为以下两种:

①本线客流,是本线各大站间到发的客流和沿线小站间到发的沿线客流。

②跨线客流,是本线与相邻线或相邻线间交流而通过本线的客流。

四、旅客列车分类及车次的编定

1.旅客列车分类

根据对客流的不同需求和铁路线路等技术设备条件,铁路开行了不同种类、不同等级的列车。目前,旅客列车分为以下几种:

(1)高速动车组旅客列车。高速动车组旅客列车是指运行速度250km/h及以上,在客运专线上运行的动车组列车。其采用CRH系列或CR系列动车组车底,列车开行最高速度达到350~400km/h。

(2)城际动车组旅客列车。它是在城际客运专线上运行,以“公交化”模式组织的短途旅客列车。列车开行最高速度达到250~350km/h。

(3)动车组旅客列车。它是运行于既有铁路线的动车组列车,列车开行最高速度达到200km/h。

(4)直达特快旅客列车。这种列车的运行速度一般保持在160km/h;主要安排在客流较大的城市所在站始发、终到,实现大城市间旅客快捷运输。

(5)特快旅客列车。这种列车也是目前国内速度较高,车内设备完善、服务质量较好的列车,在北京与各大城市及国际城市之间开行,有国际和国内两种特快列车。

(6)快速旅客列车。这种列车目前开行在经过既有线技术改造后具有提速条件的线路上。

(7)普通旅客快车。它分为直通快车和管内快车。这种列车速度比快速列车慢,编组辆数和停站次数较多,运行于各大、中城市之间。

(8)普通旅客慢车。这种列车分直通旅客列车和管内旅客列车,其编组辆数多,定员多,速度较低,停站多。

(9)通勤列车。它是指为方便沿线旅客上下班而开行的旅客列车。

(10)临时旅客列车。它是指在节假日、寒暑假、春运期间,为了满足临时增加的客流与运能之间的供需矛盾而临时增开的旅客列车。

(11)临时旅游列车。这种列车在名胜古迹、游览胜地所在站和大、中城市间开行,用于输送旅游观光旅客。旅游列车的速度、服务和设备都优于其他旅客列车。

(12)回送客车底的列车。这种列车是把客车配属站的空客车底事先调送至异地的列车始发站待用或把旅客运送至目的地后,把空客车底回送至原客车的配属站而运行的列车。

(13)因故折返旅客列车。这种列车是由于前方设备故障,不能继续运行,而不得已按原路返回的旅客列车。

2. 旅客列车车次

为了确保列车车次的规范和统一,便于旅客能区别各种旅客列车的性质和种类,同时,考虑到铁路行车部门组织列车运行和进行作业的需要,铁路部门把各种旅客列车按其性质、种类和运行方向用一定数字编定车次。所以,车次是某一列车的简明代号,它能表示:列车的种类——是客车还是货车,如是客车还可判明是直通的还是管内的;列车的等级——是快车还是慢车,如是快车还可区分是特快、快速还是普快等;列车的去向——是上行还是下行,在我国以向北京、支线向干线或指定方向为上行,车次编定为双数,反之为下行,车次编定为单数。

我国铁路旅客列车车次编号由国铁集团统一规定执行。旅客列车车次编排规定,见表6-1。

各铁路局集团公司管内划分的车次范围不足时,需向国铁集团申请车次,不得自行确定。

旅客列车车次编定表 表6-1

<table>
<tr><th colspan="2">列车种类</th><th>车次范围</th><th>说明</th><th colspan="2">列车种类</th><th>车次范围</th><th>备注</th></tr>
<tr><td colspan="2">1. 高速动车组旅客列车</td><td>G1 ~ G9998</td><td>“G”读“高”</td><td colspan="2">5. 特快旅客列车(140km/h)</td><td>T1 ~ T9998</td><td>“T”读“特”</td></tr>
<tr><td rowspan="2">其中</td><td>直通</td><td>G1 ~ G4998</td><td>G4001 ~ G4998 为临客预留</td><td rowspan="2">其中</td><td>直通</td><td>T1 ~ T3998</td><td>T3001 ~ T3998 为临客预留</td></tr>
<tr><td>管内</td><td>G5001 ~ G9998</td><td>G9001 ~ G9998 为临客预留</td><td>管内</td><td>T4001 ~ T9998</td><td>T4001 ~ T4998 为临客预留</td></tr>
<tr><td colspan="2">2. 城际动车组旅客列车</td><td>C1 ~ C9998</td><td>“C”读“城”
C9001 ~ C9998 为临客预留</td><td colspan="2">6. 快速旅客列车(120km/h)</td><td>K1 ~ K9998</td><td>“K”读“快”</td></tr>
<tr><td colspan="2">3. 动车组旅客列车</td><td>D1 ~ D9998</td><td>“D”读“动”</td><td rowspan="2">其中</td><td>直通</td><td>K1 ~ K4998</td><td>K4001 ~ K4998 为临客预留</td></tr>
<tr><td rowspan="2">其中</td><td>直通</td><td>D1 ~ D4998</td><td>D4001 ~ D4998 为临客预留</td><td>管内</td><td>K5001 ~ K9998</td><td>K5001 ~ K6998 为临客预留</td></tr>
<tr><td>管内</td><td>D5001 ~ D9998</td><td>D9001 ~ D9998 为临客预留</td><td colspan="2">7. 普通旅客列车(120km/h)</td><td>1001 ~ 7598</td><td></td></tr>
<tr><td colspan="2">4. 直达特快旅客列车(160km/h)</td><td>Z1 ~ Z9998</td><td>“Z”读“直”</td><td colspan="2">(1)普通旅客快车</td><td>1001 ~ 5998</td><td></td></tr>
<tr><td rowspan="2">其中</td><td>直通</td><td>Z1 ~ Z4998</td><td>Z4001 ~ Z4998 为临客预留</td><td rowspan="2">其中</td><td>直通</td><td>1001 ~ 3998</td><td>3001 ~ 3998 为临客预留</td></tr>
<tr><td>管内</td><td>Z5001 ~ Z9998</td><td>Z9001 ~ Z9998 为临客预留</td><td>管内</td><td>4001 ~ 5998</td><td></td></tr>
</table>

续上表

列车种类		车次范围	说明
(2)普通旅客慢车		6001~7598	
其中	直通	6001~6198	
	管内	6201~7598	
8.通勤列车		7601~8998	
9.临时旅客列车(100km/h)		L1~L9998	“L”读“临”

列车种类		车次范围	备注
其中	直通	L1~L6998	
	管内	L7001~L9998	
10.旅游列车(120km/h)		Y1~Y998	“Y”读“游”
其中	直通	Y1~Y498	
	管内	Y501~Y998	

单元6.2 客流计划

一、客流调查

客流是运输组织工作的基础,是编制旅客运输计划的依据,而摸清客流又是一项比较复杂的工作,因为大部分客流是基于个人旅行需要而自然形成的,但它又受一系列社会因素的影响。因此,客流调查以影响客流发展与变化的主要因素为对象,其目的是掌握一定时期的客流数量和客流变化规律,正确编制旅客运输计划和客流计划,以不断提高旅客运输的计划性和管理的科学性。同时,客流调查本身也是客运量预测的一种方法。

(一)客流变化的主要影响因素

(1)社会政治、经济、文化的发展变化。

(2)国家或地区一定时期内方针政策的变化。

(3)生产布局的变化,经济区的开发,地方工业及乡镇企业的兴办和发展。

(4)人口的自然增长。

(5)人文、民俗及国家和地区性的大型团体活动。

(6)现有铁路的技术改造,新线的修建,客流吸引范围的扩大或缩小。

(7)各种交通运输工具的发展和分工情况。

(8)不同交通工具客运票价的变化。

(9)自然灾害和季节、气候变化。

(10)旅游业的发展变化。

以上因素中,经济发展是重要的因素。随着经济发展,旅游、参观游览、探亲等逐渐成为人们生活中必要的组成部分。因此,调查和分析时,首先应研究经济的发展趋势,了解市场经济新形势的发展、变化规律,以此作为依据,再进行具体资料分析,使客流调查工作做得更好,更符合客观实际。

(二)客流调查范围的划定

客流调查可以在列车上进行,也可以在车站及铁路沿线的吸引区内进行。车站的客流调查范围可分为直接吸引范围和间接吸引范围两种。

直接吸引范围是指车站所在地及其附近地区被车站直接吸引的城市和居民点的总区

域。这个区域可用垂直平分法先画出大致范围,如图6-1所示。图中FGHI包围的区域就是D站的几何吸引范围。

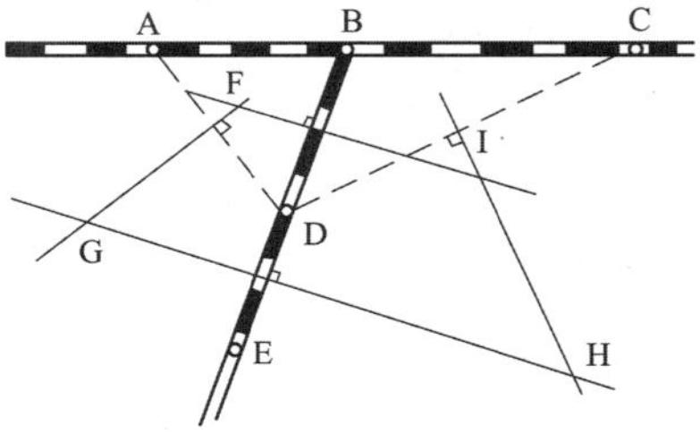

图6-1 直接吸引区示意图

用垂直平分线画出的吸引范围,还须根据地形、地貌条件,旅客由各工业点、经济区、居民地至D站的距离、旅费、在途时间、方便程度等因素进行综合分析,经过修正,最后确定吸引区的边界。

间接吸引区是指车站直接吸引范围以外,由其他交通工具的联系而被间接吸引的远地区的城市和居民点的总体区域。如位于机场、港口附近的客运站,经过航空和海运各航线来的客流,需要继续乘坐火车,即属间接吸引范围的客流。

(三)客流调查的方法

客流调查一般分为综合调查、节假日调查、日常调查3种形式,且以日常调查为主。

1.综合调查

一般每年进行一次,主要调查吸引区的政治、经济、文化发展所引起的客流变化情况,调查内容主要有如下几项:

(1)吸引区的一般情况。地区的自然条件(位置、地形、气候等);行政区域的划分;城市、农村人口的分布和增长情况;工矿企业、机关学校的分布和发展情况;工矿企业生产水平及与外地在供销上的联系;农业生产力和劳动力的安排及有组织的或自发的劳动外出情况;文教、卫生事业的发展和名胜古迹、医院、疗养院的分布,名胜古迹的分布及吸引旅客的情况;地区交通的发展简况。

根据以上调查资料,可编制客流调查综合分析表,内容包括:地区的自然条件;行政区域的划分;工矿企业、机关学校的分布;农业生产情况;文教卫生事业的发展;名胜古迹的分布及吸引旅客情况;地区交通简况。

(2)直接影响客流的各项因素。吸引地区的总人数;工矿企业、机关、学校等单位的人员及家属人数;休假制度,利用铁路旅行的人数、时间、去向及节假日探亲访友的情况;吸引范围内农村及农牧场的人口、生产情况及选择铁路探亲的情况;吸引范围内供外地人员疗养、休养的处所、开放时间、床位及其周转时间;吸引范围内名胜古迹,游览胜地及历年各月的旅游人数,通过铁路旅行的人数;历年特殊客流及大批人员主要到发区段、运输情况。

根据以上资料,可编制客流组成及运输情况,城镇人口分布情况,工矿企业人员分布情况,各大、中专院校人口分布情况,集市贸易情况,大批团体旅客输入输出情况等报表。

(3)各种交通工具能力供给情况。调查吸引范围内现有交通运输方式、运输能力、历年运量、客流在时间上的变化情况以及今后的发展趋势;各种交通运输工具的运行线路,找出与铁路联运和铁路分担的人数及其比重;铁路与各种交通工具在运行时间上的配合情况。

(4)铁路旅客运输资料。调查分析按运输类别的旅客发送、中转及到达人数,城际客运人数;客流月、季度的波动情况及原因;历年到达各区段的客流量及客流变化情况;分直通、管内、城际、市郊的旅客列车对数,运行区段、时间及平时和客运量最大时的运能与运量的适应情况;其他与编制客流计划、组织旅客运输有关的资料。

综合调查应每年在规定时间内进行,并将结果按客流分析说明表等汇总编制成各年度的铁路旅客运输客流调查资料。这样，逐年按期进行，可以系统地取得历年资料，在了解、分析、对比和研究客流变化规律的基础上，更好地编制旅客运输计划和客流计划。

2. 节假日调查

节假日调查是对清明节、端午节、五一劳动节、中秋节、“十一”国庆节、元旦、春节和暑期客流等进行的调查。前六项主要是管内客流较平时增长较大，一般在节日前一个月左右进行调查。春节、暑期客流调查应在春节、暑期前3～4个月内进行。

节假日客流调查的目的是制订好旅客运输方案以及做好各项组织工作，其中包括制订节假日期间临时旅客列车开行方案，编制旅客运输计划和安排售票、服务组织工作等。

调查的主要内容如下：

(1)重点工矿企业、政府机关团体的休假制度，社会经济活动及外地人员乘坐火车的流量、流向。

(2)学生客流重点调查研究本地区大中专学校数量，在校学生和外地学生人数，学生乘坐火车的流量、流向，放假和开学日期。

(3)民工客流重点调查研究客流产生地的农业人口数量，乡镇企业发展情况和剩余劳动力数量及外出劳动力分布地区和数量；客流接纳地区用工部门，市场已经或预计接纳的用工数量；中转站应建立健全民工旅客的流量、流向资料台账，加强分析和预测。

(4)其他交通运输工具与铁路衔接运能、运量的变化情况。调查的方法可采取登门调查和召集会议等方式。

将调查的资料汇总并编制出节假日客流调查统计表，如表6-2所示。

××铁路局集团公司××站　工矿企业机关、学校节假日客流调查统计表　　表6-2

所属部门：　局集团公司 (公司)单位名称	
地址：　区　路　巷(弄)　号 (县)	
联系人科室：　姓名：　电话：	
全厂(校)人数：　人　其中职工(教职工)　人(学生)　人享受探亲假职工(师生)人	
发薪日期：　日　厂(校)休日、星期、春节及其他法定假期　自　月　日至　月　日止 (包括调休)	
乘坐交通工具××年春节在××	乘坐火车××方向　人，往××方向　人，往××方向　人，小计　人
	乘坐长途汽车××方向　人，往××方向　人，往××方向　人，小计　人
	乘坐轮船××方向　人，往××方向　人，往××方向　人，小计　人
	乘坐火车至××站乘海轮往××方向　人，往××方向　人，往××方向　人，小计　人
	现有临时工使用到期××年×月底的往××方向　人，往××方向　人，往××方向　人，小计　人
对铁路客运服务工作和车次时间等方面的意见、要求	

填表单位：　　填表人科室：　　姓名：　　电话：

3. 日常调查

日常调查是车站有关客运计划人员与旅客在购票、候车、乘车过程的接触中,对旅客变化的各项因素进行调查了解。在售票厅,可利用旅客排队时间进行调查;在候车室,可利用旅客等车时间采取听、看、问的方式了解情况,或指定统一的登记表,见表6-3,发给旅客填写;在列车上,则具有更为充裕的时间,旅客也愿意主动配合调查。一般调查旅客的旅行目的地、到达地点及返回日期,该单位人数及乘车旅行情况,以便随时掌握客流变化情况,分析客流增减数量、变化原因和持续时间。

日常客流调查登记表 表6-3

各位旅客:
为了搞好客流调查,有计划地组织旅客运输,更好地为广大旅客服务,请您协助在以下调查内容划:"○"或填写:
一、本人职业:工人、农民、军人、师生商业、机关干部、(其他:________)
二、旅行目的:出差、开会、学习、参观、采购、游览、就医、探亲、(其他:________)
三、建议或要求:____
____
____
四、本人单位:____
祝您旅途愉快!
××局集团公司××站
年 月 日

对城际客流和市郊客流一般应进行单项调查。

全面的、较大规模的客流调查,一般以车站为单位,在车站吸引范围内进行。由于调查范围广,涉及部门多,工作量较大,因此,必须成立调查小组,实行分工负责、分片包干。各级有关客运人员应把调查工作作为自己日常工作的一部分。铁路局集团公司主要是做重点调查、汇总并分析各站上报的客流调查情况。

二、旅客运输计划编制的依据

(一)客流调查资料

客流调查是编制旅客运输计划的基础。根据客流调查资料,可以掌握客运量的变化和发展情况。对于大批团体客流和节假日客流,可通过专门的客流调查确定旅客的流量和流向,为编制运输计划提供可靠的资料。

(二)旅客运输统计报告资料

旅客运输统计报告资料是掌握旅客运输变化规律的重要资料。根据统计资料,可以分析历年来实际客流的流量、流向及其变化规律和增长率,可以查明旅客运输的季节性波动。通过分析各方向、各次列车乘车人数的统计资料,可以确定各区段列车的利用情况。旅客运输统计报告资料主要包括下列内容。

1. 旅客运输部门掌握的日常统计分析资料

车站和车务段根据售出客票记录,分别按直通、管内编制售出客票报告(月报)及退票报告(月报)及区段票、代用票等业务统计资料,报铁路局集团公司收入检查室汇总后报统计部门,并根据列车上下车人数的统计资料,按日、旬、月分车次、去向统计发送及中转客流量。

2. 由统计部门编制的客流统计资料

车站和车务段根据售出客票记录，分别按直通、管内编制出客票报告（月报）、退票报告（月报）及区段票、代用票（包括乘降所上车票据）一起报铁路局集团公司统计部门，再由统计部门根据各站的售出客票报告、退票报告和铁路局集团公司间交换资料（输入和通过客流）编制下列有关报表：

（1）站别旅客发送统计表——客报1。该表是统计实际客流的重要资料，表明各站发送的直通、管内客流情况。

（2）旅客运输量及人公里统计报表——客报2。该表根据本铁路局集团公司旅客发送资料和各铁路局集团公司交换资料编制，表示各铁路局集团公司运输量、运送量、发送量、人公里及旅客平均行程的完成情况。

（3）分界站旅客输出、输入及通过人数统计报表——客报3。该表表示铁路局集团公司间旅客去向及各铁路局集团公司间分界站输出、输入和通过旅客人数。

（4）区段平均旅客密度统计表——客报4。该表是为了考核铁路营业线上各区段的旅客密度。根据本铁路局集团公司和外铁路局集团公司的资料，按直通、管内，分上下行方向编制站间密度，再汇总成区段平均密度表。

（5）旅客运输距离统计表——客报5。该表按照运行距离分段统计运输量、运送量、发送量和人公里，用以了解和研究旅客行程情况。

通过客流调查，并结合客运统计报告资料的分析，可了解吸引地区客流产生与变化的一般规律。相关资料可为编制旅客运输计划提供参考。这些资料不仅是编制客运长远计划、年度计划的重要依据，而且是编制旅客列车运行图，掌握日常客流变化和改善客运设备，进行客运基本建设的必要资料。

三、客运量预测

客运量预测

预测是一种预计和推测，即人们利用已经掌握的信息资料和手段，预先推测和判断事物未来或未知状态的结果，预测过程是在调查研究和科学实验的基础上进行科学的分析和论证。

客运量预测是编制旅客运输计划不可缺少的前期步骤。预测方法根据资料来源基本上可以分为客流调查和旅客运输统计报告。各种预测方法无论其是否同类，都不是相互排斥的，而是可以结合运用、互相验证、互为补充的。

下面介绍3种预测方法。

1. 固定比例法（乘车系数法）

乘车系数（y）为铁路客运发送量（Y）与吸引区居民人数（N）的比值。

$$y=\frac{Y}{N} \tag{6-1}$$

例如，某年某站吸引地区的居民人数为100万人，而铁路客运发送量为70万人，则：

$$y=\frac{Y}{N}=\frac{70\text{万}}{100\text{万}}=0.7$$

y是随着客观形势的发展不断变化的，所以必须分析研究各项因素对y的影响程度，从而确定计划期的y。如上例中，计划期$y_{计}$为0.75，计划期吸引区的居民人数为105万人，则

计划客运发送量为:

$$Y_{计}=N_{计}\cdot y_{计}=105\times0.75=78.75\text{ 万人}$$

2. 动态关系法(比例增减法)

按照各种因素的影响,推定铁路客运发送量的增长百分率。例如某站客运发送量最近三年的增长率为10%、12%、14%,分析计划年度各项因素发展情况,加以研究并确定计划年度的增长百分率。如某站历年增长客流的基本原因是吸引区经济建设的迅速发展。车站附近中小学的建立,一批工厂的开办,在计划期间内还将有几座大工厂投产、兴建,确定计划年度的增长百分率为17%。如上年度客运发送量完成30万人,则计划年度客运发送量应为35.1万人,计算公式如下:

$$\begin{aligned}Y_{计}&=Y(1+\beta)\\&=30\times(1+17\%)=35.1\end{aligned}\tag{6-2}$$

式中:$Y_{计}$——计划年度客运发送量,万人;

Y——上年度客运发送量,万人;

β——计划年度增长百分率,%。

3. 时间序列法(趋势外延法)

将过去的历史资料和数据,按时间顺序排列起来的一组数字序列,如历年某铁路局集团公司或全路的客运发送量。其特点是假定预测的客运发送量过去的变化趋势会同样延续到未来,因而可以通过对过去的时间序列数据推算出事物的变化趋势从而做出预测。这种方法多适用于短期预测。同时应消除偶然性因素的影响。

预测公式为:

$$Y_{计}=a+bt\tag{6-3}$$

式中:t——年序数;

a、b——参数。

设一次移动平均数为 M_t^1,二次移动平均数为 M_t^2,取平均时距为 $n=3$,则:

$$\begin{cases}a=2M_t^1-M_t^2\\b=M_t^1-M_t^2\end{cases}\tag{6-4}$$

其中,M_t^1、M_t^2 可按下列方法求解:

设各年的实际客运量为 $X_{(01)}$、$X_{(02)}$、$X_{(03)}$、$X_{(04)}$,则:

$$\underset{(03)}{M}{}_t^1=\frac{X_{(01)}+X_{(02)}+X_{(03)}}{3}$$

$$\underset{(04)}{M}{}_t^1=\frac{X_{(02)}+X_{(03)}+X_{(04)}}{3}$$

$$\underset{(05)}{M}{}_t^1=\frac{X_{(03)}+X_{(04)}+X_{(05)}}{3}$$

二次移动平均数M_t^2 不过是一次移动平均数M_t^1 的再一次移动平均而已,即:

$$\underset{(05)}{M}{}_t^2=\frac{\underset{(03)}{M}{}^{1t}+\underset{(04)}{M}{}^{1t}+\underset{(05)}{M}{}^{1t}}{3}$$

四、客流计划的编制

客流计划是旅客运输计划的重要组成部分,既是实现旅客运输的技术计划,又是旅客运输能力的分配计划和旅客运输组织的工作计划。

客流调查只是为编制客流计划提供了一定的原始资料,还必须对调查数据进行科学分析,研究客流在各个时期与社会政治、经济、文化发展的关系。此外,还应依据历来实际客流和增长率及综合社会调查,加以科学推算。

客流计划的编制分为三个阶段:下达任务,准备资料;铁路局集团公司编制客流图和客流计划;国铁集团汇总直通客流图,编制客流计划。

(一)下达任务,准备资料

在编制新运行图确定旅客列车开行方案前,一般首先要编制客流计划。由国铁集团指定用某月份(称客流月)的客流统计资料,于客流月前下达编制客流计划和客流图的任务,同时公布全路直通客流区段(管内客流区段由铁路局集团公司自定)。这里所说的客流区段,不同于列车运行区段和机车牵引区段,而是指客流的到达区段,其长度按客流密度的变化情况而定。凡各大城市之间,客流密度大致相同的地点,衔接几个铁路方向的大型客运站,各铁路局集团公司间的分界站,都是划分客流区段的始发站和终到站。

(二)铁路局集团公司编制客流图和客流计划

各铁路局集团公司统计部门按铁路客货运输统计规则的要求,提出客流月的直通、管内分客流区段的发送旅客流向统计资料。

各客运部门根据分客流区段的旅客流向资料,按日均数编制客流图。客流图也称客流区段图,是旅客由发送地至到达地所经过的客流区段的图解表示,如图6-2所示。编制客流图的目的主要是为编制运行图提供确定旅客列车对数和运行区段所需的计划客流量。经常编制客流图,可以积累各个时期各铁路线客流的流向和流量变化情况,掌握客流变化规律,以便提供日常和节假日客流组织办法。客流图按客流性质,可分为直通客流图和管内客流图。

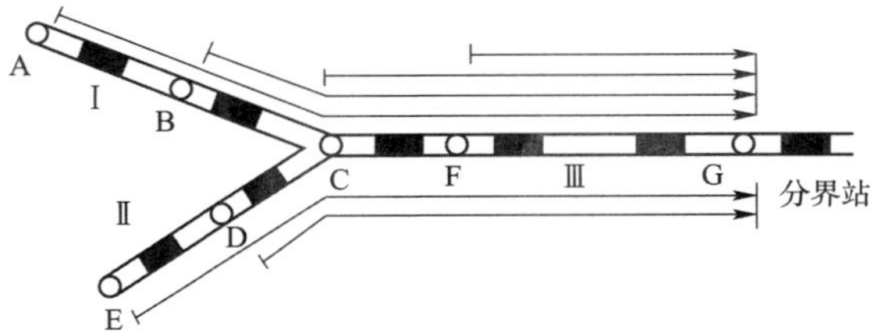

图6-2 客流(区段)图

1. 直通客流图

直通客流图是由一个铁路局集团公司所属各客流区段产生的客流,经过一个或几个铁路局集团公司间分界站到达全铁路局集团公司的各客流区段的客流图解表示。每个铁路局集团公司都有一条或几条铁路线作为编制客流图时的起始、终到或通过区段,每条铁路线根据客流密度的不同,又可分为一个或几个直通客流区段。各直通客流区段的直通客流都由三部分组成,即:

(1)输出客流,是由本铁路局集团公司各直通客流区段内产生通过铁路局集团公司间分界站交到外铁路局集团公司的客流。

(2)输入客流,是由全路各铁路局集团公司的各直通客流区段内产生的直通客流,通过本铁路局集团公司分界站到达本铁路局集团公司各直通客流区段内的客流。

(3)通过客流,是由本铁路局集团公司的一个铁路局集团公司间分界站接入到另一个铁路局集团公司间分界站交到外铁路局集团公司的客流。各铁路局集团公司和全路的直通客流图,只编制直通输出客流。

直通客流图根据各直通客流区段产生的输出客流量和流向,分线路、客流区段进行编制。将各个直流客流区段产生的直通输出客流量按区段顺序,填入各客流区段,即是本区段产生的直通输出客流加通过本区段的客流,这样,最后一个客流区段的直通客流量也就是本线所产生的直通输出客流量。

2. 管内客流图

管内客流图是由一个铁路局集团公司各管内客流区段产生,而又在本铁路局集团公司管内各客流区段消失的客流图解表示。管内客流图的编制方法与直通客流图不同,一般是先制作客流斜线表(表6-4),后编制管内客流图。

管内客流图的编制

表6-4中列出了各大站间到发旅客人数,其中,斜线以上为下行客流,斜线以下为上行客流。

客流斜线表(单位:人)　　表6-4

发站	站间距(km)	到站							
		甲	乙	丙	丁	戊	下行	上行	总计
甲			1670	1375	1230	980	5255	—	5255
乙	180	1943		1850	930	291	3071	1943	5014
丙	250	1130	2000		1031	430	1461	3130	4591
丁	220	1212	910	980		1320	1320	3102	4422
戊	200	968	430	390	1230		—	3018	3018
下行		—	1670	3225	3191	3021			11107
上行		5253	3340	1370	1230	—	—		11193
总计		5253	5010	4595	4421	3021	11107	11193	22300

为使管内客流斜线表所表示的客流计划更为明显、清晰,能反映出各客流区段的客流密度,以便于计算旅客运输指标和确定旅客列车运行区段与行车量,将斜线表上的各项数值按一定的格式,用图案的形式表示出来,即为管内客流图,如图6-3所示。在客流图上,用不同的颜色或图案分别表示不同管内客流区段所产生的客流。

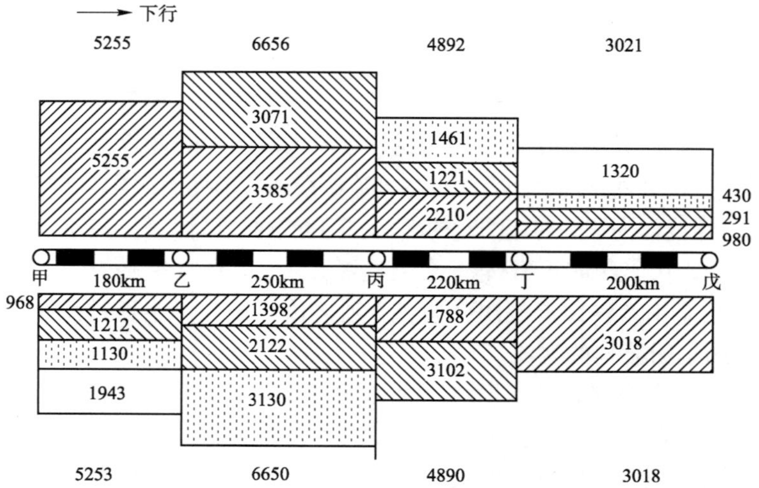

图6-3　管内客流图(单位:人)

区段客流密度包括同一客流区段内始发、到达和通过的客流。在同一客流区段内，各站间有不同的客流密度时，区段客流密度应按其中最大值计算。如图 6-4 所示，区段客流密度为 1670 人。

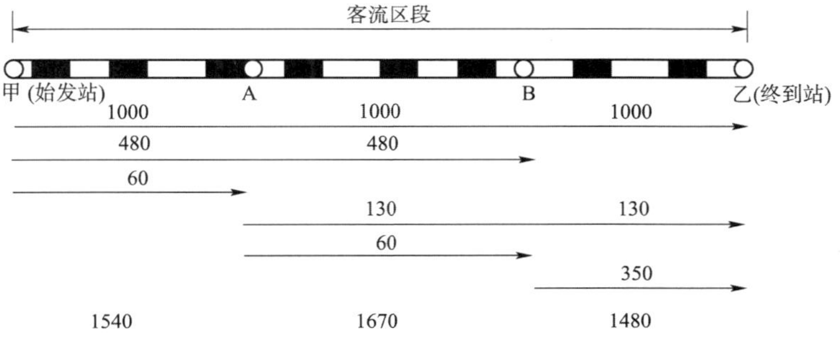

图 6-4　区段内始发和到达客流图(单位:人)

编制管内客流图时，还应考虑直通客流在管内客流区段内到发时，往往需换乘管内列车，这部分客流除在直通客流图上作为通过全区段的客流外，还必须加入管内客流图，以便在计划管内旅客列车开行对数时，将这部分客流计划在内。

(三)国铁集团汇总直通客流图，编制客流计划

国铁集团组织各铁路局集团公司将所编制的直通客流图资料进行交换，并汇总在按铁路局集团公司分类的全路直通客流汇总图上。各铁路局集团公司根据交换的资料，计算出直通客流区段的客流密度，连同管内和市郊客流量一起，汇总在全国铁路区段客流密度图上。然后各铁路局集团公司分析客流调查和统计资料，预计客观形势可能的发展趋势，推算计划期间客流的增长率，从而编制全路客流计划。按干线、支线分客流区段汇总成直通客流计划表，编制计划客流密度与现行运行图规定的旅客列车能力比较表(表 6-5)，以提供编制列车运行图所需的资料。

计划客流密度与现行运行图规定的旅客列车能力比较表　　表 6-5

线路区段	方向	年月			年至　年计划			现行旅客列车能力				密度与能力比较			
		旅客	其中		旅客	其中		对数	总定员	其中:直通客车		与　月份		与　年	
		密度	直通	管内	密度	直通	管内			对数	定员	总计	直通	总计	直通
	上														
	下														
	上														
	下														
	上														
	下														

注:列车定员，按编组表中规定的定员计算(包括硬卧和硬座车)，硬座车定员要扣除规定的儿童票数。

五、旅客运输计划的主要指标

(一)旅客发送人数

旅客发送人数又称旅客发送量，是指一定时期(日、旬、月、年)内，全路、铁路局集团公

司、车站发送的旅客人数,分别按直通、管内计算,然后加总。

$$A_{发} = A_{发}^{直通} + A_{发}^{管内}$$

式中:　$A_{发}$——旅客发送人数,人;

$A_{发}^{直通}$、$A_{发}^{管内}$——分别为直通、管内旅客发送人数,人。

全路(铁路局集团公司)发送旅客人数等于全路(铁路局集团公司)内各站旅客发送人数之和。

$$A_{发}^{全路} = \sum A_{发}^{站}$$

式中:$A_{发}^{全路}$——全路旅客发送人数,人;

$\sum A_{发}^{站}$——全路各站旅客发送人数总和,人。

旅客发送人数是国家规定的旅客运输计划指标,是考核铁路完成任务情况的主要指标。

(二)旅客运送人数

旅客运输人数又称旅客运输量,简称客运量,是指在一定时期(日、旬、月、年)内,全路或铁路局集团公司运送的全部旅客人数。

对铁路局集团公司而言,在长途旅客中,有购买直通车票的旅客在发送人数中没有得到完全反映,所以运送旅客人数应包括发送、接入通过、接入到达的旅客人数之和,即:

$$A_{局运} = A_{局发} + A_{通过}^{接入} + A_{到达}^{接入} \tag{6-5}$$

式中:$A_{局运}$——铁路局集团公司运送旅客人数,人;

$A_{局发}$——铁路局集团公司发送旅客人数,人;

$A_{通过}^{接入}$——接入通过的旅客人数,人;

$A_{到达}^{接入}$——接入到达的旅客人数,人。

全路的运送旅客人数还应包括国际联运、新建临管线接运的旅客人数,即:

$$A_{运} = A_{发} + A_{国际} + A_{临管} \tag{6-6}$$

式中:$A_{运}$——全路运送旅客人数,人;

$A_{发}$——全路发送旅客人数,人;

$A_{国际}$——国际联运旅客人数,人;

$A_{临管}$——新建临管线接运旅客人数,人。

就一个铁路局集团公司而言,$A_{发}$不能反映全部客运工作量,$A_{运}$才能反映总的旅客运输量。

(三)旅客周转量

旅客运送人数以人次计算,而与每位旅客的行程长短无关,它在一定程度上反映了客运企业的工作量大小,但还不能反映其运输的距离。用旅客周转量这一指标就包含了人次与运距这两个要素。

旅客周转量是指在一定时期(日、旬、月、年)内,全路或铁路局集团公司所完成的旅客人公里数,分别按直通、管内计算,然后加总。

由于发送旅客人数不能代表各铁路局集团公司的全部客运工作量,因此,旅客周转量计算应以运送旅客人数为准:

$$\sum AL = A_{运}^{直} L^{直} + A_{运}^{管} L^{管} \tag{6-7}$$

式中：$\sum AL$——旅客周转量，人·km；

$A_{运}^{直}$、$A_{运}^{管}$——分别为直通、管内旅客运送人数，人；

$L^{直}$、$L^{管}$——分别为直通、管内运输的旅客平均行程，km。

旅客周转量能较全面地反映铁路的情况，是铁路客运工作中最重要的产品产量指标，也是各铁路局集团公司间分配客运收入，计划和分析运输成本和劳动生产率的依据。

（四）旅客平均运输距离

旅客平均运输距离也称旅客平均行程，是指平均运送每一旅客的距离，分别按直通、管内计算，然后求得总的平均运输距离。

$$L_{平均} = \frac{\sum AL}{A运} \tag{6-8}$$

式中：$L_{平均}$——平均运输距离，km；

$A_{运}$——平均运送人数，人。

旅客平均运输距离，取决于地区之间的经济联系、旅客在工作上和生活上的需要，以及所提供的交通工具的方便程度。

（五）旅客运输密度

旅客运输密度简称客运密度，是指一定时期内（通常指一年），某一区段、铁路局集团公司或全路平均每公里线路上所承担的旅客周转量。

$$\varepsilon_{客}^{区段} = \frac{AL_{区段}}{L_{区段}} \tag{6-9}$$

式中：$\varepsilon_{客}^{区段}$——旅客运输密度，人·km/km；

$AL_{区段}$——通过该区段的旅客周转量，人·km；

$L_{区段}$——该区段线路长度，km。

客运密度能较全面地反映线路客运能力的利用情况和表明铁路客运工作的强度。

单元6.3 技术计划

旅客运输计划是保证质量良好地完成旅客运输任务，合理使用机车车辆和其他技术设备的具体生产计划。铁路是以列车方式进行运输生产活动的，为了完成旅客运输计划，必须将流向、流量、流程、流时各异的旅客组织到不同种类、不同发到站、不同到发时刻的旅客列车中去，才能安全、迅速、准确、便利、舒适地输送旅客到达目的地，并使客运技术设备得到经济、合理的运用。因此，旅客技术计划是铁路旅客运输服务工作的重要组成部分。

旅客运输计划应以客流计划为依据，其主要内容有：

（1）合理地选择旅客列车的速度和重量。

（2）恰当地确定各种旅客列车的运行区段及行车量。

（3）正确地编制旅客列车运行图、时刻表和列车编组表。

（4）经济合理地确定客运机车、车辆的需要数。

旅客运输技术计划的编制是一项复杂而细致的系统工程，主要是在国铁集团和铁路局集团公司两级机构中进行。需要在国铁集团、铁路局集团公司的统一领导下,在客运部门与车机工电辆各部门的密切配合、共同努力下,编制出质量良好的列车运行图。

一、旅客列车的速度和重量

选择合理的旅客列车速度和重量,是旅客运输组织工作的一个重要问题。因为列车的速度和重量决定机车的主要特征,对线路、列车制动以及延长站线和站台提出的要求,决定着旅客列车编成辆数及旅客在途时间的消耗,直接影响铁路的客运能力、服务质量和客运技术设备的使用效率。选择旅客列车最有利速度和重量的方法不同于货物列车,确定旅客列车重量标准时,应考虑的主要因素是提高旅客列车的直通速度,以缩减旅客列车的在途时间。选择旅客列车速度和重量的方法如下:

(一)拟定设计直通速度

在某铁路方向上,先将直通速度确定在一定范围内,并对每个旅客列车按照最优的铺画方案进行调整。在牵引种类和机车功率一定的条件下,列车重量越大,其运行速度越低。确定旅客列车重量时,应以提高直通速度为主,其次应考虑站台和站线的有效长,并按列车的种类和等级,参照现行各项技术标准,按下式分别拟定其设计直通速度:

$$v_{设直} = \frac{L_{方向}}{\sum t_{区段} + \sum t_{技站}} \tag{6-10}$$

式中:$v_{设直}$——设计直通速度,km/h;

$L_{方向}$——列车在该方向上所行驶的距离,km;

$\sum t_{技站}$——列车在客运技术作业站(不包括始发、终到)的停站时分总和,h;

$\sum t_{区段}$——列车在各区段内旅行时间的总和,h,按式(6-11)计算:

$$\sum t_{区段} = \sum t_{运行} + \sum t_{停站} + \sum t_{加减} + \sum t_{慢行} \tag{6-11}$$

式中:$\sum t_{运行}$——区段运行时分总和,h;

$\sum t_{停站}$——列车在区段内停站时分总和,h;

$\sum t_{加减}$——启停车附加时分,h;

$\sum t_{慢行}$——慢行时分总和,h。

(二)审查修正直通速度

对初步拟定的设计直通速度,再按照旅客列车在始发站、终到站的发车及到达时刻对旅客是否方便的条件加以审查及修正。为方便旅客,长途直通旅客列车始发站发车的最佳时刻在19:00以后,但尽量不迟于0:00,到达终点站的最佳时刻宜在白天7:00—14:00之间,如图6-5所示。按此条件,如果D代表列车在途中过夜天数(自始发站发车的当夜不计在内),则修正后的直通速度应规定在下列范围之内:

$$\frac{L_{方向}}{19 + 24D} \leqslant v_{修直} \leqslant \frac{L_{方向}}{7 + 24D} \tag{6-12}$$

式中:$v_{修直}$——修正直通速度,km/h;

$19 + 24D$——列车在旅途中时间的最大值,h;

$7+24D$——列车在旅途中时间的最小值，h。

对于目前开行的快速旅客列车及管内旅客列车，旅途中时间小于24h的，也应考虑到发时刻是否方便旅客并修正其直通速度。

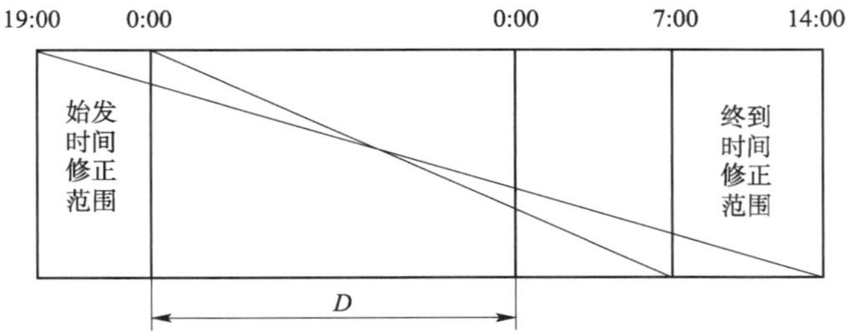

图6-5 长途直通列车发到时间修正范围

（三）确定列车重量和编组数

修正直通速度时，应首先编制旅客列车速度分析表，将各次列车运行区段、列车公里、总时分（包括运行时分、停站时分、起停车附加时分、慢行时分）填记在表中，计算其直通速度。提高直通速度可采取减少列车停站次数、停站时分、区段运行时分和慢行时分等措施。最后根据修正后的直通速度确定各区段的区间运行速度，通过牵引计算，求出列车重量理论上的允许值，并根据列车种类和等级，最后确定列车重量和编组数。

二、旅客列车运行区段和行车量

旅客列车运行区段和行车量基本上取决于客流计划，"按流开车"是确定旅客列车运行区段和行车量的基本原则。

旅客列车运行区段的确定方法是，先按整个方向上各客流区段的最小客流密度计算行车量，即为了最大限度地以直达运输吸收直通客流，一般将某个铁路方向的两端站定为旅客列车的始发站和终到站，然后将客流密度变化较大的站间定为较短的旅客列车运行区段，并计算相应的行车量，要求整个方向上确定的旅客列车运行区段和行车量提供的客运能力与各客流区段的客流密度相适应。

旅客列车的运行区段及行车量

现以甲—戊线路最大客流方向的总客流计划所绘制的客流图（图6-6）为例，从图中能清楚地看出旅客的流量、流向，以及客流的发生及消失地点，这就给划分直通和管内旅客列车运行区段的工作提供了有力帮助。

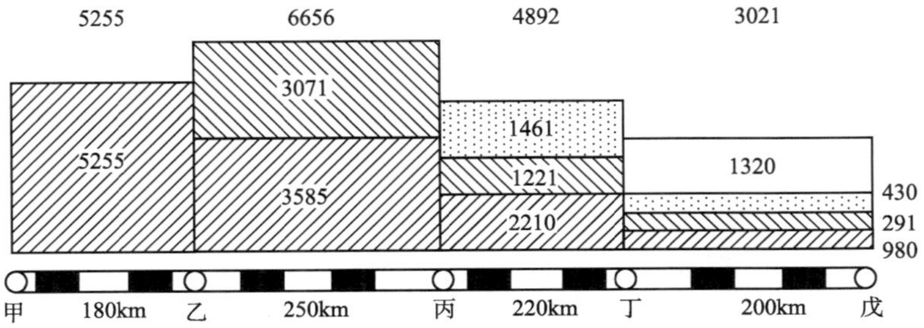

图6-6 最大客流方向的客流图（单位：人）

由图6-6可知，甲—戊线上客流显著变化的地点为乙、丙、丁、戊四站，则可按照甲—戊间、甲—丁间、乙—丙间的不同客流密度,确定旅客列车对数。

旅客列车确定是否合理,是衡量运行图编制质量的重要标志。列车对数定多了,浪费运能;定少了,造成旅客拥挤。所以正确地确定旅客列车对数是一项重要的工作。

1. 概算法

$$N = \frac{A}{\alpha_{列}^{均}} \tag{6-13}$$

式中:N——旅客列车行车量,列;

A——日均计划总客流量,人;

$\alpha_{列}^{均}$——列车平均定员人数,人。

2. 公式计算法

由于旅客列车的种类及运行距离不同,其列车编组内容也不同,各种列车的平均定员人数也就不同。因此,在具体确定行车量时,应对各种旅客列车分别确定其行车量。

(1)特别旅客快车。

$$N_{特快} = \frac{AK_{特快}}{\alpha_{特快}} \tag{6-14}$$

式中:$N_{特快}$——特别旅客快车行车量,列;

A——总客流量,人;

$K_{特快}$——由特别旅客快车运送的客流量占相应总客流量的百分比,%;

$\alpha_{特快}$——特别旅客快车定员人数,人。

(2)旅客快车。

$$N_{快} = \frac{(A - \alpha_{特快}N_{特快})K_{快}}{\alpha_{快}} \tag{6-15}$$

式中:$N_{快}$——旅客快车行车量,列;

$K_{快}$——由旅客快车运送的客流量占相应总客流量(特快运送旅客除外)的百分比,%;

$\alpha_{快}$——旅客快车定员人数,人。

(3)普通旅客列车。

$$N_{普客} = \frac{A - \alpha_{特快}N_{特快} - \alpha_{快}N_{快}}{\alpha_{客}} \tag{6-16}$$

式中:$N_{普客}$——普通旅客列车行车量,列;

$\alpha_{客}$——普通旅客列车定员人数,人。

3. 行车量不足一列尾数的处理方法

通过概算或公式计算出的列车总数和各类列车数,往往出现不足一列的尾数,对此一般不予进整,应采用下列方法处理:

(1)调整车型或增减列车编组以扩大或缩小定员。

(2)利用超员或欠员的方式运输。

(3)对特殊客流较大区段采取加挂回转车的方式运输。

(4)对于不足每日开行一列车的长途直通旅客列车或国际列车,采用定期(每周两次等)或隔日开行的方式运输。

（5）跨铁路局集团公司普通旅客快车，在定员有余的区段可适当增加停站次数，以吸收部分管内客流，充分利用运能。

在实际工作中，按现行运行图开行的客车对数，根据客流计划进行确定。

4. 直通旅客列车开行条件

直通旅客列车运行区段的确定，主要取决于各客流区段的直通客流量，其次是主要站所在地的政治、经济、文化情况及客运段设备条件。这种列车为方便旅客，应最大限度地以直达运输吸引直通客流。跨铁路局集团公司列车的直通客流量需达到一定数量时方可报国铁集团审批开行直通列车。国铁集团对直通客流量规定如下：

（1）跨两个铁路局集团公司的列车不少于600人。

（2）跨三个铁路局集团公司的列车不少于500人。

（3）跨四个及以上铁路局集团公司的列车不少于400人。

三、旅客列车运行方案图的编制

（一）旅客列车运行方案图的编制步骤

旅客列车运行方案是以每一方向各技术站间小时格运行图的形式表示的，所以又叫旅客列车影响方案图，简称客车方案图，如图6-7所示。

由于主要解决列车整体布局问题，最先铺画，所以它是整个列车运行图的骨架和核心。而下一步的两分格运行图上铺画的旅客列车运行线则精确、具体地规定列车到发通过各站的时刻及交会待避的地点，使列车运行组织建立在切实可行、精确协调的基础之上。最后，按修正后的时刻再回归为各方向各技术站间小时格简明运行图的形式。

它旅客列车运行方案图的编制，分以下3个阶段进行：

1. 准备及审定资料阶段（第一阶段）

（1）管内各线，特别是主要干线上的客流量、客流密度及旅客列车开行方案。

（2）各种旅客列车的重量标准、编组辆数、车型、吨数、定员。

（3）各种旅客列车的停车站名及停站时分标准。

（4）各次旅客列车的区间纯运行时分、停站时分、起停车附加时分、慢行时分，按标准填制成专门的表格，如表6-6所示。

某线旅客列车区段运行停站时分标准表　　　　表6-6

					列车 区	列车 段					
					运行时分						
					停站时分						
					起停车附加时分						
					慢行时分						
					合计						

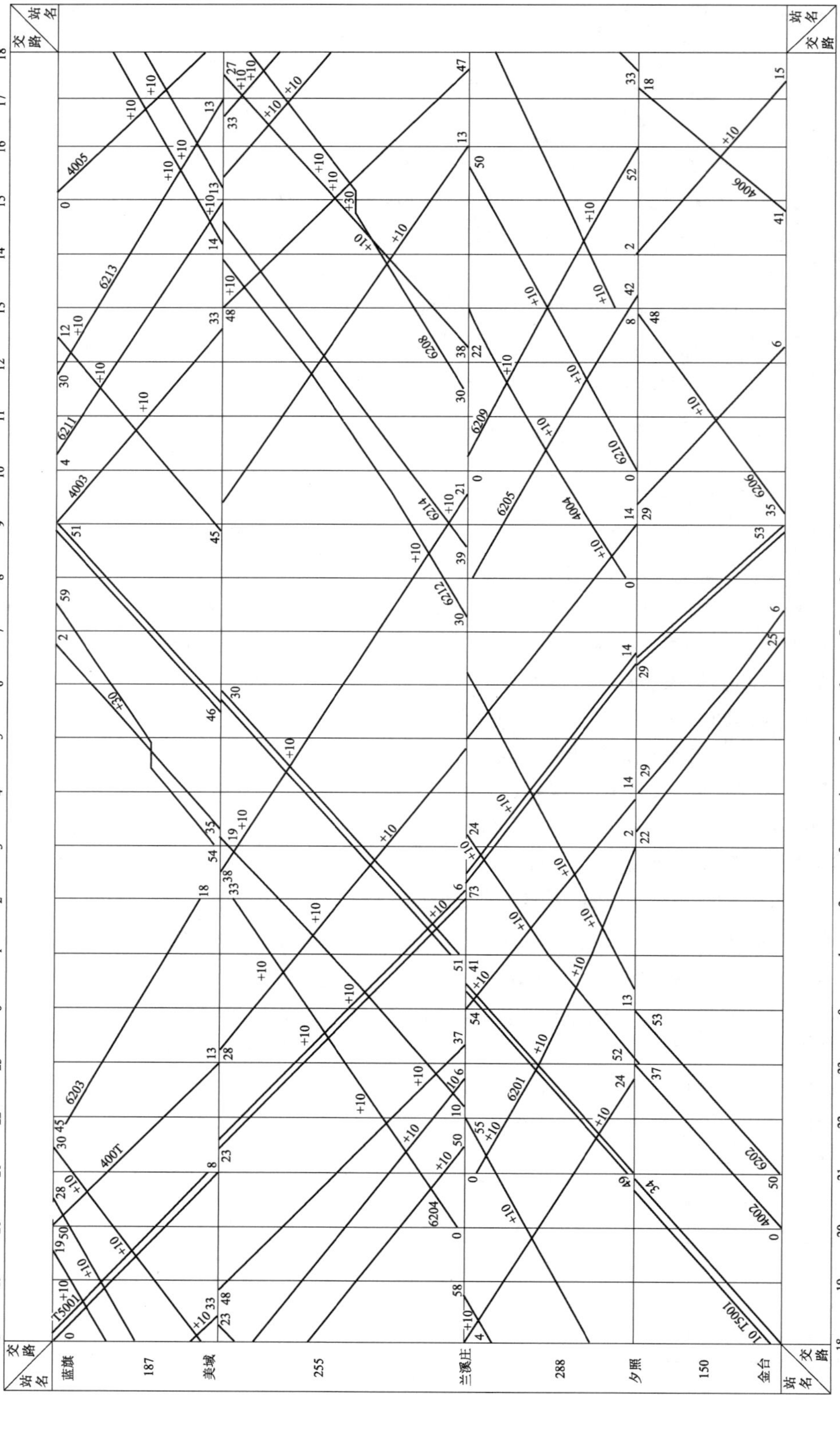

图6-7　旅客列车运行方案图

(5)各次列车在始发站的合理开车范围以便于旅客列车在白天到发。对必须翻架子的和新增加的旅客列车,一般是先求出合理开车范围,选择几个运行方案,进行技术经济比较后,选取其中的最优方案,与原方案相比调整范围不大的列车不用重新计算。

(6)对现行运行图的执行情况和存在问题提出改进意见。

国铁集团审查各铁路局集团公司上报的编图资料,特别是各项时分标准和停站资料,要求新图有利于运行图质量指标的提高,而不是降低。

2. 编制阶段(第二阶段)

(1)铺画小时格各客流区段间的客车方案图。从图上只可看出各次列车在始发终到站、分界站及沿途主要站的终到、始发、通过时刻及区段内列车交会待避概况。也就是说,这种图是骨架式的,着重解决各种列车整体上的布局问题。

(2)铺画具有详细时刻的两分格旅客列车运行图(简称详图)。从图上可看出各次列车在沿途各站的终到、始发、通过时刻及交会越行的车站。这样就使客车方案图上的运行线建立在切实可行的基础之上。

(3)审查图纸及计算指标。在客货列车运行线全部铺画完毕后,应进行细致的审查。对旅客列车运行线审查的内容如下:

①全部旅客列车运行线的铺画是否符合既定的方案;

②各次旅客列车的区间运行时分是否准确,停车站和停车时分是否符合规定的原则;

③旅客列车车底在始发站和折返站的停留时间是否符合规定的标准;

④旅客列车的会让是否合理,有无客车等会货车的不合理情况;

⑤主要客运设备能力的利用情况;

⑥客运机车及客车车底的运用是否经济合理,乘务组连续工作时间是否超过标准。

审查完毕后,应计算运行图的数量指标和质量指标,填记旅客列车指标计算表和旅客列车指标汇总表。

列车运行图编完后,报国铁集团批准。

3. 实行准备阶段(第三阶段)

在新运行图实行前,应着手以下几项准备工作:

(1)编制旅客列车新旧交替计划。在新运行图实行的当天,要求各主要干线的旅客列车都按新时刻表运行,那么在实行前的过渡期间,有的列车需要调整到开时刻,有的列车需要变更编组,有的列车需要增减车底,一般不允许在中途变更车次、到开时刻或编组,为了不致因运行图交替而打乱整个运行秩序,需要编制24h格的旅客列车新旧运行时刻交替图。允许各种旅客列车在交替期间内可以停运、增开或提前按新时刻表运行。新旧交替计划要提前下达到各站段,并按此组织售票、乘降、列车运行调整等一系列工作,顺利过渡到新运行图全面实行。

(2)编制旅客列车时刻表。根据新运行图规定的车次、运行区段、停车地点、到开通过时刻及列车编组情况等事项,编制成供旅客及行车部门日常使用的旅客列车时刻表。旅客列车时刻表如表6-7所示。

(3)编制旅客列车编组表。具体确定每对旅客列车的编组情况,包括列车的发到站、车辆和客运的担当段、编组辆数、车厢编号、车种、定员、总重吨数、车底周转图、车底需要组数等事项,如表 6-8 所示。

旅客列车时刻表 表 6-7

戊	戊	丁	戊	戊	开往	甲	甲	甲	甲	丙
6201 普客	4005 普快	4003 普快	4001 普快	T5001 特快	车次车次 站台	T5002 特快	4002 普快	4004 普快	4006 普快	6202 普客
	15:00	09:00	19:50	18:00	甲	— 08:56	— 12:12	— 21:30	— 07:02	
	18:33 48	12:33 48	23:13 28	21:08 23	乙	54 05:39	37 08:22	35 17:20	15 03:00	
21:00	23:37 54	17:47 04	04:47 04	02:06 23	丙	57 00:41	40 03:24	38 12:22	22:10 21:55	— 06:23
3:02 22	04:14 29	22:24 —	09:14 29	06:14 19	丁	49 20:34	52 22:37	8:00	33 17:18	00:13 17:18
06:25 —	07:06 —		12:06 —	08:53 —	戊	18:00	20:00		14:40	20:50

旅客列车时刻表中常用符号的含义如下:

"↓"或"……"表示列车在该站通过;

"="表示列车不经过该站;

"—"表示列车的终到站;

"※"表示该地点为旅客乘降所。

旅客列车编组表 表 6-8

北京—沈阳北 动车组 D15 D16次	车辆 北京 动车段 担当	乘务 客运段	项目	1	2	3	4	5	6	7	8	9	10	11	12	13	14	15	16					计	
			顺序 京开	1	2	3	4	5	6	7	8	9	10	11	12	13	14	15	16						
			顺序 沈开	16	15	14	13	12	11	10	9	8	7	6	5	4	3	2	1						
			车厢编号	1	2	3	4	5	6	7	8	9	10	11	12	13	14	15	16					16	16
			车种	ZY	ZE	ZE	ZE	ZE	ZE	ZE	ZY	ZY	ZE	ZE	ZE	ZE	ZE	ZE	ZY						
			定员	56	90	90	90	90	40	74	56	56	90	90	90	90	40	74	56					1172	
			总重吨数	54	51	52	52	44	53	51	54	54	51	52	52	44	53	51	54					825	
			附注						酒	残							酒	残						CRH5A型	

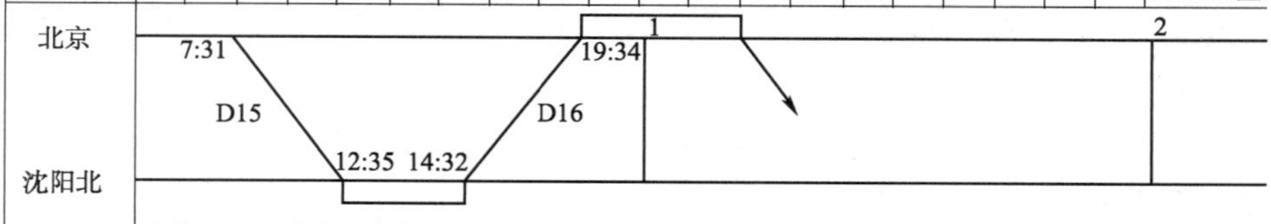

重联586+586定员，集便

旅客列车编组表的编制方法:

①列车发到站、车次栏。列车的发到站先填下行发站,后填下行到站,对改变运行方向的列车(即一对列车有四个及以上车次时),先填担当铁路局集团公司始发站。

列车性质按照动车组、特快、快速、普快、普客等分别填写。

车次一律先填下行,后填上行,一对列车有四个及以上车次时,车次的填写必须和列车的发到站相对应。

②担当乘务栏。担当乘务的车辆、客运段，如名称相同，可只填写一个。

③车底编组栏。列车中车厢编号的编定，凡北京站和上海站始发的各次特快、快速及直通普快列车车厢编号均为小号在前，大号在后（北京、上海间始发和到达的列车以北京站规定顺序为准）。非北京站和上海站到发的各次特快、快速及直通普快列车车厢编号，均以担当铁路局集团公司始发站的发车方向为准，小号在前，大号在后。但对途中某个站由于车场进路关系必须掉头运行的列车，为便于确认，须在编组顺序项注明发站。

车种按统一的汉语拼音标记，定员按该种车辆的标记定员数（乘务员宿营车按发售给旅客的铺位数）填写，吨数填写该种车的总重，并根据车辆的用途及附属设备，在附注项内注明“行”“邮”“餐”“宿”“茶”“播”“酒”“残”等字样。

④车底周转图栏。车底周转图表示需用车底组数和始发、终到时刻，并由此计算车底在始发站和终到站的停留时间。

周转图上填写的始发站名顺序须和填写列车种类车次的始发终到站栏相同，不得上下颠倒。一般先填下行始发站名，运行线从担当铁路局集团公司始发站开始，始发和终到时间填在车站中心线与运行线相交的钝角上。

(4)组织学习新运行图，为新运行图的顺利实行做好准备工作。

(二)旅客列车运行方案图的编制原则

旅客列车运行方案图所要解决的是每一方向旅客列车在运行图上的整体布局问题，它不仅对整个列车运行图的布局起着决定作用，而且对列车运行图的编制质量也有直接影响。为此，编制旅客列车运行方案图时应遵循以下原则。

客车运行方案图的编制原则

(1)减少停站次数及停站时间，提高旅客列车的直通速度。

旅客列车的直通速度是衡量铁路工作水平的标准之一。提高直通速度的技术组织措施是减少站停次数，压缩站停时分，加速技术作业过程，延长客运机车牵引交路。对管内旅客列车，开行对数较多的区段，亦可采取分段服务的办法以提高直通速度，如图6-8所示。

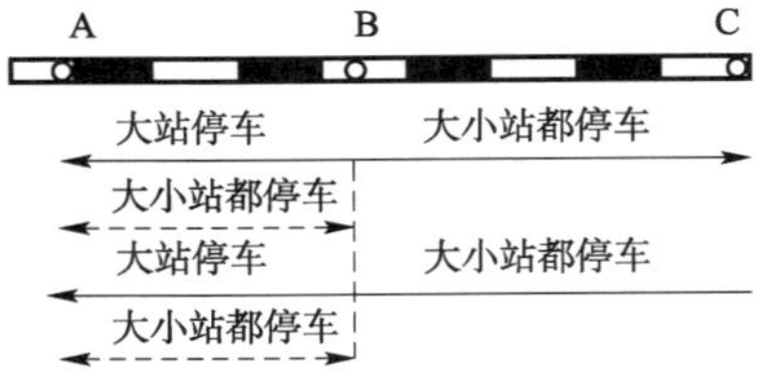

图6-8　管内旅客列车分段服务示意图

(2)列车始发、终到、通过各主要站的时刻，应方便旅客旅行，并应对有优势、有竞争力的中距离列车给予最优先考虑。

直通旅客快车最好晚间发车，但不迟于00:00点，终到时刻在白天或早晨，但不宜早于7:00，通过沿途主要城市的时刻尽可能安排在白天。如有两对以上列车，应考虑其间隔均衡，一般安排在早晚各一列，直通列车通过沿途各大站的时刻亦应力求方便旅客；若不能完全满足此项要求，则只能权衡轻重，尽可能予以照顾。由于一天中最合适旅客旅行的始发、终到时间有限，应对有优势、有竞争力的中距离列车给予优先考虑。

管内旅客列车以运送短途旅客为主，一般运行距离较短，故以白天运行为宜。对数较多时，个别列车亦可在夜间运行，但始发时刻不宜过晚，终到时刻不宜过早。由于在乘坐管内列车的旅客中，有很多要当天往返，为满足其要求，列车在折返站的到达与出发时刻之间，应有适当的间隔,以保证旅客有一定的活动时间。

其次,在连接几个铁路方向的大型客运站应尽量缩短旅客中转换乘的停留时间,使各方向旅客列车到发时刻有良好的衔接。如有困难,应照顾主要的中转直通客流方向,如图 6-9 所示。

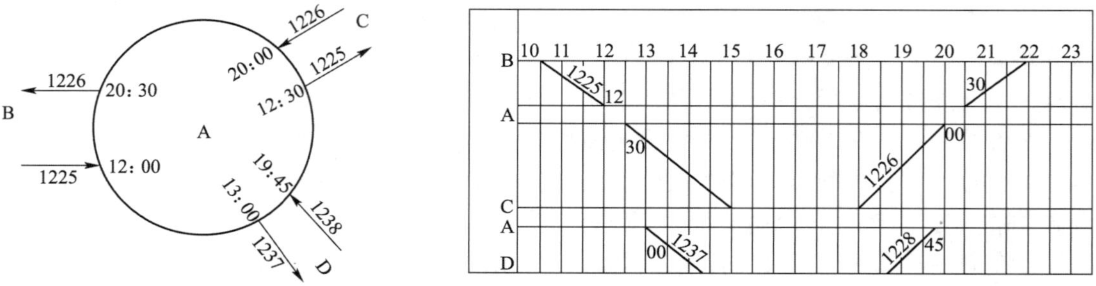

图 6-9　直通客车在枢纽站相衔接的示意图之一

从图 6-9 可以看出,A 站连接三个铁路方向,其中 B—C 间有较大的客流,规定开行 1225/1226 次直通旅客快车。因此,B—C 间在 A 站一般不产生中转直通客流,但 D—C、B—D 间在 A 站都有一定数量的中转直通客流。为减少这些中转直通客流在 A 站换乘的停留时间,应使从 D 方向开到 A 站的 1238 次列车的到达时刻与由 A 站分别开往 B 站、C 站方向的 1226、1225 次列车的出发时刻相衔接。同样,由 A 站开往 D 站方向的 1237 次列车的出发时刻,应分别与由 B 站、C 站方向到达 A 站的 1225、1226 次列车的到达时刻相衔接。如果这样做有困难,且 B—C 方向的中转直通客流较大,则可使 1237 次列车在 A 站的出发时刻以照顾与 B 站方向 1225 次列车到达时刻相衔接为主。

又如图 6-10 所示,由 B 站到 C 站及由 D 站到 E 站的直通旅客列车经过 A 站时,如果由 B 站方向来的不少旅客是去 E 站方向的,这些旅客需要在 A 站换车。因此,当铺画 B 站到 C 站的旅客列车时,必须考虑旅客列车到达 A 站的时刻要比 D 站到 E 站的旅客列车到达 A 站的时刻早 1h 左右,以便旅客在 A 站换车。

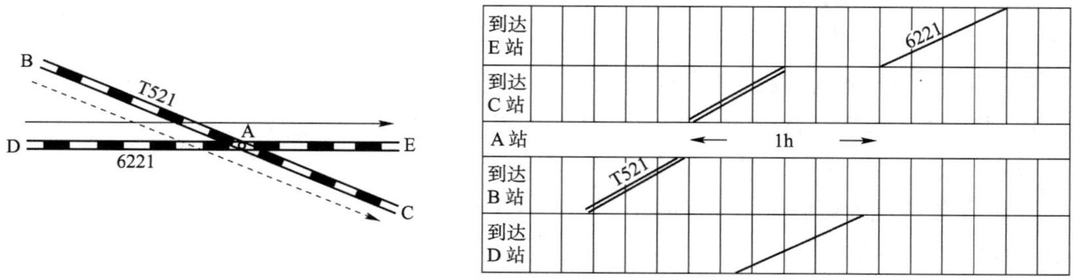

图 6-10　直通客车在枢纽站相衔接的示意图之二

区段内各中间站产生的直通客流,一般先由管内旅客列车运送到直通旅客快车停车站,然后转由直通旅客快车运送。到达区段内中间站的直通客流则相反。为了减少这部分旅客在换乘站的停留时间,在管内旅客列车对数较多时,最好在直通旅客快车经过较大车站前后,各开行一次管内旅客列车,如图 6-11 所示。当管内旅客列车较少时,管内旅客列车与直通旅客快车的运行衔接配合,以照顾主要客流为原则,如图 6-12 所示。

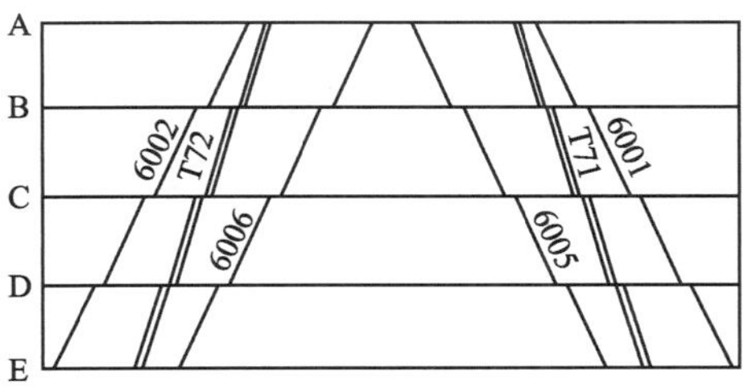

图 6-11　管内列车与直通快车衔接方案一

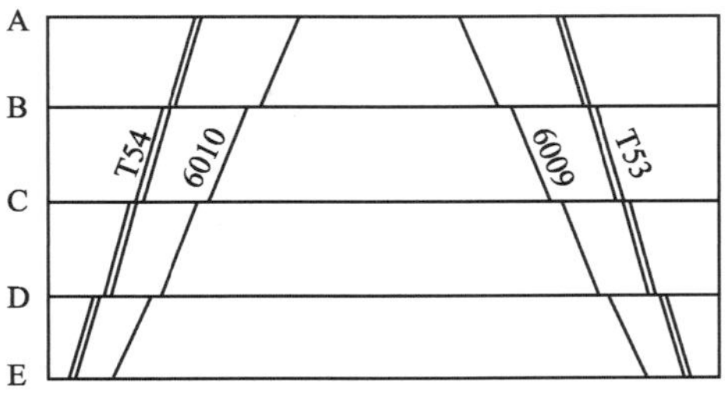

图 6-12　管内列车与直通快车衔接方案二

同时,还应保证旅客列车的到发时刻与其他交通工具相衔接。这种衔接包括组织联运及缩短旅客由这种运输方式换乘到另一种运输方式的等待时间。这样,不仅可以方便需要换乘其他交通工具的旅客,而且对报纸、邮件的传递也有重要意义。

(3)经济合理地使用机车车辆。

加速机车和客车车底的周转是铁路运输组织工作的重要原则之一。在编制客车方案时,如果旅客列车运行时刻安排得好,往往可以减少车底的需要数,使车底得到更经济的使用,如图 6-13 所示,机车也得到节省。

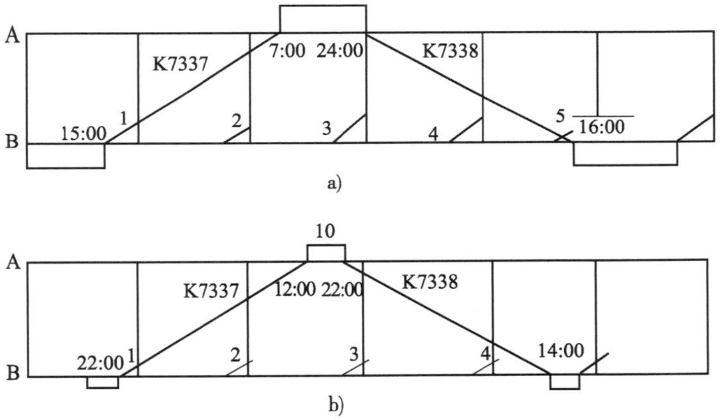

图 6-13　旅客列车到发时刻与车底周转关系图

适当调整列车的到发时刻也可以节省运行机车台数,如图 6-14 所示,机车可由四台减至三台。所以,在编制旅客列车运行方案时,应同时考虑各区段客运机车的运用。编制旅客列车运行方案图要求同时实现上述各项原则往往是有困难的。例如,要选择合适的旅客列车始发、终到时刻,就要增加使用的车底数;各方向列车始发、终到的时刻合适,却往往不能配合大客运站的客流衔接等。在这种情况下,就必须根据具体情况,采取措施,通过协商解决主要矛盾,这样才能不断提高旅客列车运行方案图的编制质量。

(4)旅客列车与货物列车运行线应有良好的配合。

旅客列车在运行图上均衡铺画,不但对车站客运设备的运用有利,而且能使旅客列车保持良好的运行秩序,并有利于货物列车密度的均衡,对加速机车车辆的周转是有利的,如图 6-15 所示,旅客列车运行线的安排应尽可能减少货物列车待避、停会旅客列车的次数,更不应使旅客列车待避和停会货物列车,以提高列车的旅行速度。

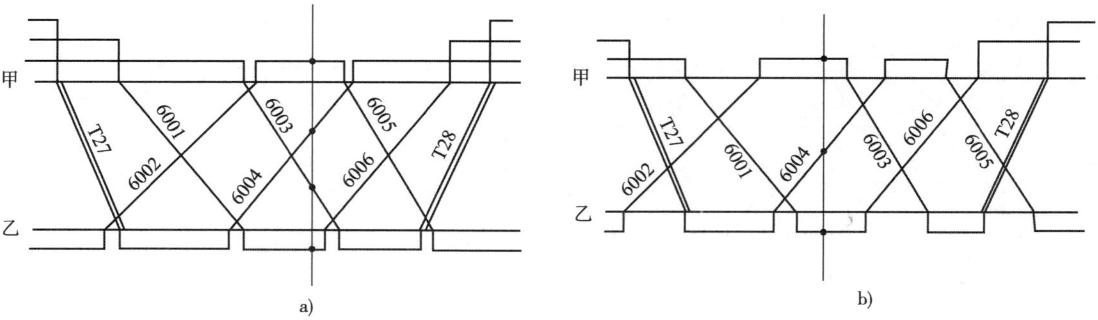

图 6-14　旅客列车运行线与机车交路关系图

(5)旅客列车的运行与客运站技术作业过程相协调。

由于要求旅客列车在大城市有较合适的到发时刻,则可能出现密集到发的情况。此时,旅客列车的到达(出发)间隔应与车站技术作业过程相协调,否则将使车站不能正常接发列车。图 6-16 中到达车次的虚线表示旅客列车运行线车站技术作业过程不相协调的情况。

同方向旅客列车的始发间隔,也应考虑与客运组织工作相配合的问题。同方向列车密集到发,会使客运站工作负荷过重,增加组织工作上的困难。

(6)处理好列车到开时间和列车密度、列车性质、客车车底运用、机车交路、施工封锁几方面的关系,避免和克服抢好点、抢热门车现象。

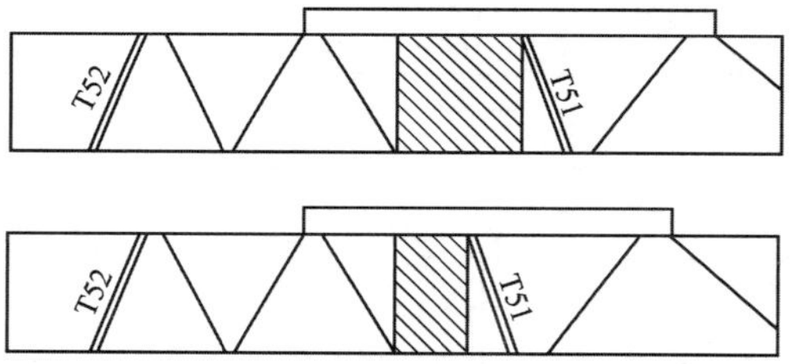

图 6-15　旅客列车与货车运行关系图

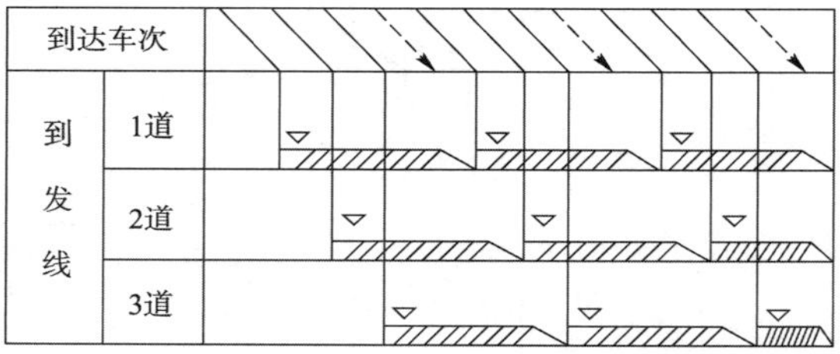

图 6-16　旅客列车到达间隔与车站技术作业过程相协调的示意图

(三)旅客列车运行方案图的编制方法

全路列车运行图的编制工作,贯彻集中领导和分级负责相结合的原则。跨三个铁路局集团公司的直通旅客列车,应在国铁集团统一领导下由各铁路局集团公司到国铁集团集中编制。跨两个铁路局集团公司的直通旅客列车,由两个铁路局集团公司共同协商编制。管内旅客列车,则由铁路局集团公司组织进行编制。在国铁集团的总体部署下,分片、分线、分工负责,各片、各线之间又密切配合,交叉并进地进行编制。

各铁路局集团公司根据上述编制原则,按照先国际、后国内,先直通、后管内,先快车、后慢车的顺序铺画方案运行线。

国际联运旅客列车,按照联运会议决定的时刻从国境站向国内铺画。直通旅客列车必须重新安排和新增加的,在合理开车范围内,选择几个运行方案,进行技术经济比较后择优采用。

根据方便旅客旅行的原则,直通旅客列车可规定为不晚于 24:00 开,不早于 7:00 到。按这个条件,每一对车都有其合理开车范围。这个合理开车范围与始发、终到城市之间的距离有关。有的列车只有一个合理开车范围，有的列车可以有两个合理开车范围，如图 6-17 和图 6-18 所示。

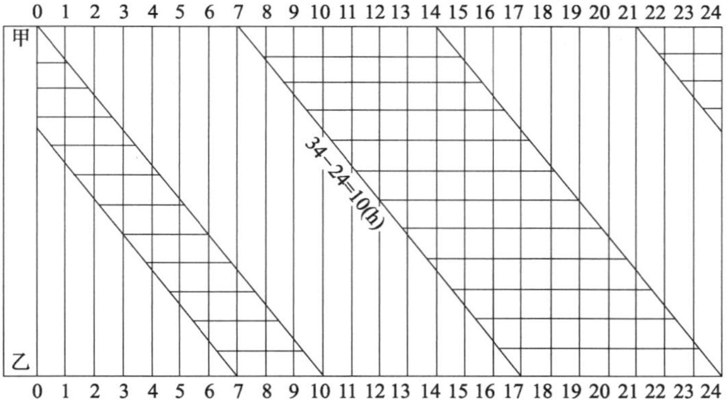

合理开车范围确定

图 6-17　合理开车范围图一

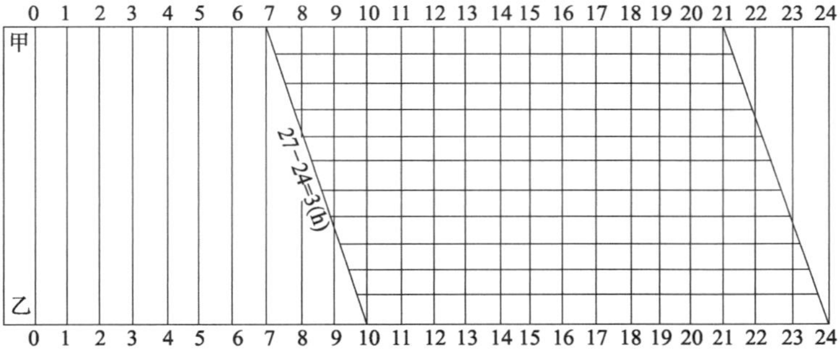

图 6-18　合理开车范围图二

设直通列车的单程运行时间 $T = x + 24D$，x 为列车在途中非过夜天数对应的小时数，D 为列车在途中过夜天数，则其合理开车范围 t 可用下列分析式确定：

当 $0 + 24D \leqslant T < 7 + 24D$ 时，$t = 7 \sim (24 - x)$；

当 $7 + 24D \leqslant T \leqslant 17 + 24D$ 时，$t = 7 \sim (24 - x)$，$t = (24 - x + 7) \sim 24$；

当 $17 + 24D < T \leqslant 24 + 24D$ 时，$t = (24 - x + 7) \sim 24$。

根据上述分析式，可将不同的单程运行时间及其相对应的合理开车范围列于表 6-9 中。

根据表 6-9 的计算结果，直通列车的合理开车范围与单程运行时间的关系可归纳为表 6-10。

合理开车范围表　　表 6-9

T	合理开车范围	T	合理开车范围
$0+24D$	7 ~ 24	$5+24D$	7 ~ 19
$1+24D$	7 ~ 23	$6+24D$	7 ~ 18
$2+24D$	7 ~ 22	$7+24D$	7 ~ 17　24
$3+24D$	7 ~ 21	$8+24D$	7 ~ 16　23 ~ 24
$4+24D$	7 ~ 20	$9+24D$	7 ~ 15　22 ~ 24

续上表

T	合理开车范围	T	合理开车范围
$10+24D$	7～14　21～24	$18+24D$	13～24
$11+24D$	7～13　20～24	$19+24D$	12～24
$12+24D$	7～12　19～24	$20+24D$	11～24
$13+24D$	7～11　18～24	$21+24D$	10～24
$14+24D$	7～10　17～24	$22+24D$	9～24
$15+24D$	7～9　16～24	$23+24D$	8～24
$16+24D$	7～8　15～24	$24+24D$	7～24
$17+24D$	7　14～24		

单程运行时间与合理开车范围关系表　　表6-10

项目		单程运行时间		
		$17+24D<T\leqslant24+24D$	$0+24D\leqslant T<7+24D$	$7+24D\leqslant T\leqslant17+24D$
合理开车范围	个数	一个 (7:00—24:00)	两个 (7:00—17:00) (14:00—24:00)	一个 (7:00—24:00)
	比例关系	反比例	一个成反比例, 另一个成正比例	正比例

从表6-9可看出,单程运行时间为$7+24D$或少于这个时间的直通列车以及单程运行时间为$17+24D$或略超过这个时间的直通列车,在铺画客车方案时,难度较大。因其合理范围只有一个,调整的余地不大,如图6-18所示;单程运行时间为$7+24D\leqslant T\leqslant17+24D$的直通列车,在铺画客车方案时,比较容易,因为有两个合理开车范围,活动余地比较大,如图6-17所示。

编制客车方案时,一般从列车始发站开始,向终到站顺序铺画。如终到站的能力紧张,也可以从终到站开始铺画,反推出沿途各站的运行时刻和始发站的开车时刻。有时为了满足在某站的接续、会让等需要,也可以从列车运行区段的中间部分开始,向发到站两端铺画。

铺画客车方案图上的运行线时,应按铁路局集团公司报国铁集团审批的区段旅行时间来确定各技术站的开点。遇到列车会让时,应遵守低级列车等会或待避高级列车、短途列车等会或待避长途列车的原则,并为等会或待避的列车增加区段旅行时间。这额外的附加时分因单双线及信联闭设备条件而异,一般会车附加10～12min,待避附加30～40min。

为了经济合理地使用客运机车车辆,在编制客车方案图的同时应编制车底周转图和机车周转图。

(四)旅客列车运行详图的编制方法

根据旅客列车方案图和有关资料对每一区段进行编制,应在两分格运行图上精确地铺画每一条运行线,确定每一趟旅客列车在每个车站的到、发、通过时刻和在区间内的运行时分。

两分格运行图由车务人员铺画。本着客货兼顾、统筹安排的原则，必要时对个别旅客列车的运行线可稍加调整。

一般情况下，两分格运行图上列车的到、发时刻与客车方案运行图比较，总是有差异的。在双线上差别不是很大，在单线上有时出入较大。各次列车在各技术站的到、发、通过时刻，应按两分格运行图上的时刻进行修正，最后形成旅客列车简明运行图。

列车运行图编完后报国铁集团批准。

列车运行图

四、旅客列车车底需要数的确定

为正确计算客车需要数，在编制旅客列车运行方案图的同时，应绘制客车车底周转图，以确定各次列车车底的需要数。根据车底编成数即可求得车辆数。

旅客列车车底需要组数的计算方法有图解法和分析计算法两种。

1.图解法

图解法是根据客车方案图绘制客车车底周转图，从周转图上直接查得需要的车底数。一种是从周转图上的箭头直接查出，如图6-19a)所示；另一种是在周转图的任何一部分截取，截取线和运行线或车底停留线的交点数，如图6-19b)所示。

旅客列车车底需要数的确定

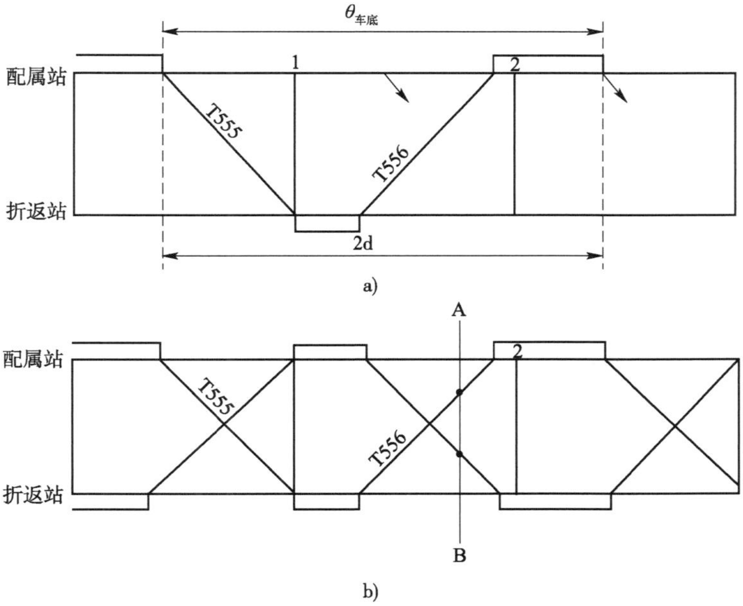

图6-19 客车车底周转图

2.分析计算法

分析计算法是分析一定到站和一定种类列车的车底周转时间，计算在该周转时间内发出的某种旅客列车的总数。

车底周转时间是自始发站出发时起至下次再由始发站出发时止，车底所经过的时间。

其计算公式为：

$$T_{车底} = \sum t = t_1 + t_2 + t_3 + t_4 \tag{6-17}$$

式中：$T_{车底}$——车底周转时间，h；

t_1——车底自发站至折返站所走行的时间,h;

t_2——在折返站的停留时间,h;

t_3——从折返站返回发站的走行时间,h;

t_4——在始发站的停留时间,h。

车底周转时间除以24,即得车底的周转天数($\theta_{车底}$)。

$$\theta_{车底} = \frac{T_{车底}}{24} \tag{6-18}$$

设某到站某种旅客列车的车底周转天数为$\theta_{车底}$,在一个车底周转时间内平均每天发出的列车数为K,则该到站该种旅客列车的车底需要数$n_{车底}$为:

$$n_{车底} = \theta_{车底} \cdot K \tag{6-19}$$

由于$K = N/\theta_{车底}$,上式也可写成:

$$n_{车底} = \theta_{车底} \cdot \frac{N}{\theta_{车底}} = N \tag{6-20}$$

式中:N——车底周转时间内发出的该到站该种旅客列车总数,列。

如图6-20所示,车底周转时间为4天,每天开行一列,该次列车共需4组车底。

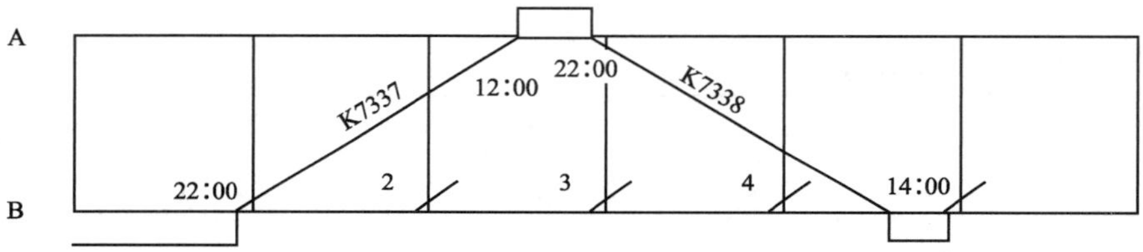

图6-20　车底周转时间

车底数是由车底周转天数和平均每天发出列车数决定的。因此,节省车底的途径有两方面,即压缩$\theta_{车底}$,或缩小K值。必须根据具体情况做具体分析。缩小K值是有条件的,必须客流小,可以隔日开行或数日开行才行。缩减车底需要数可采取压缩站停时间,提高技术速度,采用先进牵引力及加强运输组织工作等措施,这是挖掘运输潜力的有效途径,也是编制技术计划必须遵循的。

各区段需要的车底数确定后,即可计算车辆需要数。其计算公式如下:

$$m_{运} = m_1 n_1 + m_2 n_2 + \cdots + m_n n_n \tag{6-21}$$

式中:　$m_{运}$——运用客车辆数,辆;

m_1、m_2、$\cdots$、m_n——列车中编挂的车数,辆;

n_1、n_2、$\cdots$、n_n——车底数。

以运用客车为基础,对于某车辆段配属车辆时,需用下式计算客车总数:

$$m_{总} = m_{运} \times (1 + \gamma) \tag{6-22}$$

式中:$m_{总}$——配属车辆段的客车总数,辆;

γ——检修、备用车所占运用客车的百分数,%。

五、旅客列车运行图主要指标

旅客列车运行图编制完毕后,为了检查、分析和评价旅客列车运行图的编制质量,应计算运行图的数量指标和质量指标。

1. 数量指标

(1)运输能力。指运行图规定的全路、铁路局集团公司在一定时期内(日、月、年)始发和运行的各种旅客列车的总定员数,即:

$$A_{总}=A_{直}+A_{管} \tag{6-23}$$

式中:$A_{总}$——各种旅客列车的总定员数,人;

$A_{直}$、$A_{管}$——分别为直通、管内旅客列车的定员数,人。

运输能力是考核铁路完成国家规定的旅客运输任务情况的指标之一,运输能力的大小,反映一个铁路局和全路的客运工作量。

(2)列车对数。指全路、铁路局集团公司由各站始发列车的总和,应分别按直通、管内列车统计并加总计算,即:

$$n_{总}=n_{直}+n_{管} \tag{6-24}$$

式中:$n_{总}$——各种旅客列车开行的总对数;

$n_{直}$、$n_{管}$——分别为直通、管内旅客列车的开行对数。

列车对数是旅客列车运行图中很重要的指标,因为运输能力必须由相应的列车对数来保证,列车对数的多少在一定意义上表示运输能力的大小。

(3)列车公里。指全路、铁路局集团公司由各站始发的列车和其运行距离乘积的总和,即:

$$\begin{cases} n_{L}=n_{直}L_{直}+n_{管}L_{管} \\ n_{直}L_{直}=n_{直1}L_{直1}+n_{直2}L_{直2}+\cdots+n_{直n}L_{直n} \end{cases} \tag{6-25}$$

式中: n_{L}——列车公里数,辆·km;

$n_{直}L_{直}$、$n_{管}L_{管}$——分别为直通、管内旅客列车的列车公里,辆·km;

$n_{直1}$、$n_{直2}$、…、$n_{直n}$——各种不同运行区段的直通列车数,列;

$L_{直1}$、$L_{直2}$、…、$L_{直n}$——各种不同运行区段的里程数,km。

管内旅客列车的列车公里可用直通客车列车公里计算。

在有几种牵引方式时,还应对内燃、电力牵引列车等分别计算列车公里。

列车公里是表示全路或各铁路局集团公司客运机车车辆工作量的指标。在客运机车车辆类型、数量一定的条件下,列车公里越大,表明客运机车车辆的运用效率越高。

(4)车底在配属站的停留时间。指车底在列车由折返站返回到达配属站之时起,至车底下一次由配属站出发之时止的全部时间,即:

$$t_{配站}^{客}=t_{到}^{客}+t_{送}^{客}+t_{作}^{客}+t_{取}^{客}+t_{发}^{客}+t_{等}^{客} \tag{6-26}$$

式中:$t_{配站}^{客}$——车底在配属站停留时间,h;

$t_{到}^{客}$、$t_{发}^{客}$、$t_{等}^{客}$——列车在配属站的到达作业、出发作业、等待出发的时间,h;

$t_{送}^{客}$、$t_{取}^{客}$——向客车配属段调送、调取车底的时间,h;

$t_{作}^{客}$——车底在配属段的作业时间,h。

如有些管内旅客列车车底到达配属站后不送配属段,则上述公式将简化。

(5)车底在折返站的停留时间。指车底在列车中从到达折返站时起,至车底在列车中从折返站出发返回之时止的全部时间。

车底在折返站的停留时间所包含的各项因素和计算公式与上述配属站停留时间相同，只不过是各项因素的内容繁简和时间长短有所不同而已，故不另列。

(6)旅客列车停站次数、平均停站时分、平均停站距离。该三项数值应分别按不同列车种类进行统计，其计算公式如下：

$$\begin{cases} n_{停}^{总}=\sum n_{停} \\ t_{停}^{平均}=\dfrac{\sum t_{停}}{\sum n_{停}} \\ L_{停}^{平均}=\dfrac{\sum L_{运}}{\sum n_{停}} \end{cases} \tag{6-27}$$

式中：$n_{停}^{总}$——停站总次数，次；

$t_{停}^{平均}$——平均停站时分，h；

$L_{停}^{平均}$——平均停站距离，km；

$\sum n_{停}$——停站次数总和，次；

$\sum t_{停}$——停站时分总和，h；

$\sum L_{运}$——运行距离总和，km。

2. 质量指标

(1)旅客列车直通速度。旅客列车平均每小时所运行的公里数，应将直通、管内旅客列车两项分别计算。

旅客列车直通速度 $v_{直}$：

$$v_{直}=\frac{L}{\sum t_{运行}+\sum t_{停站}+\sum t_{起停}+\sum t_{慢行}} \tag{6-28}$$

旅客列车平均直通速度 $v_{直}^{局}$：

$$v_{直}^{局}=\frac{\sum n_{L}}{\sum nt_{运行}+\sum nt_{停站}+\sum nt_{起停}+\sum nt_{慢行}} \tag{6-29}$$

式中：L——旅客列车运行距离，km；

$\sum n_{L}$——旅客列车公里数总和，km；

n——列车辆数，辆；

$t_{运行}$、$t_{停站}$、$t_{起停}$、$t_{慢行}$——分别为旅客列车的运行时分、停站时分、起停车附加时分和慢行时分。

旅客列车的直通速度越大越好，提高直通速度的途径主要是压缩旅客列车在途运行、停站、起停附加和慢行时间。

(2)旅客列车技术速度。指不包括停站时分在内的速度列车平均每小时的运行公里数，应和直通速度一样分别进行计算。

旅客列车技术速度 $v_{技}$：

$$v_{技}=\frac{L}{\sum t_{运行}+\sum t_{起停}+\sum t_{慢行}} \tag{6-30}$$

旅客列车平均技术速度 $v_{技}^{局}$：

$$v_{技}^{局}=\frac{\sum n_{L}}{\sum nt_{运行}+\sum nt_{起停}+\sum nt\text{ 慢行}} \tag{6-31}$$

旅客列车的技术速度越大越好。提高旅客列车技术速度的主要途径是压缩列车在各大区间的运行时间,加强运输组织工作和调度指挥水平。

(3)直通速度系数。指直通速度和技术速度的比值,即:

$$\beta=\frac{v_{\text{直}}}{v_{\text{技}}} \tag{6-32}$$

从上述对直通速度和技术速度的分析说明可知,在一般情况下,列车的直通速度总是小于技术速度的,即速度系数小于1。但应当通过加强运输组织工作来缩小两者之间的差距,比值越接近1,说明旅客运输效率越高。

(4)列车车底日车公里。指某一车底或平均每一车底在一昼夜内所运行的公里数,即:

$$\begin{cases} S_{\text{车底}}=\dfrac{2L}{\theta_{\text{车底}}} \\ S_{\text{车底}}=\dfrac{\sum N_L}{\sum N_{\text{车底}}} \end{cases} \tag{6-33}$$

式中:$S_{\text{车底}}$——列车车底日车公里,km/(车底·日);

L——列车运行区段里程,km;

$\theta_{\text{车底}}$——车底周转天数,日;

$\sum N_L$——全部车底运行公里总和,车底·km;

$\sum N_{\text{车底}}$——车底总数,车底。

列车车底日车公里是表示全路或各铁路局集团公司客车车底运用的工作量指标。列车车底日车公里和车底的全程运行里程成正比,和车底周转天数或车底数成反比,即无论是一个车底的日车公里,还是全部运用车底的平均日车公里,当车底周转越慢或运用车底总数越多时,车底日车公里就越小,表明车底的运用效率越低;反之,当车底周转越快或运用车底总数越少时,车底日车公里就越大,表明车底的运用效率越高。因此,加速车底周转和压缩运用车底总数是提高列车车底公里的重要途径。

单元6.4 票额分配方法

票额分配方法

票额分配在每次新运行图实行前编制一次,根据客流变化情况定期进行调整。直通旅客列车的票额分配方案由国铁集团与有关铁路局集团公司共同编制(跨三个及以上铁路局集团公司的旅客列车由国铁集团负责,跨两个铁路局集团公司的旅客列车由两铁路局集团公司协商解决),管内旅客列车由铁路局集团公司组织编制。在目前的售票组织工作中,已经没有严格的票额分配定义,票额分配只是车票预售期外的票额初始状态,各车次的共用策略、复用定义以及客票系统智能预分方案均会影响售票组织方案的执行结果;在车票预售期内,各铁路局集团公司客票管理部门制定的售票组织策略会对列车的票额分配进行再次调整,往往日常与节假日会有所区别。

一、分配依据

(1)指定月份的管内、直通客流统计资料。

(2)列车的旅客密度表,分车次整理的软卧、硬卧和软座、硬座数,并分析各次列车超员和虚糜情况。

(3)主要站分车次、区段的上车人数和分车次的下车人数。

(4)既有动车组列车每次调整列车运行图时,票额分配主要依据以往开行期间列车旅客密度表情况,结合对列车运行区段客流影响因素的调查、分析和预测进行预分。

(5)新开行列车票额分配依据客流调查及预测资料。

二、分配原则

高铁、动车组列车所有票额初始归属给始发站,中途停车站利用中国铁路客票发售与预定系统(简称客票系统)的共用、复用以及客票系统智能预分等功能组织售票,可提前共用发售的时间,票额数量由铁路局集团公司根据列车总体售票情况确定及调整。普速列车的票额分配基本遵循以下原则:

(1)首先满足始发铁路局集团公司(站)到达最后一个区段长途旅客的需要。

(2)适当分配给中途铁路局集团公司(站),特别是对省、自治区、直辖市所在地(包括铁路局集团公司所在地)和外宾、华侨旅行集中地,开放城市的车站应予照顾。

(3)最后一个铁路局集团公司原则上不分配,各停车站可共用、复用以及客票系统智能预分的票额组织售票。

直通旅客列车票额分配计划由列车担当铁路局集团公司根据客流和列车停站情况与始发站和相关铁路局集团公司协商确定,并上报国铁集团备案。管内旅客列车票额分配计划由铁路局集团公司组织编制。

三、列车定员的计算

(1)列车硬座标记定员:各硬座车厢标记定员的总和,即

$$A_{标记}^{YZ} = \sum a_{标记} \tag{6-34}$$

(2)列车硬座实际定员:列车硬座标记定员减10个座位(办公席等占用,新型车标记定员不包含办公席在内者,其实际定员即为标记定员)。

$$A_{实}^{YZ} = A_{标记}^{YZ} - 10 \tag{6-35}$$

(3)列车卧铺定员:软座和软卧车定员均按标记定员计算;硬卧定员(宿营车除外)为硬卧车厢标记定员的总和减去机班便乘铺位(3个)。软卧车代用座车时,软卧每一下铺按3人计算定员,硬卧车代用硬座车时,硬卧每一下铺按4人计算定员。

(4)列车硬座超成定员。

①动车组列车。

a. 时速300km动车组列车不超员;

b. 时速200~250km动车组列车商务座、特等座、一等座不超员,二等座超员不大于15%。

②普速列车。

a. 非空硬座车(22型、25B型)每车厢载客不超过200人;

b. 双层硬座车每车厢载客不超过200人;

c. 空调硬座车(25G 型、25K 型、25T 型)每车厢载客不超过 180 人;

d. 25T 型硬卧车不代座,其他硬卧车代硬座每车厢载客不超过 160 人。

四、残疾人专用票额预留原则

(1)残疾人专用票额所在车厢应临近餐车或软卧(硬座车优先预留办公席所在车厢,动车组列车预留残疾人厕所所在车厢),硬卧、硬座自临近车厢厕所和洗手间端开始预留,动车组列车自残疾人专用席位开始预留,遇有特殊情况时顺延。

(2)残疾人专用票额均供始发站发售。

(3)普通列车预留硬卧下铺 1 张(编组中硬卧大于 5 节车厢时预留下铺 2 张),硬座 2 张,动车组预留二等座 2 张(遇一等座有残疾人专用席时,先预留残疾人专用席位,后补充二等座)。

五、票额分配方法

(1)普速列车硬座票额分配。

①硬座票额的分配数量以列车硬座实际定员为基础,按各等级列车规定的超员率分配。

②直通列车票额按列车限售区段分配,首先保证始发站至终到站或限售区段以远长途客流的需要,硬座限售站近于卧铺的限售站。实行票额共用、复用的列车不进行限售区段限制。

③硬座票额分配后,全程实行席位复用。

(2)普速列车软、硬卧铺和软座票额分配。

软硬卧铺票额,首先考虑列车始发站长途旅客的需要,同时根据列车沿途车站客流情况适当兼顾中途站。对途中省、自治区、直辖市,铁路局集团公司所在地和较大城市所在地站,适当分配一定数量的票额。

①软、硬卧铺,软座票额的分配数量为软硬卧车和软座车的标记定员。

②根据长、短途列车合理分工的运输组织原则,首先满足始发长途客流的需要,中间站凡有同方向、同终到站的始发快车时,所经过的列车根据沿途客流情况分配少量票额。

③软硬卧铺和软座票额分配后,全程实行席位复用。

(3)普速列车票额分配。

普速列车票额分配后将各站的票额分配情况汇总到票额分配表中,见表 6-11。

普速列车票额分配计划表 表 6-11

T12 次列车票额分配表(永春—东江)																				
软卧 1 辆定员:32 硬卧 9 辆定员:582 硬座 5 辆定员 582 总计定员 1196																				
东江开机次																				
车厢号	1	2	3	4	5	6	7	8	9	10	11	12	13	14	15	16	17	18	19	20
车种	KD	YZ	YZ	YZ	YZ	YZ	CA	RZ	YW	YW	YW	YW	YW	YW	YW	YW	YW	YW	XL	
定员		118	118	118	112	118		32	60	66	66	66	66	66	66	66	66			
备注					办				广											

续上表

工作人员/站名	软卧			硬卧			硬座		
	数量	车号	铺号	数量	车号	铺号	数量	车号	座号
乘务员				63	18	1~21			
运转车长							2	2	1~2
机班便乘				3	18	22			
永春	24	8	9~32	549	9 10 11~16 17	1~20 12~22 1~22 1~20	552	2 3~4 5 6	33~118 1~118 1~112 1~118
红阳									
新庄									
青鸟									
蓝旗	8	8	1~8	24	10	4~11	17	2	16~32
美域				9	10	1~3	13	2	3~15
兰溪庄									
夕照									
金台									
永清									
夏湾									
翠澜									
水城									
松雨									
景山									
安顺									
江龙									
东江									

(4)动车组列车票额分配。

动车组列车票额全部由列车始发铁路局集团公司集中管理、票额共用席位自动预分。票额预分由客票发售预订系统来实现。

(5)票额分配在客票系统中的实现。

①基于票额分配计划的售票业务的实现。

票额分配计划的实施主要依托客票系统来实现,客票系统发售车票时按照票额分配方案定义每个列车席位的发到站,因此会出现同一日期、同一发站、同一列车、同一到站、同一席位的车票数额发售完后就买不到车票,但如果换一个到站就有可能买到车票的现象。

客票票库使用计算机模拟列车的席位,一个席位占用一条记录,具体内容包括日期、席别、售票站、车次、始发站、发售策略、席位、终到站、状态("未售""占用""售出")。一般情况下,按照票额分配计划每天生成一次票库(席位为"未售"状态),通过配置参数可以决定每天生成票库的时间和生成哪天的票库。

如客流发生变化或者需要更换车辆,就会导致票库的变化,需要客运调度发布调度命令。各种调度命令都有相应的处理程序,如果生效日期已经生成票库,则立即执行相应的调度命令处理程序,或者等待生成票库后,再自动执行处理程序。

②票额智能预分的实现。

动车组列车票额分配通过客票系统的票额智能预分来实现。票额智能预分是指旅客列车票额总量一定的情况下,在车票预售期之前或进入预售期后,按照预测的客流进行席位的区段分解。

票额智能预分将旅客列车票额的静态分配变成了适应动态客流需求的动态分配,以稳住旅客列车沿途站的常态客流,应对突发客流,吸引淡季客流,提高铁路旅客列车全程客座利用率。票额智能预分模型的核心是列车起讫点(original destination,OD)客流预测模型、票额分配原则和预分算法。

票额预分能最大限度地提高票额的利用率、确保列车的整体效益、保证始发站的长途效益和充分挖掘旅客列车中间站的短途效益。

③票额分配计划管理功能的实现。

票额分配计划管理功能主要围绕票库的管理,包括生成票库的票额分配计划编制、票库生成、票库调整、票额调度、票额查询及客运统计等功能。

客票系统既提供票额分配计划的编制查询与修改功能,也提供根据客流分析辅助编制票额分配计划的功能。根据票额分配计划,票库生成管理功能可以控制票库生成的时间和生成的预售期数,位于后台的工作流程程序根据系统的设定自动完成票库的生成。

客票系统中票库调整功能一般根据客运调度员下达的调度命令自动调整,或者手动进行调整。票额调度功能实现订票的返票时间、铁路局集团公司间票额调度,制定席位复用和票额共用等售票策略。

席位查询功能实现各种统计方式及统计途径的席位查询、余票查询和日志查询等。

客运统计功能实现基于席位发售数据生成各种客运统计报表。

六、铁路旅客列车票额运用策略

票额运用策略有票额共用、席位复用及票额调整等。票额运用策略的主要目的是最大限度地提高席位的售出率和利用率,实现铁路部门客运收益最大化。

(一)票额共用

票额共用是指车站“公用”用途票额允许列车运行径路前方多个车站使用,旅客根据需要选择乘车站购票,并按票面指定乘车站乘车。

票额共用分三种形式:管内票额共用,全程票额共用,指定车次、指定车站票额共用。

(1)管内票额共用是指本铁路局集团公司管内规定的车站,在规定的时间内可发售本次列车的票额。

(2)全程票额共用是指在规定时间内,沿途车站均可发售本次列车的票额。

(3)指定车次、指定车站票额共用是指只能在指定车次、指定车站共用的票额。

票额共用根据列车停靠站之间席位的发售特点,采用不同的共用策略,共用策略包括共用日期、共用时间、共用的席别和共用的发售策略等。当列车没有制定指定共用策略时,将采用默认共用策略。当列车在某一特殊时段不需要票额共用时,可设置为共用例外。

(二)席位复用

席位复用是指对客票系统席位售出后,再次生成从售到站至原限售站的新席位,使列车能力再次利用,即一个席位可以全程多个车站多次重复使用。只有是复用站的车站才有席位复用的权利,不是复用站的车站不能复用席位。复用站是指始发和有票额的车站发售至旅客的到站,该站就是复用站。

席位复用分一次复用和全程复用。其中,一次复用是指对席位复用一次后产生的新席位不再复用。全程复用是指对列车运行区间中的剩余区段进行多次复用。

席位复用在客票系统中以复用方式的设置来实现,其复用方式分定站复用、下车站复用和全程复用三种。

(三)票额调整

票额分配计划需要调整时,也需要通过客票系统来实现,调整方式有手工调整和自动调整。

(1)跨铁路局集团公司票额调整。需求铁路局集团公司与票额所属铁路局集团公司协商同意后,票额所属铁路局集团公司填写“票额调整通知单”通知需求铁路局集团公司。特殊情况下国铁集团可直接以国铁集团“票额调整通知单”由票额所属铁路局集团公司和需求铁路局集团公司在席位库中扣除、增加席位,并分别填写票额通知单下达有关站段。车站接到“票额调整通知单”后应确认核对,并将有关内容人工摘抄到“席位预留通知单”上,做好站、车组织和售票工作。

(2)管内票额调整。管内票额调整由铁路局集团公司通过“票额局内调整”进行操作。客票系统自动通知调入和调出站,并填写“席位预留通知单”。

当直通列车票额集中存放在一个铁路局集团公司时,跨铁路局集团公司票额调整、管内票额调整均由国铁集团授权的票额管理铁路局集团公司通过“票额局内调整”执行。

(3)剩余票额自动调整。剩余票额自动调整是指客票系统按照设定的条件,将一定数量或比例的剩余有席位票额,自动调往列车运行前方站。

票额所属铁路局集团公司通过“剩余票额自动调整”执行票额调往前方站后,系统自动将调出席位记录在“席位预留通知单”上,并生成调出站至调入站之间的短途套用票额。

票额所属铁路局集团公司进行“剩余票额自动调整定义”后,客票系统自动将“定义票额”调入铁路局集团公司,票额调入铁路局集团公司应及时将通知传达至相关车站。

单元6.5 铁路客运信息系统简介

随着现代科技的快速发展,铁路旅客运输工作中很多传统手工作业内容逐步由计算机信息系统完成。

一、铁路客运营销决策系统

随着铁路网以及客运产品的不断完善,我国铁路旅客运输能力得到了有效提升。同时,随着客票系统的发展,列车始发集中管理、票额共用、席位自动预分等售票组织策略的逐步运用,业务复杂度加大。为了进一步提高运力调配水平,努力挖潜提效,营销决策部门需要一个信息丰富、手段灵活、智能化的营销系统做支撑,辅助客运管理决策人员及时、准确地做好决策,从而降低铁路旅客运输成本,提高能力利用率和整体效益。

(一)铁路客运营销辅助决策系统

铁路客运营销辅助决策系统(站段级)主要包含客运基本情况(包括列车停靠站信息、

各站运能、运量，售票方式、售票规律等信息）、列车分析（开行列数、列车运能、加挂车统计、客流密度表）、线路分析（区段密度）、实时分析（列车及车站票额预售情况）、预警分析（对运能紧张列车等进行提示）、共（复）用分析、代售处管理、18 点统计（18 点口径相关数据）、业务监控等九项重要功能，为客运营销与管理提供数据支持。

铁路客运营销辅助决策系统根据决策需要生成各种报表，主要有日常分析、专题分析和业务监控三大类。

1. 日常分析

日常分析中包括站段分析、列车分析和线路分析三部分。

（1）站段分析。

站段分析以铁路局集团公司、站段、车站为对象，为用户提供客运基本情况、运能运量、客流、客票销售的统计分析功能，帮助用户了解和掌握辖区的客运情况。

（2）列车分析。

以旅客列车为对象，为用户提供列车开行情况、列车能力利用、列车客票销售的统计分析功能，帮助用户了解和掌握担当、返程、通过列车的运营情况。

①开行概况。根据指定查询始发日期段、始发属性、列车方向、列车类型、列车等级等条件，选择查看本铁路局集团公司列车开行趟数、各次列车开行情况和加挂车统计情况。

②列车运能。根据指定查询始发日期段运能类别、长短途、始发车次始发铁路局集团公司、担当铁路局集团公司、列车方向、列车类型、列车等级等条件，选择查看分车次列车实际运能利用情况统计。

车站实际运能利用率分车次统计表见表 6-12。

车站实际运能利用率分车次统计表　　表 6-12

上车日期：20240303—20240303

上车车站	车次	运行区间	实际运能（人）						上车人数（人）						票额利用率（%）					
			无座	硬座	软座	硬卧	软卧	小计	无座	硬座	软座	硬卧	软卧	小计	无座	硬座	软座	硬卧	软卧	小计
大连北	G701	大连北—哈尔滨西			1102			1102			678						61.5			61.5
	G771	大连北—佳木斯			1102			1102			896						81.3			81.3
	G721	大连北—七台河西			1102			1102			643						58.3			58.3
	G707	大连北—牡丹江			1102			1102			649						58.9			58.9
	G713	大连北—哈尔滨西			1102			1102			899						81.6			81.6
	G709	大连北—哈尔滨西			1102			1102			845						76.7			76.7
	G717	大连北—佳木斯			1102			1102			487						44.2			44.2
	京哈高铁方向				7714			7714			5097						66.1			66.1
大连北计					7714			7714			5097						66.1			66.1
合计					7714			7714			5097						66.1			66.1

注：1. 数据源：本铁路局集团公司客票席位汇总数据、基本计划调度命令和数据管理模块关于能力的维护数据。

2. 数据项说明：硬座利用率 =（[无座人数] +[硬座人数]）/（[无座能力] +[硬座能力]）×100%。

3. 可到达终到站票额为长途票额，否则为短途票额。

4. 限售站所在铁路局集团公司非本铁路局集团公司票额为直通票额，否则为管内票额。

③列车运量。根据指定查询始发日期段、上车属性、始发车次、上车铁路局集团公司、席别

票种、始发铁路局集团公司、担当铁路局集团公司、列车方向、列车类型、列车等级等条件,选择查看列车发送量统计,包括始发车次、运行区间、车站以及分席别、分票种的上车人数统计等。

④全程分析。根据指定查询始发日期段、始发车次、始发铁路局集团公司、担当铁路局集团公司、列车方向、列车类型、列车等级等条件,查询旅客列车全程利用情况分析,以及旅客列车车内人数密度表、密度简表与图、梯形密度表等。列车旅客密度表样式见表6-13。

列车旅客密度表 表6-13

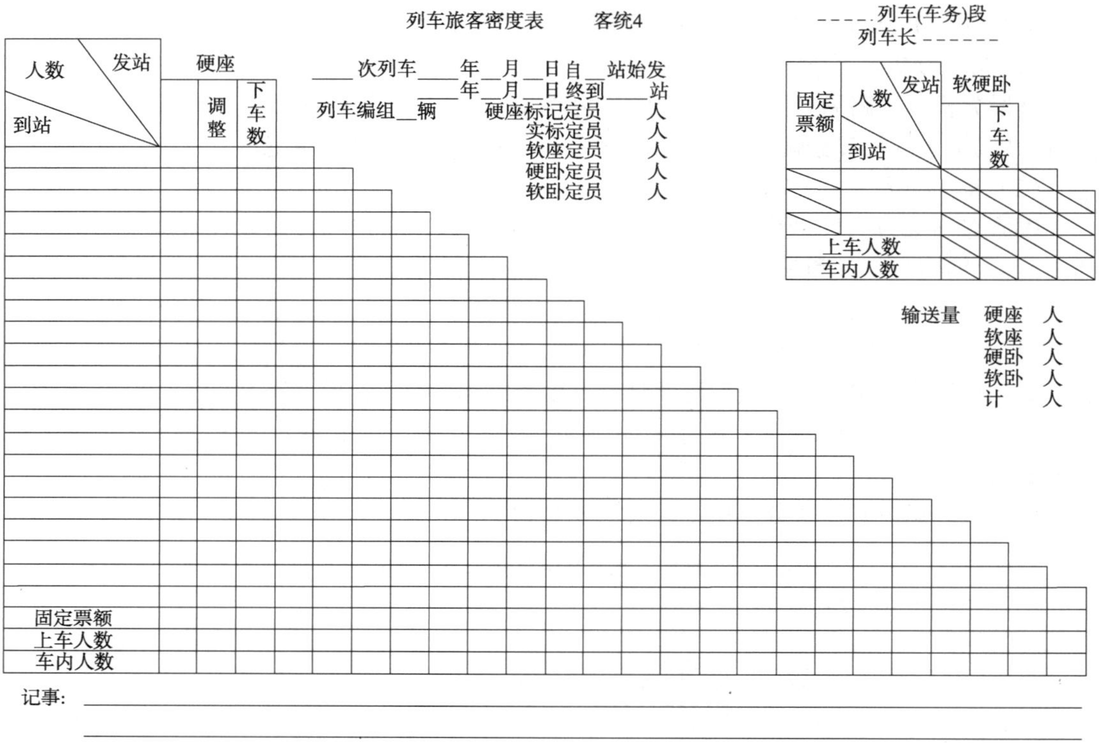

⑤客票发售。根据指定查询始发日期段、席别、始发车次、上车铁路局集团公司、始发铁路局集团公司、担当铁路局集团公司、列车方向、列车类型、列车等级等条件,选择查看各次列车各站在不同提前预售天数中预售的情况,进而分析各站售票规律。

⑥指标对比。根据指定查询对比日期段、席别、始发车次、上车铁路局集团公司、始发铁路局集团公司、担当铁路局集团公司、列车方向、列车类型、列车等级等条件,查询列车客运指标阶段对比分析和列车全程利用情况阶段对比分析情况。

(3)线路分析。

以路网为对象,为用户提供客流分析功能,帮助用户了解和掌握线路、区段分界口的客流及能力利用情况。

2. 专题分析

(1)实时分析。基于席位发售的实时数据信息,对车站、列车的客票预售情况进行实时分析,反映预售期内的客票销售规律、客流方向的能力紧张程度、列车的均衡运输情况等,辅助业务人员及时调整能力和营销策略。

(2)预警分析。基于席位发售的实时数据信息,分别对运能紧张列车、运能虚糜列车、沿途站票额预售偏高车次进行实时预警分析,便于业务人员快速发现运营状况不佳的列车。

(3)动车分析。针对动车组列车,查看和分析动车组列车全程上座率。

(4)共(复)用分析。基于席位复用、共用的数据信息,分析站段、列车的复用共用策略运用和执行情况。

(5)代售点分析。对代售点的售票数量和种类进行分析,辅助业务人员掌握代售点的营销状况,便于调整代售点的设置和经营策略。

(6)18点分析。根据18点统计接口数据,对比分析站段客运指标,掌握站段的任务完成情况。

3.业务监控

(1)站段售票。对车站、代售点窗口售票概况和细况进行实时监控,发现异常和违规的售票行为,及时进行纠正和处理。

(2)列车售票。对重点关注的列车的售票概况进行监控,发现异常和违规的售票行为,及时进行纠正和处理。

(3)车站运能。对车站各次列车计划运能利用情况进行监控,及时反映能力紧张或富余的车站、列车,辅助进行票额和营销策略的调整。

(4)趟车效益。基于一定时期内的列车运营数据,对趟车运营效益进行监控,及时发现效益不佳的列车,提出建议的营销策略,并可进一步分析趟车运行图 、站间密度等详细运营状况。

(5)列车停靠。基于一定时期内的列车运营数据,对列车各停靠站的上下车人数进行监控,提出列车运行图的停站设置优化建议。

(6)代售调整。基于一定时期内客票销售数据,对代售点的销售情况进行监控,提出代售点设置的合理性建议。

(二)销售策略制定

通过研究分析铁路客运营销决策系统各种报表以及多种影响客流的因素,制定相应的销售策略。

销售策略制定子系统的功能包括:

(1)影响因素分析。通过对市场细分、旅客行为、售票渠道、客票种类、席位特征、支付方式、客票预售预定、售票收入、销售人员业绩等影响因素进行分析,为销售策略的制定提供数据基础。

(2)销售策略制定。基于营销影响因素的分析和客运营销相关信息,优化和设计合理有效的销售策略,包括客运产品推广方案制定、销售渠道规划、销售终端分布、奖励机制调整等。

(3)整体效益最大化策略。基于历史销售以及市场预测情况,制定预售期内的客票销售方案,在销售过程中根据市场需求变化和销售情况分线、分车次地对车票用途和运用区间进行实时调整,以达到整体效益最大化。

(4)销售策略修正与调整。通过对实施销售策略前后销售交易记录的对比分析,利用评价指标对实施的销售策略进行分阶段的定性定量跟踪分析,根据分析评价结果,进行销售策略综合评价,提出销售策略的修正调整建议。

(三)票价策略制定

(1)价格因素分析。使用灵活、多样、高效的分析方法分析得出影响价格的因素,就相关因素对价格的影响程度做出评价。

(2)票价策略制定。在给定利润目标、销售额目标、市场占有率目标、社会效益目标的前提下,制定满足目标要求的车票票价策略建议方案。给定的目标可以是单目标,也可以是组合多目标。

(3)运价决策分析。在给定列车开行方案条件下,对不同定价策略下客运收益情况的测算进行对比分析和评价,提出既定列车开行方案下的定价策略建议和相同定价策略下开行方案建议。

(4)票价折扣策略制定。在指定运输环境下,制定与评估票价折扣策略。

(5)票价策略模型的展现及模型自适应。以多种、灵活、直观的方式对票价策略进行展现,票价策略中用到的各种数据分析、预测、评价模型能够进行自适应、反馈式学习。

二、铁路客票系统

客票系统主要服务于铁路客运列车车票的营销、预定和发售管理。

(一)客票系统的组成

客票系统由国铁集团、铁路局集团公司、车站和互联网四部分组成:

(1)国铁集团级系统主要是面向全路性宏观客运指挥管理和保障全路的联网售票。

(2)铁路局集团公司级系统面向以席位为核心的调度控制和铁路局集团公司内客运业务的指挥。

(3)车站级系统主要面向售票的实时交易服务。

(4)互联网主要提供客票发售的自助服务。

(二)客票系统的基本架构和功能

客票系统的总体架构:系统上层是国铁集团,主要承担基础数据维护和营销分析;中间层是铁路局集团公司,主要负责票库的维护,车站数据库也全部集中由铁路局集团公司负责维护;下层的车站只有窗口售票机、自动售票机等。

客票系统是客运售票组织实现有序化、快捷化的有力保障,其基本构架和功能如图6-21、图6-22所示。

三、铁路客运管理系统

铁路客运管理信息系统(简称客管系统)是在国铁集团的统一领导和组织下,由中国铁通科学研究院集团有限公司同各铁路局集团公司共同研制的。客管系统定位在全路旅客运输管理的角度,以促进铁路客运信息共享和综合利用、提升铁路客运生产作业能力和管理水平为目标,业务范围覆盖国铁集团、铁路局集团公司、客运站段等层级,实现了客运信息全面共享、生产作业与管理模式创新、业务流程再造以及精细化管理,对于规范铁路客运管理与服务工作的作业流程,提高铁路客运管理与服务工作的效率具有重要意义。

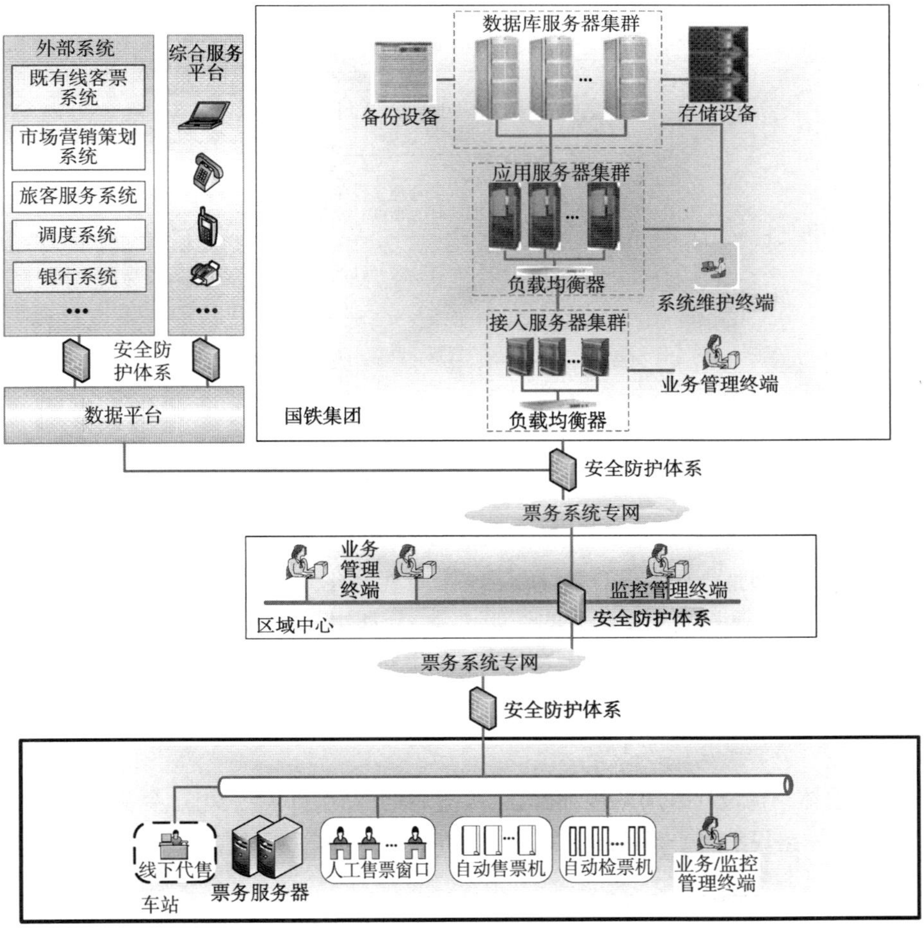

图 6-21　客票系统的基本架构

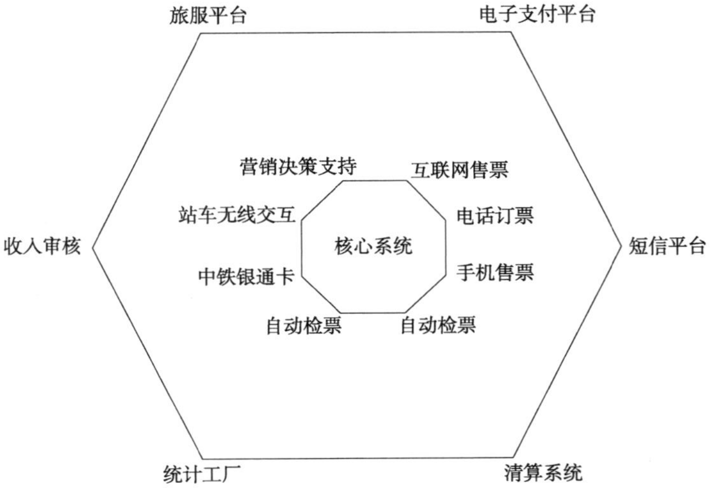

a)

图　6-22

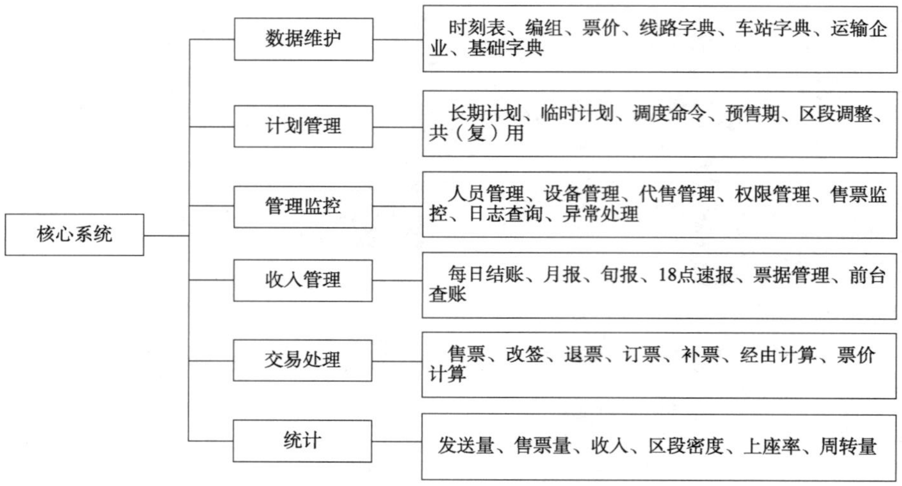

b)

图6-22　客票系统的基本功能

客管系统本着管理源于生产的设计理念,按照客运生产过程的业务流为主线来梳理系统的功能需求。在充分考虑各类业务的逻辑关系、合理组织相关数据信息的基础上,进行管理模式创新和业务流程再造,实现客运信息的互联互通,建立客运信息共享平台,最终达到精细化管理的目的。

(一)客管系统的架构

客管系统总体结构设计采用两级部署、三级应用的模式,即国铁集团、铁路局集团公司两级部署,国铁集团、铁路局集团公司、客运站段三级应用。铁路客管系统整体架构如图6-23所示。

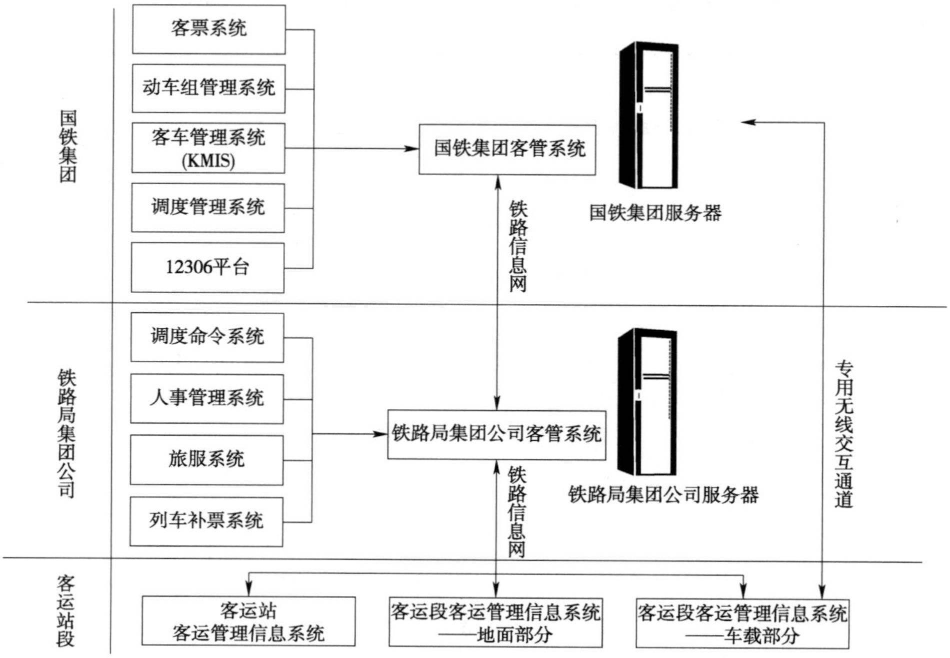

图6-23　铁路客管系统整体架构图

客管系统通过站、车专用无线交互通道将移动办公数据与地面系统进行通信，通过建立接口与客票系统实现信息互联互通。

（二）客管系统的主要功能

客管系统的应用不仅实现了站、车的信息交互及客运相关系统的信息交互，还实现了跨铁路局集团公司业务的信息交互，客运数据涵盖了站段数据、列车数据、旅客数据、业务数据等，具有全面性和权威性。其主要功能有客运信息管理、生产作业管理、应急指挥管理等。

客管系统各管理子系统的主要功能如下：

（1）客运信息管理子系统

客运信息管理子系统实现了对上水、直供电列车考核、征信、重点旅客服务、旅客遗失物品、各类证件、旅客伤害、客运监察、远程抽考等客运业务的管理功能。

（2）生产作业管理子系统

生产作业管理子系统实现了对各级客运部门客运组织与生产作业相关业务的管理功能，涵盖值乘计划，调度命令，站内作业，库内作业，培训学习，干部添乘，站、车协同办公，列车乘务作业以及工作日志等业务的管理。

（3）规章文电管理子系统

规章文电管理子系统实现了对规章制度、客运电报、作业指导书、管理办法文件、台账资料、重要通知以及其他需要归档的各类文件的管理功能。

（4）应急指挥管理子系统

应急指挥管理子系统实现了对在途列车实时追踪列车综合信息实时掌握、车地信息交互以及应急事件处理等业务的管理功能。

（5）安全生产管理子系统

安全生产管理子系统实现了对各级客运部门问题库、安全检查、路风投诉以及专项整治活动等业务的管理功能。

（6）客运人员管理子系统

客运人员管理子系统实现了对各级客运部门人员基础信息、人员考勤、绩效考核、人员调整、客运职工对调以及班组建设等业务的管理功能。

（7）客运物资管理子系统

客运物资管理子系统实现了对客运段的卧具备品、车站的客运设备等客运物资从采购到报废全生命周期的管理功能。

（8）客运综合分析管理子系统

客运综合分析管理子系统实现了对列车开行分析、客票销售分析、经营指标分析、盈亏分析、成本控制分析、劳动效率分析、服务质量评价与分析、旅客满意度分析以及改善服务措施分析等业务的管理功能。

旅客服务系统（一）

四、旅客服务系统

旅客服务系统（简称旅服系统）是以信息的自动采集为基础，以为旅客提供全方位信息服务为目标，实现客运车站信息自动广播、导向、揭示、监控等功能的两级架构管理控制系统。旅客服务系统是当前高速铁路车站旅客运输组织工作不可或缺的重要工具和途径。旅客服务系统由集成管理平台和导向揭示、广播、监控、时钟、查询、求助、站台票发售、寄存子系统组成。旅客服务系统总体采用两级架构。原则上,国铁集团设置旅客服务小型集成管理平台,铁路集团公司调度所设置区域中心OCC(控制中心),各站设置车站OCC(综控室)。

旅客服务系统(二)

大型车站旅客服务系统以集成管理平台为核心,集成导向揭示、广播、监控、时钟、投诉、查询、求助、站台票、无线、呼叫、寄存子系统,连接火灾报警和楼宇自控等外部系统,实现对本站旅客服务系统的集中监视和控制,完成系统间信息共享和功能联动,紧急情况下接受区域中心代管等。大型车站旅客服务系统结构如图6-24所示。中小型车站旅客服务系统根据线路情况由区域中心集中管控或者由邻近大型车站代管,以科学合理的布局配置服务终端设备,为旅客提供导向、投诉、查询、人工服务等各种服务。

旅客服务系统(三)

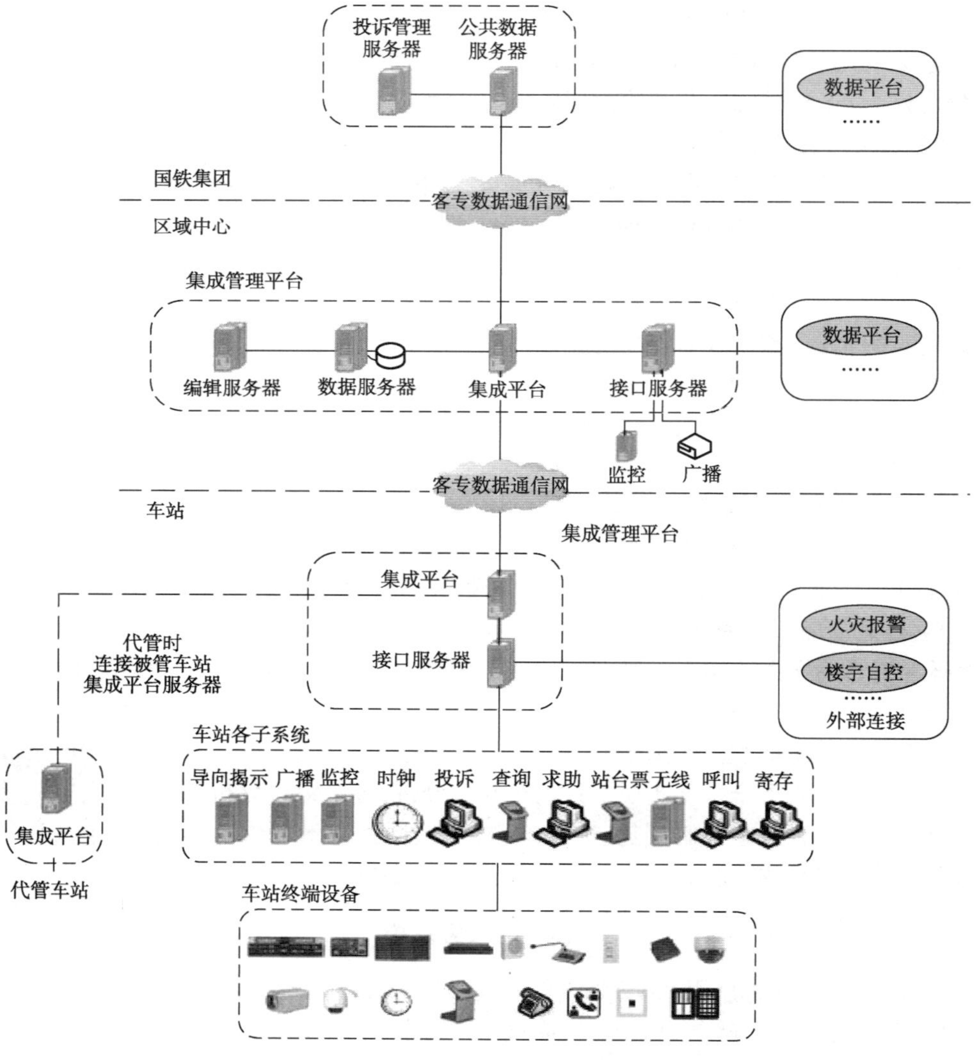

图6-24　大型车站旅客服务系统结构图

五、站车无线交互系统

站车无线交互系统主要由地面系统、无线传输平台及移动系统组成。列车便携式移动终端是配备双模无线通信手持终端；地面设备由在国铁集团和中国铁道科学研究院设置的客票信息发布服务器、路由器及防火墙等设备组成，客票信息发布服务器与既有客票信息系统互联。系统终端具有强大的查询功能，包括登/退乘查询、席位统计、席位管理、数据下载、车次信息查询、查验车票、在线补签、余票查询、乘车证查询、重点人员查询、客运记录查询、保险查询、席位置换等功能。列车从车站开出后地面系统负责从客票系统获取乘车人数通知单、列车席位等相关信息，通过无线传输通道，发送给指定的移动终端设备，列车长可通过移动终端设备接收到座位的出售情况，大大提高了列车空余席位的查询效率，同时杜绝了两站重复出售同一席位的问题，除处理客票信息外，站车无线交互系统移动终端设备还设定了验票程序，可通过直接扫描车票的二维条码，显示票面信息，查验车票真伪。

（一）站车无线交互系统组成

站车无线交互系统由列车便携式移动终端（配备双模无线通信手持终端或便携式计算机），客运段系统，通过无线网络与无线交互平台进行信息交互，如图6-25所示。

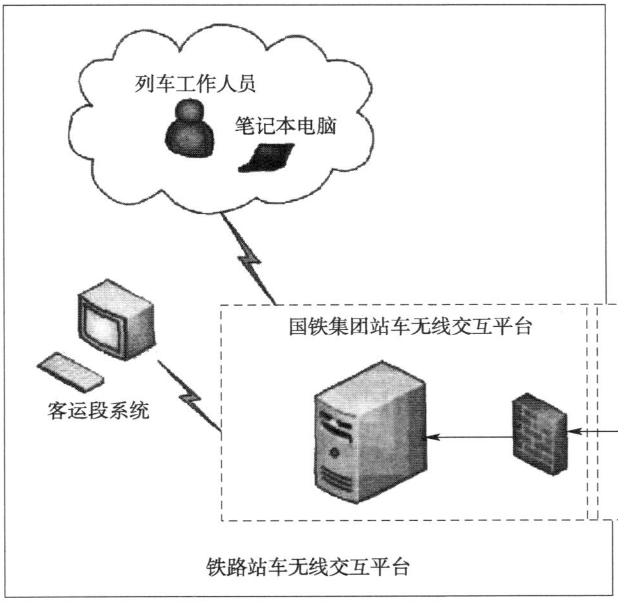

图6-25　站车无线交互系统结构图

（二）站车无线交互系统业务流程

（1）列车配置手持设备或便携式计算机作为接收终端，乘务人员在本趟列车始发30min前启动系统，完成身份注册和本次列车基础信息下载，用户名为列车在始发站的车次，登录密码为列车图定始发日期。

（2）客运段配置专用的计算机作为接收终端，维护本段担当列车车次目录等相关信息，以确保及时接收地面系统发送的信息。

(3)车站设专人做好乘车人数通知单的发送工作,至少在列车开车前5min点击客票系统计划管理模块"乘车人数通知单"中的"打印"按钮,统计该列车在本站的售票情况及剩余席位;客票系统自动将信息发送给指定的移动终端,点击按钮后车站不得继续发售该次列车的车票;遇有列车晚点,车站应在客票系统中执行"晚点"调度命令。

(4)列车运行中,列车乘务人员应于到站前10min,激活处于休眠状态的系统,以使其自动接收信息;如开车后5min仍未收到相关信息,列车乘务人员应启动移动终端设备上的信息下载程序,进行手动下载。

(5)列车乘务人员接收信息后可进行列车补票,查验车票真伪。

(6)到达本次列车终点站后,列车乘务人员须注销身份,退出系统。

(7)客运段可查询各次担当列车的密度表,并结合列车补票信息编制相关报表。

(三)站车客运信息无线交互系统应急处置

(1)当终端设备在始发站发生故障时,列车应及时启用备用终端设备。

(2)当无线传统通道、地面系统或列车运行途中终端设备发生故障时,列车长应向故障发生地所属铁路局集团公司客运部报告;由该铁路局集团公司客运部顺序通报列车运行前方各铁路局集团公司,通知前方各停靠站打印并递交"乘车人数通知单"。

(3)由于调试通道或地面系统等需中断系统的正常运行时,相关部门必须提前5天报国铁集团批准后方可实施;调试期间相关车站将临时恢复打印和递交"乘车人数通知单"。

实训项目及案例分析

实训项目1 客运量的预测方法

【任务6-1】 根据统计,JL站第1年至第8年的铁路客运发送量(Y)的动态数列,如表6-14所示。其趋势近乎直线,预计今后的铁路客运发送量仍将保持线性的增长趋势。试用时间序列法(趋势外延法)分别预测第9年、10年、11年的客运发送量。

JL站铁路客运发送量 表6-14

时间	第1年	第2年	第3年	第4年	第5年	第6年	第7年	第8年
发送量(Y)(百万人次)	151.04	160.10	167.95	176.68	184.65	191.91	199.73	208.55

预测步骤:用时间序列法预测的公式为:

$$Y_{计} = a + bt$$

式中:t——年序数;

a、b——参数。

设一次移动平均数为M_t^1,二次移动平均数为M_t^2,取平均时距为$n=3$。

$$a = 2M_t^1 - M_t^2$$

$$b = M_t^1 - M_t^2$$

式中,M_t^1、M_t^2可按下列方法求解:

设各年的实际客运量为X_1、X_2、…、X_8。

$$M_{(3)t}^{1}=\frac{X_{(1)}+X_{(2)}+X_{(3)}}{3}=\frac{151.04+160.10+167.95}{3}=159.70$$

$$M_{(4)t}^{1}=\frac{X_{(2)}+X_{(3)}+X_{(4)}}{3}=\frac{160.10+167.95+176.68}{3}=168.24$$

$$M_{(5)t}^{1}=\frac{X_{(3)}+X_{(4)}+X_{(5)}}{3}=\frac{167.95+176.68+184.65}{3}=176.43$$

二次移动平均数 M_t^2 不过是一次移动平均数 M_t^1 的再一次移动平均而已，即：

$$M_{(5)t}^{2}=\frac{M_{t(3)}^{1}+M_{t(4)}^{1}+M_{t(5)}^{1}}{3}=\frac{159.70+168.24+176.43}{3}=168.12$$

其余以此类推，并将计算数据填入表 6-15。

预测第 11 年客运发送量：

$$Y_{(8+t)}=a+bt=207.93+7.87t$$

因 $t=1$，则：

$$Y_{(9)}=207.93+7.87\times1=215.80\ \text{百万人次}$$

同理：

预测第 10 年客运发送量：

$$Y_{(10)}=207.93+7.87\times2=223.67\ \text{百万人次}$$

预测第 11 年客运发送量：

$$Y_{(11)}=207.93+7.87\times3=231.54\ \text{百万人次}$$

客运量动态数列表 表 6-15

时间	Y（百万人次）	M^{1t}（$n=3$）	M^{2t}（$n=3$）	a	b	$Y_计$	$\frac{Y_计-Y}{Y}$
第 1 年	151.04						
第 2 年	160.10						
第 3 年	167.95	159.70					
第 4 年	176.68	168.24					
第 5 年	184.65	176.43	168.12	184.74	8.31		
第 6 年	191.91	184.41	176.36	192.46	8.05	193.05	+0.006
第 7 年	199.73	192.10	184.31	199.89	7.79	200.51	+0.004
第 8 年	208.55	200.06	192.19	207.93	7.87	207.68	−0.004
第 9 年					215.80		
第 10 年						223.67	
第 11 年						231.54	

实训项目 2 管内客流图的编制方法

【任务 6-2】 甲至戊间有四个客流区段，其营业里程如图 6-26 所示。其管内旅客发送量如下，请根据各站的客运发送量编制客流斜线表，并绘制甲至戊间管内客流图。

戊站发送	到达	丁站	3461 人
		丙站	1061 人
		乙站	801 人

		甲站	589 人
丁站发送	到达	戊站	1299 人
		丙站	2971 人
		乙站	1865 人
		甲站	1097 人
丙站发送	到达	戊站	951 人
		丁站	396 人
		乙站	3404 人
		甲站	1936 人
乙站发送	到达	戊站	1445 人
		丁站	1355 人
		丙站	1076 人
		甲站	4759 人
甲站发送	到达	戊站	2116 人
		丁站	2022 人
		丙站	1476 人
		乙站	2599 人

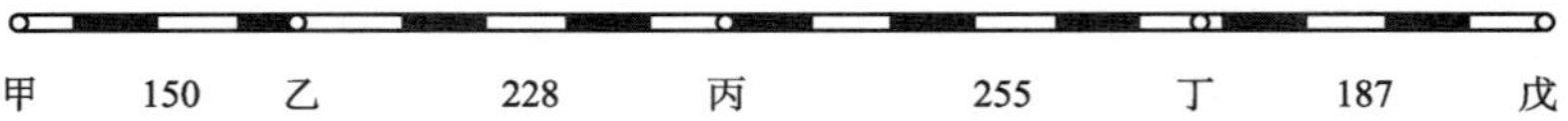

图 6-26　营业里程示意图(单位:km)

任务实施:

(1)斜线表的编制方法

表 6-16 是甲—戊间客流斜线表,表中斜线以上表示下行,斜线以下表示上行,并将甲至戊间各站发送的上、下行客流总量表示在斜线表上,如表 6-16 所示。

客流斜线表(单位:人)　　表 6-16

发站	距离(km)	到站							
		甲	乙	丙	丁	戊	下行	上行	总计
甲			2599	1476	2022	2116	8213	—	8213
乙	150	4759		1076	1355	1445	3876	4759	8635
丙	228	1936	3404		396	951	1347	5340	6687
丁	255	1097	1865	2971		1299	1299	5933	7232
戊	187	589	801	1061	3461		—	5912	5912
下行		—	2599	2552	3773	5811			14735
上行		8381	6070	4032	3461	—			21944
总计		8381	8669	6584	7234	5811	14735	21944	36679

从表 6-16 可见,斜线表只能反映站间(始发终到)的客流情况,而不能直观反映站间各个区段的客流,因此要制作管内客流图,即根据管内斜线表绘制管内客流图。

(2)管内客流图的编制方法。

从表 6-16 的斜线表可以看出,下行方向,甲—乙区段的客流量包括以下部分:

从甲站到乙站的旅客(2599 人),从甲站到丙站的旅客(1476 人),从甲站到丁站的旅客(2022 人),从甲站到戊站的旅客(2116 人),所以甲—乙区段总的客流量为 8213 人;同理,乙—丙区段总的客流量为 9490 人,丙—丁区段总的客流量为 8285 人,丁—戊区段总的客流量为 5811 人。

上行方向,戊—丁区段的客流量为 5912 人,丁—丙区段的客流量为 8384 人,丙—乙区段的客流量为 9692 人,乙—甲区段的客流量为 8381 人。

即得管内客流图,如图 6-27 所示。

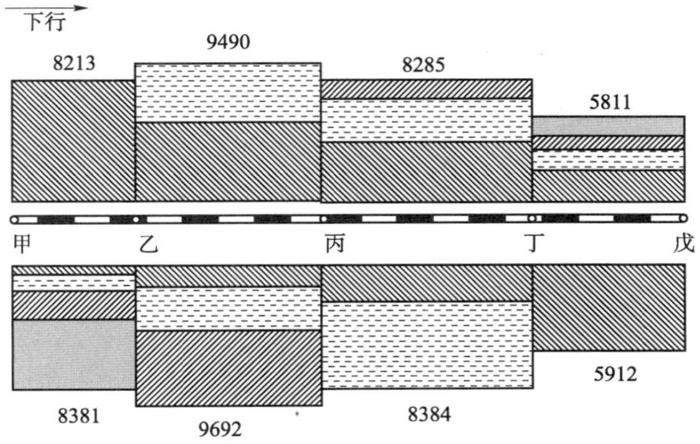

图 6-27　管内客流图(单位:人)

实训项目 3　旅客列车运行区段和行车量的确定

【任务 6-3】　甲至戊间管内客流图,如图 6-28 所示。请根据此客流图确定甲至戊间的运行区段。

确定方法:现以甲至乙间最大客流方向(下行)的总客流计划所绘制的客流图(图 6-27)为例,从图 6-28 中不仅能很清楚、直观地看出各方向上各客流区段旅客的流量、流向,而且可以看出客流大量发生、消失和变化较大的地点,这就为划分各种旅客列车运行区段、确定列车种类、计算开行对数的工作提供了帮助。

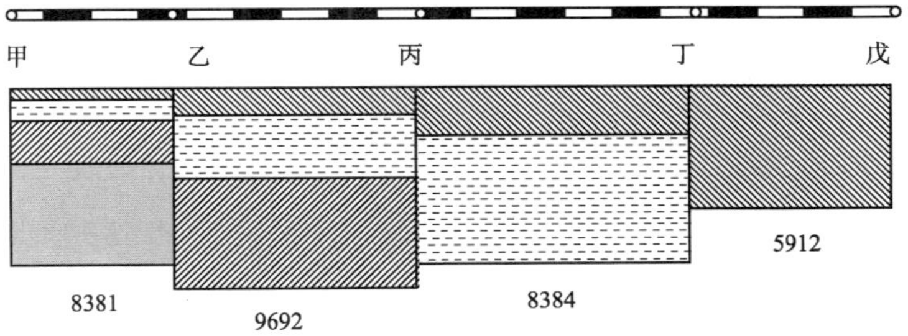

图 6-28　最大客流方向的客流图(单位:人)

根据甲—戊线上客流显著变化的地点,可按照甲—戊间、甲—丁、乙—丙之间的不同客流密度,确定运行区段。

甲—戊区段,客流 5912 人;

甲—丁区段,客流 8384 − 5912 = 2472 人;

乙—丙区段,客流 9692 − 5912 − 2472 = 1308 人。

【任务 6-4】　根据客流调查,甲—戊区段需要用特快车输送的客流占总客流的 15%,用快车输送的客流占剩余客流的 38%,其余客流以普通旅客慢车输送。各种旅客列车的容量:特快车为 900 人或 1000 人,快车为 1000 人或 1100 人,普通旅客慢车为 1300 人或 1350 人。请计算各区段的行车量。

任务实施:

首先确定各区段行车量。

(1)甲—戊区段。

$$N_{特快}=\frac{AK_{特快}}{\alpha_{特快}}=(5912\times15\%)\div900\approx1\text{ 列} \quad 欠13人$$

开行特快列车后剩余 5912 - 900 × 1 = 5012 人,人数很多,因此开行快速旅客列车。

$$N_{快}=\frac{AK_{快}}{\alpha_{快}}=(5012\times38\%)\div1000\approx2\text{ 列} \quad 欠95人$$

开行特快车和快车后剩余 5912 - 900 × 1 - 1000 × 2 = 3012 人,因此开行慢车。

$$N_{客}=\frac{A-\alpha_{特快}N_{特快}-\alpha_{快}N_{快}}{\alpha_{客}}=3012\div1350\approx2\text{ 列} \quad 余312人$$

(2)甲—丁区段。

$$N_{特快}=\frac{AK_{特快}}{\alpha_{特快}}=(2472\times15\%)\div900=0.41$$

即车流不足以开行一对特快车,可考虑开行快车。

$$N_{快}=\frac{AK_{快}}{\alpha_{快}}=(2472\times38\%)\div1000\approx1\text{ 列} \quad 欠60人$$

即开行一对快车。

开行特快车和快车后剩余 2472 - 1000 × 1 = 1472 人,因此开行慢车。

$$N_{客}=\frac{A-\alpha_{特快}N_{特快}-\alpha_{快}N_{快}}{\alpha_{客}}=1472\div1350\approx1 \quad 余122人$$

即开行一对慢车。

(3)乙—丙区段。

客流为 1308,可直接考虑开行慢车,则

$$N_{客}=1308\div1300\approx1 \quad 余8人$$

即开行一对慢车。

对上述行车量汇总,如表 6-17 所示。

甲—戊间客流斜线表 表 6-17

运行区段	各区段行车量(列)			合计(列)	输送能力(人)
	特快车	快车	慢车		
甲—戊	1	2	2	5	5700
甲—丁		1	1	2	2400
乙—丙			1	1	1300
合计	1	3	4	8	9400

实训项目 4 列车旅客密度表的填写

【任务 6-5】 20 × × 年 12 月 9 日,由永春站开往东江站的 1247 次旅客列车编组 14 辆,东江客运段担当乘务组,硬座标记定员为 680 人,各站硬座到站人数及票额分配如表 6-18 所示,请编制列车密度表(表 6-19)。

任务实施:列车密度表如表 6-19 所示。

各站硬座到站人数及票额分配表

表 6-18

路局管界		到站人数																				分配票额
		永春	武安	高阳	城川	新庄	红阳	青鸟	蓝旗	美域	兰溪庄	夕照	金台	永清	夏湾	翠澜	水城	松雨	景山	安顺	江龙	
永春	永春																					670
	武安																					36
	高阳																					105
	城川																					12
	新庄																					27
	红阳	5																				20
	青鸟	16																				30
金台	蓝旗	8																				12
	美域	5																				4
	兰溪庄	10																				12
	夕照	12					2	1														16
	金台	25	3	2	1			2		1												35
	永清	8	8	5		1					2											25
	夏弯	5		5				3														10
	翠澜	7		2				2		2												16
	水城	5		3	2		1	2				3	2	7	3							30
	松雨	67	7	12	3	15	3	4	2		2	2	4	5		3	1					130
东江	景山	13		6										2				5				25
	安顺	15	5	15	1	1	3	3	2		3			2		2	1	5				
	江龙	10	2	6			1		2								1	5	10	10		60
	东江	457	12	33	3	12	10	10	8	3	3	12	28	9	5	12	23	120	13	49	25	25

表 6-19

列车旅客密度表

1247次列车20××年12月1日自永春站始发

20××年12月1日终到东江站

列车编组14辆　硬座标记定员680人东江客运段

实际定员670人

超成定员871人

软座定员　人

硬卧定员177人

软卧定员32人

列车长李某

路局管界	人数＼发站 到站	硬座																								
		春	调整	下车数																						
永春	核实		核																							
	武安			武																						
	高阳				高																					
	城川					城																				
	新庄		2				新	2																		
	红阳	5	3					红	3																	
	核实								核																	
	青乌	16	15						15	青	15															
金台	蓝旗	8	10						10		蓝	10														
	美城	5	6						6			美	6													
	兰溪庄	10	10						10				兰	10												
	夕照	12	15					2	17	1				夕	18											
	金台	25	25	3	2	1			31	2		1			金	34										
	永清	8	8	8	5		1		22				2			永	24									
	夏湾	5	5		5				10	3							夏	13								
	翠澜	7	7		2				9	2		2						翠	13							
	水城	5	5		3	2		1	11	2				3	2	7	3		水	28						
	核实																			核						
	松雨	67	73	7	12	3	15	3	115	4	2		2	2	4	5		3	1	139	松	139				
东江	景山	13	12		6				18							2				20	5	景	25			
	安顺	15	17	5	15	1	1	3	42	3	2		3			2		2	1	55	5		安	60		
	江龙	10	10	2	6			1	19		2								1	24	5	10	10	江	49	
	东江	457	456	12	33	3	12	10	520	10	8	3	3	12	28	9	5	12	23	633	120	13	49	25	东	840
	固定票额	670		36	105	12	27	20		30	12	4	12	16	35	25	10	16	30		130	25	60	25		
	上车人数	668		37	104	10	29	20		27	14	6	10	17	34	25	8	17	30		135	23	59	25		
	车内人数	668	679	716	805	815	842	859	855	867	871	871	871	870	870	871	866	870	869	871	867	865	864	840		

固定票额	发站＼到站 人数		下车数			
	上车人数					
	车内人数					

输送量　硬座　　人

软座　　人

硬卧　　人

软卧　　人

计　　人

实训项目5 旅客列车定员的计算方法

【任务6-6】 20××年12月9日,1437次新型空调旅客列车编组18辆。其中,硬座车7辆(定员118人5辆、128人2辆)、硬卧车9辆(其中定员60人2辆、定员66人5辆、定员60人代硬座车1辆、宿营车1辆)、餐车1辆、行李车1辆。请计算列车标记定员、实际定员和超成定员人数。

任务实施:

(1)硬座标记定员:各车厢标记定员的总和。

$118\times5+128\times2=846$ 人

(2)硬卧代硬座:每一下铺按4人计算。

$60\div3\times4=80$ 人

(3)硬座车总标记定员:

$846+80=926$ 人

(4)硬卧车标记定员:

$60\times2+66\times5=450$ 人

(5)列车标记定员:

$926+450=1376$ 人

(6)列车实际定员:新型车实际定员即为标记定员1376人

(7)列车超成定员:

硬座车超成定员:$180\times7=1260$ 人

硬卧代硬座超成定员:$160\times1=160$ 人

合计:$1260+160+450=1870$ 人

知识拓展

一、铁路旅客运输营销工作

铁路旅客运输营销工作组织机构由上至下分三层管理:国铁集团客运部客运营销处—铁路局集团公司客运部客运营销处—站段营销中心(科)。国铁集团的客运营销部门负责全路客运营销组织工作,铁路局集团公司客运部营销部门负责本铁路局集团公司范围内的营销组织工作,站段营销部门在铁路局集团公司营销部门的领导下负责本站段范围内的营销组织工作。其中,客运站营销组织工作是全路客运营销工作的基础,负责落实本铁路局集团公司制订的营销方案,组织开展市场调研、需求分析和客流预测,研究提出运能配置及客票销售的建议方案,开展客运产品宣传推介并具体组织产品销售工作。

二、车站营销中心工作

1.车站营销中心工作内容

车站营销中心工作包括日常客运营销、季节性客运营销、年度综合性营销分析、客运新产品专项营销等。

(1)日常客运营销是指根据旅客日常运输工作进行的市场营销。

(2)季节性客运营销主要是指春运、暑运期间及元旦、春游、清明、五一、端午、中秋、十一等节假日运输期间以及其他阶段性专题市场营销。

(3)年度综合性营销分析是指定期走访有关客户,调查了解客流吸引区范围内的自然、经济、文化、人口、风俗、旅游等情况,了解其他交通运输工具的运能、运量、线路、票价等情况和地区国民经济发展趋势、国民收入变化等情况,建立相关信息档案库。

(4)客运新产品专项营销是指增加新线路、新车站、新品牌、新设备,增开新车型、新车种、推出新政策、新服务等市场营销。

2. 车站营销中心工作职责

(1)加强任务指标管理,实现增运增收目标。围绕车站年度经营目标,对车站年度、月度旅客发送任务指标,进行科学管理与分析,实现对铁路局集团公司旅客发送量任务指标的全面规划、过程管理和控制。

(2)搞好营销策划、客户关系管理。完善与车站所在城市旅游局、统计局、建工局、会展中心、劳务市场、公路、民航等部门沟通联络机制,通过定期走访、电话联系等方式切实做好市场调查与分析工作,收集分析旅客需求和市场变化情况。

(3)配合铁路局集团公司做好列车运行图编制工作。要根据列车运行图编制计划,结合各自实际,研究制订开车建议方案及旅客列车办客停站建议方案,并及时上报。

(4)提前科学研判,做好预测分析,适时做好春运、暑运期间及十一等节假日运输期间的客运营销方案,并及时上报节假日运输组织建议方案。

(5)关注运能与市场匹配情况。根据各自实际情况,对客流和运能利用情况进行分析,提出运力配置和售票策略建议方案。

(6)市场监测。密切关注吸引区范围的客流动态,包括天气、大型活动、学生放假等影响客流变化的社会事件,跟踪分析客票预售情况,及时上报对客流变化有较大影响的因素。

(7)建立营销资料数据库。收集人口基础资料、学校资料、大型活动资料三项内容,做好定期上报工作。

3. 车站营销科职责

负责营销组织,组织进行客流调查,制订客流调查方案,形成调查报告;提报列车开停方案,优化运能配置方案,形成客运新产品;加强营销宣传,制订营销宣传方案,扩大营销影响;开展经营活动分析,总结经验,查找不足,提出改进意见。

4. 车站售票车间营销职责

掌握列车售票情况,做好售票情况统计分析,提报扩能建议;掌握动车票额共(复)用策略,积极与上级主管部门联系,做好共用席位的动态调整;按照要求及时查询、接收处理、传递客调命令;掌握售票信息和策略,指导窗口售票;制定售票激励措施,提高发售车票的主动性;做好相关资料的积累,为车站整体营销工作的推进提供基础数据。

5. 车站各客运车间(站)营销职责

掌握本站"图、流、能、售"情况,建立相应统计分析报表,关注市场动态信息和客流变化,及时向市场营销部汇报,并提出优化运能配置建议。

三、车站客流调查

车站客流调查工作包括日常客流调查、季节性客流调查、年度综合性客流调查和客运新产品专项客流调查。

1. 日常客流调查

日常客流调查的主要内容包括车站密切关注吸引区范围的客流动态，随时掌握旅客流量、流向和出行方式的变化。及时收集车站吸引区范围其他交通方式信息，包括长途汽车班次、车型、运价，民航航班、运价，以及长途汽车和民航的运能、上座率等情况，及时掌握影响铁路运输的因素并做好营销数据库的建立。

营销数据库包括：

(1)人口基础资料。关注日均客流量较大的车站所在城市的常住人口总量和常住流动人口的变化，相关资料每半年更新一次，三季度更新当年上半年的资料，一季度更新上一年的资料。

(2)学校资料。关注当地主要大专院校生源变化、求学变化和在校生变化，调查寒暑假学生出行量，为下一步研究学生出行规律奠定必要的数据基础。对新学年的学生情况进行调查，相关数据每年10月10日更新一次。

(3)大型活动资料。大型活动主要包括会展旅游节、电影节、商务会议等每年规律性活动，一方面为研究大型活动对客流影响奠定基础，另一方面为提前安排运能、适应市场需求做好准备。

(4)推行月度客流预测制度。根据车站客流特点、客流影响因素，对下月每日旅客发送量进行预测。

(5)固定对象客流调查。为了解群体的出行方式、出行频率、出行目的等随年龄、收入、职业不同产生的变化，对固定对象(如儿童等)群体长期跟踪调查。

2. 季节性客流调查

季节性客流调查的内容：主要对节假日运输，即春运、暑运，以及元旦、春游、清明、五一、端午、中秋、十一等节假日运输的客流市场情况进行调查。季节性客流调查的主要内容包括：当地人口和经济情况；学生旅客等主要客流的流向、流量；其他交通工具的运力配置和对铁路运输的影响等情况。

根据需要也可组织进行其他专题客流调查，做出相应的客流预测表。

3. 年度综合性客流调查

年度综合性客流调查(定期客流调查)每年进行1~2次。年度综合性客流调查的内容包括：客流吸引区范围内的自然、经济、文化、人口、风俗、旅游等情况；其他交通工具的运能、运量、线路、票价等情况和地区国民经济发展趋势、国民收入变化等情况。

4. 客运新产品专项客流调查

客运新产品专项客流调查主要是指对增加的新线进行客流调查，深入新线沿线以及省内的汽车站、旅行社、大中专院校、施工工地、大型商圈等重点单位，并走访当地交通部门，对当地客流进行深入的调查和了解。

四、铁路客运营销工作制度

铁路客运营销工作的基本制度是建立各种数据统计报表并定期上报的制度，包括数据统计制度、定期营销分析会议制度(如季节性营销工作会议、年度营销工作会议、日常营销资料数据库调查会议等)、市场调查制度、运行图编制制度、指标管理制度及分析总结报告制度等。

1. 数据统计制度

建立营销基础数据统计,包括各自然站运力运能统计、分方向客流统计、市场基础信息统计、市场动态信息统计等,形成营销资料数据库,定期更新,按期上报。

2. 营销分析会议制度

(1)季节性营销工作会议。季节性营销工作会议于春运以及元旦、清明、五一、端午、中秋、十一等节假日运输前一个月及节假日运输后次日召开。节假日运输前围绕客流预测、流量流向、运力安排以及营销重点工作进行研究分析;节假日运输后主要对节假日工作进行总结,重点对运输实绩、运能利用情况、主要方向发送统计情况进行分析总结。

(2)年度营销工作会议。年度营销工作会议每年召开一次,原则上安排在每年一月中旬召开。会议的主要内容是对上年度客运营销进行工作总结,对本年度任务指标及客运营销重点工作等进行分析。

(3)日常营销资料数据库调查会议。根据统计时间在各项资料上报前20天,主要是针对人口、学校、大型活动以及固定客流调查对象的方案落实、汇总上报。营销会议由营销分中心相关成员参加,根据需要可临时增加营销科收入专管员、相关车间(站)人员参加。

3. 市场调查制度

市场调查应根据上级要求或生产需要,组织实施日常市场调查和动态市场调查,分析客运市场形势和走向,预测客流,提出完善客运产品库、动态调整运力、优化售票策略的合理化建议,形成报告。例如,客运新产品专项营销工作会议,会议针对某些特定旅客列车、新客运产品、新线等不定期召开。

4. 运行图编制制度

根据列车运行图编制计划,各车间(站)应组织研究,分析现行列车运行图运能运量,提出开车及旅客列车办客停站建议方案;遇运行图重大调整,由主要分管领导组织研究。主要涉及站段应主动参与列车运行图编制。

5. 指标管理及分析总结报告制度

(1)各站段应建立指标管理制度,对年度指标进行预分析,结合运输实际逐月预测。定期提报月度客发预期值,并按铁路局集团公司要求组织开展下一年度经营目标预期分析,分析客流影响因素,提出下一年度的旅客发送量预期值。

(2)各站段应设立客运营销分析总结制度,主要包括专题分析、月度营销工作总结,季节性旅客运输工作小结和年度旅客运输工作小结,突出市场变化和"图、流、能、售"匹配度,总结经验,查找问题,制定措施,提出建议,形成报告按期上报。

(3)建立营销情况统计分析报告制度,主要包括日常客流情况分析、月度营销工作分析、季度经营活动分析、季节性旅客运输、年度旅客运输、新产品专项分析等工作小结,形成报告,报告内容由上期小结、本期影响因素及预期、运能运力调整建议方案三部分组成。

五、铁路客运营销宣传

营销离不开宣传工作,铁路客运营销工作同样需要做好各阶段的营销公共宣传,加大市场推介力度，引导运输消费。宣传途径主要是通过官方网站、新闻媒体、社交媒体等覆盖面广、影响大的宣传渠道，及时向社会公布车站各类营销、票务信息。各相关部门充分利用车站各种自媒体、显示屏等，及时传递车站动态，积极宣传本站与全路其他车站发售往返、异地、联程票等业务，方便旅客购票选择。

此外，车站还应有针对性地做好季节性和客运新产品的专题营销宣传工作。对客运新产品及与旅客出行直接相关的信息，必须努力通过新闻媒体，广告传媒站，站、车揭示等宣传手段，做到在听觉上有吸引力、在视觉上有冲击力、在内容上有感召力；要不断加大客运新产品的推介力度，及时将客运新产品的特点、比较优势等内容进行广泛宣传，做到家喻户晓，广为人知。

六、售票营销组织

售票组织是营销工作的龙头，主要是提高车票发售量，保证运能的充分利用，做到淡季不淡，旺季前延后续，放大效益。

售票工作要积极推广互联网、手机、自助售票、电话订票等多元化售票方式。

售票窗口开设数量、开设时间等是售票营销组织中非常重要的内容。车站应合理设置售票窗口和开窗作业时间，增开短途大站专窗；平时做到短途旅客随到随走；车站要根据客流变化实行弹性工作时间，满足高峰时段旅客购票需求，开窗设置符合国铁集团服务质量规范要求。

为进一步做好以售票促营销的工作，车站一般采取客票销售奖励机制，以调动售票员的积极性。

售票时大力发售往返、异地、联程票，主动为旅客做行程规划，票额紧张时积极为旅客提供其他可行的售票方案，并在售票的同时积极向旅客推介铁路客运新产品。

为促进营销业绩，很多车站会开展劳动竞赛，通过劳动竞赛提高售票员业务技术水平，做到“一口清”“一手精”，提高售票速度，同时遵循资源利用效益最大化原则，向旅客推介优质铁路客运产品。

复习思考题

1. 旅客运输计划按执行期限不同分哪几种？
2. 旅客运输计划的特点是什么？
3. 什么叫客流？客流是如何分类的？
4. 客流的构成要素有哪些？
5. 客流的主要特点是什么？
6. 试说明旅客列车的分类及车次编定的情况。
7. 客流变化的主要影响因素有哪些？
8. 什么是车站进行客流调查的直接吸引区和间接吸引区？如何确定？
9. 客流调查有哪些方法？
10. 什么是客运量预测？预测方法分哪几种？

11. 什么是客流区段？客流区段如何确定？
12. 什么是客流图？为什么要编制客流图？客流图分哪几种？
13. 旅客运输计划的主要指标有哪些？
14. 如何合理地选择旅客列车的速度与重量？
15. 旅客列车运行区段和行车量是怎样确定的？
16. 行车量不足一列的尾数应如何处理？
17. 如何确定旅客列车车底需要数？如何绘制车底周转图？
18. 旅客列车运行图的主要指标有哪些？
19. 票额分配的依据是什么？
20. 票额分配的原则是什么？
21. 票额的分配方法有哪些？
22. 什么是票额共用？票额共用有哪几种形式？
23. 什么是席位复用？席位复用有哪几种形式？
24. 铁路客运营销辅助决策系统(站段级)主要包含哪些功能？
25. 铁路客运营销辅助决策系统主要包含哪些内容？
26. 客票系统是由哪几个部分组成的？
27. 简述客管系统的总体结构？
28. 旅客服务系统由哪些部分组成？
29. 站车无线交互系统由哪几个部分组成？

实践训练

1. 利用业余时间到车站进行客流调查,以掌握客流的流量和流向以及乘坐各种旅客列车客流所占的比例。
2. 练习用不同的预测方法进行客运量预测。
3. 练习绘制客流斜表及管内客流图。
4. 准确确定旅客列车的运行区段及行车量。
5. 练习确定旅客列车车底需要数及客车需要数。
6. 练习编制旅客列车运行方案图。
7. 熟练编制旅客列车时刻表。
8. 掌握旅客列车编组表的编制方法。
9. 熟练掌握票额分配方法。
10. 练习填写列车旅客密度表。
11. 熟练掌握列车定员的计算方法。

项目 7　客运站工作组织

★ **知识重点**

1. 客运站主要设备的功能及布置要求。
2. 客运站流线及流线组织方法。
3. 售票处作业内容。
4. 客运服务工作作业内容及作业质量标准。

★ **项目任务**

1. 客运站的作业内容。
2. 客运站主要设备的功能。
3. 售票工作组织。
4. 旅客服务工作组织。

★ **项目准备**

1. 参考资料:《铁路旅客运输规程》《铁路客运运价规则》《铁路旅客运输办理细则》《铁路旅客运输管理规则》《客运规章汇编》《铁路旅客运输服务质量规范(车站部分)》。
2. 所需票据、报表:磁介质票,软纸票,代用票,客运运价杂费收据。
3. 所需设备:客运一体化教室、模拟电子售票机。

理论知识

单元 7.1　客运站的主要作业与设施设备

客运站是主要办理客运业务的车站。客运站一般设置在具有特殊意义的大城市及客流比较集中的中小城市。

客运站是铁路与旅客之间联系的纽带,因为这里是旅客与铁路最先和最后接触的场所,双方当事人之间的权利和义务关系在此产生或消失。客运站是铁路旅客运输的基层生产单位,是铁路的"窗口",一系列旅行手续均在此办理。客运站是城市建设的有机组成部分,其工作水平影响旅客、铁路、城市三方面。客运站的主要任务是安全、迅速、有秩序地组织旅客上下车,便于旅客办理旅行手续,为旅客提供舒适的候车条件,保证铁路与市内交通联系便捷,使旅客迅速疏散。

客运站主要由站房、站场及站前广场组成,并包含行车指挥、运营管理、生活服务等方面的设施设备。①站房是客运站的主体,包括为旅客服务的各种房屋、运营管理工作所需要的各种技术办公房屋及办理行包、邮件的房屋。②站场是进行客运技术作业的场所,包括线路(到发线、机走线、机待线、车辆停留线)、站台、雨棚、跨线设备等。③站前广场是客运站与城市联系的“纽带”,它包括车行道、停车场和旅客活动地带等。

一、客运站的主要作业

北京丰台客运站

(1)客运服务作业,包括旅客进出站、安检、候车、问讯、小件行李寄存以及为改善候车环境而针对旅客文化生活、饮水、卫生等方面提供的服务。

(2)客运业务,包括车票发售、行包的承运、装卸、保管和交付、邮件装卸等。

(3)技术作业,包括列车接发、机车摘挂、车列技术检查、车底取送、客车上水及餐饮供应等。

二、客运站站房

客运站站房布置要求

(一)站房的布置要求

站房是直接为旅客服务的房舍。它的布置是否合理,对提高服务质量,保证车站有良好秩序,提高车站运输能力是十分重要的。因此,站房必须满足下列要求:

(1)旅客站房的位置要和城市交通运输及城市的发展规划有机地结合起来。通过式客运站旅客站房一般设在线路靠居民区一侧;尽头式客运站旅客站房一般设在站台线尽端。站房与站前广场及城市交通工具停车点之间,应有便捷、安全的通路,方便旅客顺利地进出站。

(2)各种流线应保证畅通无阻、行程便捷,避免交叉干扰;使旅客、行包和各种车辆在站内安全、迅速地集散和通行。

(3)站房的建筑面积应与旅客数量相适应,并留有发展余地。

(4)站房应力求适用、经济、美观,并显示出城市的建筑风格和地理环境的特点,还要求有良好的通风和采光条件,有良好的取暖设备和可靠的空调设备。

(5)站房及跨线设备的平面布置,应按旅客的需要设置,便利旅客办理各种旅行手续,便于员工作业和管理,并有一定的灵活性。尽可能避免不必要的上下坡,以免通行困难及影响客运设备的通过能力。

(6)根据客流量的大小,尽可能使到达与始发客流、短途与长途客流分开。在站房内站台上应将行包、邮件的搬运与旅客上、下车的通路分开。

(二)站房建筑规模

客运站站房的建筑规模,根据车站的旅客最高聚集人数来确定。

旅客最高聚集人数是指客运站全年最高月份中,日均一昼夜内旅客同时在候车室的最高候车人数,包括客运站发送旅客、中转旅客及送客者,通勤、通学旅客除外。

影响旅客最高聚集人数的主要因素是旅客上车人数及其在车站聚集时间的长短。这和客运站与居民区之间距离的远近、交通条件、旅客列车到发间隔时间是否均衡、预售车票组织水平及对入座的安排、车站附近文化设施等条件有关。旅客最高聚集人数直接反映对车站用房和设施大小的要求,并据此确定客运站站房建筑规模。

(三)站房内各种用房的设置

站房所具有的房屋及其布置,应根据站房等级、类型,服务于旅客的种类,车站工作量及工作性质等因素确定。

1. 站房房屋类型

大、中型车站站房一般具有以下房屋类型。小型车站站房房屋类型根据需求灵活设置。

(1)客运用房,由综合大厅、候车室、各种营业厅(售票厅、行包房、检票口、旅客物品寄存处、问讯处、服务处等)组成。

(2)技术办公用房,包括运转室及信号楼、站长室、办公室、会议室、公安室及有关辅助房屋、建筑设备所需要的房屋等。

(3)职工生活用房,指为职工生活服务的各种用房,如职工休息室、食堂等。

2. 各种房屋及其设置条件

(1)综合大厅。

综合大厅起着通过和分配人流的作用,同时分配各旅客列车的旅客上车,在去往站台前即行分开,可在站台线上空设置高架候车室,通往各站台都有出入口,分配客流极为方便。综合大厅还集多种功能于一体,在保证旅客通过的前提下,可设置售票、寄存、邮电、银行、商务中心、商业、报刊、休息等多种功能,大大提高了空间的使用效率,是车站建筑的核心。旅客在综合大厅可以选择快速通过,也可以办理手续、进行商务活动和休闲购物。车站不仅对旅客,而且对城市开放商业活动,成为城市空间与车站空间的结合体。

①进站广厅(图7-1)。它是客运站的通道,也是旅客办理旅行手续的地点。在进站广厅的入口处设置安全检查设备,高铁客运站还应设置一定数量的自动售票机、充值机、自助发票打印机及自助查询机,以满足旅客自助购票的需要。

图7-1 进站广厅

②分配广厅。在大型客运站,为了同时分配各旅客列车的旅客上车,在去往站台前即行分开,可在站台线上空设置分配广厅(即高架候车室),使综合大厅通往各站台都有出入口,

分配客流极为方便,如图7-2所示。

③出站广厅。出站广厅一般设在大型客运站,是旅客出站的必经之地,如图7-3所示。在出站广厅内设有问讯处、补票处、旅客服务处,为出站旅客服务。中、小型客运站可不设出站广厅,而由站房旁边的检票口直接出站。也有的大型客运站只在中央设一个广厅,供进出站旅客共用。广厅的一侧设置城市至站房及广厅到站台的入口,另一侧设置由站台至广厅及站房至城市的出口。广厅的中央部分办理旅客业务,供到达和出发旅客共用。

图7-2　分配广厅连接站台的各出入口

图7-3　出站广厅

(2)候车室。

候车室是旅客候车、休息、排队进站的场所,如图7-4所示。候车室要为旅客候车创造舒适的环境,要有良好的通风、采光、采暖、防暑、休息等设备,与其他站房的主要出入口有密切的联系,并尽可能靠近站台,减少旅客检票上车的行程。候车室的面积除特殊规定外,一般根据一昼夜内在候车室旅客最高集结量,按每一旅客占用1.1~1.2m^2计算。

高速铁路车站候车功能以通过式为主、等候式为辅。候车室的面积除特殊规定外,一般根据客流的顺利通过要求和最高聚集人数确定。

候车室根据候车、营业、交通联系三部分的不同组合分以下3种:

①综合候车室:将与旅客关系最密切的候车、营业、交通联系三部分组织在一个空间中的具有综合功能的候车室。其优点是使用机动灵活,利用率高。但当客流较大时,其候车秩

序乱，影响服务质量。

②候车、营业、交通联系三部分分开的候车室。该候车室将候车、营业部分联通，按旅客方向、性质或列车种类分别设置。如普通候车室、母婴候车室、贵宾候车室、软席候车室等。这种候车室候车条件好，便于组织客流，服务质量高。

图7-4 候车室大厅

③候车、营业、交通联系三部分既分开又联系的候车室。该候车室将候车部分与交通联系部分集中设置，将旅客活动较频繁的营业部分单独设置并设于进站通路的两侧。这种候车室旅客候车安静、方便，但候车旅客多时各种旅客互相干扰，秩序紊乱。

（3）行包房。

行包房包括行李、包裹的托运、提取处和行包仓库两部分。行包房的位置应与旅客托运、提取行包的流线密切结合，尽量减少与客流、车流的交叉干扰，并与客运用房、站台、广场取得有机联系，与跨线设备及运输方式取得密切配合。行包房的布置形式有下列几种。

①设一个行包房兼办行包的托运和提取业务。这种布置形式的优点是对行包仓库的利用、管理人员的安排和行包的搬运等方便灵活；缺点是托运、提取流线易发生干扰，行包业务容易产生差错。

行包房根据位置不同又可分为下列几种形式：

a. 行包房设在旅客进出站流线之间，如图7-5a）所示。

b. 行包房设在站房左侧或右侧，如图7-5b）、c）所示。

②分别设置发送和到达行包房，设于站房的左侧或右侧，如图7-5d）所示。这种布置能方便进出站旅客托运和领取，又可避免行包流线与旅客流线相互影响，但与一个行包房相比对行包仓库的利用及管理人员的安排均不够灵活。

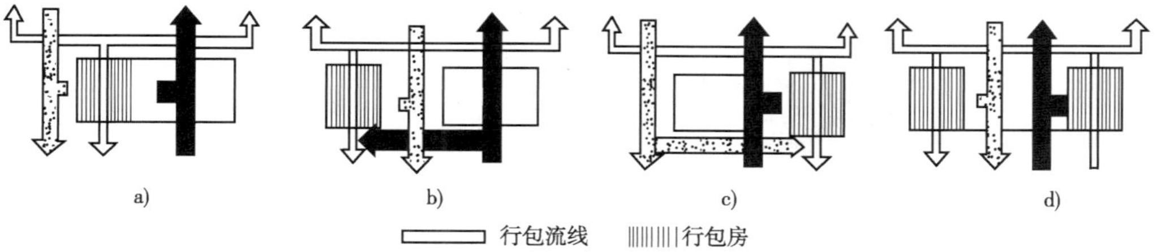

图7-5 行包房在站房中的位置

(4)售票处(厅)。

售票处的位置及布置方式应根据客运站的性质、规模及旅客进站办理作业的程序等因素决定。中、小型客运站的售票处设在广厅内进站口一侧,高铁车站在其旁边依次设置若干台供旅客自助购票的自动售票机,这样可使进、出站旅客不发生交叉,如图7-6所示。大型客运站的售票处应设在进站流线的前端,直通站前广场和广厅,要求与候车室联系方便。在站房之外另设售票处时,必须通过走廊与站房连接,减少旅客的露天行程。在中转旅客多的车站,可在站台内或出口附近设中转签字处。售票处应根据旅客发送量开设售票窗口。

图7-6　售票处

为方便旅客售票,减轻车站售票处负担,大城市根据市内人口及交通情况设置市内售票所和车票代理发售处以及网络订票、电话订票。

(5)检票口。

检票口是站房与站台之间的分界点,是旅客进出站的必经之路,也是旅客流线组织的重要一环。检票口的布置应力求缩短旅客检票后的步行距离,数量应根据通过该处检票进站(出站)的旅客人数及检票口的通过能力来确定。

检票口宜集中设置,便于管理和互相调剂使用,但对大型或特大型客运站,由于其客流复杂,故多采用分别设置进站检票口和出站检票口。进、出站检票口设置地点应与城市公交站点相配合,以避免不必要的人流交叉。

铁路客运站检票口目前采用以自动检票(图7-7)为主、人工检票为辅的方式完成检票过程。自动检票方式是今后的主要检票方式。

图7-7　自动检票设备

自动检票机有进站检票机、出站检票机和宽道检票机。自动检票机的形式,主要有双开门式检票机和翼式检票机,可支持储值卡、非接触式 IC 卡或磁卡等车票的检票作业,达到迅速安全疏散人流的目的。旅客可通过自动检票机随到随检。旅客在候车厅内旅客信息系统或自助查询机(图 7-8)的引导下,自主选择所乘坐的旅客列车上站台乘车或出站。

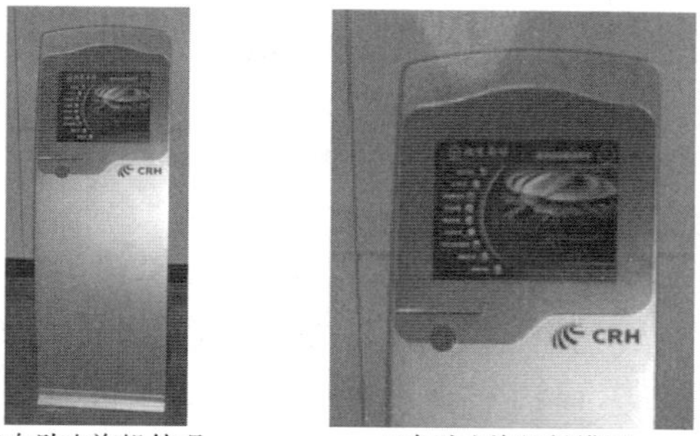

a)自助查询机外观　　b)自助查询机触摸屏

图 7-8　自助查询机

自动检票机通过自动检票服务器获取检票计划,读取旅客车票数据,通过安全存取模块判断真伪,然后解密,再根据检票计划对车票进行自动判读,允许合法旅客通过,对非法旅客进行拦截。当旅客所乘坐的车次开始检票时,旅客将车票(证件)放到自动检票机,自动检票机根据检票规则自动完成检票。

(6)问讯处。

问讯处是解答旅客问题的处所,如旅客列车发到时刻、购票、托运、提取行包手续等问题。其位置应在站内较明显的地方,并靠近售票处。

(7)旅客物品寄存处。

寄存处是旅客暂时存放携带品和小件行李的场所。小型客运站可将寄存处附设在问讯处或行包房内。大、中型客运站应单独设置寄存处,其位置最好能供进出站旅客共用。高铁客运站配备一定数量和型号的寄存柜(有联控自动、半自动或人工控制等管理方式)。其位置最好能供进出站旅客共用或设在旅客顺路办理的地点,其最佳设置地点为综合大厅。其数量应以旅客的总体需求、物品重量(或体积)及寄存时间来确定。客流量大的车站可在进站大厅、出站口附近分设几处,方便旅客就近存取。寄存柜如图 7-9 所示。

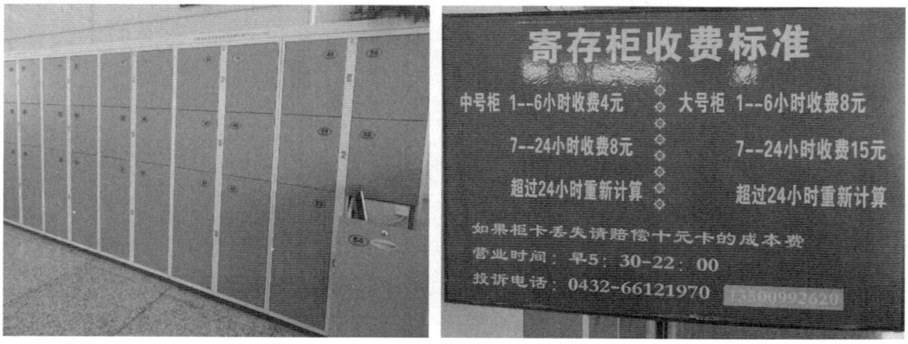

a)　　b)

图 7-9　寄存柜

三、客运站站前广场及站场

（一）站前广场

客运站站前广场是客流、车流的集散地点，可组织旅客室外休息的场所；可作为临时迎宾和集会的地方，使地面公交、地铁、磁浮等各种交通运输方式与站前广场、旅客站房的进、出口取得有机联系，以达到零距离换乘的目的；还可集散铁路旅客和部分城市交通车辆，布置各种服务设施。

为保证旅客和车辆能安全、迅速、便利地通行，站前广场的修建应与城市规划密切配合，避免旅客流线、行包流线、车辆流线之间的交叉干扰，并尽量缩短进、出站旅客的步行距离，减少车流、人流的交叉和干扰。各种车辆停车站应尽量靠近站房出入口，旅客活动地带应设人行通道，客流量大、交通组织较复杂的广场可设地下人行通道，广场周围布置旅客服务设施。

站前广场由3部分组成：

(1)各种车辆停车场，包括公共车辆停留场、出租车、社会车辆、行包邮件专用车及非机动车辆停留场等。

(2)旅客活动地带，包括人行通道、交通安全岛、旅客活动平台以及观景区等。

(3)旅客服务设施，包括旅馆、饭店、超市、邮局、厕所等。

（二）站场

客运站站场布置众多专门用途的线路，用于接发、停靠列车，进行客运作业和技术作业等。站场内应设有车场、各种用途的线路、站台和跨越设备(天桥、地道、平过道)、雨棚及给水设备。站场内各种设施的布置形式，应能满足合理组织旅客流线的需要，能安全、合理地组织旅客上下车，并应考虑方便站内工作人员作业。

1. 车场

我国铁路车场可分为单层布置形式(单层车场)和分层布置形式(分层车场)。我国高速铁路车场大多数为单层布置形式，其具有作业灵活、便于管理等优点，因而被广泛使用。单层车场如北京南站，从北往南依次为普速车场、客运专线车场、城际铁路车场。分层车场如郑州东高速铁路客运站，根据车流性质分为两层，下层办理通过及顺向跨线列车，上层办理始发终到及折角列车，上下行轨面高差14m，中间有一层3m高的夹层，作为旅客进出车站的通道。这种布置的最大优点是疏解简单灵活，能够充分利用空间，多适用于衔接方向较多的车站。

2. 旅客列车到发线

旅客列车到发线应设置在站台两侧，并在相邻两个旅客站台之间布置两股旅客列车到发线，如图7-10所示。

中间站旅客列车到发线的进路，一般应按方向固定线路。客车始发、终点站应按列车固定进路。这样的安排，既便利旅客的乘降，也便于客运(站、车)作业。

客运站除旅客列车到发线外，还应设有货物列车运行线、机车走行线、客车停留线等。

3. 旅客站台

站台是旅客乘降的必需设备。为保证旅客安全，便利上下车，提高旅客的乘降速度和车站的通过能力,在办理旅客乘降的车站均应设置旅客站台,如图7-11所示。旅客站台的数量与位置应与旅客列车到发线的数量相适应,根据客运站类型不同而有所不同。当客运站为通过式时,应设基本站台和中间站台;当客运站为尽端式时,应设分配站台和中间站台。

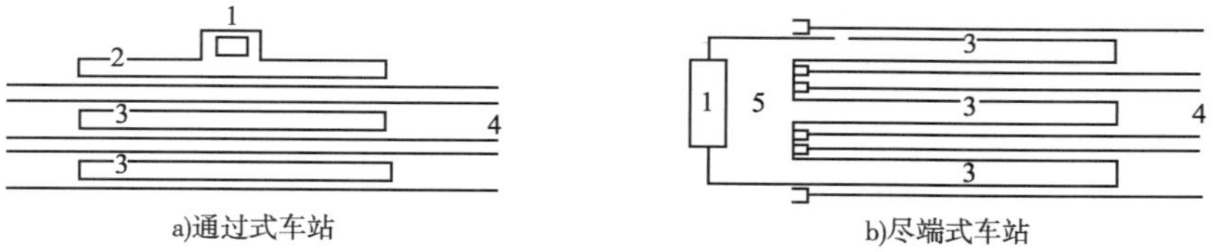

图7-10 到发线的布置

1-站房;2-基本站台;3-中间站台;4-到发线;5-分配站台

图7-11 高速铁路车站旅客站台实景图

4. 雨棚和跨线设备

(1)雨棚。

在客车的始发、终点站和其他客流量、行包量大的站台上,应设置站台雨棚。雨棚用于遮阳和避风雨,不仅给旅客乘降和行包、邮件装卸带来便利,而且满足了向旅客提供优质服务的需要。大型车站的雨棚,其长度、宽度应分别与站台的长度、宽度相同。站台宽度超过10m或站台上建有天桥地道等,宜采用双柱雨棚,其他站台可采用单柱雨棚,高铁车站的雨棚形式主要为无站台柱雨棚,如图7-12所示。

(2)跨线设备。

跨线设备是站房与站台之间或站台与站台之间来往的道路。它对于保证旅客安全、便利地通行,保证行包、邮件安全、便利地运送和上下车,并迅速集散起着重要的作用。跨线设备按其与站内线路交叉关系可分为平过道及立体跨线设备。高速铁路车站主要采用立体跨线设备,即天桥和地道。

①平过道是最简便的跨线设备。在通过式车站,站台端部的坡底一般设置平过道,供运送行包和邮件的车辆跨越线路。在较小的客运站,一般在站房进出口之间和中间站台适中的地方设置平过道。

图 7-12　无站台柱雨棚效果图

②立体跨线设备中最常见的有天桥和地道。中型客运站一般应设立跨线设备,大型以上的客运站,为避免进出站人流对流阻塞,需设置两个立体跨线设备。

高速铁路车站,为避免进出站人流对流而造成阻塞,需设置两个立体跨线设备。立体跨线设备主要为高架通廊和地道。一般来说,高速铁路车站建一个高架通廊(进站)、一个地道(出站)。

5. 给水设备及吸污设备

旅客列车始发站、技术作业站和折返站应设有旅客列车给水设备。旅客列车给水设备包括水井、水栓和胶管。每两股旅客列车到发线之间应设置一组水井,每组水井的数量同列车编组相同,即主要干线不少于 20 个,其他干线不少于 18 个,一般线路不少于 16 个。

水栓应设置为双头的,便于同时给两列车上水,上水胶管的长度一般以 25m 一辆车厢长度)为宜。客车给水站的分布距离以 150 ~ 200km 为宜。

按规定办理吸污作业的车站应有吸污设备。吸污设备数量及位置同上水设备,应保持作用良好。

单元 7.2　客运站流线组织

客运站流线组织

一、客运站内流线分析

在客运站内,旅客、行包、交通车辆的集散活动,产生一定的流动过程和路线,简称为流线。流线组织的合理性,不但影响客运站的作业效率和能力,同时也直接关系到客运设备的运用及旅客服务质量。

车站流线按流动方向不同,可分为进站和出站两大流线;按流动实体不同,可分为旅客流线(简称人流)、行包流线(简称货流)、车辆流线(简称车流)。某大型车站流线示意图如图 7-13 所示。国铁集团明确规定,行包的运送应以速度在 140km/h 以内旅客列车运送,这就使得高速铁路车站一般情况下不办理行包托运。

(一)进站流线

1. 旅客流线

车站的进站人流在检票前比较分散,不同旅客在不同时间内进站办理各种旅行手续,并在不同地点候车。进站旅客流线性质不同,其流线也略有不同。

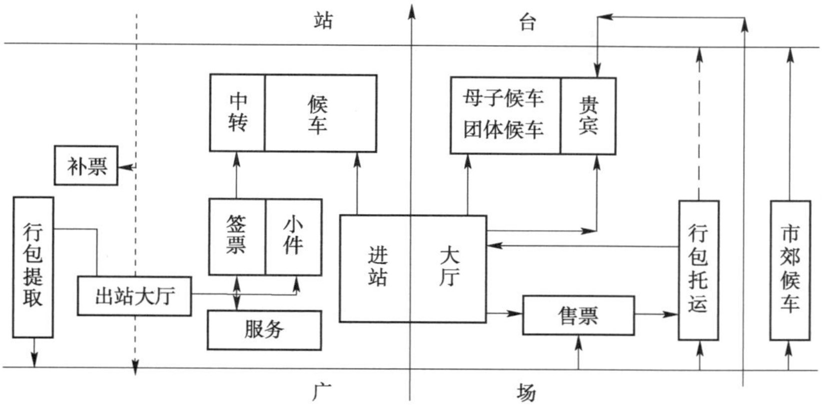

图7-13 某大型车站流线示意图

(1)普通旅客流线。这是进站人流中的主要流线,人数最多,候车时间较长。普通旅客进站流程如图7-14所示。

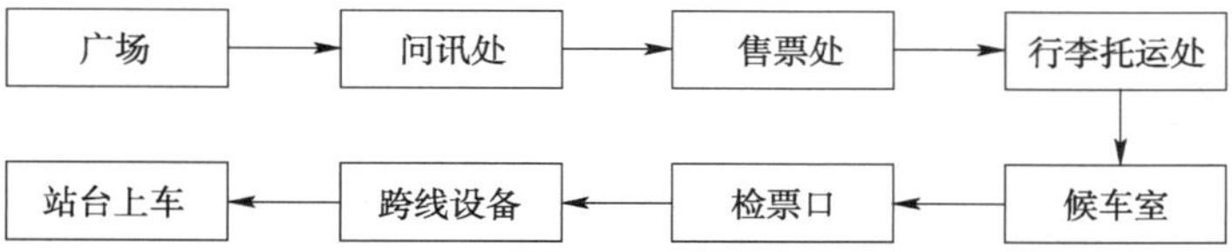

图7-14 普通旅客进站流程图

部分已预购车票的旅客和不托运行李的旅客,不全按照上述流程进行。

(2)特殊旅客流线。特殊旅客包括母婴及老、弱、病、残旅客,其流线流程顺序与普通旅客流线相同,考虑其特殊性,应将特殊旅客流线与普通旅客流线分开,设专用通道,使他们经便捷的通路,优先、就近进站上车。此外,对团体旅客,在大的客运站也应另设候车室,最好与普通旅客流线分开,以免延长进站时间。

(3)动车组旅客流线。较大车站应设置动车组旅客专用候车室,有动车组停靠的中间站应设专用候车区。动车组旅客的候车室(区)设备设施和服务应符合软席候车室标准。动车组车门验票由车站负责,通道和站台专用的车站可以不实行车门验票。无法实现站台和进站通道固定的车站,须根据实际情况制定细化组织措施,其出、入流线应与普通旅客流线分开,实行"一人一门"制,做好查验票证、扶老携幼工作,确保旅客乘降组织安全有序。

(4)城际旅客流线。城际旅客大多在早晚乘车,多数持通勤(学)月、季票,不需临时购票,一般到站后立即检票上车。客流量较大的车站,可单独设置绿色通道,方便旅客快捷乘降,以免与其他旅客流线互相干扰。

(5)贵宾流线。在贵宾来往频繁的客运站,为保证贵宾的安全和便利,应设贵宾室。除设专用通道连通基本站台外,还应设置汽车直接驶入基本站台上车的通道。他们的出、入流线应与普通旅客流线分开。

(6)中转旅客流线。中转旅客根据换乘时间的长短,有的办理签票后即在候车室休息,随普通旅客检票进站,有的不出站,在相应的站台上即可换乘列车。

在进站旅客流线中,如旅客事先买好了预售车票或事先办理好行李托运,就可在临开车前进入候车室或直接进站上车,这样可简化旅客进站手续,减少客流交叉,减少站内旅客最高聚集人数。因此扩大预售车票和办理行包接取、送达业务,将有利于客运站的客运组织工作进行。

2. 行包流线

(1)发送行包流线。发送行包作业流程如图7-15所示。这条流线应与到达行包流线分开。

图7-15　发送行包作业流程图

(2)中转行包流线。根据中转车次衔接情况、中转作业量的大小和有无中转行包库房等情况而不同。有时行包到达后暂存在站台上,并在相应的站台上直接换装,在某些情况下则需预先搬运至发送仓库或中转行包仓库,再按发送行包处理。

(3)行包托运处要接近售票房和候车室,与停车场要有方便的通道联系。大型客运站应设专门的行包地道,将客流与行包流完全分开。

(二)出站流线

1. 旅客流线

出站旅客流线的特点是人流集中、密度大、走行速度快。在平面布置上应考虑通畅便利,使出站旅客迅速出站或换乘,并在站前广场迅速疏散。

出站旅客流线比进站旅客流线简单,旅客办理手续少,使用站房时间短。一般情况下,普通旅客、中转旅客均在一个出站口出站。

高速铁路旅客下车后,经站台通道、出站通道到出站检票口,通过出站大厅直接出站。有条件的高速铁路车站可从站内直接进入地铁、公交车站。

2. 行包流线

到达行包作业流程如图7-16所示。这条流线应尽量与发送行包流线分开。行包提取处应靠近旅客出口,大型客运站应设置专用行包地道。

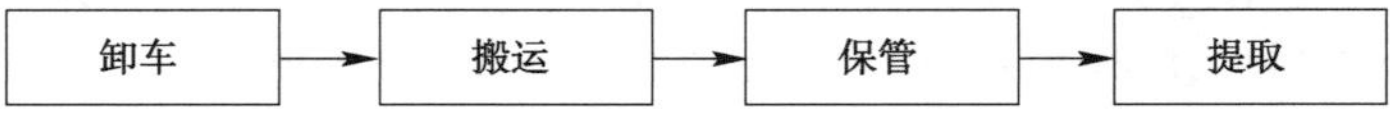

图7-16　到达行包作业流程图

(三)车辆流线

车辆流线是指站前广场上的公共交通车辆流线,出租汽车、社会车辆、邮政、行包专用车辆流线及非机动车辆等流线。在站前广场上应合理组织各种车辆的交通流程,妥善规划各种车辆停靠位置和场所,使各种车辆流线交叉干扰最少。按市内交通靠右侧行车习惯,宜将车辆到达场安排在站房右侧,车辆出发场安排在站房左侧;采用地下停车场时,入口设在右侧,出口设在左侧。原则是尽量避免和减少各种流线的相互交叉干扰,确保旅客安全、迅速地疏散。

二、流线组织原则和流线疏解的基本方式

(一)流线组织原则

1. 各种流线避免互相交叉干扰

尽量将到、发客流分开,将长途与短途客流分开,将客流与行包、邮政流分开,将到达行包流线与发送行包流线分开。在通勤职工较多的车站还应考虑将通勤职工出入口与旅客出入口分开。

2. 最大限度地缩短旅客走行距离,避免流线迂回

应缩短多数旅客的进站流线,尽量把站房入口与检票入口之间的距离缩短。

(二)流线疏解的基本方式

(1)在平面上错开流线,即在同一平面上,站房及各种客运设备的布局使各种流线在同一平面左右错开自成系统,达到疏解的目的。为配合站前广场的车流组织,通常将进站客流安排在站房的右侧,出站客流安排在站房的左侧。这种方式适用于中、小型或单层的车站,如图7-17所示。

(2)在空间上错开流线,即进出站流线在空间上错开,进站客流走上层,出站客流走下层,达到疏解目的。这种方式适用于大型双层车站,如图7-18所示。

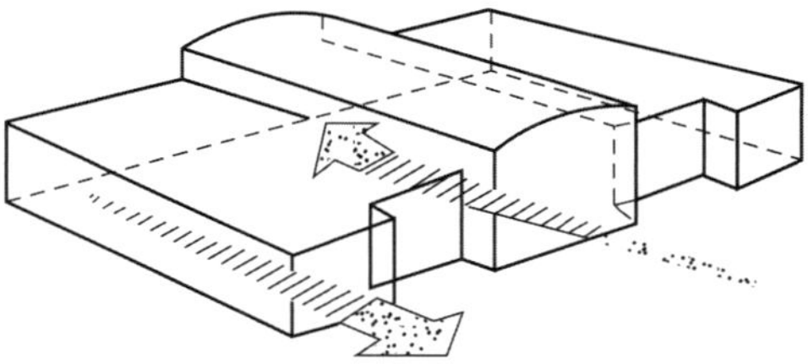

图7-17　在平面上错开流线示意图

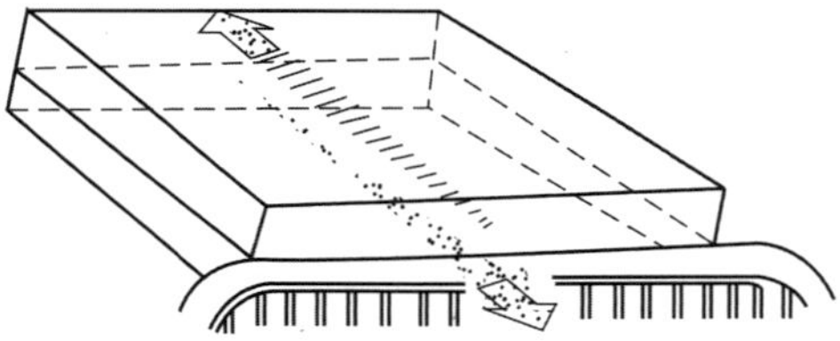

图7-18　在空间上错开流线示意图

(3)在平面和空间上同时错开流线,即流线既在平面上错开又在空间上错开,如图7-19所示。进站客流由站房右侧下层入站,经扶梯上层候车,然后经天桥或高架交通厅(检票厅)检票上车。出站客流经地道由站房左侧下层出站。这种方式不但流线明显分开,而且流线距离也缩短,适合于大型双层客运站。

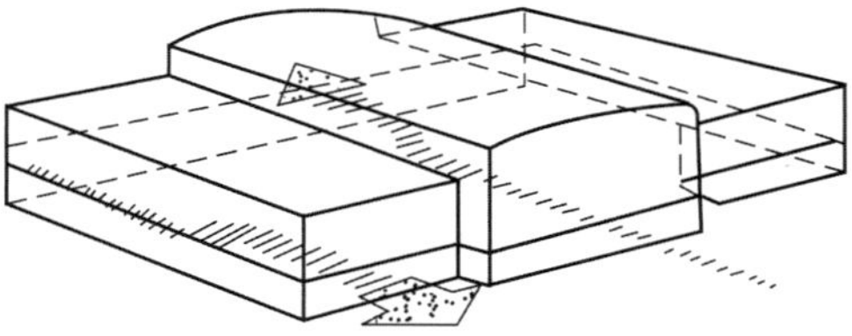

a)

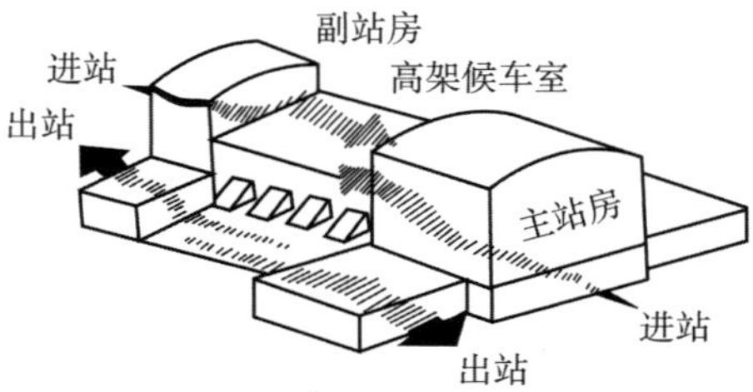

b)

图7-19　在平面和空间上同时错开流线示意图

单元7.3 售票工作组织

客运站工作包括售票、旅客乘降、客运服务等。由于客运站的设备、条件、工作量及客流性质各有不同,因此具体的组织方法应根据实际情况来确定。

售票工作是客运站工作的重要组成部分。它的具体任务是正确和迅速地将车票发售给旅客。客运站通过售票把广大旅客按方向、车次有条不紊地组织起来并纳入运送计划。

随着铁路设备设施不断改进和科技不断发展变化,售票工作组织模式也不断改革创新,适应社会发展和旅客需求。

一、铁路电子客票

铁路电子客票是我国铁路旅客车票票制继卡片式车票、软纸票、磁介质票后的又一重大变革,以电子数据替代纸制车票作为铁路旅客运输合同,将纸质车票承载的旅客运输合同凭证、乘车凭证、报销凭证三大功能分离,实现了运输合同凭证电子化、乘车凭证无纸化、报销凭证按需提供。铁路电子客票是客运生产组织和服务流程全面优化和重构的重要基础。

1. 电子客票的优势

电子客票实现了旅客购票、进站、候车、乘车、出站、换乘等全过程信息化,减少取票环节,为旅客节约了候乘时间,同时有效减轻了车站的压力;电子客票采用非接触技术识读证件,检票、通行速度明显提升,消除了原磁介质车票卡票、传动故障等问题,现场作业更为流畅;还消除了倒卖假票的问题和旅客丢失车票的风险。

2. 电子客票的发售

铁路的售票渠道有线下和线上两种。铁路向旅客线下发售电子客票时,提供“行程信息提示”,不出具纸质车票。旅客线上通过铁路12306网站购买电子客票后,凭购票时使用的乘车人有效身份证件原件进站乘车。旅客需要掌握购票信息时,可以登录铁路12306网站自行下载或打印“行程信息提示”,也可以到实施电子客票的车站窗口、自动售票机打印“行程信息提示”。

二、售票方式

目前,铁路的售票方式有人工售票、自动售票机售票、互联网售票、手机购票及电话订票几种方式。

1. 人工售票

人工售票是一项细致的工作,即要有较快的速度,又要保证票款准确,同时还要解答旅客问讯。因此,售票员应有熟练的售票技术和良好方工作态度。人工售票地点有车站售票处、市内售票所、临时售票处。

(1)车站售票处

车站售票处售票范围比较全面,以发售当日车票为主,同时也预售车票,办理电话订票、互联网售票的取票、退票以及送票等业务。

车站售票处应根据设备条件,旅客的流向、流量,合理划分各售票窗口的售票范围。如有发售某方向或某列车的窗口，还有专门发售军人票的窗口及中转窗口等。各售票窗口均可发售全国各站的各种车票。客运量较大的车站，各售票窗口应昼夜不间断地发售车票，同时还应配备足够数量的自动售票、取票机。

(2)市内售票所

市内售票所主要办理预售车票，一般设在市内交通便利、人口集中、商业繁华的地点。

(3)临时售票处

在节假日服务于突然增大的客流而深入厂矿、企业、机关、学校临时设置的售票场所，发售当日车票或预售车票，以减轻车站和市内售票所的负担。

另外，与厂矿、企业、金融及事业单位签订协议，开辟车票代理发售点等。

2. 自动售票机售票

使用自动售票机购买实名制车票时，仅受理二代居民身份证的购取票。自动售票机显示可以使用现金、银行卡、支付宝、微信、中铁银通卡等方式购票。旅客通过自动售票机，自助选择发站、到站、乘车日期、车次、席位、票种、张数等购票信息。自动售票机确认旅客通过现金或银行卡支付成功后，根据旅客购买的张数制出电子车票报销凭证。通过自动售票机进行购票的流程主要包括旅客选票、支付、自动售票机制票、找零、出凭证一个完整的流程。

3. 互联网售票

互联网售票，就是通过网络工具——计算机，在网上购买和销售车票，属于一种网上购物的方式。旅客使用互联网购票时，应当准确提供乘车人的有效身份证件信息，通过中国铁路客户服务中心网站(www.12306.cn，以下简称“客服中心网站”)预定车票，在规定时间内以电子支付方式完成票款支付。

旅客需要在12306网站实名注册一个账户，且一张有效身份证件只能注册一个用户。网络购票时，凭乘车人的四种有效身份证件(中华人民共和国居民身份证、港澳居民来往内地通行证、台湾居民来往大陆通行证、护照)信息便可办理铁路车票的购买、改签、退票等业务。

4. 手机购票

手机购票主要采取两种方式：一种是通过手机上网订票的方式，类似于互联网售票的方式；另一种可采取移动运营商提供的非结构化补充数据技术开展网上订票业务，响应时间及可靠性均优于短信订票，此方式提供直观的菜单操作，方便用户使用，优于传统的使用手机拨打自动电话订票系统订票。旅客使用规定的有效身份证件通过手机预订车票，在规定的时间内以电子支付方式完成票款支付。

5. 自动电话订票

电话订票仅受理居民身份证、港澳居民来往内地通行证、台湾居民来往内地通行证、按规定可使用的有效护照四种证件。订票人通过电话订票系统预订车票时，根据系统语音提示输入乘车人的居民身份证号码。订票成功后，取票人须凭订单号和该乘车人居民身份证(证件号码须与订票时输入的一致)到取票窗口取票，每个取票人限取一个订单，售票员凭取票人提供的居民身份证制票及收款。

三、售票条件

1. 售票设备设施

车站售票窗口配备桌椅、计算机、制票机、凭条打印机、居民身份证阅读器、第三方支付码识读器、双向对讲器、窗口屏、保险柜、验钞机等售票设备及具有录像、拾音、录音功能的监控设备,发售学生票、残疾军人票的窗口配备学生优惠卡、残疾军人证的识读器,退票、改签窗口配备二维码扫描仪。特大型、大型车站须设置无障碍购票窗口,方便残疾旅客购票。车站售票处还应配备剩余票额信息显示屏,及时、正确显示日期、车次、始发站、终到站、开车时刻、各席别剩余票额等售票信息。

配备自动售票机、行程信息提示打印机等自助设备,并根据需要配置模块功能,使其具备购票(现金、银行卡及支付宝等支付)、行程信息提示及报销凭证的自助打印、退票等功能。补票处邻近出站口,配备桌椅、计算机、制票机、保险柜、验钞机、学生优惠卡识读器等售票设备和衡器,有防盗、报警设施。有存放票据、现金的处所和设备,具备防潮、防鼠、防盗、监控和报警功能。

2. 售票业务揭示

售票处应公布中国铁路客户服务中心客户服务电话(区号+电话号码)、铁路12306手机客户端和微信公众号二维码。根据车站客流及最早最晚办理客运业务列车到达时刻合理确定售票时间和停售时间,并在售票处醒目位置公布。在窗口正上方设置窗口屏,显示窗口号、窗口功能、工作间或状态等信息。有对外显示屏,同步显示售票员操作的售票信息。

其他业务揭示有规章文电摘抄、旅客乘车安全须知、客运杂费收费标准等信息。售票处应配备的业务资料有《铁路旅客运输规程》《铁路客运运价规则》《铁路旅客运输办理细则》《铁路旅客运输管理规则》《铁路客运运价里程表》《铁路旅客票价表》等。

四、售票工作组织

售票是一项细致的工作,即要有较快的速度,又要保证票款准确,同时还要解答旅客问讯。因此,售票员应有熟练的售票技术和良好的工作态度。随着售票方式的多元化,车站窗口售票组织内容也比较丰富。

(一)售票组织有关要求

(1)售票窗口和自动售票机设置、开放的数量适应客流量。

(2)车站售票处办理售票、退票、改签、变更到站、中转签证、电子发票等业务,发售学生票、残 疾军人票、乘车证签证等各种车票,支持现金、银行卡等多种支付方式。

(3)车站售票开窗时间不晚于本站首趟列车开车前30 min,关窗时间不早于本站最后一趟列车办理客运业务后20min。工作时间内暂停有提示。用餐或交接班时间实行错时暂停售票。

(4)自动售票机及时补充票据、零钞和凭条。设备故障等异常状况处置及时。

(5)票据、现金妥善保管,票面完整、清晰。票据填写规范,内容准确、无涂改,按规定加盖站名戳和名章。

(二)人工售票工作

售票员应有熟练的售票技术和良好的工作态度,文明礼貌地为旅客服务,做到热情、细致、准确、迅捷,消灭责任误售。随着售票方式的多元化发展,车站窗口售票的内容也日益丰富,使铁路售票工作走向了客票管理和发售工作现代化,提高了铁路客运经营水平和服务质量,向“便民便利”的工作目标逐步迈进。

发售车票
软件使用

1. 发售车票的基本流程

发售车票的基本流程如图7-20所示。

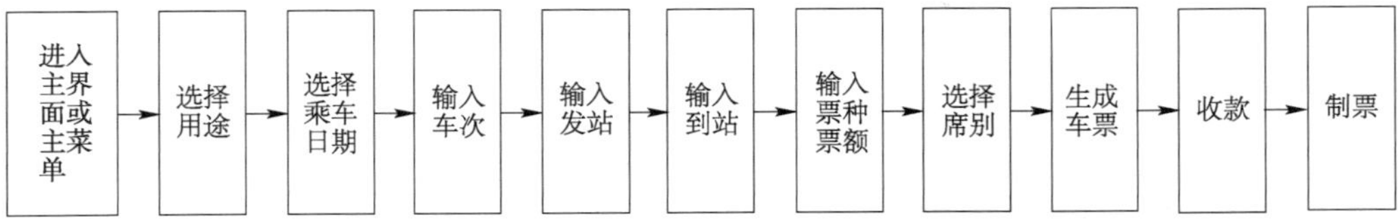

图7-20 发售车票的基本流程

2. 售票具体操作过程

售票作业流程如图7-21所示。

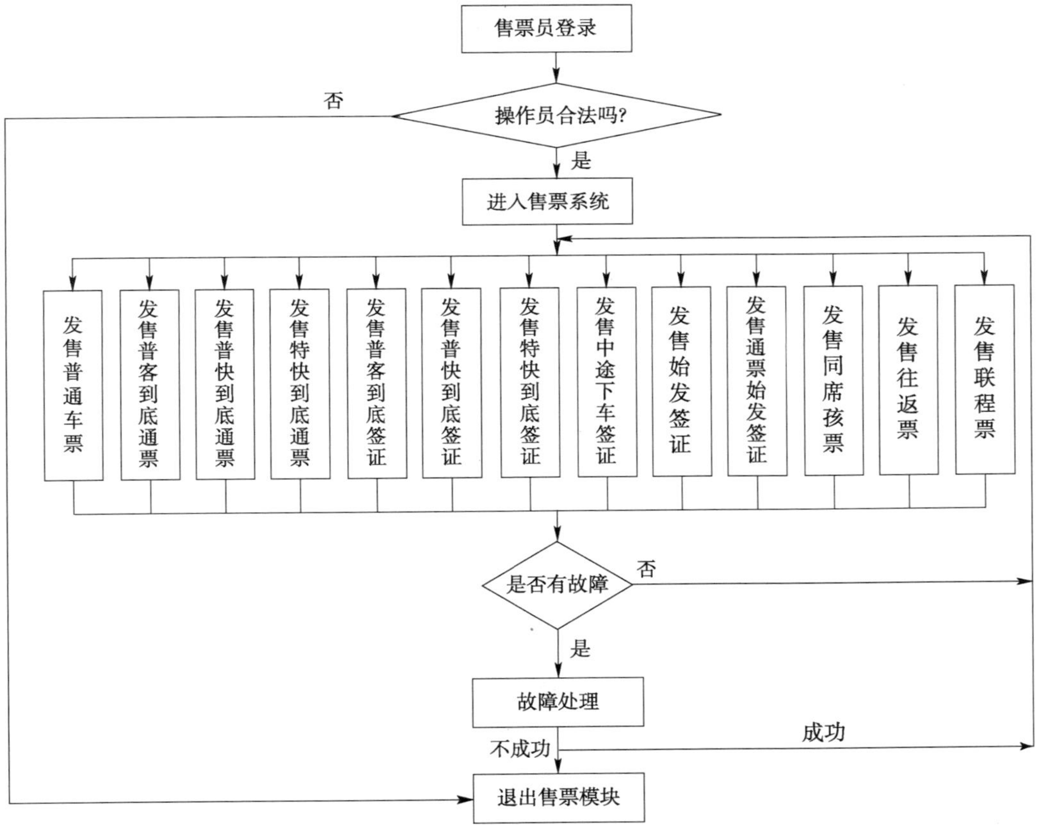

图7-21 售票作业流程

(1)开机。

打开制票机、学生证购票防伪识别器,再打开显示器,最后打开主机,输入登录密码后进入售票程序。操作时注意:要选对班次;进入售票状态后,售票前仔细核对制票机票号与微机屏幕下方显示的票号是否一致,若不一致应停止售票。

(2)发售车票。

登录售票系统售票程序,进入售票界面,如发售普通车票,如图7-22所示。如发售CRH

动车组车票,按“Alt + D”键进入有“CRH”字样的售票界面,按发售普通车票程序发售CRH动车组车票,如图7-23所示。

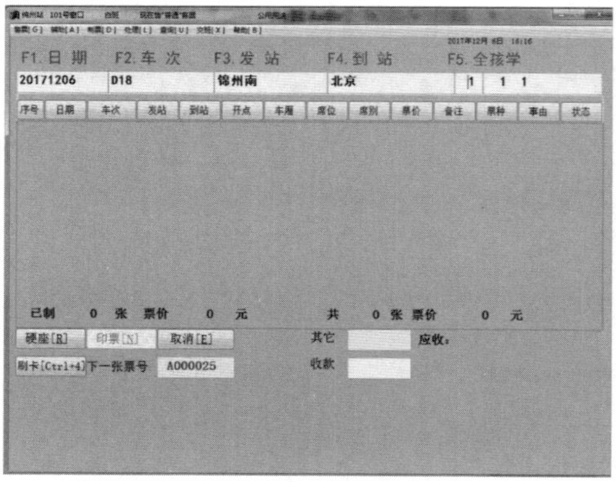

图7-22 发售普通车票界面

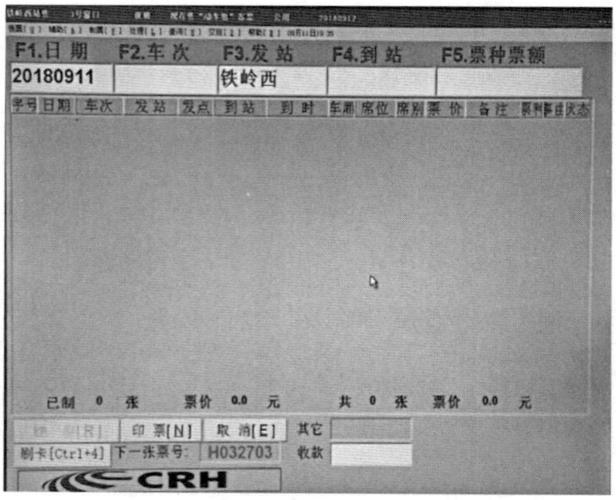

图7-23 发售CRH动车组车票界面

售票时,要求购票人出示有效身份证件,报需要购买车票的日期、车次、发站、到站以及席位;售票员根据旅客需求进行查询,如显示有票,则录入身份信息。使用二代居民身份证购票时(在配备有二代身份证识别器的售票窗口),系统自动读取身份信息;使用其他有效证件购票时,由售票员录入旅客身份信息。售票员制票前,提示旅客认真核对显示屏上的有效身份证件信息和票面信息;窗口没有显示屏的,售票员通过口述票面身份信息与旅客核对。发现有误,应交售票员收回作废另发新票。旅客未当场核对票面信息,过后发现票面信息与有效证件信息不符的,可到车站铁路公安制证口处理。旅客也要认真核实票面身份信息,避免车票和有效身份证件信息不一致,而影响进站上车。

需要运用“六字”售票法进行售票。

问:问清到站、日期、车次、座别、张数,告诉旅客是否停车。

输:输入日期、车次、发站、到站、票种、张数及旅客购票款。

收:唱收旅客购票款、银行卡、中铁银通卡和有效身份证件等,认真清点、鉴别钱款,输入计算机内。旅客使用银行卡购票时,使用POS机收取票款。旅客使用支付宝、微信等方式支付时,用相应的收款设备扫描收款。

制:按空格键制票,跳出“证件信息录入窗口”,读取或手工输入有效身份证件类型、号码、姓名,打印“行程信息提示”。

核:核对旅客身份信息是否正确,车票内容是否准确。

交:将“行程信息提示”、找零款、有效身份证件、中铁银通卡、银行卡及银行卡消费凭条一并唱报递交给旅客,提示旅客核对。

3. 退票

(1)“五字”退票法。

看:看清票面是否有效。

输:用扫描仪进行认证,输入票号。

核:核对票面记载项目,确认应退票款。

盖:加盖"退"字戳记,收回已退车票。

交:将应退票款和报销凭证一并递交旅客,并进行复唱,按功能键恢复退票状态并等待下一位旅客。

(2)退票作业流程如图 7-24 所示。

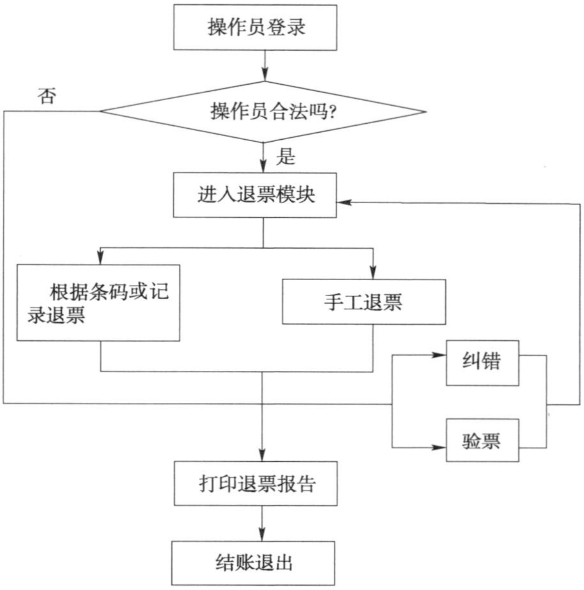

图 7-24　退票作业流程

(3)退票具体操作过程。

操作员开机后或在待机界面,登录退票程序后进入退票主界面,如图 7-25 所示,检查退票窗口标题栏中的退票理由和票额返回的途径是否正确;条码票扫描条码,磁卡票读取磁记录信息,还原票面信息;核对票面信息;确认或取消退票,点击主菜单的"退出"离开退票界面。

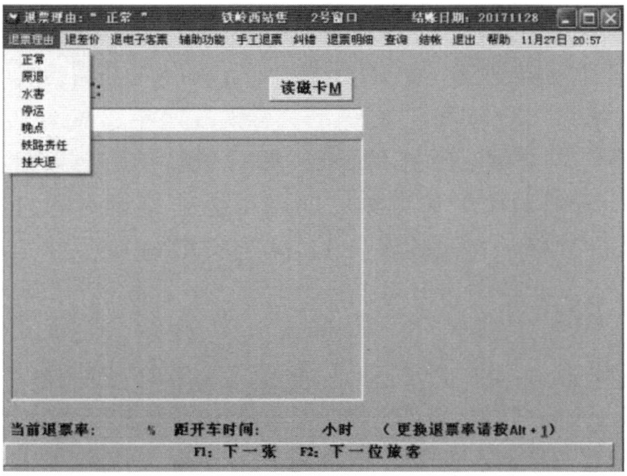

图 7-25　退票界面

(三)交接班工作

1.售票组织交接

观察窗口客流,对岗交接售票组织变化情况,及时调整售票策略,准点开窗售票。客流较大时可提前开窗。了解客流变化规律,列车运行秩序,重点旅客事项交接等情况。

2.设备设施交接

设备设施包括客票系统、制票机、POS机、学生读卡器、身份证识别仪、点钞机、窗口对讲仪、乘意险打印机等窗口配置的相关设备。备品包括印鉴、台账、钥匙、对讲机等售票相关备品。售票员应提前到岗,检查接清窗口设备设施、备品,检查岗位卫生,确保卫生整洁、物品定置摆放、设施能正常使用,并在交接班簿上签字交接,对故障设备及时报当班值班员报修。

(四)电子售票统计工作

电子售票统计工作由“微机操作人员”进行统计。

某车站电子售票统计流程:售票员窗口日结账(退票窗口日结账)→班财收汇总→售票员始发改签日处理→退票窗口退票报告→废票统计→出站口到补二号票→财收—4(日、旬、月)。

五、收入管理

(一)票据管理

客运站段应当设置客运票据总账、明细账,掌握客运票据动态。设置票据库保管纸质票据,票据库必须配备安全设施,并实施票账分管制度、票据出入库和交接制度,定期清查。纸质票据未经收入管理部门批准,不准相互调拨和借用。

客运站段根据客运运输票据使用量,按2~4个月的保有量储备票据,客运票据的使用遵守以号控票、以票控款原则。按照客货票据编码规则和票符票号顺序连续性,不得间断或缺失。任何单位和个人不得篡改电子票号。出现电子票号缺失或票号未连续使用时,应当分别登账,并按票据丢失事故规定计事故金额。

(二)进款管理

运输收入进款遵守专户管理原则,客运站段应在当地银行开立运输收入存款专户;铁路电子支付平台管理部门开设电子支付进款资金专户,专户内不得办理运输收入范围以外的其他收付款业务。

运输收入进款应遵守先交款后结账的原则,按日进行结账,结账时间除特定者外,统一规定为18:00,车站客运营业单位的售票结账时间可为交接班时间,12306网站售票结账时间为24:00。运输收入进款必须在收款次日12:00前送存银行,并按规定时间全部汇缴上级运输收入专户。

单元7.4 客运站旅客服务工作组织

旅客服务工作要树立“全心全意为人民服务”的思想,遵循“全面服务、重点照顾”的原则,坚持“人民铁路为人民”的宗旨,提供“三要”“四心”“五主动”的优质服务,对重点旅客要做到“三知三有”(知座席、知到站、知困难,有登记、有服务、有交接),重点服务,使人民放心,使人民满意。

“三要”是指对待旅客要文明礼貌,纠正违章要态度和蔼,处理问题要实事求是。

旅客服务

“四心”是指接待旅客热心,解答问题耐心,工作认真细心,接受意见虚心。

“五主动”是指主动迎送旅客,主动扶老携幼,主动解决旅客困难,主动介绍旅行常识,主动征求旅客意见。

一、验证进站及安检组织

(一)实名制验证进站

实名制验证一般在旅客进站时办理,车站在进站口设立实名制验证通道和人工验证通道,旅客进站乘车的时候,持可自助识读证件购买实名制车票的旅客,可自助完成实名制验证手续,持其他不可识读身份证件购买实名制车票的旅客,通过人工验证通道进站。持儿童票的旅客乘车时,须凭购票时所使用的本人或同行成年人的有效身份证原件,通过人工验证通道办理。图 7-26 所示为车站自助实名验证设备。

旅客应持车票所记载身份信息相符的本人有效身份证件原件进站乘车。票、证、人不一致或无法出示有效身份证件原件的旅客,不得进站乘车,无法出示有效身份证件原件的旅客,可到车站铁路公安制证口办理临时身份证明或经铁路公安部门核实身份后,方可检票乘车,由此耽误乘车的责任由旅客自负。

(二)安全检查

为了防止旅客将危险品、禁限物品带进站、带上车,在客运站候车室入口处一般都配有安检仪、安全门、手持金属探测器等安全检查设备,对旅客及其携带品、小件寄存物品实施安全检查。图 7-27 所示为某站安全检查作业现场。

图 7-26　车站自助实名验证机

图 7-27　安全检查作业现场

安检仪主要由 X 射线检查系统主机、安检操作台、传输设备等组成。通过 X 射线对旅客携带品进行安全检查,防止旅客携带容易引起爆炸、燃烧、腐蚀、毒害或有放射性的物品及枪支、管制刀具等可能危害公共安全的物品。

二、问讯及候车组织

(一)问讯服务工作

车站候车区域应设有问讯处(服务台、遗失物品招领处),如图7-28所示。位置适当,标志醒目,配备信息终端和存放服务资料、备品的设备。车站问讯处的基本任务是正确、迅速、主动、热情地解答旅客旅行中提出的各种问题,使旅客在购票、上车及中转换乘等方面得到便利。问讯处应设在旅客集中的进出站口、综合大厅、站前广场等处。问讯服务应根据客流动态及车站具体情况进行宣传和组织工作,尽可能使旅客在旅行中不发生错误。

车站客运人员服务过程中要表情自然,态度和蔼,用语文明,举止得体,庄重大方。使用普通话,表达准确,口齿清晰。服务语言表达规范、准确。当旅客问讯时,工作人员应面向旅客站立(售票员、封闭式问讯处工作人员办理业务时除外),目视旅客,有问必答,回答准确,解释耐心。遇有失误时,工作人员应向旅客表示歉意。对旅客的配合与支持,表示感谢。

随着人工智能的发展普及,有些车站开发运用智能问讯和导向机器人提供服务,如图7-29所示为某高铁车站候车室的智能机器人,能够提供语音问讯解答和搭载行李导乘上车服务。

图7-28　车站候车室问讯处

图7-29　高铁车站候车室智能机器人

(二)候车服务工作

候车室是旅客休息和等候乘车的场所,旅客大量聚集,而且流动性很大,车站必须为旅客创造一个良好的候车环境。较大的车站可按旅客去向设置候车室或按车次、席别、客流性质设置候车室。

候车室工作人员应保证候车室有良好秩序,要主动、热情、诚恳、周到地为旅客服务。坐立、行走姿态端正,步伐适中,轻重适宜。在旅客多的地方先示意后通行;与旅客走对面时,主动让路,面向旅客侧身让行,不与旅客抢行。列队出(退)勤时,按规定线路行走,步伐一致。多人行走时,两人成排,三人成列。立岗姿势规范,精神饱满。站立时,挺胸收腹,两肩平衡,身体自然挺直,双臂自然下垂,手指并拢贴于裤线上,脚跟靠拢,脚尖略向外张呈“V”字形。女性可双手四指并拢,交叉相握,右手叠放在左手之上,自然垂于腹前;左脚靠在右脚内侧,夹角为45°呈“丁”字形。候车室服务工作包括以下几个方面:

(1)耐心解答旅客问讯,主动迎送旅客,引导旅客按车次排队候车。及时清理候车室内闲杂人员，保证候车室秩序良好。

(2)了解列车运行情况，及时通告有关列车到、开和检票进站时间。加强安全、卫生及旅行常识、禁止吸烟的宣传工作。落实作业标准，严格执行开检、停检等制度，组织旅客有秩序的进站、上车。

(3)保持室内空气清新，干净整洁，温度适宜，为旅客创造良好的候车环境。定期开展消毒、杀虫、灭鼠工作。清理卫生时，清扫工具不触碰旅客及携带物品。挪动旅客物品时，征得旅客同意。需要踩踏座席时，戴鞋套或使用垫布。占用洗脸间洗漱时，礼让旅客。

(4)保证候车室内服务设施完好，标识明显，揭示揭挂、电子显示内容准确，发现设备设施故障，及时报修。

(5)公布中国铁路客户服务中心客户服务电话、铁路12306手机客户端和微信公众号二维码，自觉接受旅客监督。

三、导向信息组织

(一)综合信息发布

通过动态显示屏、静态标识等信息发布设备向旅客提供列车运行、检票状态等综合信息。其形式有音频、视频、文字、图像等。正确引导旅客主要依靠自动化的旅客导向指示设备。导向指示设备主要应从站外、站内、车上及网上四个方面为旅客进行信息服务，以便为旅客能清楚地了解各次列车的发到时间、始发站/经停站/终到站、列车编组、客票发售、列车运行等列车运行信息。旅客导向指示设备应广泛设在各个进出站口、综合大厅、售票厅、地上地下电梯处，各种固定引导标记和电子显示应十分醒目、清晰。每个进站、出站闸口，要设置摄像机，密切监视旅客的情况，一旦发现特殊情况，工作人员能立即出动，快速处置。

在车站的地点处所、旅客的行进路线均应设置固定导向标示，如图7-30所示。车站站前广场进站口前、站台上应设置动态导向标示，如图7-31所示。

(二)广播语音导向

客运车站的广播对工作人员起着指挥生产的作用，对旅客起着导向、安全、服务作用。通过广播系统，将车站的接发车准备、检票、乘降等工作信息及时传达给工作人员，以便按照统一的作业过程，有条不紊地完成各项工作。通过广播将列车的到达、出发时刻及其他有关事项，以及旅行须知、安全注意事项等通告候车室、广场和站台上的旅客。

广播语音导向组织主要依靠车站的广播系统来完成，良好的设备是广播信息导向的保障。

1. 广播系统

广播系统主要用于语音广播，正常情况下进行业务广播，向站内的旅客提供信息，实时进行业务、宣传等广播。

2. 广播方式

广播方式包括人工广播和自动广播，可提供普通话、英语等播报。

3. 车站广播工作的具体要求

(1)编制并落实广播计划，做好安全、服务、卫生和旅行常识的宣传。

(2)做到发音准确,音量适宜,语言通俗易懂。

(3)准确掌握列车运行情况,遇有列车晚点及作业变化及时广播通告。

(4)做好应急处置下的广播宣传组织工作。

图7-30　车站固定导向标示图

图7-31　车站动态导向标示图

四、进站检票组织

车站检票作业采用自动检票和人工检票相结合的方式,部分采取检票和实名制查验合设的车站,还应对人员身份信息进行核验。

持购票所使用的有效身份证件进站检票时,自动检票机通过接收的检票计划对旅客的乘车凭证进行检验。乘车人通过自动检票机时,将购票时使用的可识读实名制证件放在机器的感应区域,票证相符闸机开放予以放行,同时记录检票信息;不相符则不予放行。

其他不可识读证件需要通过人工检票口,由工作人员通过柱式检票闸机或手持终端手工输入证件号码后完成验票。

五、站台乘降组织

(一)乘降引导组织

正确引导旅客乘降主要依靠自动化的旅客信息导向系统,图7-32所示为站台乘降导向信息。

图7-32　站台电子显示屏图

动车组列车在车站办理客运业务时,需固定股道、固定站台、固定停车位置。动车组列车在站台停靠时间短,对乘降组织要求高。由于8节编组和16节编组的动车组列车停车位置不同,且各车型车门位置不统一,因此,应分别进行标记,并通过广播告知客运工作人员及候车旅客,如图7-33所示为站台车厢位置标识。

图7-33　高铁车站站台地标图

(二)乘降组织工作

站台乘降组织工作包括接送列车、宣传引导、上下车组织、巡视清理站台等工作。迎送列车时,客运人员应足靠安全线,不侵入安全线外,面向列车方向目迎目送,以列车进入站台开始,开出站台为止。办理交接时行举手礼,右手五指并拢平展,向内上方举手至帽沿右侧边沿,小臂形成45°。

(1)站台客运人员提前到岗,检查引导屏状态和显示内容、站台及股道情况。站台显示屏显示列车停靠站台、开车时刻、车厢方向等有关信息。站台巡视重点检查站台、股道内是否有障碍物和闲杂人员,是否有物品侵入限界。

(2)候车室检票后,引导旅客通过天桥或地道,按车厢位置引导组织旅客在站台安全线内排队等候上车,有序乘降。铃响时巡视站台,防止漏乘。

(3)做好安全宣传,随时注意旅客动态,防止旅客坠(跳)入股道、钻车、扒车及横越股道。

(4)在指定位置办理站车交接。

(5)确认旅客乘降、上水、吸污和行包、高铁快运、餐车物品装卸等作业完毕后,做好发车前联控。

(6)同一站台有两趟列车同时进行乘降作业时,有宣传,有引导,防止误乘。

(7)换乘客流大的车站根据需要设置站内换乘流线,配备相应的设备和引导标志。

(8)引导下车旅客安全通过出站通道出站,防止旅客滞留。

六、出站工作组织

旅客出站组织包括出站检验车票,安全有序引导旅客出站,对不符合乘车条件和携带品超重、超限的旅客办理补票补款。严禁从出站口反向进入车站。

(1)出站检票人员提前到岗,检查自动检票机、出站显示屏状态和内容,确保正常启用。

(2)引导旅客通过自动检票机和人工检票通道检票出站,防止尾随。

(3)对违章乘车旅客及违章携带品正确处理,票款收付准确。

(4)列车出站后及时清理通道,防止旅客滞留。

实训项目及案例分析

实训项目1　旅客进出站流线分析

【任务7-1】 锦州南站平面示意图如图7-34所示。20××年1月17日15:57,沈阳北至北京D16次旅客列车正点到达锦州南站,该次旅客进出站的旅客流线是怎样的?

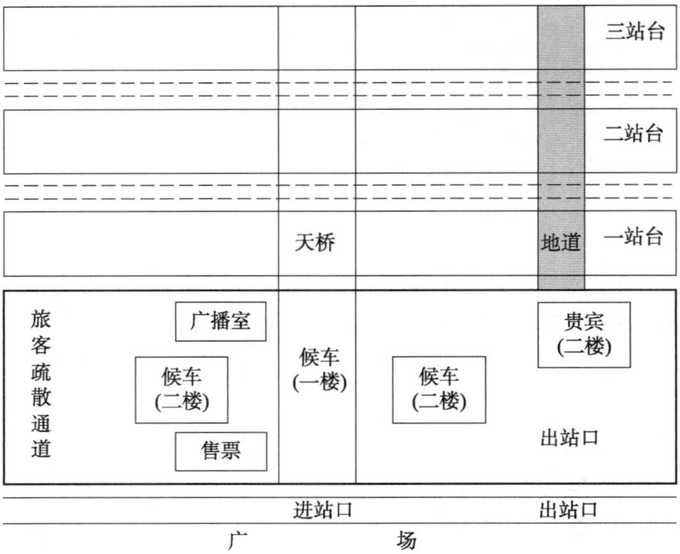

图7-34　锦州南站平面示意图

20××年1月17日,锦州南站一旅客要求乘坐D16次到北京站:先到售票厅购买1月17日D16次锦州南至北京二等座车票→经进站口过安检仪→进入候车大厅→客运员检验车票→专人引导经专用通道→进入三站台→按车厢号上车。该次动车组列车下车旅客由专人引导经地道口出站。锦州南站旅客流线图如图7-35所示。

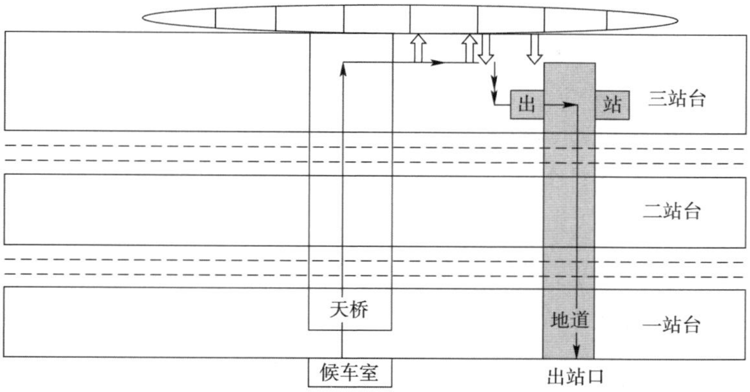

图7-35　锦州南站旅客流线图

实训项目2　客运站服务工作案例分析

【任务7-2】　20××年5月4日16:28,旅客李某乘坐2006次旅客列车到达德惠,下车后由后部向前行走,当行走到旅客天桥前10m左右时,反身与6226次检票的人流一起走过天桥,沿二站台向长春方向行走至6道停留的6226次机车头部后,横越6道、4道,跨越2道时被通过的1304次列车撞死。

原因分析:站台客运员严重失职,在站台栅栏到机车间只有5m宽度的距离下,未发现旅客在自己的身边走过;客运值班员工作不负责,6226次检票时间安排不当(提前检票)为此次事故埋下了隐患,也是诱发死者误上天桥的原因,特别在2006次列车开车后,也未按规定及时到二站台组织客运人员做好6226次旅客上车组织和防护工作。

【任务7-3】　20××年3月21日13:25,某客运值班员李某在维持站台秩序过程中,一名旅客抢过站内平交过道时,李某未能认真做好防护,致使一名旅客侵入线路。李某上前拦阻不及,二人一同被通过列车当场撞死。

原因分析:直接原因是李某在维持站台秩序作业中,未能认真做好防护,致使一名旅客侵入线路,采取补救措施不及。间接原因为熊岳城站对站内的平交道口管理不善,未设置防护设施,防护手段单一,日常安全教育不够。

【任务7-4】　20××年3月14日2:47,某车务段管内某站,旅客李某在进站时,下错站台至二站台,当发现站内停靠的不是所乘列车时,转身向二站台另一方奔跑,当跑到停靠列车车头前方时,该旅客跳下站台横越线路欲想抢上三站台,但此时正遇北京开往哈尔滨的Z15次列车通过。该旅客当场被撞死。

原因分析:死亡旅客严重违反了铁路相关安全规定,跳下站台横越线路后撞上通过列车,是造成这起人身死亡事故的直接原因,站台客运员接到非正常情况告知时反应迟钝,判断有误,错过了非正常处理的最佳时机,未能及时防止这起事故的发生。

【任务7-5】　20××年5月7日22:27,某站K523次进站,同时与K523次终到站相同的K525次晚点2h20min。由于乘坐K525次的旅客要求改乘K523次,候车室值班和工作人员忙于劝解和疏导,而候车室客运员于某精力不集中,误认为K523次晚点2h20min,没有及时对K523次旅客进行检票,造成了部分K523次旅客漏检。

原因分析:候车室客运员于某作业精神涣散,同站台值班员和候车室值班员的联控、互控意识薄弱,盲目应答,误听误认,在这次漏检事件中负主要责任。同时,列车进入确认、检票作业时卡控不到位,在列车晚点的情况下缺乏应急处理能力,干部现场监控和督促不到位等都构成了事件发生的次要原因。

【任务7-6】　20××年10月15日7:51,某客运员张某在该站2站台送D168次列车时,由于身体突然失控前倾,从该车3、4号车厢连接处掉下站台,被已经起动的D168次列车轧伤,造成右腿膝上轧断,左小腿轧断,右臂粉碎性骨折、头部大面积撕裂伤,构成重伤事故。

原因分析:本案例为职工人身伤害事件,造成该事件的原因是职工自我防护失控,工作中缺乏自身安全的警惕性,班前安全预想和应急措施培训不足。

实训项目3　旅客乘降工作组织

【任务7-7】 20××年1月17日,一旅客持锦州南至北京D16次车票到锦州南站乘车,锦州南站D16次动车组旅客乘降组织工作如何进行?

锦州南站D16次动车组旅客乘降组织工作流程图,如图7-36所示。

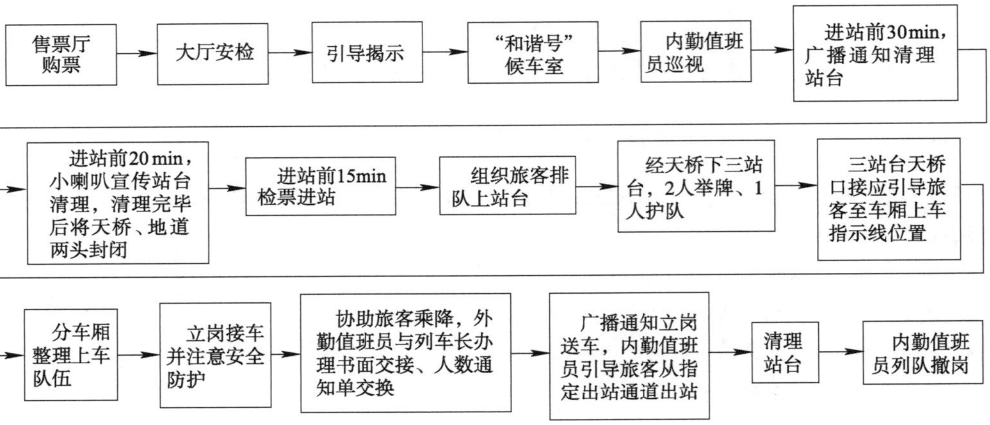

图7-36　锦州南站D16次动车组旅客乘降组织工作流程

知识拓展

一、车站售票系统故障时的应急处理程序

(1)车站在遇到售票系统突然发生故障导致中断售票业务时,车站站长(副站长)要立即到达现场,负责指挥客运组织及故障处置工作,车站要利用各种渠道及方式,做好旅客解释、疏导工作,指派专人在售票厅等旅客主要聚集地维持秩序。

(2)车站立即开启应急动车组售票专用窗口,使用代用票发售当日各次列车无座席位。根据售票及客流情况,可安排乘坐本铁路局集团公司列车的旅客直接上车补票。

(3)车站安排专人负责及时通知当日本铁路局集团公司担当的各次列车长,通报车站售票系统故障及采取的相应措施。列车长接到通知后,立即到岗到位,与车站配合,确保旅客乘降安全,及时安排旅客办理补票业务。

(4)车站售票系统发生故障后,要立即通知车站技术保障部门采取排障措施,并及时向路局信息处、客票管理所汇报。车站技术保障及铁路局集团公司各级信息管理部门要本着“快速处置、及时恢复”的原则,迅速查明故障原因和故障点,排除故障,最大限度地缩短故障延时。

(5)售票系统故障排除后要立即首先恢复发售动车组车票业务,确保乘坐动车组的旅客顺利购票乘车。

二、车站客运服务系统故障时的应急处理程序

(1)车站发生客票系统故障,窗口不能售票时,售票(客运)值班员应立即通知车站客票系统维护人员,并向站长汇报;车站应及时调配岗位客运作业人员,加强售票室的秩序维护工作,做好对旅客的宣传和解释工作,稳定旅客情绪;车站客票系统维护人员要立即到现场确认故障程度,对不能独立处理的故障要立即向铁路局集团公司信息技术处报告;故障时间超过10min时,应立即向车站(车务段)应急领导小组和铁路局集团公司客运部、信息技术所报告;对预计30min内不能恢复的客票系统故障,车站(车务段)应急领导小组应立即向铁路局集团公司客运部申请启用售票应急系统;客运部主任批准启用售票应急系统后,铁路局集团公司客票管理所立即下发应急售票系统启动密码,车站确定启用应急售票窗口,按步骤启动应急售票程序,发售距开车3h之内的无座席车票。故障排除后,按步骤上传应急售票存根,确认无误方可恢复联网售票;当开车前未购到车票的旅客较多时,车站应立即向铁路局集团公司客运部申请开通绿色通道,允许旅客上车补票。经批准后实施;车站采取绿色通道应急措施时,应向列车和相关前方停车站通报情况。列车要做好上车旅客的补票工作。相关前方停车站,要加强出口处查验车票力量,并认真做好旅客补票工作。

(2)综控室集成管理平台与代管站旅客服务系统中断联系时的应急处置程序。综控室操作人员发现集成管理平台与代管站旅客服务系统中断联系时,应立即通知各代管站站长和车站领导,并通知技术维护人员,进行系统抢修;各代管站接到综控室通知后,应立即指定专人负责启用简易集成平台,做好对本站各旅客服务系统的操作和控制;综控室操作人员应加强对各代管站列车运行情况的监控,及时向各代管站站长通报列车运行情况,确保各代管站旅客运输组织秩序平稳。

(3)车站引导系统故障时的应急处置程序。客运人员应立即报告车站综控室,由综控室向车站领导报告,并通知维修部门进行维修;综控室应立即通知各代管站站长,告知影响的车次,列车进路的安排。同时加强远程监控,将现场信息通知相关岗位,加强对旅客的广播宣传,正确引导旅客购票、进出站、上下车;车站应及时抽调人力(人员不足时,由车站、车间干部)在候车大厅设立引导岗位,引导旅客候车,加强检票进站的引导宣传。在地道或天桥处设置临时引导标志,在检票口、天桥、站台等增加引导力量引导旅客进站上车;车站候车室、进站口、进站厅、天桥口、地道口、站台处应使用其他形式的车次揭示牌做好引导工作,确保旅客正常候车和有序乘降。

(4)车站广播系统故障时的应急处置程序。遇车站广播系统故障时,客运人员应立即报告车站综控室,由综控室向车站领导报告,并通知维修部门进行维修。同时,综控室操作人员应将广播切换至人工模式,按照广播内容顺序进行人工广播,做到不缺项、不遗漏、不错播;车站要充分利用客运导向揭示、手提喇叭等工具,及时向旅客通报列车到开时刻、候车室及站台安排情况。综控室、候车室、站台、地道口等关键部位的客运人员要随时保持联系,互通信息,做到按时检票和停止检票;车站领导要现场把控,客运人员要坚守岗位,同时抽调人力对进站大厅、旅客集散区、售票厅、候车室、进出站口、通道、站台等处加强宣传,确保旅客

正常候车和有序乘降。

三、车站自动检票系统故障时的应急处理程序

(1)客运人员立即报告车站综控室,车站综控室在接到报告后,要立即向车站领导报告,并通知维修部门进行维修。

(2)车站领导要现场把控,根据客流情况,合理调配客运人员加开进出站检票口,调整检票时间,实施人工检票。

(3)车站要及时将本站自动检票闸机故障的情况向列车前方各停车站进行通报,方便各前方停车站对到站旅客的组织。

四、旅客列车未进入站台停车时的应急处理预案

因机车设备故障或司机操纵不当,旅客列车在站内未进入站台或未全部进入站台停车时,车站应采取如下应急预案妥善处置:

(1)由站台客运接车人员及时向应急值守员报告,由应急值守员负责向司机及运转车长了解情况,采取响应组织指挥手段,如列车能继续运行时,指挥列车驶入站台固定停车位置,以便于旅客乘降。同时,通知站台接车人员注意监控;如列车不能继续运行,通知客运值班员与列车长联系,组织旅客及时乘降。

(2)客运值班员带领客运人员立即分布到列车各车门口进行监控,掌握车上旅客动态,同时安排客运员负责维持好站台旅客秩序,并通知广播员进行安全秩序广播宣传。

(3)客运值班员接到应急值守员通知后,如列车继续运行驶入站台固定停车位置时,组织客运人员做好站台旅客组织及安全防护工作;如列车不能继续运行,由站台客运接车人员负责将站台旅客组织到列车停车位置,客运人员应配合列车员做好旅客乘降组织工作,防止旅客摔伤等事故发生。

(4)发生旅客列车未进入站台停车时,要严格按照上述预案处理,站长、客运主任(值班干部)要到站台负责组织指挥。严禁因组织不当而发生旅客越站情况。

五、导向揭示、广播、检票、站台门等系统严重故障,不能正常使用时的应急处理程序

1. 车站导向揭示故障时的应急处理程序

(1)客运人员要立即报告综合控制室,由综合控制室向相关维修部门、站长汇报,相关维修部门要立即组织维修。

(2)车站要加强广播宣传,在候车室、地道、天桥等安全关键位置设立活动揭示牌,加强组织力量,确保旅客乘降安全。

2. 车站广播系统故障时的应急处理程序

(1)客运人员应立即报告综合控制室,由综合控制室向相关维修部门、站长汇报,相关维修部门要立即组织维修。

(2)充分利用客运导向揭示、手提喇叭等工具,及时向旅客宣传列车运行、到发及候车室、站台安排等情况。

(3)客运人员坚守岗位,在候车室、进出站口、站台等安全关键位置加强组织力量,确保

旅客乘降安全、有序。

3. 车站自动检票系统故障时的应急处理程序

(1)客运人员应立即报告综合控制室,由综合控制室向相关维修部门、站长汇报,相关维修部门要立即组织维修。

(2)客运人员立即加强力量实施人工验票。同时,停止持铁路乘车卡的旅客直接进站,并组织持铁路乘车卡出站的旅客办理扣款或补票等手续。

4. 车站站台门系统故障时的处理程序

(1)客运人员应立即报告综合控制室,由综合控制室向相关维修部门、站长汇报,相关维修部门要立即组织维修。

(2)当站台门发生故障,滑动门不能正常打开时,客运人员应立即用钥匙解锁,或由列车乘务人员操作滑动门开门把手,迅速打开滑动门。

(3)当滑动门不能手动开启时,客运人员立即用钥匙打开应急门,或由列车乘务人员推压开门推杆打开应急门。

(4)当站台门故障未修复时,要在故障滑动门上张贴提示标志;安全门(屏蔽门)玻璃破裂时,应采取加固、围蔽等防护措施,同时客运人员做好安全防护。

六、预防扒车的应急处理预案

(1)客运人员要加强站台巡视,搞好站序管理,在列车进站前和开出站后,及时清理站台,禁止闲散人员(包括中转换乘旅客)在站内停留。

(2)对列车移交的无票人员,车站客运值班员接收后,要安排专人重点看护(补票后)送出站外,防止返回扒车。

(3)对患有精神病的旅客乘车,要协助其家属重点看护送上车;如发现无人护送的精神病人,严禁其进站,并及时通知当地民政部门所属"救助站"负责妥善处理。

(4)对在车站附近讨要、拾拣人员,禁止进入站内,并通知当地民政部门所属"救助站"负责妥善处理。

(5)对旅客、路内通勤职工要加强安全乘车宣传,防止因扒乘发生伤亡事故。

(6)车站接车人员要严格落实标准化作业,在接、送列车时认真瞭望,重点观察车辆连接处、车梯、车窗、列车尾部是否有人扒车。

(7)发现有人扒车时,要及时制止,如列车起动后,要由客运值班员(计划员)及时通知应急值守员,应急值守员要及时向列车调度员报告,按列车调度员指示办理。

(8)客运、运转、公安要紧密配合,及时妥善处理突发情况。

七、防止旅客漏乘的应急处理预案

(1)准确掌握旅客列车运行情况,严格按规定时间检票。

(2)做好检票前的预检,检票员接到列车检票的指示后,组织旅客在检票口排队进行预检,并用手提喇叭在候车室内和候车广场处进行检票宣传,提醒旅客及时检票。

(3)设有广播机的车站要及时广播列车运行情况,通知列车检票或晚点,使旅客掌握列车信息。

(4)检票员检票前后,都要用手提喇叭不间断地进行检票宣传。

(5)售票员、检票员要按本站规定时间停止售检票,以免旅客检票后上不去车造成漏乘。

(6)站台客运人员要确认站台、天桥、地道售货摊点等处所,无旅客乘车时,再用手持电台告知运转外勤人员"旅客乘降完毕",严禁未经确认而盲目"呼叫"。

八、车站对列车严重晚点及列车晚点造成中转旅客不能换乘接续列车的应急处理程序

(1)遇有列车严重晚点(超过30min)时,该站站长、主管站长、客运主任、售票主任等必须亲临现场,组织干部职工向旅客做好道歉和解释工作,并组织好候车、售票、退票等一系列相关工作,正确劝导、安抚旅客,稳定旅客情绪,以减少不良反应。

(2)由于列车晚点造成中转旅客(异地购票旅客)不能换乘接续列车及旅客坐过站时,该站站长、值班干部(客运值班员)应立即到场积极组织,将旅客安排到合适场所,认真解答好旅客提出的要求,按客运规章妥善处理,并耐心做好解释工作。对有特殊要求的旅客,在车站无法达到旅客要求的情况下,及时向上级领导请示解决办法,并按照上级领导的指示进行处理。

九、车站客流暴涨时的应急处理程序

车站客流快速增长时,候车室值班员立即向站长(值班干部)汇报,站长(值班干部)应立即通知各相关人员到达现场,积极组织旅客,做好疏散工作。同时,通知公安人员增派警力维持秩序,确保安全。

(1)视客流情况及车次合理划分候车区域,全员进区服务,排好旅客行李、包裹,清理旅客座席,做到人物分开。维护检票秩序,防止挤口、乱排,提前预检,专人带队,分批乘降工作。

(2)指派专人疏导候车室进出口秩序,防止对流,保证无旅客滞留。"三品"检查人员要认真宣传引导,不漏一包一件,候车室、站台工作人员要提高警惕,加强对进站旅客携带品的巡视与检查,防止"三品"进站上车。

(3)合理利用候车区域,候车室服务人员检票前的宣传一定要到位,大部分旅客检票后,检票员要进入区内宣传,避免旅客漏乘。站台工作人员要注意防止旅客抢上抢下。

(4)合理安排检票时间,始发列车提前40min检票。特殊情况下及时与列车联系,提前检票上车,缓解候车旅客暴涨的压力。当中转列车或始发列车晚到时,经客运主任同意可提前检票,组织旅客到站台候车。

(5)遇列车集中到达,旅客较多时,要做好下车旅客的疏导工作。站台人员要加强组织,保证秩序,冬季还要在站台增派人员,防止旅客滑倒摔伤。出站口多开出口,尽快让旅客出站,避免旅客在出站口滞留时间过长,避免拥挤、踩踏事件的发生。

十、站内有滞留旅客需要疏散时的应急处理程序

旅客不出站、不上车,在站内聚集、滞留,可能影响发车或其他列车进站后旅客的出站,或遇其他特殊情况影响旅客出站时,应迅速启动疏散应急预案。

(1)车站站长应立即组织有关人员到场做好旅客安全和疏散组织工作,并通知车站公安人员到场。

(2)车站客运人员应按职责分工做好旅客宣传和引导工作,有序引导旅客尽快上车、出站或到车站指定的场所,特殊情况站长可决定开通出站口,确保站台和列车无滞留人员。

(3)车站广播室要加大宣传力度,配合工作人员积极引导旅客上车、出站或到指定场所。

(4)车站公安人员要会同客运人员共同做好宣传、劝导和解释工作,及时采取有效措施,积极维护旅客安全和站车秩序。

复习思考题

1. 客运站的主要作业和主要设备有哪些?
2. 客运站站房布置要求有哪些?
3. 客运站站房内各种用房的设置条件有哪些?
4. 客运站流线分哪几种? 流线组织原则是什么?
5. 客运站流线疏解方式有哪些?
6. 电子售票“六字”售票法是什么?
7. 电子退票“五字”退票法是什么?
8. 候车室服务工作包括哪些方面?
9. 铁路实名制售票方式有哪些?
10. 客运站安全检查设备有哪些?
11. 车站对广播工作的要求有哪些?
12. 旅客服务工作“三要”“四心”“五主动”是指什么?
13. 旅客服务工作“三知三有”是指什么?

实践训练

1. 练习发售车票的操作基本流程。
2. 练习退票的操作基本流程。
3. 分组演练进站安检的服务工作内容。
4. 分组演练问讯处的服务工作内容。
5. 分组演练候车室的服务工作内容。
6. 分组演练旅客乘降组织的服务工作内容。
7. 分组演练出站工作组织的服务工作内容。

项目8　旅客列车乘务工作组织

★ **知识重点**

1. 乘务组的组成及主要工作。
2. 乘务作业组织流程及要求。
3. 客运乘务安全工作制度。
4. 旅客列车服务工作要求。

★ **项目任务**

1. 旅客列车乘务工作过程。
2. 旅客列车乘务安全工作。
3. 旅客列车服务工作组织。

★ **项目准备**

1. 参考资料:《铁路旅客运输规程》《铁路客运运价规则》《铁路旅客运输办理细则》《铁路旅客运输管理规则》《客运规章汇编》《铁路旅客列车服务质量标准》(列车)。
2. 所需设备:客运演练室。

理论知识

单元8.1　客运乘务工作

旅客的旅行生活大部分时间是在列车运行中度过的,因此做好列车乘务工作,对保障旅客安全、便利、舒适的旅行具有十分重要的意义。

乘务工作组织

一、普速列车乘务组的组成及主要工作

(一)普速列车乘务组组成

普速列车乘务组由客运乘务人员、检车乘务人员和公安乘警组成。列车的乘务工作在列车长统一领导下,充分发挥“三乘一体”的作用,分工负责,共同搞好乘务工作。

客运乘务人员包括列车长、列车值班员、广播员、列车员等岗位人员,编挂行李车时还配有行李员岗位,长途列车编挂餐车提供餐饮服务时还配有餐车长、餐服人员、售货员等。

检车乘务人员包括检车长、检车员、发电车乘务员、车辆电工。

公安乘务员包括乘警长和乘警。

每个乘务单位根据实际情况配备乘务组人员数量,配备的基本依据是乘务员乘务工时

要满足国家法定工作时间的基本要求。乘务组内乘务员的人数采用按工作岗位查定，另考虑预备率。

（二）普速列车乘务组的主要工作

1. 客运乘务人员的主要工作

（1）使车内经常保持整齐清洁，设备良好，温度适宜，照明充足。

（2）对老、幼、病、残、孕等重点旅客，通过访问做到心中有数，主动迎送，重点照顾。

（3）通告站名，照顾旅客上下车，及时妥善安排旅客座席、铺位。

（4）维护车内秩序，保证安全正点。

（5）搞好饮食供应。

客运乘务人员在本段出乘时，要按规定时间由列车长带队到派班室报到，听取派班员传达有关事项。列车长应摘抄有关电报、命令、指示。到达折返站或由折返站出乘时，列车长必须向当地客运段派班室报告乘务工作，接受任务。每次乘务终了，列车长应召开班组会议，总结并向派班室汇报往返乘务工作情况，提出书面乘务报告。

列车长每次出乘前编制趟计划，趟计划在乘务报告中显示，其主要内容包括如下：

（1）本次乘务工作的重点工作安排。

（2）对贯彻上级规章、命令、指示、通知的具体措施。

（3）上次乘务工作中的优缺点及改进措施。

（4）针对接车所发现的问题，应采取的措施。

（5）其他需要报告的事项。

2. 检车乘务人员的主要工作

检车乘务人员的主要工作是负责客运车辆从始发站到终到站的运行安全，到站时检查车辆走行部分，列车运行中经常巡视，检查车内通风、给水、取暖、照明、门窗等各项设备的技术状态，对发生的故障及时处理。

3. 公安乘务员的主要工作

公安乘务员的主要工作是协助客运乘务组维护列车秩序，调解旅客纠纷，做好旅客安全保卫工作。

二、动车组列车乘务组的组成及主要工作

（一）动车组列车乘务组组成

动车组列车乘务组由客运乘务人员、随车机械师、司机、公安乘警、随车保洁人员和餐饮服务人员组成，简称“六乘人员”。列车上的餐饮、保洁由社会专业公司承担时，其员工视同乘务组成员。六乘人员必须在列车长的统一领导下（除行车救援指挥外），分工负责，各司其职，共同做好旅客服务工作。

动车组列车，靓丽名片

客运乘务组由 1 名列车长和 2 名列车员组成。动车组重联时，按两个乘务组安排人员；编组 16 辆的动车组按 1 名列车长和 4 名列车员配备。对运行时间较长的动车组可适当增加客运乘务人员。动车组司机实行单司机值乘制；随车机械师（客车检车员）按每组 1 人配备；乘警（安全员），图定运行时间在 5h（含）以内的不配备，超过 5h 的每组配备 1 人，对不配

备乘警的乘务组列车须配备专职安全员或兼职安全员。客运乘务组根据交路实际需要采用包乘制或轮乘制。

(二)动车组列车乘务组的主要工作

动车组列车乘务组工作按照“统一管理、分工负责、各司其职、相互协作”的原则,实行列车长领导下各工种分工负责制,实现列车长负责制的乘务一体化作业管理。列车乘务工作由列车长组织协调,全面负责列车安全、服务、经营、管理工作,组织、协调列车“六乘人员”履行岗位职责,联劳协作,共同确保列车运输秩序、服务质量、餐饮卫生、服务备品、设备设施、应急处置及治安状况良好。

乘务组要建立趟计划乘务例会制度。由列车长带头组织随车机械师、乘警(安全员)、餐饮服务人员、保洁组长在运行途中适时召开一次趟计划乘务工作协调会,告知本趟计划乘务工作重点,协调沟通相关信息,确保现场工作有序地开展。列车长全面掌握动车组列车车内人员及作业状态,实行各工种分工负责制。“六乘人员”应在列车长的领导下,按作业标准、作业流程严格执标,做好安全、服务工作,确保作业达标。库内热备班组要严格执行热备作业要求,达到热备车启用质量标准。

动车组车底出库上线,列车长、乘警(安全员)、保洁组长(餐车领班或指派一名保洁人员)按照各自职责分工分别做好旅客列车上部设施的检查、问题填记和故障跟踪销号以及列车出库质量的验收。客运乘务员、保洁组长负责全列卫生质量、消耗品配置情况的检查验收,客运乘务员负责服务设施、客运备品、广播及显示屏信息更新情况的检查,发现问题及时反馈处置。

(1)客运乘务人员的主要工作。

客运乘务人员承担服务旅客、处理票务、检查列车保洁和餐饮工作质量等工作。当发生影响旅客安全问题时,客运乘务员应当立即采取有效措施,保证旅客安全。动车组列车客运乘务员的工作是保证列车安全运行的重要工作内容。

(2)动车组司机的主要工作。

动车组出所后,动车组司机负责有些车型动车组的车门集控开关。在车站,列车在规定位置停稳后开启车门。开车前,动车组司机负责根据客运乘务员通知,关闭车门。动车组在区间被迫停车时,动车组本务司机负责指挥随车机械师、客运乘务组处理有关事故救援等事宜。

(3)随车机械师的主要工作。

随车机械师负责在运行途中监控动车组的技术状态,发现故障应及时将有关信息通知司机,并采取措施,妥善处理。

(4)餐饮服务人员的主要工作。

餐饮服务人员负责餐饮商品的安全及供应,满足旅客及工作人员的餐饮需求。餐饮服务人员负责保持餐吧车区域内卫生,负责检查餐吧车餐饮设备工作和安全管理。掌握餐食、商品、VIP旅客赠品的销售使用情况,保证正常供应,规范操作流程;保持餐车美观整洁,根据各车型统一餐车商品定置摆放,不堵塞通道。

(5)随车保洁人员的主要工作。

随车保洁人员按岗位作业流程及要求进行随车保洁作业,负责列车运行中、折返站的卫生清扫、垃圾收集,保证列车卫生质量;对始发、途中、折返检查发现的列车卫生质量、消耗品配置、备品工具定位情况发现的不达标项进行补强整改,途中加强对厕所、洗脸间等重点部位卫生保洁,按照作业项填记“清扫作业及检查记录单”,随时保持车厢环境卫生整洁;逢用餐时间,随车保洁人员在做好分管车厢卫生后可协助餐车做好餐车卫生清洁工作;特殊情况下,完成列车长布置的临时性任务。

(6)公安乘警(安全员)的主要工作。

公安乘警(安全员)在列车长的领导下开展工作,负责动车组司机室安全,负责维护车内秩序,会同列车长组织列车上危险品检查工作。遇影响列车秩序和治安事件时,及时到达现场,进行处置。列车未配备公安乘警时,列车长应组织安全员共同处置。

三、乘务组织形式

为保证旅客运输服务质量,做好旅客列车安全运输,列车乘务组实行固定班组制度。列车乘务组的乘务形式,按照既有利于保养车辆又合理使用劳力的原则,根据列车种类和运行距离,分别采用包乘制和轮乘制。

1. 包乘制

包乘制是指按列车行驶区段和车次由固定的列车乘务组包乘。根据车底使用情况不同可分为包车底制和包车次制。

(1)包车底制是指乘务组不仅固定区段、车次而且固定包乘某一车底(长途列车乘务组分成两班轮流服务)。这种形式有利于车辆设备及备品的保养,可以熟悉该列车的运行情况,掌握沿途乘车旅客的性质和乘降规律,以便更好地安排自己的工作,从而有利于提高服务质量。缺点是长途旅客列车需挂宿营车,浪费运能,乘务工时一般难以保证。

(2)包车次制是指一个车次(通常叫线路)几个乘务组包干值乘,但不包车底。其优点是便于管理,可保证服务质量。缺点是交接手续复杂,不利于车底保养。

2. 轮乘制

轮乘制是指在旅客列车密度较大,且列车种类和编组又基本相同的区段,为了紧凑地组织乘务交路和班次,采用乘务组互相套用,不固定乘务组服务于某一列车。其优点是乘务员单班作业,乘务中不需宿营车,从而节省了运能。缺点是不利于熟悉和掌握沿线停车站的技术设备和客流情况,不利于有效处理非正常情况,增加了交接手续,不利于车辆保养,对服务质量有所影响。

目前,我国普速列车大部分实行包车底制,工时不足时,采取客运乘务人员套跑短途列车或长途车底跑短途(一车底多车次)进行弥补,以充分利用运能,满足运送旅客的需求。

单元8.2 客运乘务作业组织

客运乘务作业组织主要包括始发作业组织、途中作业组织和折返终到作业组织。由于普速列车乘务组和动车组列车乘务组岗位设置及设备设施区别较大,各岗位的作业组织流程有一定的差异。下面以某铁路局集团公司普速列车和动车组列车列车长岗位作业组织为例,介绍乘务作业组织流程及要求。

一、普速列车长乘务作业组织

列车长作业流程

(一)始发作业

1. 出乘准备

(1)传达上级指示命令、重点任务,本趟工作计划、安全预想。

(2)收缴列车员烟火与手机。

(3)组织列队到派班室点名,接受命令、指示。

2. 接车作业

(1)卫生验收,符合出库标准。

(2)三乘人员按照职责分工分别对列车上部设备设施进行检查,发现问题各自填入“三乘检查记录”并通知车辆人员处置。

(3)车体出库前要对列车进行上水作业,并保证满水,有交接、有签字。

(4)检查、调整监控设备;检查餐料供应情况。

3. 始发准备

检查各车厢车门、室门、柜门、车窗锁闭情况。

4. 出场准备

(1)检查乘务员的仪容仪表是否达到标准。

(2)组织乘务员列队,前后设置防护,执行“一停、二看、三通过”提前到岗。

5. 始发立岗

列车长中部出场,在站台办理交接等业务,接待旅客问讯,并组织旅客安全有序乘降。

(二)途中作业

1. 开车作业

(1)检查全列各车门、各岗位作业情况。

(2)开车后巡视车厢,检查各车厢温度,检查广播音量,了解重点旅客的安排及下车情况。车内巡视重点是防火巡检、监控作业、水量检查、餐售供应、应急处置。

2. 途中作业

(1)席位核对:途中掌握全列车席位的利用情况,对发售的卧铺进行核对。

(2)安全管理:检查列车的禁烟宣传情况、用电管理情况,并对“危险品”进行检查。

(3)到站前作业:检查各岗位到站前作业情况;疏导硬座车厢下车旅客提前车门等候。

(4)熄灯前作业:对卧车铺位进行核对,检查各车厢熄灯前作业情况。

(5)夜间作业:对车内进行巡视;进行列车到站提示;进行车厢保洁。

(6)清晨作业:整理车容。

(7)交接班作业:与对班列车长办理全面及重点交接;组织乘务员用餐;检查各车厢交接班作业情况。

3. 站停作业

(1)到站及时下车,中部出场,与站台办理交接事宜。

(2)组织均衡旅客安全乘降,做到先下后上。

(3)遇到临时停车时,要加强巡视,检查各车厢临停作业情况。

(三)折返终到作业

1. 终到前作业

(1)组织双班作业,检查各车厢终到前的卫生情况。

(2)对全列车内各项设备进行检查。

2. 站台作业

(1)组织旅客安全乘降,检查各车厢乘务员门口组织旅客下车的落实情况。

(2)统计各车厢乘务员上交的旅客遗失物品,编制客运记录交车站。

(3)站台交接,与站方值班员办理交接事宜。

(4)本属库终到组织撤下视频监控设备。

3. 折返站作业

(1)库内看车,按要求落实看车制度。

(2)做好日常保洁工作。

4. 退乘作业

(1)退乘按规定路线集体列队行走,做到同出同归。

(2)对本趟工作进行点评和小结。

二、动车组列车长乘务作业组织

(一)始发作业

1. 出乘作业

(1)组织召开出乘会,传达文件命令、电报,总结上趟乘务工作,布置本趟乘务任务,收缴列车员烟火与手机,检查列车员仪容仪表。

(2)确认各设备状态良好,电量充足。

(3)组织到派班室点名,接受命令、指示。

2. 接车作业

(1)列队整齐,按规定线路行走,始发前30min(站台交接时,进站前15min)到达站台指定地点接车。

(2)登录系统,与质检员(交班列车长)办理业务交接,做到交接清楚全面。

(3)检查列车设备设施情况;检查应急备品状态;检查列车出库卫生保洁质量情况;确认列车满水情况,督促列车员安装视频监控设备;检查餐售等人员着装、证件、手机收缴情况,布置趟班重点工作。

(4)在立岗位置与车站指定高铁快件交接人员按装载清单办理交接。

3. 开车前作业

(1)与司机对时后,立即与列车员对时,做到时间准确一致。

(2)检查列车员、餐售人员作业执标情况,了解餐车饮食品配备数量。在指定车门处面向旅客放行方向立岗,迎接旅客上车,与车站办理业务交接。

(3)开车前,提示兼职广播员播放广播、监听音量及内容。

(4)开车前,接到车站与客运有关的作业完毕通知和乘务员乘降完毕汇报后,按规定通知司机或随车机械师关闭车门。

(二)途中作业

1. 开车后作业

(1)确认视频、广播、电子屏的播放情况;加强车厢巡视,及时掌握车内治安动态;加强安全宣传,落实岗位防火责任制。

(2)检查车门、翻板、各柜门锁闭状态;检查行李架、衣帽钩、大件物品摆放及商品、高铁快件堆码情况;巡视电茶炉、卫生间等部位,做到设备运行良好,通道畅通,卫生整洁,备品充足,温度适宜;检查车厢视频监控设备的安装开启及电量使用情况。

(3)掌握车内旅客动态,积极做好服务工作。

2. 列车运行途中作业

(1)根据站车客运信息无线交互系统提供的乘车席位信息,核对空余座位及乘车人数,检查列车员席位核对执行情况。

(2)检查列车员作业情况,检查餐售作业情况,检查动态卫生情况,发现问题及时纠正、考核;加强设备设施检查,做好爱车宣传。

(3)运行途中巡视、检查高铁快件集装件码放、外包装、施封等状况,发现异常及时妥善处理;确认视频、广播、电子屏的播放情况,到站前提示列车员宣传到位、到指定车门处引导。

(4)到站前,巡视车厢,到指定车门位置立岗,加强宣传引导。在有上水、吸污作业的车站到站前,组织列车员对车厢用水情况进行统计。

(5)遇有列车晚点时,向司机了解晚点原因,及时上报晚点情况,统一口径向旅客做好解释和安抚工作,掌握中转换乘旅客情况;运行中遇有突发情况时,立即通报相关人员,启动应急预案。

3. 站停作业

(1)中途站停时,在指定位置立岗,监控旅客乘降情况,与车站办理交接。督促乘务人员加强对旅客的安全提示,避免漏乘;在垃圾投放站,督促乘务人员及时将垃圾袋投放在指定位置。

(2)开车前,接到车站与客运有关的作业完毕通知和乘务人员乘降完毕汇报后,按规定通知司机或随车机械师关闭车门。

(3)做好站、车交接工作。

(4)中途站有上水、吸污作业时,作业完毕后按规定发车,做到联控用语准确。

(5)在高铁快件办理站,监督押运人员组织高铁快件快速装卸,与押运人员办理交接;遇动车组初起叫停等特殊情况时,及时采取措施,妥善处理。

(三)折返终到作业

1. 终到前作业

(1)全面巡视车厢,检查防火安全、设备设施状态,进行全面卫生清理,提醒旅客整理好随身携带物品,做好下车准备。

(2)检查餐售到站前作业,填记报表簿册;监控视频、广播、电子屏播放及显示情况;巡视车厢,到指定车门位置立岗,加强宣传引导;当车底入库时,与接班列车长做好交接。

2. 终到(折返)作业

(1)列车到站停稳后,在指定车门处立岗,与车站办理业务交接,旅客下车完毕后,对车厢进行全面巡视,检查终到卫生,发现旅客遗失物品及时交车站处理。

(2)在立岗位置与车站指定高铁快件交接人员按装载清单办理交接。

(3)检查折返卫生质量和备品补充情况,协助车内整容,按标准进行考核;确认折返站列车上水情况,做好记录;终到后,督促列车员回收视频监控设备。

3. 退乘作业

(1)组织列车员与客运质检员(接班列车长)办理业务交接。交接事项清楚、手续完备。

(2)按规定线路退乘,组织乘务组召开退乘会,点评趟班工作。

(3)公寓保休时,按照规定线路统一列队行走,遵守待乘纪律,外出执行请假制度,坚持两人以上同去同归原则。

单元8.3 客运乘务安全工作

客运乘务安全工作

安全运送旅客是乘务组的首要任务,坚持"安全第一"的原则,是任何单位和个人在任何时候都要牢记的一项原则,并把它放在首位。确保旅客运输的安全正点,是承运人必须履行的义务,因此必须遵守各项安全规章制度,在保证旅客安全和自身安全的前提下做好旅客服务工作。

一、旅客列车乘务安全工作

(一)乘务前的安全工作

乘务员出乘前必须充分休息,严禁在出乘前和工作中饮酒。

站内、车库内行走通过线路时应走天桥、地道、平交道,通过平交道口时严格执行"一停、二看、三通过"制度,严禁钻车底、跨越车钩。必须横越有机车车辆停留的线路时,应在机车车辆较远处通过,并随时注意邻线有无机车车辆通过。严禁在运行中的机车车辆前面抢越,通过时严禁接打手机。在顺线路行走时应走路肩,不走轨心、轨面、轨枕头,并随时警觉前后列车,不抢越线路。不扒乘机车、车辆。

出乘前列车长应到派班室听取指示,了解重点照顾的旅客,并在出乘会上作出安排。列车出库前,列车长应会同乘警长、检车长对车内的设备设施进行"三乘联检",并做好记录,发现问题要及时维修,保证设备设施的良好使用。

(二)旅客列车停站前后的安全工作

始发站旅客进站时列车长应在旅客进入站台处立岗,引导组织旅客上车;列车员在车门口立岗,组织旅客排队验票上车,并做好安全宣传工作。运行至中间站时,到站前列车进入站台时,要先试开边门,待车停稳后再打开,组织旅客先下后上,防止拥挤和混乱。对重点旅客,应在到站前先安排到车门口,列车停稳后及时下车。遇下雪天时,到站应及时清除扶手和车梯的冰雪,以保证旅客上下车安全。

列车乘务员要加强车门管理,认真执行“停开、动关锁、出站台四门检查瞭望”制度,严禁旅客从反边门上下车;锁闭车门时,做到一关二锁三拉四销(上下两道锁),有作业需求的车门不加销。列车前、后部车厢端门,餐车厨房边门有防护栏,并加锁。前、后部车厢端门、行李车端门加锁。列车途中临时停车时,广播员应向旅客通报,列车员应坚守岗位,加强巡视,确保车门锁闭,不让旅客上下车。

(三)旅客列车运行中的安全工作

列车运行中,乘务人员要做到:

(1)及时通报站名,防止旅客坐过站或下错车。

(2)列车运行时要经常进行安全宣传工作,劝阻旅客不要站在车辆连接处,不要手扶门框、风挡,不要将头、手伸出窗外,不要向车外抛物。需要吸烟时,应到车厢连接处去,连接处设有烟灰盒,烟头熄灭后放入烟灰盒内。列车通过大桥、隧道时,应锁闭厕所,打开全夜灯,动员旅客关闭车窗,并巡视车厢,严禁旅客向窗外扔杂物。进入夜间行车时,提醒旅客看管好自己的财物,加强车厢巡视,负责卧车的列车员应坐在车厢的边凳上,密切注意车厢动态。加强禁带危险品的宣传,铁路公安人员和客运人员要密切配合,共同做好危险品检查工作。列车员应能通过“宣、看、闻、问、摸、查”的方法查堵危险品,发现危险品及时交列车长、乘警处理。

(3)整理好行李架,防止压断或行李坠落砸伤旅客,行李架上的物品应摆放平稳、牢固,做到大不压小,重不压轻,长顺短横,较重物品、锐器、杆状物品、玻璃制品、易滑物品应放置在座位下面。取送开水时,应有相应安全措施,防止烫伤旅客;给旅客倒水时,要做到站稳、接杯、不倒满。要求送水壶有套,壶嘴有帽,保温桶加锁。

(4)作业中做到:上下车时紧握扶手,不飞乘飞降;列车运行中不开车门乘凉、扫倒垃圾和摘挂方向牌;不准用水冲刷门头、连接处;电气化铁路区段严禁登高作业和用水冲车皮。背面作业时,做到“一看、二下、三瞭望”。

(5)列车乘务组人员会使用列车上的各种服务设施和安全器材。对紧急制动阀和手制动机、灭火机做到“两知一会”,即知位置、知性能、会使用。

(6)燃煤取暖锅炉、茶炉、电磁炉由持有合格证的人员严格按规定程序操作,锅炉、茶炉室内严禁堆放易燃物品,严禁缺水、少水点火;清除炉灰时,应先用水浸灭冷却后再装袋,在指定的垃圾投放站投放。锅炉室、茶炉室内保持干净,无杂物,离人加锁(电茶炉不锁),非取暖期锅炉室封闭。配电室(箱)加锁,保持清洁干净,严禁放置物品。

二、动车组列车乘务安全工作

(一)乘务前的安全工作

(1)乘务员在接班前充分休息,保持精力充沛,不在班前、班中、折返站饮酒。

(2)出、入动车所前,由司机、客运乘务人员对上部服务设施状态进行检查,办理一次性交接;运行途中,发现上部服务设施故障时,客运乘务人员立即向列车长报告,并通知随车机械师共同确认、处理。

(3)乘务人员进出车站和动车所(客运站)时走指定通道,通过线路时走天桥、人行地道，走平交道时做到“一停、二看、三通过”，不横越线路，不钻车底，不跨越车钩，不与运行中的机车车辆抢行。进出车站时集体列队。

（二）旅客列车停站前后的安全工作

（1）动车组列车到站停稳后，司机或随车机械师开启车门，并监控车门开启状态。开车前，列车长（重联时为运行方向前组列车长）接到车站与客运有关的作业完毕通知后，按规定通知司机或随车机械师关闭车门。

（2）动车组列车停靠低站台时，到站前乘务员提前锁闭辅助板指示锁并打开翻板，开车后及时将翻板及辅助板指示锁复位。

（3）餐车上货门仅供餐售人员补充商品、餐料时使用，确保无旅客乘降。

（4）列车运行中，车门、气密窗锁闭状态良好。定期巡视，保持通道畅通。发现车门未锁闭或锁闭状态不良时，指派专人看守，并及时通知随车机械师处理。

（三）旅客列车运行中的安全工作

（1）安全设施设备配置齐全，作用良好，定位放置。客运乘务员知位置、知性能、会使用。

（2）安全使用电源，正确使用电器设备。

（3）列车运行中做好安全宣传和防范，车内秩序、环境良好，无闲杂人员随车叫卖、拣拾、乞讨。如发现可能损坏车辆设施和影响安全、文明的行为，应及时制止。

（4）全列各处所禁止吸烟，加强禁烟宣传，发现吸烟行为及时劝阻，并由公安机关依法查处。

（5）行李架、大件行李存放处物品摆放平稳、牢固、整齐。

（6）当发现旅客携带品可疑及无人认领的物品时，配备乘警（安全员）的列车通知乘警到场处理；未配备乘警的由列车长按规定处理，对危险品做好登记、保管及现场处置工作，并交前方停车站（公安部门）处理。

（7）当发现行为、神情异常的旅客时，重点关注，配备公安乘警的列车通知公安乘警到场处理；未配备公安乘警的列车由列车长按规定处理；情形严重时交列车运行前方停车站处理。

（8）当发生旅客伤病时，提供协助，通过广播寻求医护人员帮助；情形严重的，报告客运调度员。

三、旅客列车安全设备

（一）紧急停车装置

1. 紧急制动阀

紧急制动阀（图8-1）位于车厢乘务间对面的墙壁上或出门的左边墙壁上或通过门的后面。手把上有铅封，旁边有压力表。列车需要紧急停车时使用。

使用方法：使用时，不必先行破封，立即将阀手把向全开位置拉动直到全开为止，不得停顿和关闭。遇弹簧手把时，在列车完全停车以前不得松手。在长大下坡道上，必须先看压力表，如压力表指针显示已由定压下降100kPa，不得再行使用紧急制动阀（遇折角塞门关闭时除外）。

发现下列危及行车和人身安全情形时，应使用紧急制动阀停车：

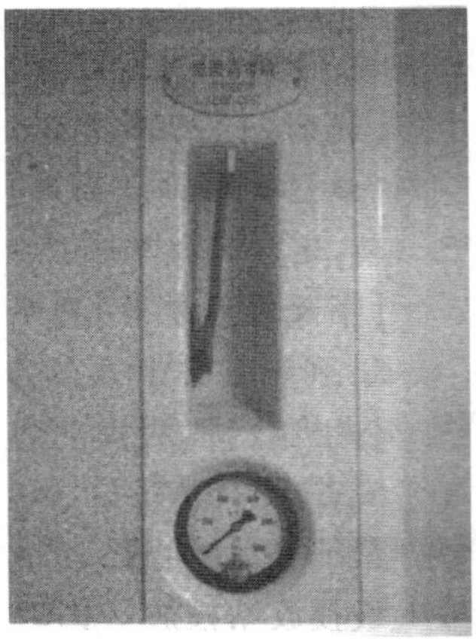

图 8-1　紧急制动阀

(1)车辆燃轴或重要部件损坏。

(2)列车发生火灾。

(3)有人从列车坠落或线路内有人死伤(特快旅客列车不危及列车运行安全时除外)。

(4)能判明司机不顾停车信号,继续运行列车。

(5)列车无任何信号指示,进入不应进入的地段或车站。

(6)其他危及行车和人身安全必须紧急停车时。

不能使用紧急制动阀的情况:

(1)列车运行在桥梁上或隧道内时。

(2)列车发生火灾并运行在居民稠密区、厂矿、草垛、易燃易爆等危险品存放区时。

(3)在长大下坡道上如风表指针显示已由定压下降100kPa时(遇折角塞门关闭时除外)。

2. 列车手制动机

旅客列车常用的手制动机为螺旋式(图 8-2),安装在列车通过台端墙板上。手制动手轮为摇把形,平时手把可缩入端板内。这种制动机主要是在车厢无动力(无机车牵引或机车故障)时使用。如车厢在编组甩挂作业时或列车遇到风暴、火灾、塌方等自然灾害而又失去动力时,就需要将手制动机旋紧,以防车厢溜动。

乘务员听到机车鸣示三短声时,应将手制动机的手把拉出并依顺时针方向转动,嵌入式的要先拔出手把,再将手制动机旋紧。机车鸣示二短声时,反转则缓解。

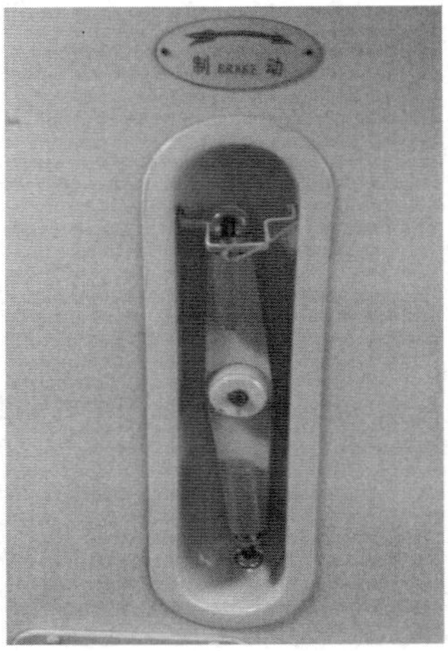

图 8-2　列车手制动机

(二)消防设施

1. 灭火机

列车上常用的灭火器(图 8-3)主要有干粉灭火器、水雾灭火器。适用范围包括可燃固体、可燃液体、可燃气体,带电设备初起火灾。

干粉灭火器使用前先摇匀,拉出保险销,对准火焰根部按下压把即喷,注意灭火时要站在上风位置。

水雾灭火器使用前先摇匀,拉出保险销,不可倒置使用,对准火焰根部按下压把即喷。

2. 灭火毯(又称防火麻袋)

餐车配备灭火毯(图 8-4)2 条,放在灭火毯专用箱中。灭火毯专用箱置于餐车厨房的门口处。其主要用于扑救餐车厨房内的火灾。

3. 消防锤(又称紧急破窗锤)

空调客车硬座车配备紧急制动锤,如图 8-5 所示,仅限紧急逃生时使用。

使用方法:使用时握住紧急破窗锤把手,用力向外侧拔出,然后敲击车窗,利用把手外侧保护框将未完全脱落的玻璃推向车体外侧。

图 8-3 灭火器

图 8-4 灭火毯

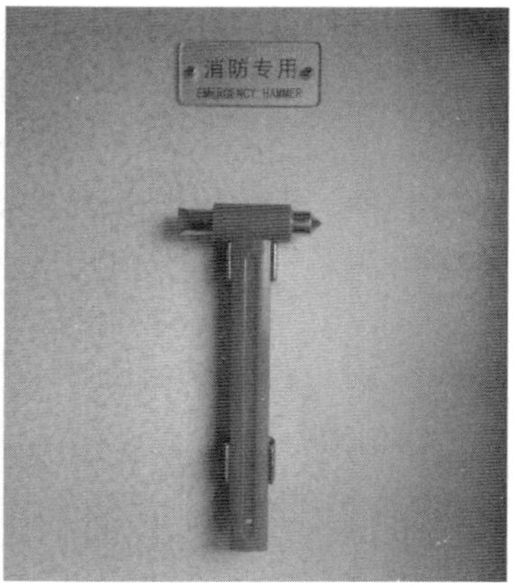

图 8-5 紧急破窗锤

(三)其他安全装置

1. 轴温报警器

轴温报警器(图 8-6)位于乘务间配电箱内,用于检测车轴的温度,当轴温高于车外气温 40℃时,轴温报警器发出“嘟、嘟……”声报警,屏幕闪烁,此时客运乘务员要及时通知车辆乘务员处理,严禁乱动或关闭轴温报警器。

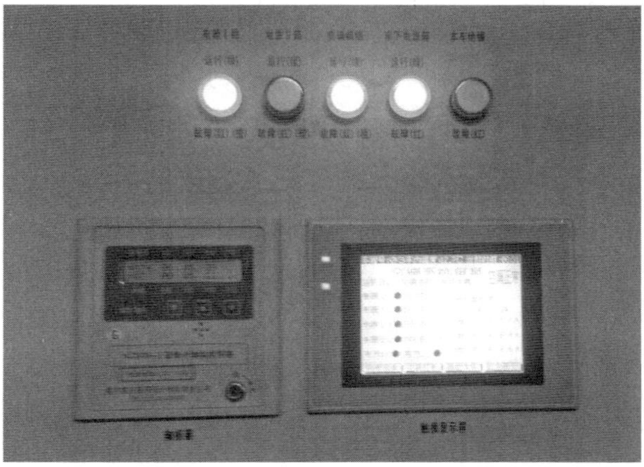

图 8-6 轴温报警器

2. 安全渡板

每个车厢配有一块安全渡板,如图 8-7 所示。当列车停在高站台处时,在列车停稳开门后,安全渡板置于车门与站台之间,用以补充站台与车体之间的空隙,防止旅客上下车时因踩空而发生意外。

3. 列车上的电器

旅客列车上除停车、消防设备外,还有很多用电设备,如配电柜、电源开关、电磁炉、电热水器等,这些电器设备都禁止乱动、乱接电源线;禁止超负荷使用;禁止湿手、摸黑开关电器;出现故障时,立即停用;出现火情时,立即断电,禁止用水扑救。

图8-7　安全渡板

四、动车组列车安全设备

1. 紧急制动装置

动车组紧急制动装置如图8-8所示。紧急情况需要制动时使用,如司机判明可继续行车时,司机可操作将紧急制动复位,列车缓解后可继续运行。

使用方法:使用时不必先行破封,直接将阀手柄向下拉动至底部,即可松手,列车停车后用钥匙将紧急制动阀复位。

2. 防火隔断门

动车组防火隔断门如图8-9所示。发生火灾时,防火隔断门可阻止或延缓火势蔓延,最长阻燃时间为15min。

使用方法:使用钥匙打开防火隔断门上侧门锁,拉动防火隔断门,直至两边门合闭,然后锁闭防火隔断门。

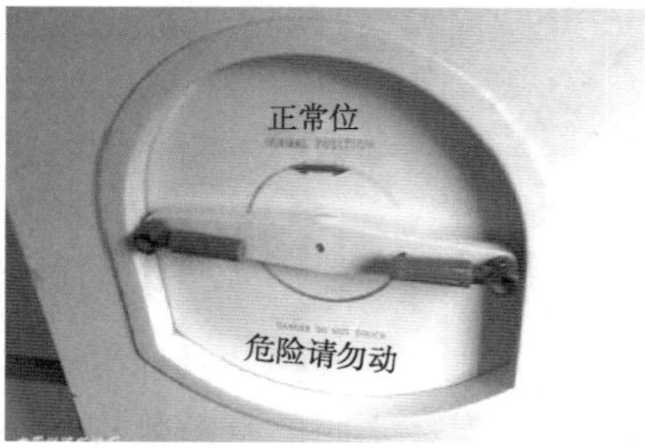

图8-8　紧急制动装置

图8-9　防火隔断门

3. 紧急逃生窗

动车组紧急逃生窗如图8-10所示。利用手柄开启,仅限紧急逃生时使用。

使用方法:使用紧急破窗锤敲击紧急逃生红色圆圈提示位置,击破紧急逃生窗玻璃,组织旅客有序逃生。

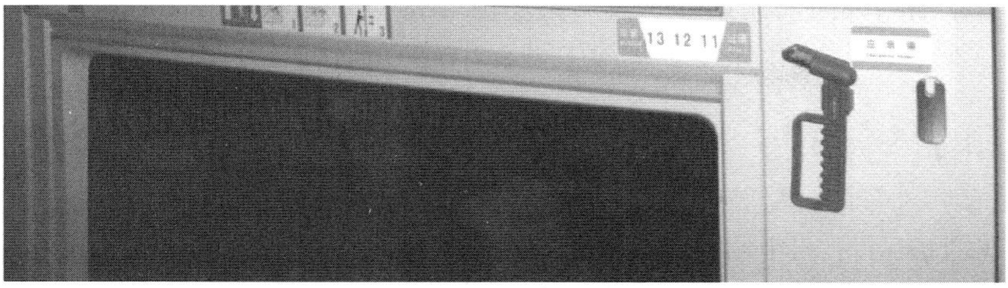

图 8-10　逃生窗

4. 疏散舷梯

动车组疏散舷梯如图 8-11 所示。在动车组运行中途因故障不能继续运行时,疏散舷梯可将旅客从故障动车组上转移至相邻线路的列车上。疏散舷梯使旅客可以在必要时从列车上下到站台上。疏散舷梯既可作为一个桥来连接停靠在旁边的列车,也可作为一个梯子使用下到地面上。

使用方法:梯身自带扶手,向上拉起,用套管将扶手固定即可。

5. 乘降梯

动车组乘降梯(均为拼装式)如图 8-12 所示。部分乘降梯位于列车的 4 车二位端逃生梯室内。乘降梯用于动车组运行中发生紧急情况,停车后需将旅客从动车组上转移到地面时使用。旅客下车时,要确保地面上的安全。

使用方法:将梯身拼装好,即可使用。

图 8-11　紧急疏散舷梯

图 8-12　乘降梯

6. 车厢内车门控制装置

动车组车厢内车门控制装置位于车厢内车门一侧电控挡罩上,由上至下分别为上解锁、蜂鸣器、紧急开门按钮(外侧有保护罩,是旅客在紧急情况下使用的紧急开门装置)、绿色开门按钮(为触摸式开门装置)、红色关门按钮(为触摸式关门装置)、下解锁、红色手动扳手,用于车厢内操作开、关车门。

使用方法:上解锁为开门锁,使用钥匙向任意一侧拧动,向上扳动红色手动扳手至 90°位置后拉动车门即可打开;使用紧急开门按钮时,直接将按钮外部防护罩按破后,按下按钮,将红色手动扳手向上扳动至 90°位置后拉动车门即可打开;绿色开门按钮和红色关门按钮必须由司机释放后方可使用,司机释放后开关门按钮内部灯呈点亮状态,未释放为灭灯状态;下解锁为关门锁,用钥匙向内侧拧动则关闭除当前操作的车门以外的一侧其他车门。注意在操作之前,必须先确认车门右侧下方的手动车门锁未被锁闭;若锁闭,用钥匙解锁后方可操作。

7. 车厢外车门控制装置

动车组车厢外车门控制装置位于车厢外车门面板右侧,包括手动开门扳手、触摸式开门按钮、手动车门锁,用于在车厢外操作开启车门。

使用方法:在车厢外开门时,将手动开门扳手扳至90°位置不要松手,同时拉动车门即可开启车门;车门中间的触摸式开门按钮,应由司机释放后才可使用,司机释放后按钮内部灯呈点亮状态,未释放为灭灯状态。注意在操作之前,必须先确认手动车门锁未被锁闭;若锁闭,用钥匙解锁后方可操作。

8. 站台补偿器

动车组站台补偿器位于车门地板边缘。在列车停稳开门后站台补偿器自动落下,填充站台与车体之间的空隙,防止旅客下车时因踩空而发生意外。

使用方法:站台补偿器应随车门开启和关闭自动落下或收起,自动装置故障时应使用手动开关。手动落下时,使用钥匙手动打开补偿器,站台补偿器方可落下;手动收起时,需用手将补偿器搬起并不得松手,同时用钥匙将手动开关关闭即可,此操作必须在车门关闭前完成,否则车门无法关闭。

9. 紧急通风装置

动车组全列每节车厢顶棚均设有针孔状紧急通风系统;车厢内墙板下侧板条缝内侧均设有吸气装置,过道处的吸气装置设在车厢两端过道处,顶棚上有吸气孔。当动车组发生断电,空调系统不能正常运行时,自动启动紧急通风装置,以维持车内空气流通,最长可维持30min。

单元8.4　旅客列车服务工作

旅客列车服务工作就是为旅客提供全面的服务,最大限度地满足旅客在旅行中的物质和文化生活方面的需要,为旅客提供良好的旅行环境和服务设施。列车乘务员的工作是直接面对旅客,因此列车乘务员服务工作的质量直接影响到铁路的声誉,乘务员必须牢记“人民铁路为人民”的服务宗旨,树立“以人为本,旅客至上”的服务理念,讲文明、有礼貌地为旅客服务,努力做到文明服务、礼貌服务、主动服务、热情服务、周到服务。

一、普速旅客列车服务工作

(一)列车乘务员的仪容仪表

仪容仪表的总体要求是整洁、庄重、简洁、大方。旅客列车乘务员在出乘时必须着规定的制服,佩戴服务标志,以饱满的精神状态、大方的举止为旅客服务。不歪戴帽子,不挽袖子和卷裤脚,不敞胸露怀,不赤足穿鞋,不穿高跟鞋、钉子鞋、拖鞋,不戴首饰;不留长指甲,不染彩色指甲和头发;男乘务员不留胡须,头发不过耳、不过领;女乘务员头发不过肩,可淡妆上岗。

(二)礼貌服务

(1)对旅客不分种族、国籍、民族一视同仁,尊重民族习惯和宗教信仰。

(2)在旅客多的地方行走时要先打招呼,不与旅客抢道、并行,走对面时要主动示意让路。

(3)列车长在站车交接、接受检查时行举手礼;列车员在列车始发、终到时,面向站台致注目礼。

(4)进包房前先敲门,经允许后方可进入;离开时,应退步出包房。

(5)运行中,列车工作人员不得使用软卧车洗脸间和厕所。在其他席别车厢,乘务员不得与旅客争用洗脸间和厕所。

(6)运行中列车工作人员不得在餐车逗留、闲谈、占用座席,不得陪同客人就餐。

(7)在服务中,对旅客的配合和支持应表示谢意,遇有工作失误之处,应向旅客表示歉意。

(8)给旅客造成损失或发生旅客伤害事件时,本着对旅客负责的态度,以公正、诚实、守信的原则,按规定妥善处理。

(9)列车晚点要及时通告,超过30min时,列车长要代表铁路通过广播向旅客道歉,并积极做好服务工作。

(三)旅客列车出乘前的准备工作

在每趟出乘前,列车长、列车员交接班时应清点卧具备品、清扫工具等,并配备齐全,车厢卫生达到内外整洁,窗明几净,四壁无尘,无死角的要求;椅套、头套无污迹、油垢,顶棚、洗脸盆、便器洁白,通风口无灰尘,整容镜电镀件光亮、无灰尘,厕所无异味,垃圾桶洁净、套袋定位,通过台、连接处无痰、无污迹,锅炉间、工具柜内无杂物,门框、窗框洁净,烟灰缸盖无灰尘,暖气管无积灰,清扫工具干净,揭示牌清晰、干净。

(四)旅客列车运行中的服务工作

1. 旅客列车运行中途作业20字服务方法

(1)到站前:

扫(清扫地面);

报(通报站名);

带(把重点旅客带到边门口);

锁(锁厕所);

试(试开边门)。

(2)停车时:

开(车停开门);

抹(抹扶手,规定站抹黄杠);

宣(查堵危险品上车的宣传);

看(看票上车);

扶(扶老携幼)。

(3)开车后：

锁(动关锁边门)；

开(开厕所门)；

检(自互检边门)；

安(安排座位)；

整(整理行李架、衣帽钩)。

(4)运行中：

拖(拖地面)；

冲(冲开水)；

宣(旅行常识、卫生宣传)；

抹(抹茶几、四壁)；

访(访问重点旅客)。

2. 旅客列车服务要求

(1)坚持全面服务,重点照顾。服务要以旅客的需求为中心,从细节上入手,做到善解人意,无微不至,不厌其烦,有始有终,在车厢的服务中做到眼勤(勤观察)、嘴勤(勤宣传)、腿勤(勤巡视)、手勤(勤检查)。全面服务要做到“三要、四心、五主动”。

在对待老、幼、病、残、孕重点旅客时,应做到心中有数,根据他们的需求,提供有针对性的服务,切实帮助他们解决旅行中的困难。为了使重点服务贯穿旅行的全过程,要对车厢的重点旅客做到“三知、三有”,即知座席、知到站、知困难;有登记、有服务、有交接。

(2)坚持“以人为本”“无干扰”服务。

无干扰不是不服务、无服务,而是在搞好服务的同时,掌握服务的“度”,将旅客所受到的一切有形的、无形的干扰,减到最少,以保证旅客有一个安全、舒适、宽松、随意的旅行环境。在服务过程中做到“三轻、两不准”,即服务中做到说话轻,走路轻,操作轻;夜间(硬座车:23:00—6:00,硬卧车21:30—7:00)不准售货车到车厢售货,卧车夜间熄灯后不准叫醒旅客查验票证。

(3)卧具整洁,无污渍、无破损,折叠整齐,装袋保管;贴身(被套、垫单、枕套)卧具做到一客一换,已使用的和未使用的分别存放,卧具到终点站后收取。

(4)为了保持车站及城市的环境卫生,旅客列车运行在市区、大桥、隧道、停车3min以上的较大车站和到达终点前,乘务员应锁闭厕所,不能把垃圾、污水、粪便带入城市,但应事先向旅客做好宣传工作,不应将厕所过早关闭,一般到达大站、终到站前3～7min关闭厕所。对特殊情况急需使用厕所的旅客,应提供应急容器,方便旅客。

采取集便装置的列车厕所内应配备手纸篓(筐),乘务人员要加强宣传,及时清理厕所废纸,防止厕所堵塞从而影响使用。采用集便装置的列车停靠站不是规定的吸污站时,厕所可不锁闭。列车渡海前要向旅客告知宣传,在渡海期间让旅客使用渡轮上的厕所,列车上的厕所全部锁闭。

(5)整洁卫生时要做到的“四随带”“五不倒”。四随带即扫地带抹布、冲水带铁桶、整理行李带垫布、清理茶几带容器。五不倒即连接处、窗口、洗脸间、停站、桥梁(隧道)不倒垃圾茶叶渣。

（五）旅客列车饮食供应工作

旅客列车饮食供应的基本任务是保证广大旅客在旅行中的饮食需要。饮食供应工作要认真执行“全面服务、重点照顾”的原则，尊重少数民族和外籍旅客的饮食习惯、禁忌避讳。旅客列车饮食供应要认真贯彻执行《中华人民共和国食品安全法》，加强食品采购、保管、加工、销售等环节的管理，严防食物中毒。餐、茶用具要实行“五过关”，即餐具洗消程序是一清、二洗、三消、四控、五保洁。目前列车上使用含氯消毒剂进行消毒，消毒时间为3～5min，有效氯浓度为250mg/kg。

餐车应根据列车运行时间，实行一日三餐的供应方法，以具有特色的快餐为主，适当供应单炒菜，有条件时可供冷饮、夜宵及兼营其他商品，以满足不同旅客消费水平的需求，实现良好的社会效益和经济效益。

（六）旅客列车广播工作

列车广播室是列车上的宣传阵地，其他人员不得入内，广播室的钥匙只能由广播员保管。列车广播的主要任务是介绍铁路安全、旅行常识及沿线的名胜古迹；正确及时地做好站名及中转换乘通告；按时转播中央人民广播电台的新闻和报纸摘要节目以及宣传党的路线、方针、政策；为活跃旅客的旅行生活，可适当播放一些文娱节目和录像；为保证旅客旅行安全及身体健康，可做一些安全、服务、卫生科普、防火、防爆、防盗的宣传。

列车广播员应根据旅客心理及客流特点对乘务中各区段、各区间的播音内容做出详细安排，经列车长审查批准后，按计划执行。

二、动车组列车旅客服务工作

铁路人的责任担当

（一）动车组列车乘务员的仪容仪表

（1）头发干净整齐、颜色自然，不理奇异发型、不剃光头。

（2）面部、双手保持清洁，身体外露部位无文身。

（3）女性淡妆上岗，工作中保持妆容美观，端庄大方。

（4）客运乘务组换装统一，衣扣拉链整齐。着裙装时，丝袜统一，无破损。

（二）文明服务

（1）使用普通话，表达准确，口齿清晰。

（2）旅客问询时，面向旅客站立（工作人员办理业务时除外），目视旅客，有问必答，回答准确，解释耐心。

（3）坐立、行走姿态端正，步伐适中，轻重适宜。

（4）立岗姿势规范，精神饱满。

（5）列车进出站时，在车门口立岗，面向站台致注目礼，以列车进入站台为始，开出站台为止。

（6）清理卫生时，清扫工具不触碰旅客及携带物品。

（7）夜间作业、行走、交谈、开关门要轻。进包房前先敲门，离开时应倒退出包房。

（8）不高声喧哗、嬉笑打闹、勾肩搭背，定时定点分批用乘务餐，其他时段不在旅客面前吃食物、吸烟、剔牙齿和出现其他不文明、不礼貌的动作，不对旅客评头论足，接班前和工作中不食用带异味食品。餐车对旅客供餐时,不在餐车逗留、闲谈、占用座席、陪客人就餐。

(三)动车组列车出乘前的准备工作

(1)车厢内外各部位整洁,窗明几净,四壁无尘,物见本色。

①外车皮、站台补偿器内外、窗门框及玻璃、扶手干净、无污渍。

②天花板(顶棚)、板壁、边角、地板、连接处、灯罩、座椅(铺位)、空调口、通风口、电茶炉、靠背袋网兜内等部位清洁卫生,无尘、无垢、无杂物。

③热水瓶、果皮盘、垃圾箱(桶)、洗脸间内外洁净。

④餐车橱、柜、箱干净无异味,分类标志清晰,商品、餐、饮品和备品等分类定位放置。

⑤厕所无积便、积垢、异味,地面干净无杂物。污物箱内污物排尽。

(2)深度保洁结合检修计划安排在白天作业,范围包括车厢天花板、板壁、遮阳板(窗帘)、灯罩、连接处、车梯、商务座椅表面、座椅(铺位)缝隙、座椅扶手及旋转器卡槽、小桌板、脚踏板、暖气罩缝隙、洗手液盒、车厢边角以及电茶炉、饮水机内部。

(3)布制品、消耗品和保洁工具等服务备品配备齐全,定位放置,定型统一。

①卧具叠放整齐,摆放统一,床单、头枕片、座席套、茶几布等铺设平整,干净整洁。

②清洁袋、洗手液、卫生纸、擦手纸、一次性坐便垫圈、服务指南、免费读物、商务座专项服务等备品补足配齐,定位放置。服务指南中含有旅行须知、乘车安全须知、本车型的设备设施介绍、主要停靠站公交信息、铁路12306手机客户端和微信公众号二维码及本趟列车销售的商品价目表、菜单。

③垃圾小推车等保洁工具及售货车等备品定位放置,不影响旅客使用空间。

(4)可旋转式座椅转向列车运行方向。

(5)定期进行"消、杀、灭",蚊、蝇、蟑螂等病媒昆虫指数及鼠密度符合国家规定。

(四)动车组列车运行中的服务工作

(1)全面服务,重点照顾。

①无需求、无干扰。通过广播、电子显示屏等方式宣传服务设备的使用方法,方便旅客自助服务。

②有需求、有服务。通过各车厢电子显示屏公布中国铁路客户服务中心客户服务电话(区号+电话号码);实行首问首诉负责制;受理旅客咨询、求助、投诉,及时回应,热情处置,有问必答,回答准确;对旅客提出的问题不能解决时,指引到相应岗位,并做好耐心解释。

③重点关注,优先照顾,保障重点旅客服务。

a. 按规范设置无障碍厕所、座椅、专用座席等设施设备,作用良好。

b. 对重点旅客做到"三知三有";为有需求的特殊重点旅客联系到站提供担架、轮椅等辅助器具,及时办理站车交接。

④尊重民族习俗和宗教信仰。经停少数民族自治地方车站的列车可按规定在图形标志中增加当地通用的民族语言文字,可根据需要增加当地通用的民族语言播音。

(2)根据旅客乘坐列车等级和席别提供相应服务。

①商务座车配有专职人员,主动介绍专项服务项目,提供饮品、餐食、小食品、小毛巾、耳塞等。

a. 饮品有茶水、饮料,品种不少于6种,茶水全程供应。

b. 逢供餐时间的,免费供应餐食。供餐时间为早餐8:00以前,正餐11:30—13:00、17:30—19:00。

c. 正餐以冷链为主,配用速溶汤,分量适中,可另行配备面点、菜品、佐餐料包等。品种不少于3种,配有清真餐食,定期调整。

d. 选用非油炸类点心、蜜饯类、坚果类等无壳、无核、无皮、无骨的休闲小食品。品种不少于6种,独立小包装。

②"G"字头跨铁路局集团公司动车组特、一等座车提供饮品、小食品、水等。

(五)动车组列车饮食供应工作

(1)餐车整洁美观,展示柜布置艺术,与就餐环境相协调;厨房保持清洁,各种用具定位摆放。商品、售货车等不堵塞通道,不占用旅客使用空间。售货车内外清洁,定位放置,有制动装置和防撞胶条。

(2)经营行为规范,文明售货,不捆绑销售商品。非餐售人员不得从事商品销售等经营活动。餐车实行不间断营业,并提供订、送餐服务。餐售人员不在车内高声叫卖、危险演示,销售过程中主动避让旅客。夜间运行时,不得进入卧车销售,座车可根据情况适当延长或提前销售时间,但不得超过1h。

(3)供应品种多样,有高、中、低不同价位的旅行饮食品。尊重外籍旅客和少数民族旅客的饮食习惯。盒饭以冷链为主,热链为辅,常温链仅做应急备用,有清真餐食。

(4)餐饮品、商品有检验、签收制度,采购、包装、贮存、加工、运输、销售符合食品卫生安全要求。

(5)不出售无生产单位、生产日期、保质期和过期、变质,以及口香糖、方便面等严重影响列车环境卫生的食品。超过保质期限的食品单独存放、回收销毁。

(六)动车组列车广播工作

(1)广播常播内容录音化。使用普通话;经停少数民族自治地方车站的列车可根据需要增加当地通用的民族语言播音;过港列车可增加粤语播音;直通列车可增加英语播报客运作业信息。

(2)广播语音清晰,音量适宜,用语准确,不干扰旅客正常休息。自动广播系统播报正确。

(3)视频系统性能良好,使用正常,始发前开启系统播放节目,播放内容符合规定并定期更新。

(4)广播、视频内容以方便旅行生活为主,介绍宣传安全常识和车辆设备设施的使用方法,提示旅客遵守安全乘车规定,播报前方停站、到站信息等内容,可适当插播文艺娱乐、文明礼仪、沿线风光、民俗风情、餐食供应、广告等节目。

实训项目及案例分析

实训项目1　旅客列车乘务工作组织

【任务8-1】　T18次(哈尔滨—北京)旅客列车在哈尔滨站的始发时间是19:07,正点到下一站沈阳北站的时间00:17。请编制软卧车列车员在哈尔滨至沈阳北间乘务作业过程。

软卧列车员的乘务作业内容:

(1)车动关门锁门,出站台后自检与立岗边门相邻的四个边门,开厕所、端门,再到车厢另一端自检四个边门。

(2)拖车厢及两端的通过台、连接处。

(3)登记旅客到站及去向,并核对铺位。

(4)整理车容(行李架、毛巾杆、窗帘)。

(5)巡视车厢,解答问讯,为旅客送水,暖水瓶加水,清理果盘、烟灰缸,保持整洁。

(6)随机服务,保持车内整洁。

(7)遇临时停车做好宣传,加强巡视。

(8)宣传夜间乘车注意事项,征求旅客意见,按铺位核对清理人员,停止会客,做夜间去向登记。清理果盘、茶几、垃圾桶,扫拖走廊、通过台,擦抹走廊窗台、洗脸间,冲刷厕所、洗脸间,清扫整理乘务间、通过台,闭合过道遮光帘,排列鞋子。

(9)按规定做好夜间车内工作,车内无闲杂人员,保持车内安静,做到"四轻"(讲话轻、脚步轻、关门轻、作业轻),尽量避免干扰旅客。

(10)22:00关全灯,开地灯。

(11)加强巡视,对过往人员认真询问,坐在靠乘务间方向第二个边座上值岗,掌握旅客动态。

(12)提前30min叫醒要下车的旅客。

(13)做好沈阳北站前作业,扫、拖通过台、地面,整理乘务间,锁闭厕所和端门,垃圾袋扎口放置在反边门翻板上,提前立岗进站。

实训项目2　旅客列车乘务安全工作案例分析

【任务8-2】　20××年8月25日20:21,某客运段担当的天津至深圳T188/5次列车厨师长李某在深圳折返站上公寓洗澡后,独自一人返回车体途中,当行至深圳北下行1道正线时被通过的广州东—深圳T877次快速列车撞上,当场死亡。

原因分析:直接原因,一是厨师长李某违反规定单独一人返回车体,二是没有认真执行"一站、二看、三通过"的制度,盲目抢越线路。间接原因是餐车主任对本班组人员安全管理要求不严,安全教育不够,班组人员之间没有起到安全互控的作用,导致个别人员随意单独行动。

【任务8-3】　20××年3月9日14:04,某客运段担当的N188次客车体的临时工王某,把10车站台侧1号门打开,脚踩翻板拿着锅炉清灰用的铁质晃棒(长0.8m),顺着右侧车梯爬向车顶时被接触网高压电击倒坠地,落在机次1位和2位风挡连接处地面,当场死亡。

原因分析:直接原因是王某违反关于"在电气化区段职工不准登上机车车辆顶部或翻越车顶通过线路"的规定,擅自登上车顶,造成触电死亡。间接原因是某客运段对临时用工管理不规范,对临时用工安全培训教育不够。

【任务8-4】　20××年12月22日,2585次(银川—西安)旅客列车终到西安站后,车底拉到三民村站停留。14:05,看车人员发现行李车锅炉间冒烟,立即向车站报警。车站将行李车解体拉至安全线实施扑救,14:35将火扑灭。经查,事故原因为锅炉缺水干烧,车厢壁板因高温灼烧发生阴燃,过火面积约1m^2。事故发生时行李员离岗。

原因分析:这起火险是由于乘务人员焚火作业中,不认真进行查验,未及时掌握锅炉燃烧状态,造成锅炉缺水干烧,引起火险,暴露了车队对于职工焚火安全管理、安全责任意识教育的严重疏忽。

【任务8-5】 20××年11月14日4:40,K385次列车运行至霸州至文安间,一名持16车厢无座席客票的旅客从硬座14号车厢二位端方向走到该车13号座席处,突然跳上茶桌使用安全锤将该座席处运行方向左侧车窗玻璃击碎跳车,造成轻伤。

原因分析:直接原因为跳车者本人患有精神病。间接原因是列车乘务员对于重点旅客摸排不准确,乘务中缺乏巡视,对重点人员的重点监护失控,同时对于旅客安全监督员的教育和监督无效果。

【任务8-6】 20××年7月31日,某客运段4221次列车00:55到达清原站一站台一道(正点00:51到、00:57开),00:58在旅客未乘降完毕的情况下发车,导致YZ8车三位门匆忙下车的2名旅客在站台上摔伤,6名下车旅客过站,8车乘务人员漏乘。

原因分析:主要原因是清源站助理值班员不执行作业标准,未确认旅客乘降完毕,在机次第7辆8车车门仍有旅客乘降的情况下,向运转车长指示发车信号。次要原因是担当4221次列车的运转车长落实标准不认真,只凭助理值班员指示发车,不认真确认旅客是否乘降完毕,指示司机发车。

【任务8-7】 20××年2月25日,2491次(兰州—乌鲁木齐)客车在乌鲁木齐站停留时因乘务人员在乘务室吸烟引起火灾,烧毁3辆客车。

原因分析:乘务人员吸烟严重违反作业纪律,对旅客造成不良的影响,并造成极大的列车防火隐患,同时,列车乘务人员消防知识、防火处理能力也有待提高。

实训项目3 旅客列车服务工作组织

【任务8-8】 旅客列车晚点中途停车的处理。

(1)事件情况。

20××年×月×日,北京南开往天津的C2069次列车于22:10正点开车后,运行至永乐区间临时停车,终到天津23:30,终到晚点50min,车内旅客447人。

(2)事件经过。

永乐区间临时停车时间在20min左右,在此期间,列车长随时与客调及动联办联系,积极了解情况。同时要求乘务员在车内做好发放矿泉水的服务及解释和致歉工作,列车长同时加强车内的巡视和广播的随时跟进,由于事情处理过程中随时把旅客放在第一位,能让旅客第一时间了解事情进展,同时列车服务深入车厢,因此,在停车中全列447名旅客大部分没有出现过激行为。在列车长巡视至餐车区的时候,有一名旅客要求对晚点此事进行索赔,为避免由于此名旅客的索赔要求带动车内其他旅客情绪,列车长将该旅客引导至乘务室,在引导过程中六号车厢的一位旅客同样提出索赔要求,因此,列车长将两位旅客安排到一起,主动了解旅客需要,同时积极做好服务及致歉工作,安抚旅客情绪,防止由于此两名旅客带动更多的旅客出现索赔等更多过激行为。

列车停车20min后,客调通知要求抽线反方向运行,列车需开回北京南站。司机在换完端后,列车长又得到列车故障排除可以继续运行的通知,列车长第一时间通知司机,同时与调度联系,司机再次换端。列车开车后以限速缓行的方式运行,运行中随时利用广播对列车停车、列车恢复运行致歉,对列车到站、列车晚点等情况随时播报,反复致歉和进行宣传工作,安抚好旅客的情绪。运行过程中列车长同时与站方工作人员积极协调联系,在列车晚点50min到站的情况下,列车长要求车内所有工作人员在车门口下车立岗送别旅客,对每位下车旅客逐一鞠躬致歉。通过列车全体人员的共同努力,列车到站后没有出现任何旅客对列车服务提出意见,也没有出现任何旅客滞留的情况。同时两名情绪比较激动的旅客在列车长的积极工作下也顺利下车并与站方办理了交接,由站方进行进一步的处理,没有影响列车的后续运行。

(3)事件分析。

在临时停车处理过程中,值乘班组在以下几方面处理得当:

①列车长对列车突然停车高度重视,能够在第一时间打破常规,亲自利用广播进行宣传及致歉,体现了列车长的大局意识及责任担当精神。

②充分利用广播,及时致歉和宣传,使每一位旅客在心理上得到安抚。同时使旅客及时获取最新的动态消息,使旅客能真切地感受到我们的努力与负责。

③服务措施跟进有力,班组多次巡视和送水,随时服务在旅客身边,服务不仅体现在口头上,更有实际的内容。

④列车长亲自下车厢巡视,不惧怕与旅客正面接触,同时也给旅客通过广播获得的信息以真实感,得到旅客信赖。在巡视中能够发现个别情绪激动的旅客并灵活处理,减小了问题处理的难度。

⑤大局意识强,积极联系各个部门,全面掌握事情的最新进展,随时将事情进展与司机及随车机械师沟通。在处理过程中,责任意识强,能够站在全局的高度去处理,不推卸、不拖延、不搪塞。

⑥服务补救意识强,旅客下车时,列车全员鞠躬致歉送别旅客,充分体现了京津城际动车组的待客服务态度、大局意识、责任意识及荣誉意识。

知识拓展

一、动车组列车空调故障时的应急处置

(1)空调失效但列车可维持运行时,调度部门接到通知后重点掌握。空调失效超过20min不能恢复时,列车长可视情况通知司机向列车调度员提出在前方最近客运营业站停车请求。

在车站停留时,应打开车门通风。必要时,站、车共同组织将旅客疏散到车站安全处所,等待故障修复、救援或组织旅客换乘其他旅客列车。

(2)动车组列车因故停车不能维持运行、空调失效超过20min不能恢复时,列车长应及时与司机、随车机械师沟通,视情况做出打开车门决定,并通知动车组司机转报列车调度员。

列车长组织列车员、乘警、随车机械师、餐饮、保洁等乘务人员确定应急方案,在车厢内运行方向左侧(非会车侧)车门处安装防护网。打开车门的具体位置、数量由列车长根据动车组乘务人员的配置情况确定。CRH5型动车组车门可安装防护网。

防护网安装完毕,随车机械师确认安装状态后报告列车长,列车长通知司机申请停车。列车长组织公安乘警、客运乘务员、餐饮服务人员及随车保洁人员值守,严禁旅客自行下车。列车乘务人员(含餐饮服务和保洁人员)应当将车门处的旅客动员到车内,严格值守车门。

列车停稳后,随车机械师手动打开车门,对塞拉门门携架用尼龙扎带捆绑,并确认状态后通知列车长,列车长在确认防护后报告动车组司机,司机在接到限速命令后,方可按规定起动列车。

(3)需要组织旅客下车或换乘其他列车时,应在车站站台进行,车站与列车一起组织旅客乘降。必须在站内正线或区间组织旅客下车或换乘时,需经铁路局集团公司总调度长批准,同时要做好安全防护,以防发生意外。和谐1、和谐2、和谐3型动车组停靠在500mm及

以下站台或无站台时,需组织旅客通过应急梯下车。

二、动车组列车发生旅客误按紧急制动阀或紧急报警按钮时的应急处理

(1)动车组列车发生旅客误按紧急报警按钮时,列车乘务员应了解情况,根据乘车信息系统显示,及时将紧急制动阀复位(吸烟报警时,列车长应第一时间到场确认,并及时与司机互通情况)。

(2)通过车载电话向司机说明情况,并说明停车原因。

(3)连同公安乘警了解当事旅客姓名、地址、身份证号码、联系电话和事情经过,并形成详细的书面记录。

(4)及时了解停车后车厢旅客情况,发生旅客意外时,按照因意外造成旅客伤害处理。

(5)及时向单位领导汇报。

注:因吸烟引起报警应急处置同上。

三、动车组列车运行中停电应急处置预案

(1)动车组列车运行中发生车厢照明突然停电时,客运乘务员要立即通知随车机械师到场处理。检查各车厢的应急电源开关是否处于闭合位,保证应急电源装置正常工作,并迅速查找原因修复故障,恢复供电。

(2)动车组列车因故障不能满负载供电时,随车机械师要根据实际情况,立即通知列车长,暂时停止使用部分电器。列车长要按照随车机械师要求组织乘务人员关闭用电量大的设备,尽量减少用电负荷,以保证蓄电池不过放,必要时可保留应急灯和轴报、防滑、监控系统用电,其他负荷全部关闭。

(3)列车长、公安乘警应及时到场,加强安全宣传和治安管理工作,稳定车内秩序,严防不法分子乘机破坏,做好专运人员和重点旅客的安全保护及服务,同时向旅客做好正面解释工作。

(4)停电车厢应派乘务员坚守岗位,加强车厢巡视,做好安全宣传,严禁使用明火照明。

(5)列车长应会同随车机械师,查明原因并立即向上级汇报。

四、动车组列车发生旅客集体拒绝下车时的应急处理

(1)车站在接到因动车组列车晚点旅客集体拒绝下车的信息时,车站站长(副站长)及有关车间干部要立即赶到现场,了解情况,亲自指挥,立即组织部署客运、公安增加人员接车。

(2)公安段(派出所)在接到车站通知后,要立即组织足够力量到现场维持秩序。

(3)动车组列车晚点到达后,车站应组织有关人员向旅客做耐心的解释工作,尽快组织旅客下车出站,对拒绝下车的旅客,全力做劝说工作,请旅客下车到专门地点进行处理。

(4)列车工作人员应协助车站工作人员做好说服解释工作。

(5)旅客因晚点没有赶上换乘列车时,车站安排人员及时为旅客按章办理改签、退票手续。

(6)对于旅客因晚点集体拒绝下车事件处理情况,车站应及时向客调汇报,处理完毕向

客运处汇报。

(7)处理旅客滞留列车事件时应注意以下问题:

①旅客以滞留列车的方式向铁路要求晚点或空调故障赔偿时,站、车工作人员应当以说服劝解、诚恳道歉为主,耐心细致地做好解释工作和相关法律法规的宣传工作,稳定情绪,化解怨气,力争取得旅客的理解和配合。

②公安部门要积极配合客运部门,认真开展滞留旅客的说服工作,争取其理解和支持。同时,要向旅客宣传法律知识,告知可以通过其他合法渠道和方式维护合法权益,劝说旅客听从车站工作人员的安排到指定地点协商解决,并协助车站工作人员引导旅客下车。

③公安部门在全力协助过程中,严禁携带枪支。客运部门在宣传和说服旅客离开车厢时,现场应有公安人员维持秩序,对于经反复工作劝离无效的旅客,公安人员应发布《关于严禁旅客滞留列车维护铁路运输秩序和安全的通知》,并组织足够的公安警力,对拒不下车的人员依法采取措施带离车厢。对煽动旅客滞留车厢和扰乱列车治安、破坏铁路运输秩序,用暴力手段对抗执法的个别人员,要认真调查取证,依法追究法律责任。劝阻时要依法依规,有理有节,文明执法。

五、动车组列车车门发生故障时的应急处理

(1)列车到站,司机操作门释放和开门按钮后,要从司机室确认全列车门是否“释放”打开,如未“释放”,及时使用对讲机通知列车长,列车长通知各车门监控人员使用三角钥匙采取本地操作的手动模式开、关车门。

(2)列车到站如个别车门未自动开启,且监控人员使用三角钥匙采取本地操作的手动模式开门无效时,监控人员及时使用对讲机通知列车长,并宣传引导旅客到相邻车门下车。列车长接到汇报后,立即和司机联系,并与随车机械师赶到现场处理。随车机械师确认车门故障一时无法修复时,将该门隔离并通知列车长,此后各停靠站均引导旅客到相邻车门上、下车。随车机械师确认车门修复后告知列车长,列车长确认旅客乘降完毕后通知司机发车。

(3)列车开车如遇有车门未自动闭合时,比照上面两条汇报处置程序办理。

(4)因车门故障导致旅客越站时,列车长按规定与车站办理交接,无须下车处理后续事宜。

(5)因车门故障导致旅客无法正常上下车时,由列车长、公安乘警、列车工作人员配合,认真开展旅客的宣传和安抚工作,劝导旅客保持冷静、看好行李、听从站车工作人员的指挥。

六、动车组列车临时停靠在低站台时的应急处理

1. 列车的处理

(1)动车组列车进站前或已知列车在中间站变更到发线停车在低站台停车时,列车乘务员应认真进行车门瞭望,确认站台位置和车站采取应急措施后,打开车门,要先行下车立岗,方可组织旅客乘降,保证旅客安全。

(2)遇特殊原因,列车需在无站台停车或列车尾部未靠站台停车时,乘务人员要先确认邻线有无列车通过、有无危及人身安全的障碍物和车站采取的应急措施后,在有车站工作人员接车的一侧组织旅客乘降,打开车门后列车乘务员要先行下车立岗,保证旅客安全。

2. 车站的处理

(1)车站应按动车组车门数量配备相应数量的木梯,梯面加装橡胶防滑垫,妥善保存以

备应急。

(2)车站运转室接到动车组进入低站台的通知后,应立即通知值班站长和客运广播室,广播室要加强与运转集中楼联系,确认动车组列车进入股道及停靠站台,并及时通知客运值班干部及有关作业人员。

(3)接到通知后,车站值班干部、客运值班员、执勤民警及其他人员要做好接车前的各项准备工作,提前20min上岗,到达指定位置,并巡视责任区范围内站台、线路有无闲杂车辆、物品、人员,做到清理及时。

(4)客运接车人员上岗要携带便于旅客上下的木梯等备品,根据停车标,确定木梯放置位置,做好旅客乘降的准备工作。

(5)检票口要做好对旅客的宣传组织工作,检票前告知旅客动车组即将停靠的站台,宣传低站台上车注意事项;检票后要有专人引导旅客到达指定站台。

(6)客运接车人员对进入站台等候上车的动车组旅客要按照停车位置组织排队上车。列车进站前、停稳后放好扶梯,协助旅客上下。

(7)旅客上下完毕后要及时撤下木梯,将乘降梯撤离至安全线以外,防止木梯掉下站台危及行车安全。

(8)遇雨、雪、雾不良天气时,接车客运干部要做好必要的防护准备。

(9)动车组在低站台停靠时,客运值班干部必须亲自上岗指挥,盯控作业全过程,确保旅客乘降安全。

七、对座位号有误旅客的安排处置

(1)遇有重号的旅客,应认真核对两位旅客车票,如果确认是重复的座位号码,应先向旅客致歉,听取两位旅客的意见,观察哪一名旅客有想调换其他座位的意向。

(2)乘务人员应及时报告列车长,列车长根据旅客人数判断同等级车厢是否有空座,尽量安排旅客尽快就座。不要让旅客自行在车厢内找空位就座,以免造成旅客座位号码再次重复而引起不满甚至导致投诉等。

(3)车内旅客较多,不便当时处理的,乘务员可以帮助重号旅客(或后到的重号旅客)提拿行李,到服务间内稍加等候,等全部旅客上齐后,协助重号旅客在相同车厢等级的基础上,选择空余座位入座。

(4)确定旅客人数不是很多的情况下可征求旅客的意见,喜欢就座靠过道还是靠窗户的座位,尽量满足旅客要求。

(5)如在开车后发现车站售票系统故障导致售票错误(重号、超票额售票),应对误售旅客利用剩余座位进行妥善安置(可不受车厢、席别限制),主动向旅客做好解释工作,并向铁路局集团公司客调汇报。

(6)属于售票系统较大故障,不能正常按票额发售有座位票,导致旅客乘车秩序混乱(车票无座号、无票人员较多时)的,列车长要以大局为重,积极与车站联系,组织列车工作人员(必要时可请公安乘警、保洁人员协助),有条件每车厢一人,对旅客进行疏导,安排座位,要首先保证重点旅客的安置。遇车内出现严重问题或局面不好控制时要及时向铁路局集团公司汇报。

八、动车组列车运行中发生事故,旅客需紧急逃生时的应急处理

(1)动车组列车停车后,在车门能正常开启时,列车长立即通知司机,由司机打开所有靠线路外侧的车门;在列车断电、司机无法操纵打开车门时,由列车长组织列车工作人员手动解锁开门。

(2)动车组列车长迅速组织列车工作人员按照分工,在每个车门处进行防护,组织旅客下车。

(3)在车门不能正常开启时,列车长迅速通过广播(因断电无广播时,由列车人员在车厢中部位置)向旅客宣传疏散程序、安全注意事项,工作人员迅速组织旅客使用安全锤击破紧急逃生窗,并撤离车厢。

(4)事故中发生人员伤亡时,列车长要及时安排专人救助。

(5)所有旅客撤离车厢后,列车工作人员组织旅客沿线路外侧向安全地带转移,将旅客安置在安全地带等待救援,同时做好安全宣传、引导工作。公安乘警负责在旅客疏散过程中的防护警戒工作。

(6)应急处置后,列车长应及时向客服调度、客运段汇报;客服调度、客运段接事故报告后,立即组织开展后续救援工作。

复习思考题

1. 乘务组由哪些成员组成?各自的分工如何?
2. 乘务组的主要工作是什么?
3. 什么是包乘制和轮乘制?
4. 普速列车长始发作业有哪些?
5. 动车组列车长折返终到作业有哪些?
6. 普速列车停站前后的安全工作有哪些?
7. 动车组列车运行中要做好哪些安全工作?
8. 普速列车上有哪些安全设备?
9. 旅客列车服务工作要求有哪些?
10. 旅客列车服务工作中应注意哪些服务礼貌?

实践训练

根据《铁路旅客运输服务质量标准(列车)》的要求,以小组为单位,完成以下实训内容。

(1)T98次旅客列车(广州东—北京西)在广州东站的始发时间是18:05,正点到下一站长沙站的时间01:07,分别扮演列车长、座车列车员、卧车列车员等乘务组角色,完成广州东至长沙间乘务作业过程。

(2)T98次旅客列车(广州东—北京西)在郑州站的开车时间是09:21,终到北京西站的时间14:56,分别扮演列车长、座车列车员、卧车列车员等乘务组角色,完成郑州至北京西间

乘务作业过程。

(3) G80 次高速动车组旅客列车(广州南—北京西)在广州南站的始发时间是 10:00,正点到下一站长沙南站的时间 12:17,分别扮演列车长、列车员等乘务组角色,完成广州南至长沙南间乘务作业过程。

(4) G80 次高速动车组旅客列车(广州南—北京西)在石家庄站的开车时间是 16:52,终到北京西站的时间 17:59,分别扮演列车长、列车员等乘务组角色,完成石家庄至北京西间乘务作业过程。

参考文献

[1] 中国铁路总公司. 铁路技术管理规程(高速铁路部分)[M]. 北京:中国铁道出版社,2014.

[2] 王越,万龙. 高速铁路客运设备运用与管理[M]. 北京:人民交通出版社股份有限公司,2019.

[3] 王越. 铁路旅客运输服务[M]. 2 版. 北京:人民交通出版社股份有限公司,2022.

[4] 裴瑞江,周平. 铁路旅客运输组织[M]. 2 版. 北京:人民交通出版社股份有限公司,2024.